教育部人文社会科学重点研究基地重大项目
“当代中国基层社会意识形态问题研究”（项目号15JJD710006）阶段性成果
山东大学“政治心态数据库建设”项目成果

基层社会意识形态问题调查研究系列丛书

山东省大学生政治心态调查数据报告

SHANDONGSHENG DAXUESHENG ZHENGZHIXINTAI DIAOCHA SHUJÜ BAOGAO

（2016）

李广　楚成亚　张天舒 著

山东人民出版社·济南
国家一级出版社　全国百佳图书出版单位

图书在版编目（CIP）数据

山东省大学生政治心态调查数据报告.2016/李广，楚成亚，张天舒著. --济南:山东人民出版社，2018.11
ISBN 978-7-209-11716-6

Ⅰ. ①山… Ⅱ. ①李… ②楚… ③张… Ⅲ. ①大学生－政治心理学－调查报告－山东 Ⅳ. ①G641

中国版本图书馆CIP数据核字(2018)第221850号

山东省大学生政治心态调查数据报告
李广　楚成亚　张天舒　著

主管部门　山东出版传媒股份有限公司
出版发行　山东人民出版社
出 版 人　胡长青
社　　址　济南市英雄山路165号
邮　　编　250002
电　　话　总编室（0531）82098914
　　　　　市场部（0531）82098027
网　　址　http://www.sd-book.com.cn
印　　装　青岛国彩印刷有限公司
经　　销　新华书店

规　　格　16开（184mm×260mm）
印　　张　24.25
字　　数　550千字
版　　次　2018年11月第1版
印　　次　2018年11月第1次
印　　数　1—1000
ISBN 978-7-209-11716-6
定　　价　60.00元

序

改革开放以来，我国在意识形态领域面临的问题和挑战趋于复杂。随着对外开放，政治系统的封闭性越来越弱；随着市场化改革，学校和大众传媒等政治社会化媒介也越来越难以在“口径”上保持一致，因此，主流意识形态的传播、“教化”效用大打折扣。而且，随着社会经济转型，利益格局发生分化，城乡基层社会产生大量边缘群体，进而内生出与主流意识形态存在张力的价值信念。此外，境外势力也在借助宗教组织和NGO对我国基层社会进行意识形态渗透。马克思主义、西方自由主义、中国传统文化之间的互嵌与竞争正在当代中国基层社会的信仰场域中真实上演，可能已经或正在形成一个“主流（官方）意识形态”—“社会精英意识形态”—“基层社会意识形态”的三层结构。

在此背景下，“基层社会意识形态”正在被越来越多的学者作为一个独立的研究领域来对待。例如，樊浩的《中国大众意识形态报告》（中国社会科学出版社2012）分析了“农民群体”和“弱势群体”在内的六个阶层的意识形态状况；牟成文的《大变迁：转型期我国农村建构社会主义意识形态研究》（中国社会科学文献出版社2012）区分了“群体意识形态”与执政集团所倡导的主流意识形态，认为前者是指各种社会阶层或者利益共同体关于社会经济、政治和文化生活等方面的理论学说、思想观念、价值体系、心理认知、精神指向等的总称；刘少杰在《当代中国意识形态变迁》（中央编译出版社2012年）中通过将意识形态内涵理解为一组相对稳定的价值信念，论证了意识形态的感性形式；吴学琴在《当代中国日常生活维度的意识形态研究》（人民出版社2014）一书中区分了作为上层建筑的观念意识形态与日常生活的意识形态，前者是由政治思想、法律思想、道德观念、宗教观念、艺术思想、哲学理论等组成的观念体系，是一种社会存在的结社系统和阶级利益的维护系统；后者是反映人民群众在日常生活中表现出的思想意识和价值取向，具有自在的、自发的平民性。此外，还有于建嵘的《底层立场》（上海三联书店2011）、李松的《底层民意》（新华出版社2014）等。可见，这些研究大体都属于基层社会意识形态的范畴，但使用了“大众意识形态”“群体意识形态”“日常生活维度的意识形态”等不同的概念。

很显然，当代中国“基层社会意识形态”研究是一个宏大的系统工程。我们的调查研究不求面面俱到，但求真实记录当下中国民众的信仰状态，长期跟踪观察基层社会意识形态的变迁、分化与整合的历史过程，为国家意识形态的安全与治理提供参考。 需要特别指出的是，我们的调查主要是在山东省境内进行的，研究结论虽然对认识当代中国基层社会的意识形态问题富有启发意义，但不能简单推及全国和其他地区。

楚成亚

2018 年 5 月于青岛

目　录

第一章　研究设计

一、调查设计

1. 调查目的

中国改革开放以来，经济高速发展，市场体制逐步建立，中国社会处于激烈的现代化转型之中。基于现代化理论和对中国现实的观察，随着当代中国经济发展和现代化水平的不断提高，虽然在政治制度层面仍然缺乏有意义的变化，但中国公民的政治心态已经发生了重要变化，并发生了分化。我们认为，这种变化和分化将影响中国的政治发展的方向和速度。所以，长期、全面、准确观察和了解当代中国公民的政治心态具有重要理论价值和现实意义。基于此，山东大学当代社会主义研究所专门成立了中国政治心态调查课题组（Chinese Political Attitude Survey，CPAS），并得到学校的大力支持，开始展开对中国民众政治心态的长期追踪调查。

本次调查旨在了解当前大学生的政治心理卷入、民主认知、民主期望、政治支持、民族主义、治国理念偏好、公正世界信念等方面的状况，为国内国际社会展现我国当代大学生政治心态的一般状况，为政府部门和高等教育机构的政策制定提供信息支持。

大学生政治心态，即大学生的政治心理态度，主要表现为大学生政治取向方面的认知、情感、评价和动机，对其政治行为起着支配性作用的政治心理取向。习近平总书记对当代大学生的培养和成长极为重视，曾说过“青年一代有理想、有担当，国家就有前途，民族就有希望。”“我国高等教育肩负着培养德智体美全面发展的社会主义事业建设者和接班人的重大任务，必须坚持正确政治方向。”调查大学生的政治心态，对于了解当前大学生的思想动态，把握正确的培养方向，提升高等教育水平具有重大的意义。

2. 调查方法

本次调查采用了基于概率抽样的问卷调查法。为保证样本的代表性，抽样方案采取了分层抽样和整群抽样相结合的方法。

首先是高校的抽取。我们将所有山东省全日制本科院校分为高水平大学、一本院校和普通院校，根据各分类群体的高校数量按比例随机抽取了八所院校。分布如下：

985 大学	山东大学、青岛海洋大学
一本院校	山东师范大学、青岛大学、济南大学、曲阜师范大学
普通院校	聊城大学、菏泽学院

其次是院系的抽取。我们在抽中的八所高校中，每一所高校随机抽取了四个院系。最终抽中 20 类专业的院系，其中理工类 11 类，文科 9 类，兼顾了文理平衡。分布如下：

理工类	物理学院、信息科学学院、数学学院、电气工程学院 生命科学学院、化学学院、海洋生命学院、水产学院 材料科学学院、机械学院、药物科学系
文科类	历史学院、外国语学院、经济学院、文学院 商学院、政管学院、社会科学系 马克思主义学院、管理学院

最后是班级的整群抽样。我们在抽中的院系里面，分别在大一、大三和研究生三个年级中随机抽取一个班。这样，最后抽中的 128 个班级中所有的学生就构成了我们的最终样本。

在调查阶段，我们组织了本校有调查经验的研究生，分为八组，经过集中培训后，分赴各校，在各个学校的学工部协助下组织了问卷的集中填答工作，由于组织得力，问卷回收率非常高，发放问卷 4332 份，最终有效问卷 4162 份，有效回收率达 96.1%。问卷分布如下：

		频率	百分比	有效百分比	累积百分比
有效	山东大学	461	11.1	11.1	11.1
	山东师范大学	462	11.1	11.1	22.2
	青岛大学	521	12.5	12.5	34.7
	中国海洋大学	502	12.1	12.1	46.8
	济南大学	573	13.8	13.8	60.5
	曲阜师范大学	715	17.2	17.2	77.7
	聊城大学	534	12.8	12.8	90.5
	菏泽学院	394	9.5	9.5	100.0
	合计	4162	100.0	100.0	

3. 问卷内容结构

政治心态研究涵盖了政治学与社会心理学领域，政治心态这一概念本身内涵也较为丰富，指标的量化的较为困难，项目组成员经过多次研讨，并于2016年9月份邀请国内知名专家专门就问卷设计召开了研讨会，广泛听取了与会专家的意见。如此，经过汇集各方面意见并依据我们自身的研究兴趣点，最终问卷确定为七大部分，分别是个人基本情况、政治的心理卷入强度、民主信念、民族主义、政治支持、治国理念偏好、公正世界信念等。

（1）个人基本情况

本部分测量被调查者的年龄、性别、民族、是否独生子女、政治面貌、宗教信仰、居住地属性、户口属性、父母职业、父母教育程度、参加学生组织和社团情况、消费水平等。

（2）政治心理卷入强度

本部分主要测量大学生对政治的关心程度和认知程度，通过议题设定来测量大学生对政治的关注程度，关注哪些方面的政治。

（3）民主信念

这部分主要测量大学的民主认知、民主期望、民主满意度、民主偏好等指标。相关的量表主要采用目前学界主流通用的量表，便于比较分析。

（4）民族主义

政治学中，民族主义是一种强有力的意识形态，它对日常生活具有多方面的影响。我们认为民族主义是政治心态的重要组成部分，所以特设立多个量表进行测量。

（5）政治支持

根据伊斯顿的定义，我们测量的政治支持分为普遍支持和特定支持。普遍支持是指大学生对现政体倡导的基本价值以及对这个国家的基本政治制度的支持态度。特定支持是衡量一个人对现行具体政策和政府政绩的满意程度的指标。

（6）治国理念偏好

这部分主要测量大学生在国家治理方面的看法和观点，主要集中在对于领导人的条件、对于精英政治的看法、对于选拔官员的方式等方面。

（7）公正世界信念

公正世界信念（Belief in a just world）由 Melvin J. Lerner 在20世纪60年代提出，他认为人们有一种基本的需要，即相信自己生活在一个公正的世界里，在这个世界里，人们得其所应得，所得即应得。心理学家将“公正世界信念”归类于个体的基本动机范畴，是一种内隐的、深层的、稳定的人格特质。我们认为个人的公正世界信念对政治态度有重要的影响，所以特地设置量表进行测量。

二、调查实施

本次调查由山东大学当代社会主义研究所中国政治心态调查课题组负责实施，课题组负责人为楚成亚教授，负责整个调查过程的协调调度。调查过程分为预调查、组建调查队伍、调查员培训、正式入场调查等阶段。

预调查选择在山东大学政治学与公共管理学院进行，组织了二十名研究生，完成问卷后，对问卷进行了详细的分析，讨论其中可能存在的各类问题，如题意不清、可能误读、选项不合适等，进一步完善了问卷。

调查队伍全部由山大政管学院的研究生组成，其中多数同学参加过社会调查活动，有一定的调查经验。人选确定后，由课题组的张天舒副教授、李广副教授负责，集中进行了培训。培训内容包括项目概况、问卷内容、现场访问技术、工作规范等，并进行了现场练习。培训期间还对调查员进行了分组，分为八个组，每个组对应一个抽样学校。小组选举了小组长，负责调查期间的衣食住行和现场调度。

2016 年 10 月，调查正式开始，各组同学分赴各个高校开展调查工作。在正式调查开始之前，课题组已经与抽样高校的学工部取得联系，请他们协助本次调查工作，得到各个高校学工部的热情回应。各个高校学工部提前与抽样院系联系，确定了抽样班级的集中时间和地点，基本上是根据抽样班级的上课时间地点确定，这样我们的问卷工作可在学生上课前或者课后预留一点时间进行，不耽误学生的上课，也便于集中。根据抽样班级的时间安排，调研员提前到场准备。问卷完成后，调研员现场清点、整理、打包。

问卷回收后，课题组又组织 30 名研究生，组成问卷编码录入小组，经过培训，集中进行了问卷的编码录入工作。录入完成后，又专门组成复查小组，对录入的问卷进行了复核。复核后，对问卷数据进行了数据清理工作，经过描述性统计分析检验、逻辑检验等技术手段，清查出若干无效问卷，剔除无效问卷后，最终获得有效问卷 4162 份。

需要特别说明的是，为了方便读者阅读，我们的数据全部仅显示小数点后一位数，并非是实际精度，这样可能会个别出现总计数不是百分之百的情况，这种情况我们统一不做处理。需要高精度数据的学者可去我们的网站“中国政治心态调查网”（cpas. sdu. edu. cn）上下载原始数据，自行进行计算。

第二章 样本分布

本章统计了调查数据基本的样本分布情况，也就是山东省大学生政治心态调查样本在人口学变量和其他常见变量上的分布情况，旨在对样本有一个清晰的了解。 我们选用的变量包括：性别、年龄、民族、是否独生子女、年级、政治面貌、宗教信仰、家庭驻地、户口属性、参加学生社团情况、消费情况、父母职业、父母教育程度等。

一、性别、年龄、民族

1. 性别

性 别

		频率	百分比	有效百分比	累积百分比
有效	男	1344	32.3	32.4	32.4
	女	2806	67.4	67.6	100.0
	总计	4150	99.7	100.0	
缺失	系统	12	.3		
总计		4162	100.0		

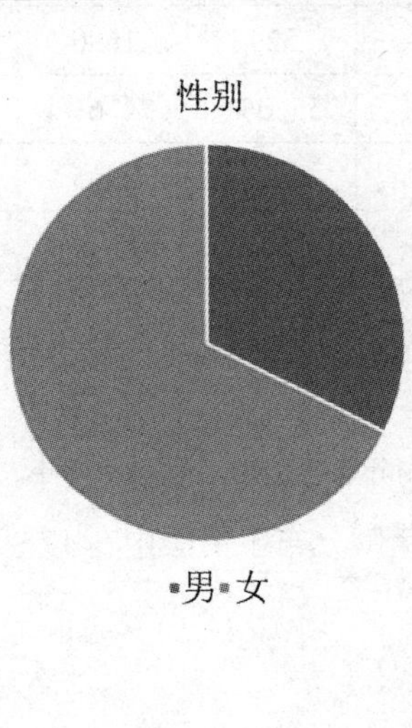

样本中女生占67.6%，男生占32.4%，男女比例为0.48，女生远远高于男生。对于女生比例，在95%的置信水平下，置信区间为66.2%~69%，这说明总体上，山东省大学生中女生数量远高于男生。这种情况的出现，并非是抽样误差导致的，而是实际情况如此。2015年，山东师范大学首次对外公布男女比例，在山师2015年招收的7580名本科新生中，男生1985人，占比约26%，女生5595人，占比约74%。山东省高校男女比例失调问题这些年逐渐显现出来，这种情况在文科类专业更为严重，如下表所示，样本中，文科类专业中女生占比80.2%，男生仅占19.8%。

性别 * 专业 交叉制表

			专业		合计	Pearson 卡方
			理科	文科		
性别	男	计数	870	474	1344	414.022 （p<0.001）
		专业 中的 %	49.7%	19.8%	32.4%	
	女	计数	881	1925	2806	
		专业 中的 %	50.3%	80.2%	67.6%	
合计		计数	1751	2399	4150	
		专业 中的 %	100.0%	100.0%	100.0%	

从学校层次看，高水平大学中男女比例还尚在合理范围，而一本类高校和普通院校中性别失调较为严重。

性别 * 学校层次 交叉制表

			学校层次			合计	Pearson 卡方
			985高校	一本院校	普通院校		
性别	男	计数	433	575	336	1344	127.499 （p<0.001）
		学校层次 中的 %	45.0%	25.4%	36.4%	32.4%	
	女	计数	529	1690	587	2806	
		学校层次 中的 %	55.0%	74.6%	63.6%	67.6%	
合计		计数	962	2265	923	4150	
		学校层次 中的 %	100.0%	100.0%	100.0%	100.0%	

2. 年龄

根据统计，样本中学生的平均年龄为20.1岁，最小的年龄是16岁，最大的年龄是38岁。根据分布图可看出，样本的年龄分布主要集中在17~25岁之间。

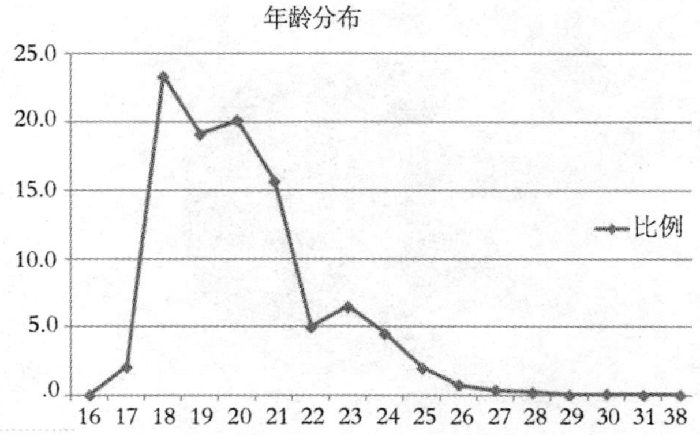

3. 民族

民 族

		频率	百分比	有效百分比	累积百分比
有效	汉族	3998	96.1	96.6	96.6
	少数民族	142	3.4	3.4	100.0
	总计	4140	99.5	100.0	
缺失	系统	22	.5		
总计		4162	100.0		

样本中，学生绝大多数是汉族，占96.6%，少数民族学生占3.4%。少数民族中，人数较多的为回族（37人）、满族（16人）、壮族（14人）、藏族（11人）、蒙古族（10人）、土家族（9人）。

二、是否独生子女、户口属性与家庭所在地

1. 是否独生子女

是否是独生子女

		频率	百分比	有效百分比	累积百分比
有效	是	1738	41.8	41.9	41.9
	否	2409	57.9	58.1	100.0
	总计	4147	99.6	100.0	
缺失	系统	15	.4		
总计		4162	100.0		

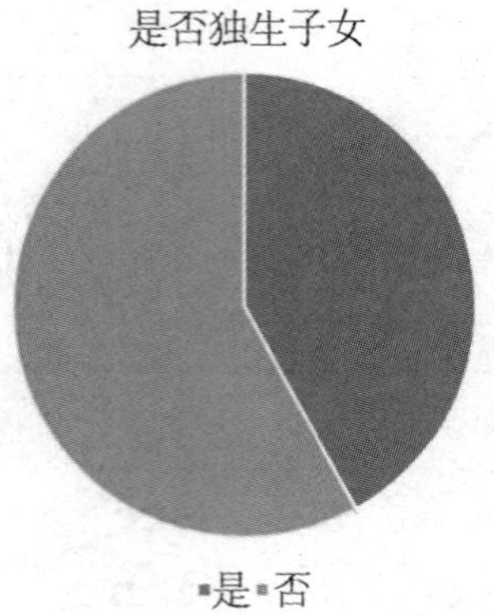

样本中，41.9% 的学生为独生子女，58.1% 的学生为非独生子女。

是否是独生子女 * 学校层次 交叉制表

			学校层次			合计	Pearson 卡方
			985 高校	一本院校	普通院校		
是否是独生子女	是	计数	570	870	298	1738	166.672 (p<0.001)
		学校层次 中的 %	59.4%	38.4%	32.3%	41.9%	
	否	计数	390	1394	625	2409	
		学校层次 中的 %	40.6%	61.6%	67.7%	58.1%	
合计		计数	960	2264	923	4147	
		学校层次 中的 %	100.0%	100.0%	100.0%	100.0%	

从学校层次看，985 高校中独生子女比例为 59.4%，明显高于一本院校和普通院校。并且随着学校层次的降低，学校中独生子女的比例也降低。

是否是独生子女 * 户口属性 交叉制表

			上大学前，您的户口属性是		合计	Pearson 卡方
			农业	非农业		
是否是独生子女	是	计数	569	1167	1736	990.206 (p<0.001)
		户口属性 中的 %	22.6%	72.1%	42.0%	
	否	计数	1948	452	2400	
		户口属性 中的 %	77.4%	27.9%	58.0%	
合计		计数	2517	1619	4136	
		户口属性 中的 %	100.0%	100.0%	100.0%	

从户口属性看，大学生中来自城市的独生子女比例远远高于来自农村的学生。 出现这种情况的原因，与我国的计划生育政策是相关的，农村户口的夫妇第一胎如果是女孩，可以生育二胎，城市户口的夫妇只能生育一胎。

2. 户口属性

上大学前户口属性

		频率	百分比	有效百分比	累积百分比
有效	农业	2524	60.6	60.8	60.8
	非农业	1624	39.0	39.2	100.0
	合计	4148	99.7	100.0	
缺失	系统	14	.3		
合计		4162	100.0		

从户口属性来看，样本中来自农村的学生占60.8%，来自城市的学生占39.2%，来自农村的学生要远高于来自城市的学生。这是否说明“寒门易出贵子”？仅仅依靠这一数据，完全不能说明这个问题。如果比较农村学生与城市学生考入高等院校的机会，还需要全省高考学生的户籍数据。学者的相关研究可以借鉴，2012年发表的论文中指出1995年至1999年间北京大学录取的本科生中，家长职业为农民的学生平均比例为15.02%，辈出率为0.23；家长职业为干部的学生平均比例为39.17%，辈出率为23.04，为前者的100.2倍。在另一所知名度相对较低的苏州大学中，同期家长职业为农民的学生的辈出率为0.51，家长职业为干部的学生的辈出率为11.25，为前者的22.1倍。[①] 另一项2006年的研究也支持了这样的结论，在对厦门大学本科生社会阶层辈出率研究中，家长阶层为国家与社会管理者的学生的辈出率为6.7，家长阶层为农业劳动者的学生的辈出率为0.63，前者为后者的11倍。[②]

是否是独生子女 * 户口属性是 * 学校层次 交叉制表

学校层次			上大学前，您的户口属性是		合计	Pearson 卡方
			农业	非农业		
985 高校	是否是独生子女	是	92	478	570	252.451 (p<0.001)
		否	258	130	388	
	合计		350	608	958	
一本院校	是否是独生子女	是	305	564	869	538.305 (p<0.001)
		否	1154	235	1389	
	合计		1459	799	2258	
普通院校	是否是独生子女	是	172	125	297	89.698 (p<0.001)
		否	536	87	623	
	合计		708	212	920	

① 梁晨等:《无声的革命:北京大学与苏州大学学生社会来源研究》,载《中国社会科学》2012年第1期。

② 胡荣等:《现阶段我国高等教育机会阶层辈出率研究》,载《厦门大学学报(哲学社会科学版)》2006年第6期。

结合学校层次和户口属性来看，可明显看出，985高校中占比最大的是来自城市的独生子女，而一本学校和普通院校中占比最大的是来自农村的非独生子女。985高校中非农业户口的学生与农业户口的学生之比为1.99；一本院校中非农业户口的学生与农业户口的学生之比为0.55；普通院校中非农业户口的学生与农业户口的学生之比为0.30。也就是说随着高校层次的降低，来自农村的学生的比例逐步增高。这说明了，来自农村学生接受优质高等教育的机会明显小于来自城市的学生。或者说，能够接受高等优质教育资源机会最大的群体是来自城市的独生子女。

3. 家庭所在地

上大学前，您的家庭所在地属于

		频率	百分比	有效百分比	累积百分比
有效	直辖市	95	2.3	2.3	2.3
	省会城市	263	6.3	6.4	8.6
	地级城市	793	19.1	19.2	27.8
	县城	804	19.3	19.4	47.2
	镇区	400	9.6	9.7	56.9
	农村	1784	42.9	43.1	100.0
	总计	4139	99.4	100.0	
缺失	系统	23	.6		
总计		4162	100.0		

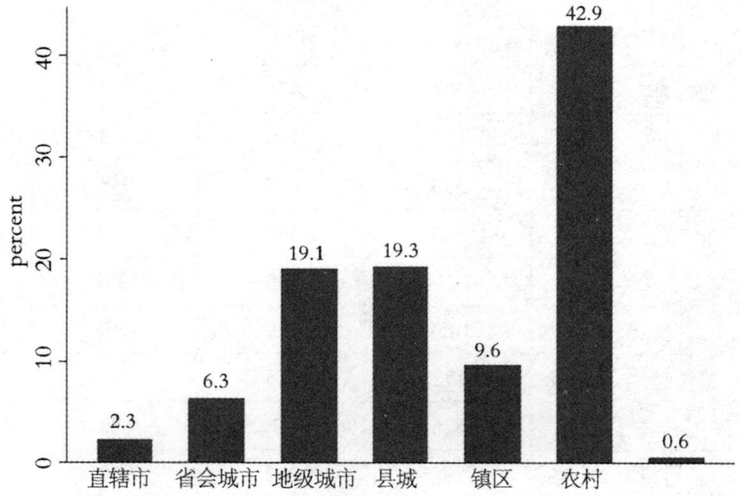

样本中学生的家庭所在地分布如图，比例最高是农村，占42.9%。其次是县城和地级城市，分别占19.3%和19.1%。

家庭所在地＊ 学校层次 交叉制表

			学校层次			合计	Pearson 卡方
			985 高校	一本院校	普通院校		
家庭所在地	直辖市	计数	40	37	18	95	329.497（p＜0.001）
		学校层次 中的 %	4.2%	1.6%	2.0%	2.3%	
	省会城市	计数	117	124	22	263	
		学校层次 中的 %	12.2%	5.5%	2.4%	6.4%	
	地级城市	计数	283	400	110	793	
		学校层次 中的 %	29.4%	17.7%	11.9%	19.2%	
	县城	计数	221	442	141	804	
		学校层次 中的 %	23.0%	19.6%	15.3%	19.4%	
	镇区	计数	67	238	95	400	
		学校层次 中的 %	7.0%	10.5%	10.3%	9.7%	
	农村	计数	233	1016	535	1784	
		学校层次 中的 %	24.2%	45.0%	58.1%	43.1%	
合计		计数	961	2257	921	4139	
		学校层次 中的 %	100.0%	100.0%	100.0%	100.0%	

与学校层次进行交叉分析，可看出，学校层次越高，家庭在农村和镇区的学生的比例越低，而家庭为县城和城市的学生比例越高。这也说明，来自城市的学生享受优质高等教育资源的机会要高于来自农村的学生。这也一定程度上说明了“寒门难出贵子”。

三、政治面貌、宗教信仰与学校层次

1. 政治面貌

政治面貌

		频率	百分比	有效百分比	累积百分比
有效	非中共党员	3911	94.0	94.2	94.2
	中共党员	242	5.8	5.8	100.0
	总计	4153	99.8	100.0	
缺失	系统	9	.2		
总计		4162	100.0		

样本中，为中共党员的学生占比为5.8%，非党员学生占比94.2%，目前大学中还是少数优秀大学生才有资格加入党组织。

政治面貌＊ 学校层次 交叉制表

			学校层次			合计	Pearson 卡方
			985 高校	一本院校	普通院校		
是否党员	非中共党员	计数	841	2164	906	3911	110.312（p＜0.001）
		学校层次 中的 %	87.4%	95.5%	97.8%	94.2%	
	中共党员	计数	121	101	20	242	
		学校层次 中的 %	12.6%	4.5%	2.2%	5.8%	
合计		计数	962	2265	926	4153	
		学校层次 中的 %	100.0%	100.0%	100.0%	100.0%	

从学校层次来看，学校层次越高，学生中党员比例越高。 这说明党组织吸收党员的精英化趋势。

2. 宗教信仰

是否有宗教信仰

		频率	百分比	有效百分比	累积百分比
有效	无	3954	95.0	95.4	95.4
	有	192	4.6	4.6	100.0
	合计	4146	99.6	100.0	
缺失	系统	16	.4		
总计		4162	100.0		

样本中，无宗教信仰的占 95.4%，有宗教信仰的占 4.6%。 宗教信仰主要有佛教（57 人）、基督教（47 人）、伊斯兰教（22 人）。

3. 学校层次

学校层次

		频率	百分比	有效百分比	累积百分比
有效	985 高校	963	23.1	23.1	23.1
	一本院校	2271	54.6	54.6	77.7
	普通院校	928	22.3	22.3	100.0
	总计	4162	100.0	100.0	

本变量是合成变量。 学校层次是对抽样的 8 所高校进行划分，985 高校包括山东大学和中国海洋大学；一本院校包括山东师范大学、青岛大学、济南大学和曲阜师范大学；普通院

校包括聊城大学和菏泽学院。数据显示，样本中，来自985高校的学生占23.1%，来自一本院校的学生占54.6%，来自普通院校的学生占22.3%。

四、父母职业

1. 父亲职业

父亲的职业

		频率	百分比	有效百分比	累积百分比
有效	机关、企事业单位领导/高级管理人员	111	2.7	2.7	2.7
	机关、企事业单位中层管理人员	288	6.9	7.1	9.8
	高级专业技术人员	304	7.3	7.5	17.3
	中级专业技术人员	106	2.5	2.6	19.9
	初级专业技术人员	56	1.3	1.4	21.2
	办事人员	243	5.8	6.0	27.2
	领班/组长/工头/监工	114	2.7	2.8	30.0
	服务人员	47	1.1	1.2	31.1
	私营业主	109	2.6	2.7	33.8
	个体经营户（开店/经商/运输）	687	16.5	16.9	50.7
	个体（流动商贩）	119	2.9	2.9	53.6
	技术工人/维修人员/手工艺人	390	9.4	9.6	63.2
	体力工人/勤杂工/搬运工	416	10.0	10.2	73.4
	村或居委会的主任、书记	32	.8	.8	74.2
	农林牧渔劳动者	1004	24.1	24.6	98.8
	靠炒股、房租维持生计者	6	.1	.1	99.0
	军人/警察	42	1.0	1.0	100.0
	合计	4074	97.9	100.0	
缺失	系统	88	2.1		
总计		4162	100.0		

从统计结果可知，父亲职业中，“农林牧渔劳动者”最多，占24.6%。其次是“个体经营户”，占16.9%。再次是“体力工人/勤杂工/搬运工”，占10.2%。

为更好地体现学生父母的职业分层，根据我们日常的经验，我们将父母职业从高到低分为五级，最低是1级，最高是5级。分级标准如下：

1级（低）：服务人员（如：营业员/保安/收银员/家政等）、个体（流动商贩）、技术工人/维修人员/手工艺人、体力工人/勤杂工/搬运工、农林牧渔劳动者；

2级（中下）：初级专业技术人员、办事人员（包括：办公室普通职员、各类经济业务人员等）、领班/组长/工头/监工；

3级（中）：中级专业技术人员、个体经营户（开店/经商/运输）、村或居委会的主任、书记、靠炒股、房租维持生计者、军人/警察；

4级（中上）：机关、企事业单位中层管理人员和私营业主；

5级（高）：机关、企事业单位领导/高级管理人员和高级专业技术人员（技术人员包括科研人员、工程师、教师、医生、律师、会计师等）。

父亲职业等级

		频率	百分比	有效百分比	累积百分比
有效	低	1976	47.5	48.5	48.5
	中下	413	9.9	10.1	58.6
	中	873	21.0	21.4	80.1
	中上	397	9.5	9.7	89.8
	高	415	10.0	10.2	100.0
	合计	4074	97.9	100.0	
缺失	系统	88	2.1		
总计		4162	100.0		

根据我们的分级标准，经统计，可看出，处于低层级的最多，占48.5%，其次是中层级，占21.4%，中上层级的最少，占9.7%。

父亲职业等级＊ 学校层次 交叉制表

			学校层次			合计	Pearson 卡方
			985 高校	一本院校	普通院校		
父亲职业等级	低	计数	282	1122	572	1976	342.656 (p<0.001)
		学校层次 中的 %	29.7%	50.5%	63.5%	48.5%	
	中下	计数	110	238	65	413	
		学校层次 中的 %	11.6%	10.7%	7.2%	10.1%	
	中	计数	203	484	186	873	
		学校层次 中的 %	21.4%	21.8%	20.6%	21.4%	
	中上	计数	159	203	35	397	
		学校层次 中的 %	16.7%	9.1%	3.9%	9.7%	
	高	计数	196	176	43	415	
		学校层次 中的 %	20.6%	7.9%	4.8%	10.2%	
合计		计数	950	2223	901	4074	
		学校层次 中的 %	100.0%	100.0%	100.0%	100.0%	

从学校层次来看，很明显，学校层级越高，学生中其父亲职业处于高层（4 级和 5 级）的比例越高；学校层级越低，学生中其父亲职业处于低层（1 级）的比例越高；而父亲职业是中间层级的在各层级学校的分布差别不大。

2. 母亲职业

母亲的职业

		频率	百分比	有效百分比	累积百分比
有效	机关、企事业单位领导/高级管理人员	43	1.0	1.1	1.1
	机关、企事业单位中层管理人员	159	3.8	4.1	5.2
	高级专业技术人员	308	7.4	8.0	13.2
	中级专业技术人员	61	1.5	1.6	14.8
	初级专业技术人员	46	1.1	1.2	15.9
	办事人员	288	6.9	7.4	23.4
	领班/组长/工头/监工	51	1.2	1.3	24.7
	服务人员	213	5.1	5.5	30.2
	私营业主	97	2.3	2.5	32.7
	个体经营户（开店/经商/运输）	590	14.2	15.2	48.0
	个体（流动商贩）	143	3.4	3.7	51.7
	技术工人/维修人员/手工艺人	238	5.7	6.1	57.8
	体力工人/勤杂工/搬运工	348	8.4	9.0	66.8
	村或居委会的主任、书记	12	.3	.3	67.1
	农林牧渔劳动者	1248	30.0	32.2	99.4
	靠炒股、房租维持生计者	13	.3	.3	99.7
	军人/警察	12	.3	.3	100.0
	合计	3870	93.0	100.0	
缺失	系统	292	7.0		
总计		4162	100.0		

从统计结果可知，母亲职业的分布与父亲职业非常相似，母亲职业中，“农林牧渔劳动者”最多，占 32.2%。其次是“个体经营户”，占 15.2%。再次是“体力工人/勤杂工/搬

运工”，占 9%。与父亲职业的分级相同，母亲职业的分级化统计结果如下。

母亲职业等级

		频率	百分比	有效百分比	累积百分比
有效	低	2190	52.6	56.6	56.6
	中下	385	9.3	9.9	66.5
	中	688	16.5	17.8	84.3
	中上	256	6.2	6.6	90.9
	高	351	8.4	9.1	100.0
	合计	3870	93.0	100.0	
缺失	系统	292	7.0		
总计		4162	100.0		

从统计结果看，母亲职业分级分布与父亲职业分级分布非常相似，可看出，处于低层级的最多，占 56.6%，其次是中层级，占 17.8%，中上层级的最少，占 6.6%。

母亲职业等级＊ 学校层次 交叉制表

			学校层次			合计	Pearson 卡方
			985 高校	一本院校	普通院校		
母亲职业等级	低	计数	316	1251	623	2190	368.799（p＜0.001）
		学校层次 中的 %	35.0%	59.6%	71.9%	56.6%	
	中下	计数	127	215	43	385	
		学校层次 中的 %	14.0%	10.2%	5.0%	9.9%	
	中	计数	177	371	140	688	
		学校层次 中的 %	19.6%	17.7%	16.2%	17.8%	
	中上	计数	100	131	25	256	
		学校层次 中的 %	11.1%	6.2%	2.9%	6.6%	
	高	计数	184	132	35	351	
		学校层次 中的 %	20.4%	6.3%	4.0%	9.1%	
合计		计数	904	2100	866	3870	
		学校层次 中的 %	100.0%	100.0%	100.0%	100.0%	

从学校层次来看，母亲职业的交叉分布与父亲职业的交叉分布非常相似。很明显，学校层级越高，学生中其母亲职业处于高层（2、3、4、5 级）的比例越高；学校层级越低，学生中其母亲职业处于低层（1 级）的比例越高。

相关系数

			学校层次	母亲职业等级
Kendall 的 tau_b	学校层次	相关系数	1.000	.238**
		Sig.（双侧）	.	.000
		N	4162	3870.000
	母亲职业等级	相关系数	.238**	1.000
		Sig.（双侧）	.000	
		N	3870	3870
Spearman 的 rho	学校层次	相关系数	1.000	.267**
		Sig.（双侧）	.	.000
		N	4162	3870.000
	母亲职业等级	相关系数	.267**	1.000
		Sig.（双侧）	.000	
		N	3870	3870

**. 在置信度（双测）为 0.01 时，相关性是显著的。

相关系数

			学校层次	父亲职业等级
Kendall 的 tau_b	学校层次	相关系数	1.000	.228**
		Sig.（双侧）	.	.000
		N	4162	4074
	父亲职业等级	相关系数	.228**	1.000
		Sig.（双侧）	.000	
		N	4074	4074
Spearman 的 rho	学校层次	相关系数	1.000	.259**
		Sig.（双侧）	.	.000
		N	4162	4074
	父亲职业等级	相关系数	.259**	1.000
		Sig.（双侧）	.000	
		N	4074	4074

**. 在置信度（双测）为 0.01 时，相关性是显著的。

从上面的数据可以看出，父母的职业等级与学生的学校层次呈现显著的正相关关系，也就是说父母的职业等级越高，学生就读的学校层次也越高。父母的职业对于学生的教育影响非常明显，其父母职业的等级越高，那么学生获得优质高等教育资源的机会就越大。

五、父母教育程度

1. 父亲教育程度

父亲教育程度

		频率	百分比	有效百分比	累积百分比
有效	未受正式教育	27	.6	.7	.7
	小学	429	10.3	10.4	11.0
	初中或相当	1609	38.7	38.9	49.9
	高中或相当	1107	26.6	26.8	76.7
	大专或相当	440	10.6	10.6	87.4
	本科或相当	450	10.8	10.9	98.2
	硕士	54	1.3	1.3	99.5
	博士	19	.5	.5	100.0
	合计	4135	99.4	100.0	
缺失	系统	27	.6		
总计		4162	100.0		

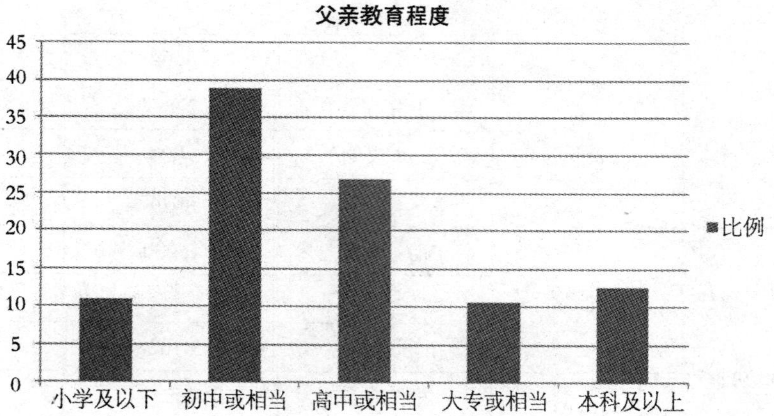

样本中，学生父亲的教育程度主要集中在初中和高中程度，初中学历的占 38.7%，高中学历的占 26.6%。

父亲教育程度 * 学校层次 交叉制表

			学校层次			合计	Pearson 卡方
			985 高校	一本院校	普通院校		
教育程度	小学及以下	计数	75	248	133	456	381.361（p<0.001）
		学校层次 中的 %	7.8%	11.0%	14.4%	11.0%	
	初中或相当	计数	228	938	443	1609	
		学校层次 中的 %	23.8%	41.6%	48.0%	38.9%	
	高中或相当	计数	241	614	252	1107	
		学校层次 中的 %	25.2%	27.2%	27.3%	26.8%	
	大专或相当	计数	147	238	55	440	
		学校层次 中的 %	15.3%	10.6%	6.0%	10.6%	
	本科及以上	计数	267	216	40	523	
		学校层次 中的 %	27.9%	9.6%	4.3%	12.6%	
合计		计数	958	2254	923	4135	
		学校层次 中的 %	100.0%	100.0%	100.0%	100.0%	

从统计数据可明显看出，学生父亲的教育程度越高，学生进入高水平大学就读的几率就越大。 学生父亲的教育程度越低，学生进入普通大学就读的几率就越大。 而父亲教育处于中等教育程度（高中）的分布没有明显的差别。

2. 母亲教育程度

母亲最高的教育程度

		频率	百分比	有效百分比	累积百分比
有效	未受正式教育	135	3.2	3.3	3.3
	小学	833	20.0	20.2	23.4
	初中或相当	1596	38.3	38.6	62.1
	高中或相当	901	21.6	21.8	83.9
	大专或相当	332	8.0	8.0	91.9
	本科或相当	293	7.0	7.1	99.0
	硕士	30	.7	.7	99.8
	博士	10	.2	.2	100.0
	合计	4130	99.2	100.0	
缺失	系统	32	.8		
总计		4162	100.0		

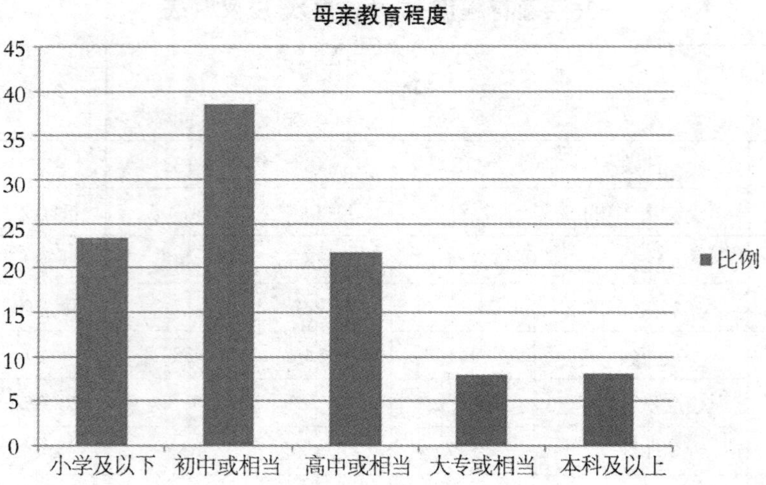

学生母亲的教育程度分布类似父亲的分布，但低教育程度的比例要高一些。最多的是初中程度，占比38.6%，其次是小学程度，占比23.4%，再次是高中程度，占比21.8%。

母亲教育程度＊ 学校层次 交叉制表

			学校层次			合计	Pearson 卡方
			985 高校	一本院校	普通院校		
教育程度	小学及以下	计数	128	543	297	968	390.586 (p<0.001)
		学校层次 中的 %	13.3%	24.1%	32.3%	23.4%	
	初中或相当	计数	257	928	411	1596	
		学校层次 中的 %	26.8%	41.2%	44.7%	38.6%	
	高中或相当	计数	261	496	144	901	
		学校层次 中的 %	27.2%	22.0%	15.7%	21.8%	
	大专或相当	计数	135	155	42	332	
		学校层次 中的 %	14.1%	6.9%	4.6%	8.0%	
	本科及以上	计数	179	128	26	333	
		学校层次 中的 %	18.6%	5.7%	2.8%	8.1%	
合计		计数	960	2250	920	4130	
		学校层次 中的 %	100.0%	100.0%	100.0%	100.0%	

从统计结果来看，母亲的教育程度与学生的学校层次相关性更加明显，分布也更加有规律。母亲是高学历（高中以上）的学生越容易进入高水平大学就读，而母亲是低学历（初中以下）的学生越容易进入普通高校就读。

相关性

		学校层次
父亲教育程度	Pearson 相关性	.274**
	显著性（双侧）	.000
	N	4135
母亲教育程度	Pearson 相关性	.285**
	显著性（双侧）	.000
	N	4130

**. 在置信度（双测）为 0.01 时，相关性是显著的。

通过相关分析也可看出，父母的教育程度与学生的学校层次呈现显著的正相关关系，也就是父母的教育程度越高，学生入学的学校层次也越高。总的说来，父母的教育程度对于学生获得高等教育资源的质量有明显的影响。

六、家庭社会经济地位

这一变量是一个合成变量，由父母职业、父母受教育水平四个变量合成。通过因子分析，此合成变量对每个子变量的解释度都大于 70%，说明此合成变量的代表性很强。

首先对父母职业进行赋分，分值如下：

服务人员（如：营业员/保安/收银员/家政等）、个体（流动商贩）、技术工人/维修人员/手工艺人、体力工人/勤杂工/搬运工、农林牧渔劳动者赋 1 分；

初级专业技术人员、办事人员（包括：办公室普通职员、各类经济业务人员等）、领班/组长/工头/监工赋 2 分；

中级专业技术人员、个体经营户（开店/经商/运输）、村或居委会的主任、书记、靠炒股、房租维持生计者、军人/警察赋 3 分；

机关、企事业单位中层管理人员和私营业主赋 4 分；

机关、企事业单位领导/高级管理人员和高级专业技术人员（技术人员包括科研人员、工程师、教师、医生、律师、会计师等）赋 5 分。

同时将父母教育进行赋分，小学及以下赋 1 分；初中或相当赋 2 分；高中或相当赋 3 分；大专或相当赋 4 分；本科及以上赋 5 分。

将父母教育和父母职业的得分相加除以 4，得到家庭社会经济地位分数。将家庭社会经济地位分数均分为 5 等份，由低到高分别命名为“下层”“中下层”“中层”“中上层”和“上层”。

家庭社会经济地位（已分箱化）

		频率	百分比	有效百分比	累积百分比
有效	下层	1736	41.7	45.4	45.4
	中下层	810	19.5	21.2	66.5
	中层	560	13.5	14.6	81.2
	中上层	354	8.5	9.3	90.4
	上层	367	8.8	9.6	100.0
	总计	3827	92.0	100.0	
缺失	系统	335	8.0		
总计		4162	100.0		

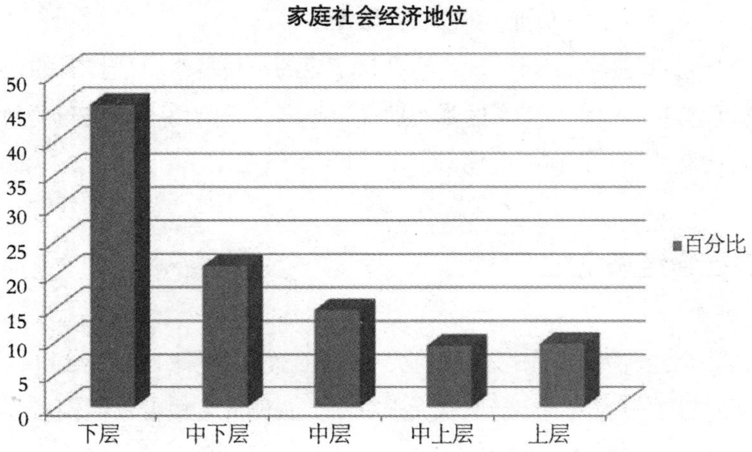

对于家庭社会经济地位这一变量的统计，可看出，样本中家庭地位处于中下层的占大多数，呈现出金字塔型的分布，这一分布与我们的日常经验是相符合的。

家庭社会经济地位 * 学校层次 交叉制表

			学校层次			合计	Pearson 卡方
			985 高校	一本院校	普通院校		
家庭社会经济地位	下层	计数	225	989	522	1736	464.008（p<0.001）
		学校层次 中的 %	25.1%	47.7%	60.9%	45.4%	
	中下层	计数	169	460	181	810	
		学校层次 中的 %	18.9%	22.2%	21.1%	21.2%	
	中层	计数	138	321	101	560	
		学校层次 中的 %	15.4%	15.5%	11.8%	14.6%	
	中上层	计数	161	167	26	354	
		学校层次 中的 %	18.0%	8.0%	3.0%	9.3%	
	上层	计数	202	138	27	367	
		学校层次 中的 %	22.6%	6.7%	3.2%	9.6%	
合计		计数	895	2075	857	3827	
		学校层次 中的 %	100.0%	100.0%	100.0%	100.0%	

从学校层级来看，在不同层级的学校中，家庭地位的分布呈现明显地规律性分布，中上

层家庭出身的学生在高层次学校占的比重越高；中下层家庭出身的学生在低层次学校占的比重越高。

相关系数

			学校层次	家庭社会经济地位
Kendall 的 tau_b	学校层次	相关系数	1.000	.269**
		Sig.（双侧）	.	.000
		N	4162	3827
	家庭社会经济地位	相关系数	.269**	1.000
		Sig.（双侧）	.000	
		N	3827	3827
Spearman 的 rho	学校层次	相关系数	1.000	.307**
		Sig.（双侧）	.	.000
		N	4162	3827
	家庭社会经济地位	相关系数	.307**	1.000
		Sig.（双侧）	.000	
		N	3827	3827

**. 在置信度（双测）为 0.01 时，相关性是显著的。

从相关性分析可知，学生的家庭社会经济地位与学校层级呈现显著的正相关关系，也就是说，学生的家庭社会经济地位越高，学生入学的学校层次越高，学生越有机会获得高质量的高等教育资源。

七、专业、年级、学生组织与消费水平

1. 专业

本变量是合成变量，赋值为文科和理科。理科专业包括物理学院、信息科学学院、数学学院、电气工程学院、生命科学学院、化学学院、海洋生命学院、材料科学学院、机械学院和药物科学系的大学生；文科专业包括历史学院、外国语学院、经济学院、文学院、商学院、政管学院、社会科学系、马克思主义学院和管理学院的大学生。我们的样本中，文科学生略多于理科学生，文科学生占 57.7%，理科学生占 43.3%。

专业

		频率	百分比	有效百分比	累积百分比
有效	理科	1759	42.3	42.3	42.3
	文科	2403	57.7	57.7	100.0
	总计	4162	100.0	100.0	

2. 年级

本次调查的抽样样本在分层抽样阶段就确定了抽取大一、大三和研究生群体，由于研究生数量比较少，在抽样时没有限制研究生的年级和学历，除了绝大多数是硕士研究生，还有11名博士研究生。

年级

		频率	百分比	有效百分比	累积百分比
有效	大一	1858	44.6	44.6	44.6
	大三	1610	38.7	38.7	83.3
	研究生	694	16.7	16.7	100.0
	合计	4162	100.0	100.0	

3. 是否加入过学生组织

通过统计，样本中大学生大部分参加过各种形式的学生组织，占比87%，只有少数学生没有参加过任何学生组织，占比12.9%。参加过学生组织的同学中，有771人参加过“校级团委/学生会、研究生会”，1732人参加过“院级团委/学生会、研究生会”，997人参加过“团支部/班委会”，2704人参加过社团组织。

您是否加入过学生机构或组织

		频率	百分比	有效百分比	累积百分比
有效	有	3623	87.0	87.1	87.1
	没有	536	12.9	12.9	100.0
	总计	4159	99.9	100.0	
缺失	系统	3	.1		
总计		4162	100.0		

4. 消费水平

月消费水平

		频率	百分比	有效百分比	累积百分比
有效	500元以内	226	5.4	5.4	5.4
	501－1000元	1989	47.8	47.9	53.4
	1001－1500元	1476	35.5	35.6	88.9
	1501－2000元	318	7.6	7.7	96.6
	2001元以上	141	3.4	3.4	100.0
	总计	4150	99.7	100.0	
缺失	系统	12	.3		
总计		4162	100.0		

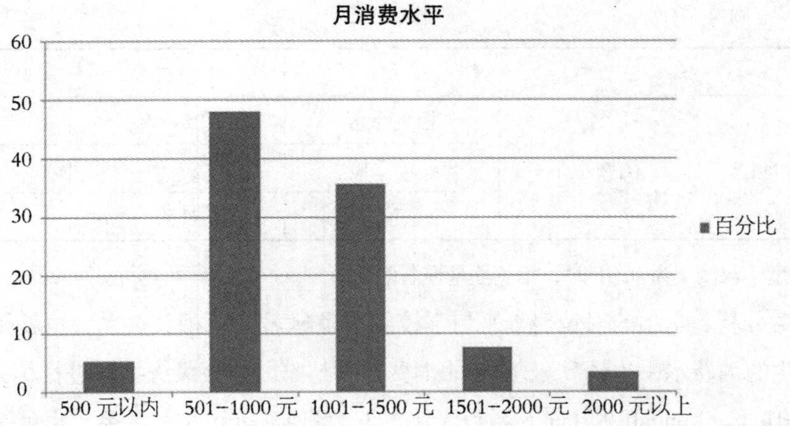

我们认为学生的消费水平是一个重要的变量，特设问题进行了调查，从统计看，样本中大学生的月消费多集中在501～1500元范围内，500元以下和2000元以上的占比都比较小。

月消费水平 * 学校层次 交叉制表

			学校层次			合计	Pearson 卡方
			985 高校	一本院校	普通院校		
月消费水平	500 元以内	计数	19	103	104	226	393.025（p<0.001）
		学校层次 中的 %	2.0%	4.5%	11.2%	5.4%	
	501－1000 元	计数	299	1150	540	1989	
		学校层次 中的 %	31.2%	50.7%	58.4%	47.9%	
	1001－1500 元	计数	413	818	245	1476	
		学校层次 中的 %	43.1%	36.1%	26.5%	35.6%	
	1501－2000 元	计数	154	139	25	318	
		学校层次 中的 %	16.1%	6.1%	2.7%	7.7%	
	2001 元以上	计数	73	57	11	141	
		学校层次 中的 %	7.6%	2.5%	1.2%	3.4%	
合计		计数	958	2267	925	4150	
		学校层次 中的 %	100.0%	100.0%	100.0%	100.0%	

通过与学校层次的交叉分析，我们可清楚地看到，月消费1000元以上时，学校层次越高，消费水平高的学生占比越高；而月消费1000元以下时，学校层次越低，消费水平低的学生的占比越高。

相关性

			学校层次	家庭社会经济地位
Kendall 的 tau_b	消费水平	相关系数	.257**	.323**
		Sig.（双侧）	.	.000
		N	4150	3817

**. 在置信度（双测）为 0.01 时，相关性是显著的。

通过相关分析，学生的月消费水平与学校层次呈显著的正相关关系，也就是说，学校层次越高，学生的消费水平也越高。学生的消费水平与家庭社会经济地位进行相关分析，结果在置信度 0.01 下，Kendall 的 tau_b 系数为 0.323，呈现显著正相关关系，也就是，家庭地位越高，学生的消费水平越高。

八、政治社会化媒介

描述统计量

下列渠道对您的政治观念的形成有多大影响	N	影响很大（%）	有些影响（%）	说不清（%）	影响不大（%）	没有影响（%）	影响力得分
大学专业课老师	4129	20.1	50.0	10.6	16.0	3.3	73.52
大学公共政治课辅导员老师	4125	16.0	48.8	13.2	17.6	4.3	70.86
同学、朋友	4129	24.2	48.0	12.5	13.4	1.8	75.82
家庭成员	4124	43.2	38.1	7.8	9.5	1.4	82.44
互联网（包括微信平台）	4124	23.4	51.2	13.4	10.7	1.2	76.92
图书、杂志、报纸	4119	24.8	53.5	11.1	9.4	1.2	78.26
广播电视	4120	19.3	51.1	13.8	13.4	2.4	74.3
学术讲座	4125	14.6	44.5	15.5	20.7	4.6	68.7
社团	4125	7.0	32.7	17.9	30.0	12.4	58.38
社会实践	4123	24.3	44.3	12.3	13.8	5.4	73.72
有效的 N（列表状态）	4080						

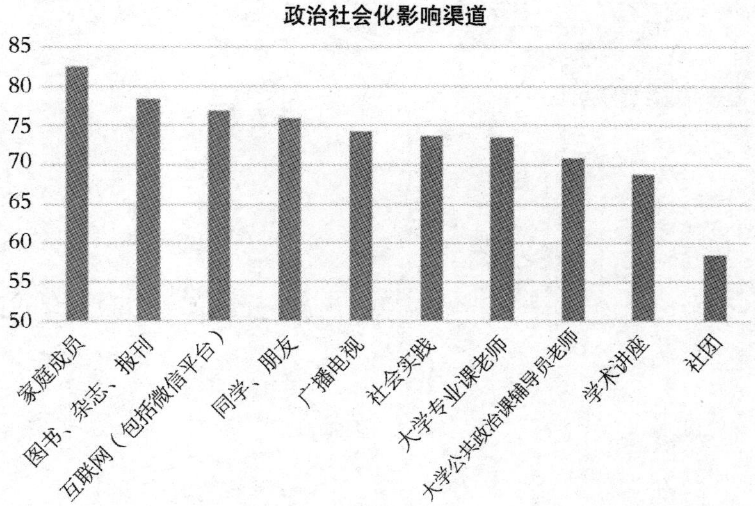

对于学生政治观念的形成有影响的渠道，学生自我评价的得分如表所示，从统计数据可知，家庭成员的影响最大，其次是图书杂志报纸，第三是互联网，第四是同学朋友，第五是广播电视，最低的是社团。

第三章　政治心理卷入

一、心理卷入的单变量描述统计

“卷入强度”（ potency of involvement）是由美国实验社会心理学家奥尔波特提出来的，他认为卷入强度是指一个个体对一个群体结构的依附(attachment)程度，也是指人的心理上与环境信息的关联程度。 一个人如果和群体中的他人发生较高的关系联带，那么他就会处于较高的心理卷入强度，如果和群体中他人关系联带不很紧密就处于较低的心理卷入强度。 本调查中，心理卷入可以理解为大学生对政治的关心程度和认知程度，政治参与的心理意愿，在行为上常常表现为政治讨论。 政治讨论在一定程度上就反映了个体的政治知识占有量，能够在很大程度上反映个体的心理卷入强度。 本问卷中与心理卷入强度相关的问题有二个，它们是：

问题一：与朋友在一起聊天的时候，你们谈论国家大事吗？

问题二：您关注今年的美国总统选举吗？

1. “谈论国家大事”统计

与朋友在一起聊天的时候，你们谈论国家大事吗

		频率	百分比	有效百分比	累积百分比
有效	经常谈论	252	6.1	6.1	6.1
	有时谈论	2531	60.8	60.9	66.9
	说不清	145	3.5	3.5	70.4
	很少谈论	1114	26.8	26.8	97.2
	从不谈论	117	2.8	2.8	100.0
	总计	4159	99.9	100.0	
缺失	系统	3	.1		
总计		4162	100.0		

从统计结果看，样本中经常谈论和有时谈论国家大事的大学生占比67%，很少谈论和从不谈论的占比29.6%，从总体上来看山东大学生平时较为关注国家大事。

谈论国家大事＊性别 交叉制表

			性别		合计	Pearson 卡方
			男	女		
谈论国家大事	经常谈论	计数	147	103	250	126.517 (p<0.001)
		性别 中的 %	10.9%	3.7%	6.0%	
	有时谈论	计数	821	1701	2522	
		性别 中的 %	61.1%	60.7%	60.8%	
	说不清	计数	64	81	145	
		性别 中的 %	4.8%	2.9%	3.5%	
	很少谈论	计数	267	847	1114	
		性别 中的 %	19.9%	30.2%	26.9%	
	从不谈论	计数	44	72	116	
		性别 中的 %	3.3%	2.6%	2.8%	
合计		计数	1343	2804	4147	
		性别 中的 %	100.0%	100.0%	100.0%	

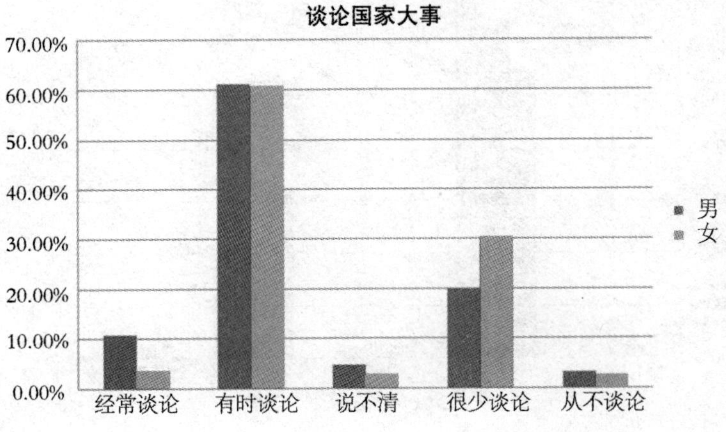

从性别来看，男生比女生更喜欢谈论国家大事。男生中经常谈论和有时谈论国家大事的占比72%，而女生是64.4%，男生比女生高7.6个百分点。男生中很少谈论和从不谈论国家大事的占比23.2%，而女生是32.8%，男生比女生低9.6个百分点。

谈论国家大事 * 年级 交叉制表

			年级			合计	Pearson 卡方
			大一	大三	研究生		
谈论国家大事	经常谈论	计数	85	117	50	252	106.383 (p<0.001)
		年级 中的 %	4.6%	7.3%	7.2%	6.1%	
	有时谈论	计数	1013	1037	481	2531	
		年级 中的 %	54.6%	64.4%	69.4%	60.9%	
	说不清	计数	71	57	17	145	
		年级 中的 %	3.8%	3.5%	2.5%	3.5%	
	很少谈论	计数	616	362	136	1114	
		年级 中的 %	33.2%	22.5%	19.6%	26.8%	
	从不谈论	计数	72	36	9	117	
		年级 中的 %	3.9%	2.2%	1.3%	2.8%	
合计		计数	1857	1609	693	4159	
		年级 中的 %	100.0%	100.0%	100.0%	100.0%	

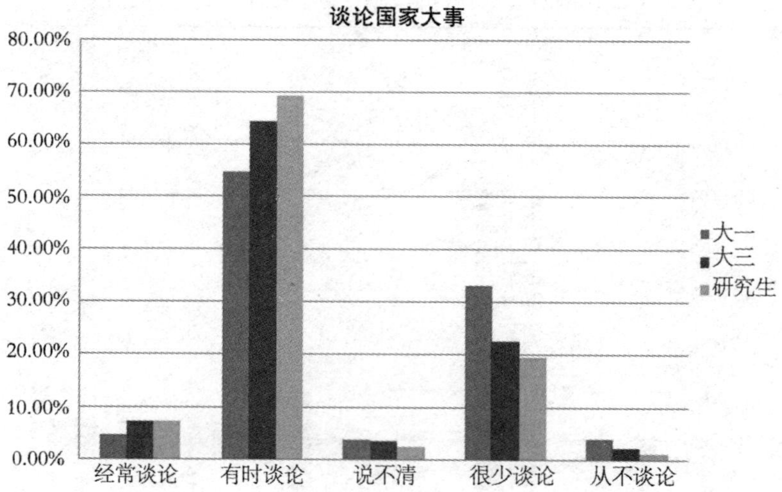

从年级看，高年级的学生比低年级的学生更喜欢谈论国家大事，年级越高这种趋势越明显。研究生中经常谈论和有时谈论国家大事的占比76.6%，大三学生是71.7%，而大一学生只有59.2%。研究生中很少谈论和从不谈论的占比20.9%，大三学生是24.7%，而大一学生高达37.1%。

还有一题与此问题有关，主要是想了解学生讨论国家大事的主题是什么，这题是：

问题三：您与他人讨论政治时，最经常的话题是（限选3项）

统计数据如下：

谈论的政治话题

	选中频率	选中百分比	平均值(E)	标准偏差
国家高层人事变动	1290	31.0	.31	.463
经济领域的改革	709	17.0	.17	.376
政治领域的改革	490	12.0	.12	.322
国家的反腐行动	982	24.0	.24	.425
社会上的维权事件	1059	25.0	.25	.436
腐败现象	1245	30.0	.30	.458
外国的重大政治事件	1573	38.0	.38	.485
中国对外关系	1506	36.0	.36	.481
国际重大活动（如东盟峰会）	1005	24.0	.24	.428
有效 N（成列）	4162			

从统计可看出，谈论较多的话题是外国重大政治事件、中国对外关系、国家高层人事变动、腐败现象，从中可看出大学生的政治关注点。

2. “关注美国选举”统计

您关注今年的美国总统选举吗

		频率	百分比	有效百分比	累积百分比
有效	非常关注	456	11.0	11.0	11.0
	比较关注	2241	53.8	53.9	64.8
	不好说	359	8.6	8.6	73.5
	不怎么关注	1028	24.7	24.7	98.2
	一点也不关注	76	1.8	1.8	100.0
	总计	4160	100.0	100.0	
缺失	系统	2	.0		
总计		4162	100.0		

有64.9%的学生非常关注和比较关注当年的美国大选，关注程度较高，说明山东大学生对于重大政治时事的关注度较高。

关注美国总统选举 * 性别 交叉制表

			性别		合计	Pearson 卡方
			男	女		
关注美国总统选举	非常关注	计数	180	273	453	41.217 (p<0.001)
		性别 中的 %	13.4%	9.7%	10.9%	
	比较关注	计数	732	1503	2235	
		性别 中的 %	54.5%	53.6%	53.9%	
	不好说	计数	104	255	359	
		性别 中的 %	7.7%	9.1%	8.7%	
	不怎么关注	计数	285	740	1025	
		性别 中的 %	21.2%	26.4%	24.7%	
	一点也不关注	计数	42	34	76	
		性别 中的 %	3.1%	1.2%	1.8%	
合计		计数	1343	2805	4148	
		性别 中的 %	100.0%	100.0%	100.0%	

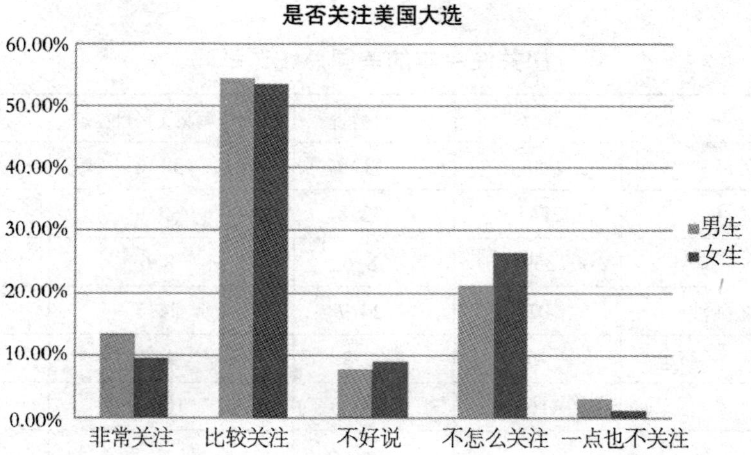

从性别看，男生比女生更关注美国的大选。男生中关注和比较关注的占比67.9%，而女生中关注和比较关注的占比63.3%，男生比女生高4.6个百分点。对于不关注，男生中不怎么关注和一点也不关注的占比24.3%，而女生中不怎么关注和一点也不关注的占比27.6%，男生比女生低3.3个百分点。

关注美国总统选举 * 年级 交叉制表

			年级			合计	Pearson 卡方
			大一	大三	研究生		
关注美国总统选举	非常关注	计数	197	197	62	456	30.212（p<0.001）
		年级 中的 %	10.6%	12.2%	8.9%	11.0%	
	比较关注	计数	963	886	392	2241	
		年级 中的 %	51.8%	55.1%	56.6%	53.9%	
	不好说	计数	151	143	65	359	
		年级 中的 %	8.1%	8.9%	9.4%	8.6%	
	不怎么关注	计数	504	352	172	1028	
		年级 中的 %	27.1%	21.9%	24.8%	24.7%	
	一点也不关注	计数	43	31	2	76	
		年级 中的 %	2.3%	1.9%	.3%	1.8%	
合计		计数	1858	1609	693	4160	
		年级 中的 %	100.0%	100.0%	100.0%	100.0%	

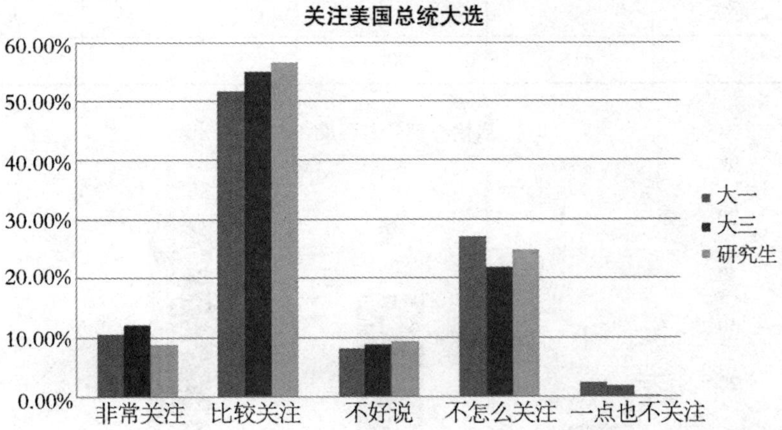

从年级看，高年级的学生比低年级的学生更关注当年的美国的总统大选。研究生中非常关注和比较关注的占比65.5%，大三学生是67.3%，而大一学生是62.4%。研究生中不怎么关注和一点不关注的占比25.1%，大三学生是23.8%，而大一学生高达29.4%。

二、政治心理卷入变量统计分析

1. 大学生政治心理卷入强度测量

本问卷心理卷入强度的度量是由问题一和问题二这两个变量整合而成。

问题一：与朋友在一起聊天的时候，你们谈论国家大事吗？

问题二：您关注今年的美国总统选举吗？

分值为1分到5分，1代表政治心理卷入强度最低，5代表政治心理卷入强度最高。

政治心理卷入强度描述统计

	数字	最小值(M)	最大值(X)	平均值(E)	标准偏差
政治心理卷入强度	4157	1.00	5.00	3.440	.8407
有效N（成列）	4157				

样本的平均值为3.44分，比中间值3分高0.44分，由此总体来说，山东省内的大学生对政治还是比较关注的。

心理卷入强度

		频率	百分比	有效百分比	累积百分比
有效	低	560	13.5	13.5	13.5
	中	1519	36.5	36.5	50.0
	高	2078	49.9	50.0	100.0
	合计	4157	99.9	100.0	
缺失	系统	5	.1		
总计		4162	100.0		

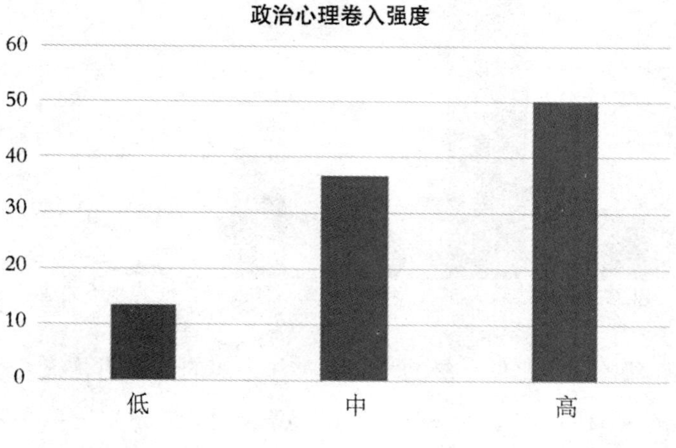

将心理卷入值分箱化，得出的结论与均值相似，山东大学生对于政治的认知和关注比较高。其中，50%的大学生属于高心理卷入强度，36.5%的大学生属于中等心理卷入强度，只有13.5%的大学生属于低心理卷入强度。

2. 不同群体的政治心理卷入强度测量

除了从整体上了解山东大学生的政治心理卷入，我们更关心不同群体间的政治心理卷入差异。谢宇教授曾说过，变异性是社会科学研究的真正本质，社会科学不是研究类型的而是研究变异和差异的。① 下面就各种不同群体的差异进行统计分析。

（1）性别差异

政治心理卷入（性别的影响）

	N	均值	标准差	标准误	均值的95%置信区间		极小值	极大值	ANOVA F
					下限	上限			
男	1342	3.55	.839	.023	3.51	3.60	1	5	36.569（p<0.001）
女	2803	3.38	.835	.016	3.35	3.42	1	5	
总数	4145	3.44	.840	.013	3.41	3.46	1	5	

从均值差异来看，山东省的男大学生和女大学生的政治心理卷入强度存在明显的差异（0.001水平上显著）。男大学生的政治心理卷入强度得分均值为3.55，女大学生的政治心理卷入得分均值为3.38，男大学生的心理卷入强度高于女大学生。

性别 * 心理卷入强度 交叉制表

			心理卷入强度			合计	Pearson 卡方
			低	中	高		
性别	男	计数	129	484	729	1342	29.953（p<0.001）
		性别 中的 %	9.6%	36.1%	54.3%	100.0%	
	女	计数	430	1033	1340	2803	
		性别 中的 %	15.3%	36.9%	47.8%	100.0%	
合计		计数	559	1517	2069	4145	
		性别 中的 %	13.5%	36.6%	49.9%	100.0%	

通过交叉分析，很明显的，高心理卷入的人群中，男生比例高于女生，高6.5个百分点；低心理卷入的人群中，女生比例比男生高，高5.7个百分点。中心理卷入的男女比例差别不大。

（2）民族差异

政治心理卷入强度（民族的影响）

	N	均值	标准差	标准误	均值的95% 置信区间		极小值	极大值	ANOVA F
					下限	上限			
汉族	3993	3.4386	.84316	.01334	3.4125	3.4648	1.00	5.00	0.305（p>0.05）
少数民族	164	3.4756	.78092	.06098	3.3552	3.5960	1.50	5.00	
总数	4157	3.4401	.84073	.01304	3.4145	3.4657	1.00	5.00	

① 谢宇:《社会学方法与定量研究》,社会科学文献出版社2006年版,第15页。

从民族来看，样本统计值中，少数民族的政治心理卷入强度要高于汉族，但是F检验没有通过，说明山东大学生中，汉族和少数民族学生的心理卷入强度没有显著性差异。

（3）独生子女与非独生子女的差异

独生子女群体是我国计划生育政策的独特产物，很多研究表明，独生子女群体有着区别性的特质，那这一群体在政治心态领域是否存在差异？ 数据表明，在政治心态诸多方面，独生子女与非独生子女确实存在显著性的差异，下面是对政治心理卷入方面进行的组间差异分析。

政治心理卷入强度（独生子女的影响）

	是否是独生子女	数字	平均值(E)	标准偏差	标准误差平均值	T－test
政治心理卷入强度	是	1736	3.4951	.84819	.02036	3.504（p<0.001）
	否	2406	3.4025	.83227	.01697	

统计表明，独生子女的大学生和非独生子女的大学生政治心理卷入强度存在显著性差异，在0.001水平上显著。 独生子女的大学生政治心理卷入强度得分均值为3.50分，非独生子女的大学生政治心理卷入强度得分均值为3.40分，独生子女的大学生的心理卷入强度要高于非独生子女的大学生。

是否是独生子女＊ 心理卷入强度 交叉制表

			心理卷入强度			合计	Pearson 卡方
			低	中	高		
是否是独生子女	是	计数	211	603	922	1736	12.082（p<0.01）
		百分比	12.2%	34.7%	53.1%	100.0%	
	否	计数	344	913	1149	2406	
		百分比	14.3%	37.9%	47.8%	100.0%	
合计		计数	555	1516	2071	4142	
		百分比	13.4%	36.6%	50.0%	100.0%	

从交叉分析来看，独生子女大学生在高心理卷入强度方面占比要比非独生子女大学生高5.3个百分比；独生子女大学生在低心理卷入强度方面占比要比非独生子女大学生低2.1个百分比，这也说明了独生子女大学生在政治心理卷入方面比非独生子女大学生强度要高，不过差异不是特别大。

（4）户口差异

中华人民共和国以来由于特殊的户籍政策形成的城乡二元结构，深刻影响了中国社会，出身于城乡的个体在诸多方面存在明显的差异，所以，户口作为一个重要的自变量，在政治心态研究中也是不可或缺的。

政治心理卷入强度（户口属性的影响）

	户口属性	数字	平均值(E)	标准偏差	标准误差平均值	T－test
政治心理卷入强度	农业	2521	3.4086	.83718	.01667	－3.101
	非农业	1622	3.4914	.84132	.02089	（p＜0.01）

从户口属性来看，来自城市和来自农村的大学生的政治心理卷入强度存在显著性差异，在0.01水平上显著。农业户口的大学生政治心理卷入强度得分均值为3.41，非农业户口的大学生政治心理卷入强度得分均值为3.49分，非农业户口的大学生的心理卷入强度要高于农业户口的大学生。也可以说，城市来的学生比农村来的学生对于政治更加关注。

户口属性＊ 心理卷入强度 交叉制表

			心理卷入强度			合计	Pearson 卡方
			低	中	高		
户口属性	农业	计数	359	943	1219	2521	8.005（p＜0.05）
		百分比	14.2%	37.4%	48.4%	100.0%	
	非农业	计数	197	572	853	1622	
		百分比	12.1%	35.3%	52.6%	100.0%	
合计		计数	556	1515	2072	4143	
		百分比	13.4%	36.6%	50.0%	100.0%	

根据交叉分析，来自城市的学生在高心理卷入方面的占比比来自农村的学生高4.2个百分点，在低心理卷入方面低2.1个百分点。也说明，来自城市的学生比来自农村的学生更关注政治。

（5）家庭所在地差异

从另外一个变量“家庭所在地”，也可以看出中国城乡二元社会所带来的差异性，家庭所在地我们分为六个等级，分别是“直辖市、省会城市、地级市、县城、镇区、农村”，按这种分级，其中的公共服务、物质设施、文化设施依次降低。为使得数据更加聚集，我们将六个等级的变量修改为三个等级，“直辖市、省会城市、地级市”为一级，“县城、镇区”为一级，“农村”为一级，统计数据分别如下。

政治心理卷入强度（家庭所在地的影响）

	N	平均值	标准差	标准误	平均值 95% 置信区间		最小值	最大值	ANOVA F
					下限值	上限			
直辖市	95	3.5158	.81689	.08381	3.3494	3.6822	1.50	5.00	8.268 (p<0.001)
省会城市	263	3.6825	.76102	.04693	3.5901	3.7749	1.50	5.00	
地级城市	790	3.5101	.84128	.02993	3.4514	3.5689	1.00	5.00	
县城	804	3.4366	.81224	.02865	3.3803	3.4928	1.00	5.00	
镇区	400	3.4550	.84172	.04209	3.3723	3.5377	1.00	5.00	
农村	1782	3.3692	.85503	.02025	3.3295	3.4090	1.00	5.00	
总计	4134	3.4409	.84001	.01306	3.4152	3.4665	1.00	5.00	

从家庭所在地来对比，也验证了户口分组的结论，城市来的学生明显比农村来的学生对于政治更加关注。其中家庭所在地为省会城市的大学生政治心理卷入强度得分最高，家庭所在地为农村的大学生政治心理卷入强度得分最低，两者差异明显。从表中数据也可看出，家庭所在地为省会城市的学生的政治心理卷入强度和家庭所在地为地级城市、县城、镇区和农村的大学生存在显著差异，整体呈现出家庭所在地等级越高，政治心理卷入强度越高。这说明地域因素对于大学生的政治认知有明显的影响。

政治心理卷入强度（家庭所在地的影响）

	N	均值	标准差	标准误	均值的 95% 置信区间		极小值	极大值	ANOVA F
					下限	上限			
农村	1782	3.3692	.85503	.02025	3.3295	3.4090	1.00	5.00	16.304 (p<0.001)
县城镇区	1204	3.4427	.82185	.02369	3.3962	3.4892	1.00	5.00	
地级以上城市	1148	3.5501	.82404	.02432	3.5024	3.5978	1.00	5.00	
总数	4134	3.4409	.84001	.01306	3.4152	3.4665	1.00	5.00	

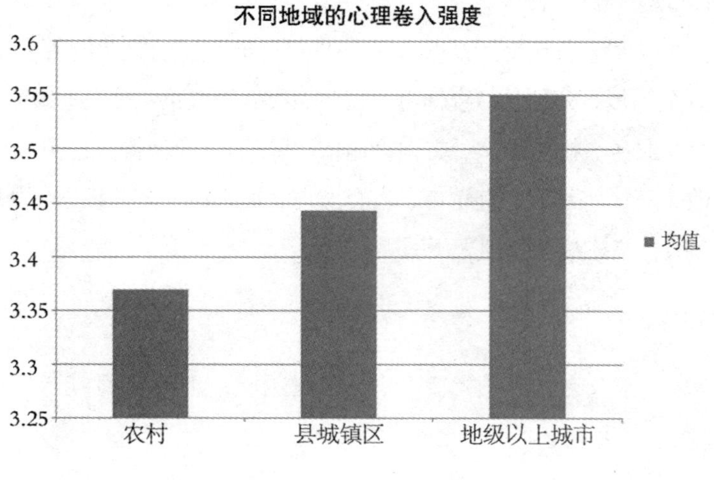

将家庭所在地分为三等级，统计结果分布更为清晰，家庭所在地等级越高，其学生的政治心理卷入强度越高。

（6）政治面貌差异

我们调查也发现，学生的政治面貌和角色对于心理卷入也有相关性。 如下两表所示：

政治心理卷入强度（中共党员的影响）

	中共党员	数字	平均值(E)	标准偏差	标准误差平均值	T - test
政治心理卷入强度	非中共党员	3906	3.4263	.84485	.01352	-4.722
	中共党员	242	3.6591	.73762	.04742	($p<0.001$)

党员学生的心理卷入强度明显高于非党员学生，也就是说，党员学生参与政治的热情更高。 这一数据符合我们常识，大学中入党积极分子多是学生中班级事务的热情参与者，学生组织活动的积极分子，通常也是学习优异者，这类学生的政治参与热情一般较高。

政治心理卷入强度（学生机构角色的影响）

	学生机构角色	数字	平均值(E)	标准偏差	标准误差平均值	t - test
心理卷入强度	干部	1167	3.6195	.78939	.02311	7.633
	普通成员	2310	3.3939	.83943	.01747	($p<0.001$)

同样道理，在学生组织或机构担任学生干部的学生，其政治心理卷入强度也明显高过普通学生，这在我们的统计中，也具有统计学上显著性的差异。

（7）宗教信仰差异

从宗教信仰来看，样本统计值中，有宗教信仰的学生的政治心理卷入强度要高于没有宗教信仰的学生，但是F检验没有通过，说明山东大学生中，有宗教信仰和无宗教信仰的学生的心理卷入强度没有显著性差异。

政治心理卷入强度（宗教信仰的影响）

	N	均值	标准差	标准误	均值的95%置信区间		极小值	极大值	ANOVA F
					下限	上限			
无	3950	3.4358	.84009	.01337	3.4096	3.4620	1.00	5.00	1.758
有	191	3.5183	.83567	.06047	3.3991	3.6376	1.00	5.00	($p>0.05$)
总数	4141	3.4396	.83996	.01305	3.4140	3.4652	1.00	5.00	

（8）学校层次差异

政治心理卷入强度（学校层次的影响）

	N	均值	标准差	标准误	均值的95%置信区间		极小值	极大值	ANOVA F
					下限	上限			
985高校	960	3.5839	.79689	.02572	3.5334	3.6343	1.00	5.00	12.992（p<0.001）
一本院校	2269	3.3920	.85063	.01786	3.3570	3.4270	1.00	5.00	
普通院校	928	3.4089	.84478	.02773	3.3545	3.4634	1.00	5.00	
总数	4157	3.4401	.84073	.01304	3.4145	3.4657	1.00	5.00	

从学校层次来看，985高校的心理卷入强度要明显高于一本院校和普通院校，而一本院校和普通院校差别不大。也就是说，985学校的学生更关注政治。

学校层次 * 心理卷入强度 交叉制表

			心理卷入强度			合计	Pearson 卡方
			低	中	高		
学校层次	985高校	计数	83	336	541	960	35.049（p<0.001）
		学校层次中的%	8.6%	35.0%	56.4%	100.0%	
	一本院校	计数	344	820	1105	2269	
		学校层次中的%	15.2%	36.1%	48.7%	100.0%	
	普通院校	计数	133	363	432	928	
		学校层次中的%	14.3%	39.1%	46.6%	100.0%	
合计		计数	560	1519	2078	4157	
		学校层次 中的%	13.5%	36.5%	50.0%	100.0%	

通过交叉分析，可明显看出，在高心理卷入群体中，学校层次越高，其比例越高，985高校比普通院校高9.8个百分点。低心理卷入群体中，985高校的比例低于一本院校和普通院校。

（9）父母职业差异

父母职业作为自变量，对于大学生的政治心态也有显著性的影响，统计数据如下：

政治心理卷入强度（父亲职业等级的影响）

	N	均值	标准差	标准误	均值的95%置信区间		极小值	极大值	ANOVA F
					下限	上限			
低	1974	3.4189	.83709	.01884	3.3820	3.4559	1.00	5.00	7.889（P<0.001）
中下	412	3.3471	.83617	.04120	3.2661	3.4281	1.00	5.00	
中	872	3.4220	.84213	.02852	3.3660	3.4780	1.00	5.00	
中上	396	3.5505	.83664	.04204	3.4678	3.6332	1.00	5.00	
高	415	3.6145	.82065	.04028	3.5353	3.6936	1.00	5.00	
总数	4069	3.4451	.83921	.01316	3.4193	3.4709	1.00	5.00	

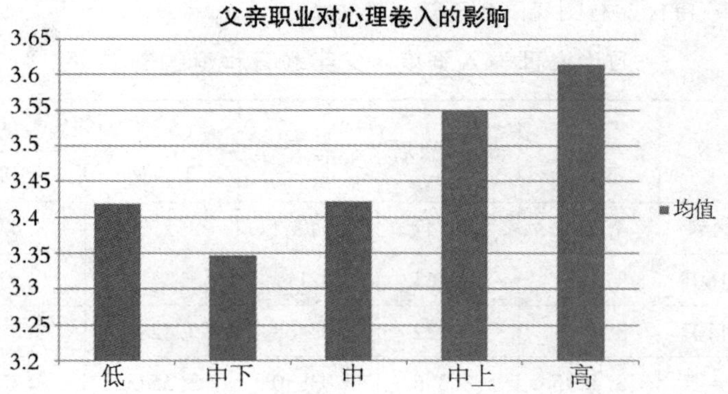

从父亲职业等级来看，从中下层级向上，父亲的职业等级越高，其心理卷入强度越强，而低等级的数值与中等级的相差不多。

政治心理卷入强度（母亲职业等级的影响）

	N	均值	标准差	标准误	均值的 95% 置信区间		极小值	极大值	ANOVA F
					下限	上限			
低	2188	3.4024	.84157	.01799	3.3671	3.4377	1.00	5.00	3.995 (P<0.01)
中下	384	3.4492	.81478	.04158	3.3675	3.5310	1.00	5.00	
中	687	3.4607	.81882	.03124	3.3994	3.5220	1.00	5.00	
中上	255	3.5569	.88163	.05521	3.4481	3.6656	1.00	5.00	
高	351	3.5513	.85286	.04552	3.4618	3.6408	1.00	5.00	
总数	3865	3.4411	.83999	.01351	3.4146	3.4676	1.00	5.00	

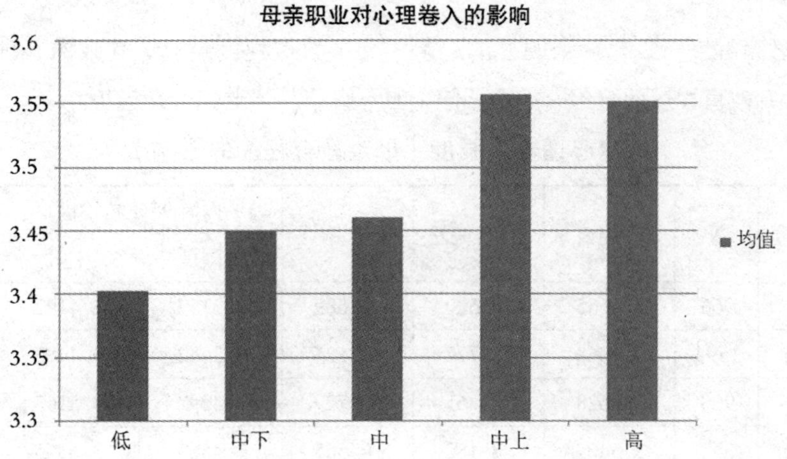

从母亲职业等级来看，其分布趋势很明显，就是母亲职业等级越高，其心理卷入强度越高。

（10）父母教育程度差异

父母的教育程度也是非常重要的自变量，对于政治心态有重要影响。 数据表明，心理卷入强度与父母的教育程度有明显的相关性，如下表所示：

政治心理卷入强度（父亲教育程度的影响）

父亲教育程度	N	平均值	标准 偏差	标准 错误	平均值 95% 置信区间		ANOVA F
					下限值	上限	
小学及以下	454	3.3502	.86547	.04062	3.2704	3.4300	10.994（p<0.001）
初中或相当	1607	3.3827	.84865	.02117	3.3412	3.4242	
高中或相当	1107	3.4765	.82122	.02468	3.4281	3.5249	
大专或相当	440	3.4295	.80335	.03830	3.3543	3.5048	
本科及以上	522	3.6370	.82541	.03613	3.5660	3.7079	
总计	4130	3.4414	.83962	.01307	3.4158	3.4670	

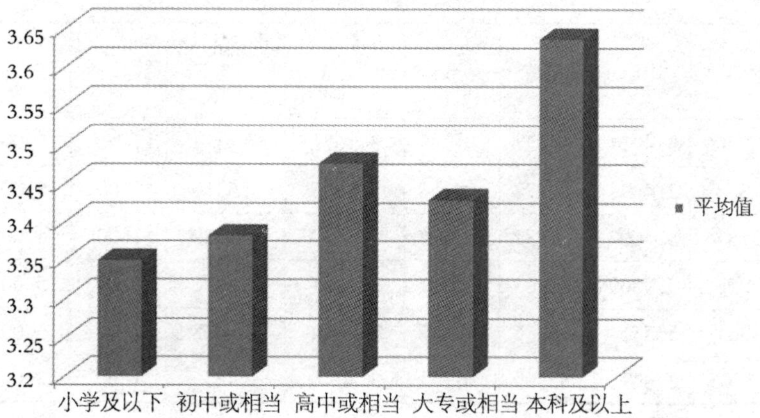

从父亲教育程度看，有一个明显的趋势，父亲教育程度越高，其政治心理卷入强度越高。 虽然大专教育程度的分组有一个凹陷，但不影响总体上的上升趋势。

政治心理卷入强度（母亲教育程度的影响）

母亲教育程度	N	平均值	标准 偏差	标准 错误	平均值 95% 置信区间		ANOVA F
					下限值	上限	
小学及以下	966	3.3665	.83590	.02689	3.3137	3.4192	9.743（P<0.001）
初中或相当	1594	3.4068	.84777	.02123	3.3652	3.4485	
高中或相当	900	3.4628	.81865	.02729	3.4092	3.5163	
大专或相当	332	3.5467	.83182	.04565	3.4569	3.6365	
本科及以上	333	3.6592	.82518	.04522	3.5702	3.7481	
总计	4125	3.4412	.83915	.01307	3.4156	3.4668	

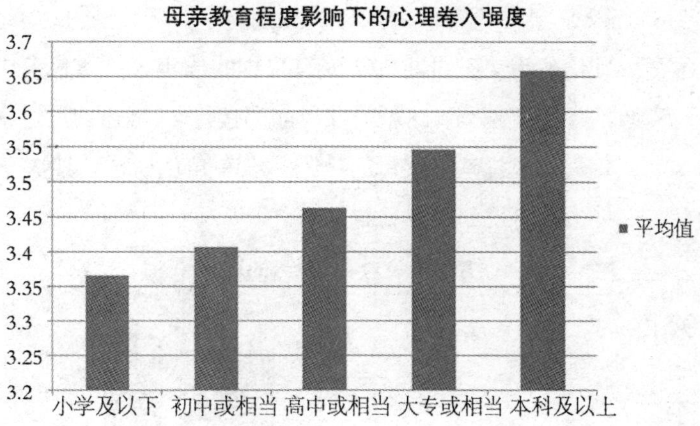

从母亲教育程度看，其分布的趋势非常明显，就是母亲教育程度越高，其政治心理卷入强度也越高。

从上面的数据可看出，父母最高教育水平为本科及以上的大学生的政治心理卷入强度和那些父母最高教育水平为小学及以下、初中或相当、高中或相当的大学生存在显著差异，父母最高教育水平为本科及以上的大学生的政治心理卷入强度更高，同时呈现出父母最高教育水平越高，政治心理卷入强度越高的趋势。

（11）家庭社会经济地位差异

用合成变量“家庭社会经济地位”来分析心理卷入强度，可看出两者有明显相关性。

政治心理卷入强度（家庭社会经济地位的影响）

	N	平均值	标准偏差	标准偏误	平均值95%置信区间		最小值	最大值	ANOVA F
					下限值	上限			
下层	1734	3.3942	.84515	.02030	3.3544	3.4340	1.00	5.00	8.635（p<0.001）
中下层	808	3.4140	.83731	.02946	3.3562	3.4718	1.00	5.00	
中层	560	3.4321	.82927	.03504	3.3633	3.5010	1.00	5.00	
中上层	353	3.5935	.78952	.04202	3.5108	3.6761	1.50	5.00	
上层	367	3.6185	.85026	.04438	3.5313	3.7058	1.00	5.00	
总计	3822	3.4439	.84002	.01359	3.4172	3.4705	1.00	5.00	

从上表数据可看出，家庭地位越高的学生，他的心理卷入强度越高，特别是中上层的数值与中下层的相比，其差别更加明显。也就是说，家庭出身（或说家庭条件）越好的学生越关心政治。这与美国学者对于美国学生的研究结论是一致的，他们证实：政治参与的阶级鸿沟是跨越代际而积累的，因为孩子从父母那里所继承的不只是社会经济地位，还包括政治参与的意愿和能力。帕特南提到：“政治参与有继承性，这种特质包括了一种双重打击。首先，受教育程度高的父母更有可能参与政治，孩子们成长于这样的家庭环境，耳濡目染，自

然也就对政治参与更有兴趣。这就是政治参与的直接传承。但还不仅如此，孩子若出生在受教育程度高的家庭，则他们也更有可能成长为有教养的成年人，而长大成人后，受教育程度越高，也就意味着政治参与度越高，这就是父母的间接传承。道理反过来也同样成立：小孩子如果出身卑微，则首先在家里缺乏父母的熏陶，没有角色榜样，其次受限于自身有限的教育程度，政治参与的能力和意愿自然是低之又低。”①

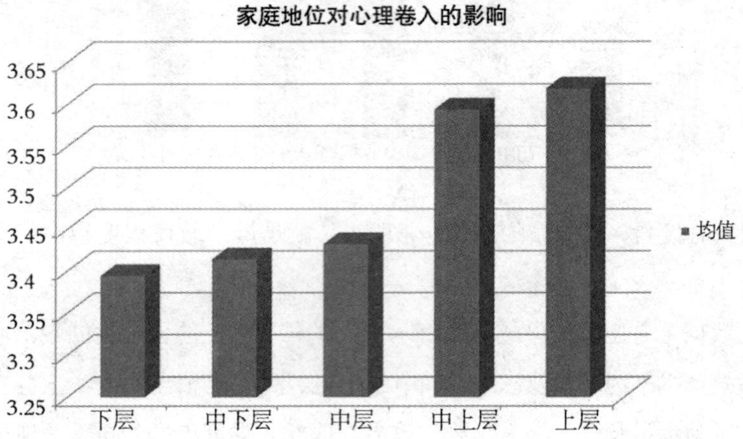

（12）专业年级差异

专业和年级也是我们需要考察的变量。因为，专业不同，学生所处的环境就不一样，或者说，学生所处的“场域”不同，布迪厄指出在高度分化的社会里，社会世界是由大量具有相对自主性的社会小世界构成的，这些社会小世界就是具有自身逻辑和必然性的客观关系的空间，而这些小世界自身特有的逻辑和必然性也不可化约成支配其他场域运作的那些逻辑和必然性。② 学生在这些不同的场域之中，所受到群体的影响也不一样，结果就是其政治心态也会有不同，数据统计结果支持了我们的看法。另外，年级也是一影响因素，大一的学生刚进入高校，受高校环境的影响较小，与大三、研究生所受影响不同，另外，年龄因素也是原因，高年级的学生更加成熟，政治认知也自然不同。

政治心理卷入强度（专业的影响）

	专业	数字	平均值(E)	标准偏差	标准误差平均值	T - test
政治心理卷入强度	理科	1757	3.3210	.86585	.02066	-7.793
	文科	2400	3.5273	.81102	.01655	(p<0.001)

上表说明文科学生的心理卷入强度明显高于理科学生，这与我们的日常印象相一致，文

① 罗伯特·帕特南：《我们的孩子》，田雷、宋昕译，中国政法大学出版社2017年版，第265页。
② 皮埃尔·布迪厄：《实践与反思》，李猛、李康译，中央编译出版社1998年版，第131～140页。

科生受学业影响，对于社会的关注更多一些，在政治上自然卷入更深。 而理科学生专业面对的是自然世界，所思所学多是自然科学领域的事物，对于社会、政治关注相对较少。

政治心理卷入强度（年级的影响）

	N	平均值	标准偏差	标准错误	平均值 95% 置信区间		最小值	最大值	ANOVA F
					下限值	上限			
大一	1857	3.3207	.87739	.02036	3.2807	3.3606	1.00	5.00	34.595 ($p<0.001$)
大三	1608	3.5295	.81172	.02024	3.4898	3.5692	1.00	5.00	
研究生	692	3.5527	.76257	.02899	3.4958	3.6097	1.50	5.00	
总计	4157	3.4401	.84073	.01304	3.4145	3.4657	1.00	5.00	

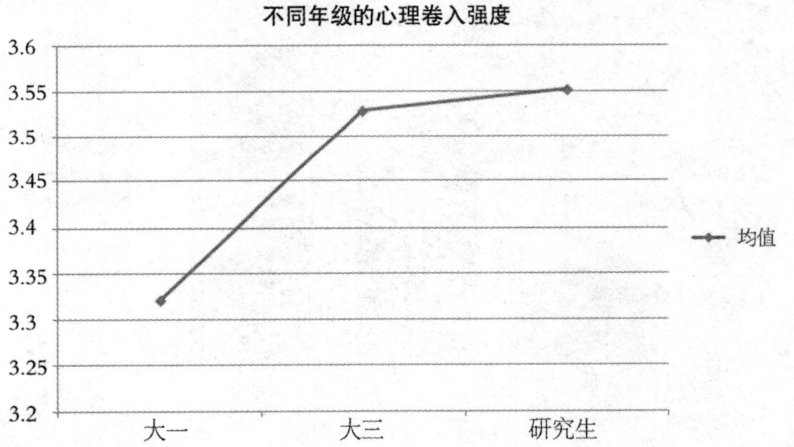

从年级来看，数据显示随着年级升高，学生的心理卷入强度也在提升，也就是说高年级的同学比低年级的同学更关注政治。

（13）消费水平差异

政治心理卷入强度（消费水平的影响）

	N	均值	标准差	标准误	均值的 95% 置信区间		极小值	极大值	ANOVA F
					下限	上限			
低	225	3.4378	.87277	.05818	3.3231	3.5524	1.50	5.00	3.452 ($p<0.05$)
中	3464	3.4262	.83455	.01418	3.3984	3.4540	1.00	5.00	
高	458	3.5360	.86780	.04055	3.4563	3.6157	1.00	5.00	
总数	4147	3.4390	.84088	.01306	3.4134	3.4646	1.00	5.00	

从消费水平来看，高消费层次的学生的政治心理卷入强度要高于中低消费层次的学生。

消费层次 * 心理卷入强度 交叉制表

			心理卷入强度			合计	Pearson 卡方
			低	中	高		
消费层次	低	计数	34	84	107	225	9.076 (p<0.05)
		消费层次 中的 %	15.1%	37.3%	47.6%	100.0%	
	中	计数	470	1289	1705	3464	
		消费层次 中的 %	13.6%	37.2%	49.2%	100.0%	
	高	计数	56	144	258	458	
		消费层次 中的 %	12.2%	31.4%	56.3%	100.0%	
合计		计数	560	1517	2070	4147	
		消费层次 中的 %	13.5%	36.6%	49.9%	100.0%	

心理卷入强度（消费水平的影响）

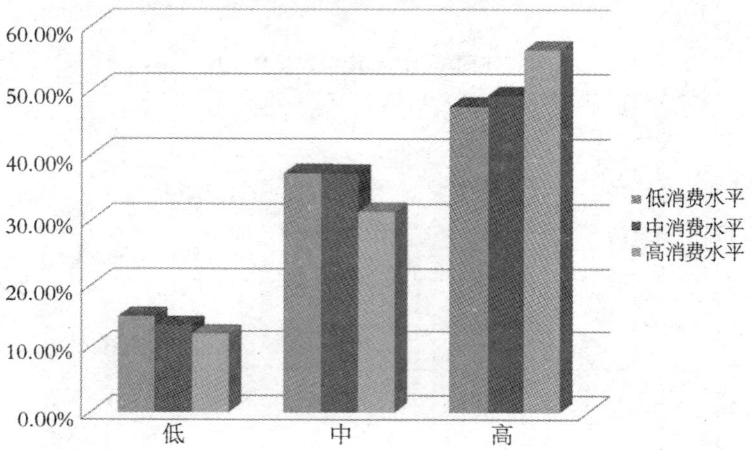

通过交叉分析，可明显看出，在高心理卷入强度的群体中，随着消费层次越高，其比例越高。 在低心理卷入强度的群体中，随着消费层次越高，其比例越低。

三、小结

山东省大学生的政治心理卷入强度高于一般水平，分值达到 3.44 分（5 分制），总的说来，山东大学生较为关注政治。

从不同的分组来考察，我们发现，不同分组之间存在明显的差异，这些差异总结如下：

◆从性别来看，男大学生的心理卷入强度高于女大学生。

◆从民族来看，汉族和少数民族学生的心理卷入强度没有显著性差异。

◆从是否独生子女来看，独生子女的大学生的心理卷入强度要高于非独生子女的大学生。

◆从户口属性来看，非农业户口的大学生的心理卷入强度要高于农业户口的大学生。

◆从家庭所在地来看，城市来的学生明显比农村来的学生的心理卷入强度要高。

◆从政治面貌看，党员学生的心理卷入强度明显高于非党员学生。

◆从是否学生干部来看，担任学生干部的学生，其政治心理卷入强度也明显高过普通学生。

◆从宗教信仰来看，有宗教信仰和无宗教信仰的学生的心理卷入强度没有显著性差异。

◆从学校层次来看，985 高校学生的心理卷入强度要明显高于一本院校和普通院校的学生，而一本院校和普通院校差别不大。

◆从父亲职业来看，父亲的职业等级越高，其心理卷入强度越强。

◆从母亲职业来看，母亲的职业等级越高，其心理卷入强度越强。

◆从父亲教育程度来看，父亲教育程度越高，其政治心理卷入强度越高。

◆从母亲教育程度来看，母亲教育程度越高，其政治心理卷入强度越高。

◆从家庭经济社会地位来看，家庭地位越高的学生，他的心理卷入强度越高。

◆从专业来看，文科学生的心理卷入强度明显高于理科学生。

◆从年级来看，高年级的学生的心理卷入强度高于低年级的学生。

◆从学生的消费水平来看，高消费层次的学生的政治心理卷入强度要高于中低消费层次的学生。

第四章　民主信念的统计分析

“民主”是一个含义极丰富而具有巨大诠释弹性的词语，它既指涉制度架构，也指涉信仰理念，甚至代表一种态度。 当代学者梳理各种民主的概念，将民主分为自由民主、民本民主和直接民主等类型。 本次调查目的不是厘清民主的类型，不是了解大学生如何定义民主，或者说他们认为民主究竟是什么？ 而主要目的想了解当代我国大学生在模糊概念之下对于民主信念的态度。 本部分包括两个量表和四个问题，分别测量大学生的民主偏好、民主价值支持度以及对现实民主发展的看法。

一、民主信念的单变量描述统计

1. 对美国两党竞选民主制的看法

（1）统计分布

美国作为选举民主的代表国家，我们通过下面情景式问题的设置，来测量大学生对于竞争性的两党选举民主制度的看法。 问题如下：

在美国，有两个大的政党，每过几年搞一次竞选。 您觉得中国今后应不应该向这个方向发展？

对于这个问题，统计结果如下：

		频率	百分比	有效百分比	累积百分比
有效	不应该	3060	73.5	74.3	74.3
	应该	776	18.6	18.8	93.2
	其他	281	6.8	6.8	100.0
	总计	4117	98.9	100.0	
缺失	系统	45	1.1		
总计		4162	100.0		

数据显示，样本中总体上高达74.3%的被调查学生不认同竞争性的两党选举民主制度，只有18.8%的学生认为中国应该学习美国的两党竞选。

（2）性别的差异

性别＊ 是否学习美国两党竞选 交叉制表

			是否学习美国两党竞选			合计	Pearson 卡方
			不应该	应该	其他		
性别	男	计数	987	261	80	1328	2.43 ($p>0.05$)
		性别 中的 %	74.3%	19.7%	6.0%	100.0%	
	女	计数	2066	512	199	2777	
		性别 中的 %	74.4%	18.4%	7.2%	100.0%	
合计		计数	3053	773	279	4105	
		性别 中的 %	74.4%	18.8%	6.8%	100.0%	

从性别来看，样本的统计数据中，男生对于美国两党竞选制度的支持率要高于女生，不过，卡方检验没有通过，说明山东大学生中，男生和女生对于这一问题的态度没有显著性差别。

（3）民族的差异

民族＊ 是否学习美国的两党竞选 交叉制表

			是否学习美国的两党竞选			合计	Pearson 卡方
			不应该	应该	其他		
民族	汉族	计数	2941	743	271	3955	0.33 ($p>0.05$)
		民族 中的 %	74.4%	18.8%	6.9%	100.0%	
	少数民族	计数	119	33	10	162	
		民族 中的 %	73.5%	20.4%	6.2%	100.0%	
合计		计数	3060	776	281	4117	
		民族 中的 %	74.3%	18.8%	6.8%	100.0%	

从民族来看，样本中汉族学生比少数民族学生更不支持中国学习美国的两党竞选，但差异很小。然而，从山东大学生整体来看，卡方检验没有通过，说明在山东大学生中，汉族学生和少数民族学生在对这一问题的态度没有明显差异。

（4）是否是独生子女的差异

是否是独生子女 * 是否学习美国的两党竞选 交叉制表

			是否学习美国的两党竞选			合计	Pearson 卡方
			不应该	应该	其他		
是否是独生子女	是	计数	1265	337	117	1719	1.279（p >0.05）
		百分比	73.6%	19.6%	6.8%	100.0%	
	否	计数	1786	434	163	2383	
		百分比	74.9%	18.2%	6.8%	100.0%	
合计		计数	3051	771	280	4102	
		百分比	74.4%	18.8%	6.8%	100.0%	

单从样本数据来看，为独生子女的学生更支持美国的两党竞争制，但从总体看，卡方检验没有通过，就是说山东大学生中独生子女和非独生子女对此问题的态度没有明显差别。

（5）户口的差异

学习美国两党选举（户口属性的影响）

			是否学习美国选举			总计	Pearson 卡方
			不应该	应该	其他		
户口属性	农业	计数	1888	442	165	2495	5.982（p <0.05）
		百分比	75.7%	17.7%	6.6%	100.0%	
	非农业	计数	1163	330	115	1608	
		百分比	72.3%	20.5%	7.2%	100.0%	
总计		计数	3051	772	280	4103	
		百分比	74.4%	18.8%	6.8%	100.0%	

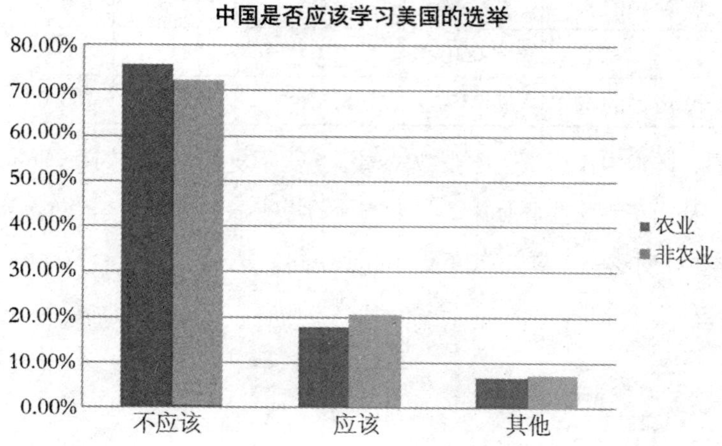

如果以户口属性进行交叉分析，如下表所示，我们可清楚地看到，非农业户口的学生对

于两党选举制的支持明显高于农业户口的学生（在0.05水平上显著）。而两者不支持率都大于70%，说明不支持者占主流。

（6）家庭所在地的差异

家庭所在地＊学习美国两党选举 交叉制表

			学习美国两党选举			总计	Pearson 卡方
			不应该	应该	其他		
家庭所在地	农村	计数	1338	307	120	1765	6.006（p＞0.05）
		百分比	75.8%	17.4%	6.8%	100.0%	
	县城镇区	计数	885	229	77	1191	
		百分比	74.3%	19.2%	6.5%	100.0%	
	城市	计数	820	236	82	1138	
		百分比	72.1%	20.7%	7.2%	100.0%	
合计		计数	3043	772	279	4094	
		百分比	74.3%	18.9%	6.8%	100.0%	

从家庭所在地来看，样本数据的交叉表中可明显看出，城市地区的学生支持两党制的比率高于乡村地区的学生，而不同意美国两党竞选的学生中，农村地区支持率最高。不过，卡方检验没有通过，说明，山东大学生在这一问题上，无论家在城市还是农村的学生没有显著性差异。

（7）政治面貌的差异

政治面貌＊是否学习美国两党竞选 交叉制表

			是否学习美国两党竞选			总计	Pearson 卡方
			不应该	应该	其他		
政治面貌	非中共党员	计数	2873	735	260	3868	2.141（p＞0.05）
		政治面貌 中的 %	74.3%	19.0%	6.7%	100.0%	
	中共党员	计数	182	38	20	240	
		政治面貌 中的 %	75.8%	15.8%	8.3%	100.0%	
合计		计数	3055	773	280	4108	
		政治面貌 中的 %	74.4%	18.8%	6.8%	100.0%	

从政治面貌来看，样本的统计数据可看出，党员对于美国两党竞选制度的支持率要低于非党员，不过，卡方检验没有通过，说明山东大学生中，党员和非党员对于这一问题的态度没有显著性差别。

学生机构的角色＊ 是否学习美国的两党竞选 交叉制表

			是否学习美国两党竞选			总计	Pearson 卡方
			不应该	应该	其他		
学生机构的角色	干部	计数	868	203	92	1163	2.719 (p>0.05)
		百分比	74.6%	17.5%	7.9%	100.0%	
	普通成员	计数	1700	434	152	2286	
		百分比	74.4%	19.0%	6.6%	100.0%	
合计		计数	2568	637	244	3449	
		百分比	74.5%	18.5%	7.1%	100.0%	

从学生是否是学生干部来看，样本的统计数据可看出，学生干部对于美国两党竞选制度的支持率要低于普通学生，不过，卡方检验没有通过，说明山东大学生中，学生干部和普通学生对于这一问题的态度没有显著性差别。

（8）宗教信仰的差异

是否有宗教信仰＊ 是否学习美国的两党竞选 交叉制表

			是否学习美国的两党竞选			合计	Pearson 卡方
			不应该	应该	其他		
是否有宗教信仰	无	计数	2922	723	267	3912	5.701 (p>0.05)
		是否有宗教信仰 中的 %	74.7%	18.5%	6.8%	100.0%	
	有	计数	130	48	11	189	
		是否有宗教信仰 中的 %	68.8%	25.4%	5.8%	100.0%	
合计		计数	3052	771	278	4101	
		是否有宗教信仰 中的 %	74.4%	18.8%	6.8%	100.0%	

从宗教信仰来看，样本数据中，没有宗教信仰的学生更不支持美国的两党竞选制度，但从总体看，卡方检验没有通过，说明山东大学生中，有宗教信仰和没有宗教信仰的学生对此问题的态度没有显著性差别。

（9）学校层次的差异

从学校层次看，一本院校对于美国的两党竞选制度支持率最高，比 985 学校的学生高 4 个百分点，比普通院校的学生高 3.8 个百分点，而 985 高校和普通院校差别不大。

学校层次＊ 是否学习美国的两党竞选 交叉制表

			是否学习美国的两党竞选			合计	Pearson 卡方
			不应该	应该	其他		
学校层次	985高校	计数	722	157	68	947	5.701（p<0.05）
		学校层次 中的 %	76.2%	16.6%	7.2%	100.0%	
	一本院校	计数	1635	464	151	2250	
		学校层次 中的 %	72.7%	20.6%	6.7%	100.0%	
	普通院校	计数	703	155	62	920	
		学校层次 中的 %	76.4%	16.8%	6.7%	100.0%	
合计		计数	3060	776	281	4117	
		学校层次 中的 %	74.3%	18.8%	6.8%	100.0%	

（10）父母职业的差异

父亲职业等级＊ 是否学习美国的两党竞选 交叉制表

			是否学习美国的两党竞选			合计	Pearson 卡方
			不应该	应该	其他		
父亲职业等级	低	计数	1467	351	136	1954	10.386（p>0.05）
		父亲职业等级 中的 %	75.1%	18.0%	7.0%	100.0%	
	中下	计数	291	96	18	405	
		父亲职业等级 中的 %	71.9%	23.7%	4.4%	100.0%	
	中	计数	645	162	59	866	
		父亲职业等级 中的 %	74.5%	18.7%	6.8%	100.0%	
	中上	计数	285	76	30	391	
		父亲职业等级 中的 %	72.9%	19.4%	7.7%	100.0%	
	高	计数	306	80	27	413	
		父亲职业等级 中的 %	74.1%	19.4%	6.5%	100.0%	
合计		计数	2994	765	270	4029	
		父亲职业等级 中的 %	74.3%	19.0%	6.7%	100.0%	

从父亲职业来看，样本的统计数据可看出，父亲职业等级为中下级的学生对于美国两党竞选制度的支持率最高，父亲职业等级为下级的学生对于美国两党竞选制度的支持率最低。不过，卡方检验没有通过，说明山东大学生中，其父亲职业等级不同的学生对于这一问题的态度没有显著性差别。

母亲职业等级 * 是否学习美国的两党竞选 交叉制表

			是否学习美国的两党竞选			合计	Pearson 卡方
			不应该	应该	其他		
母亲职业等级	低	计数	1621	396	151	2168	9.33 (p >0.05)
		母亲职业等级 中的 %	74.8%	18.3%	7.0%	100.0%	
	中下	计数	281	79	19	379	
		母亲职业等级 中的 %	74.1%	20.8%	5.0%	100.0%	
	中	计数	501	125	55	681	
		母亲职业等级 中的 %	73.6%	18.4%	8.1%	100.0%	
	中上	计数	177	60	16	253	
		母亲职业等级 中的 %	70.0%	23.7%	6.3%	100.0%	
	高	计数	261	67	20	348	
		母亲职业等级 中的 %	75.0%	19.3%	5.7%	100.0%	
合计		计数	2841	727	261	3829	
		母亲职业等级 中的 %	74.2%	19.0%	6.8%	100.0%	

从母亲职业来看，样本的统计数据可看出，母亲职业等级为中上级的学生对于美国两党竞选制度的支持率最高，母亲职业等级为下级的学生对于美国两党竞选制度的支持率最低。不过，卡方检验没有通过，说明山东大学生中，其母亲职业等级不同的学生对于这一问题的态度没有显著性差别。

（11）父母教育程度的差异

父亲教育程度 * 是否学习美国的两党竞选 交叉制表

			是否学习美国的两党竞选			合计	Pearson 卡方
			不应该	应该	其他		
父亲教育程度	小学及以下	计数	326	86	31	443	7.874 (p >0.05)
		百分比	73.6%	19.4%	7.0%	100.0%	
	初中或相当	计数	1217	279	101	1597	
		百分比	76.2%	17.5%	6.3%	100.0%	
	高中或相当	计数	812	216	72	1100	
		百分比	73.8%	19.6%	6.5%	100.0%	
	大专或相当	计数	322	81	30	433	
		百分比	74.4%	18.7%	6.9%	100.0%	
	本科及以上	计数	365	110	43	518	
		百分比	70.5%	21.2%	8.3%	100.0%	
合计		计数	3042	772	277	4091	
		百分比	74.4%	18.9%	6.8%	100.0%	

从父亲教育程度来看，样本的统计数据可看出，父亲教育程度为本科及以上的学生对于美国两党竞选制度的支持率最高，父亲教育程度为初中或相当的学生对于美国两党竞选制度的支持率最低。不过，卡方检验没有通过，说明山东大学生中，其父亲教育程度不同的学生对于这一问题的态度没有显著性差别。

母亲最高教育程度 * 是否学习美国的两党竞选 交叉制表

			是否学习美国的两党竞选			合计	Pearson 卡方
			不应该	应该	其他		
母亲教育程度	小学及以下	计数	747	151	62	960	15.192 （p > 0.05）
		百分比	77.8%	15.7%	6.5%	100.0%	
	初中或相当	计数	1172	290	116	1578	
		百分比	74.3%	18.4%	7.4%	100.0%	
	高中或相当	计数	639	192	63	894	
		百分比	71.5%	21.5%	7.0%	100.0%	
	大专或相当	计数	242	68	19	329	
		百分比	73.6%	20.7%	5.8%	100.0%	
	本科及以上	计数	235	72	20	327	
		百分比	71.9%	22.0%	6.1%	100.0%	
合计		计数	3035	773	280	4088	
		百分比	74.2%	18.9%	6.8%	100.0%	

从母亲教育程度来看，样本的统计数据可看出，母亲教育程度为本科及以上的学生对于美国两党竞选制度的支持率最高，母亲教育程度为小学及以下的学生对于美国两党竞选制度的支持率最低。不过，卡方检验没有通过，说明山东大学生中，其母亲教育程度不同的学生对于这一问题的态度没有显著性差别。

（12）家庭社会经济地位的差异

以家庭社会经济地位进行交叉分析，可以看到家庭社会经济地位越高的学生支持两党竞选制的比率越高，而这一趋势较为和缓，并且卡方检验没有通过，在0.05水平上并不显著，也就是说这一结论仅适用于样本学生，而不同家庭地位的山东大学生在这一观点上没有太多的差异。

学习美国两党选举（家庭社会经济地位的影响）

			中国是否应该进行两党竞选			合计	Pearson 卡方
			不应该	应该	其他		
家庭社会经济地位	下层	计数	1292	314	112	1718	2.892 (p>0.05)
		百分比	75.2%	18.3%	6.5%	100.0%	
	中下层	计数	592	151	58	801	
		百分比	73.9%	18.9%	7.2%	100.0%	
	中层	计数	407	113	35	555	
		百分比	73.3%	20.4%	6.3%	100.0%	
	中上层	计数	253	72	24	349	
		百分比	72.5%	20.6%	6.9%	100.0%	
	上层	计数	266	74	24	364	
		百分比在	73.1%	20.3%	6.6%	100.0%	
总计		计数	2810	724	253	3787	
		百分比	74.2%	19.1%	6.7%	100.0%	

（13）专业年级的差异

专业 * 是否学习美国的两党竞选 交叉制表

			是否学习美国的两党竞选			合计	Pearson 卡方
			不应该	应该	其他		
专业	理科	计数	1262	356	119	1737	5.454 (p>0.05)
		专业 中的 %	72.7%	20.5%	6.9%	100.0%	
	文科	计数	1798	420	162	2380	
		专业 中的 %	75.5%	17.6%	6.8%	100.0%	
合计		计数	3060	776	281	4117	
		专业 中的 %	74.3%	18.8%	6.8%	100.0%	

仅从样本数据来看，文科生更不支持中国学习美国的两党竞选，但推论到总体，此结论不适用，因为卡方检验没有通过，也就是说，山东大学生中文科生和理科生在此问题上的态度没有明显差异。

年级 * 是否学习美国两党竞选 交叉制表

			中国是否学习美国两党竞选			合计	Pearson 卡方
			不应该	应该	其他		
年级	大一	计数	1397	337	100	1834	14.296 (p<0.01)
		年级 中的 %	76.2%	18.4%	5.5%	100.0%	
	大三	计数	1175	305	117	1597	
		年级 中的 %	73.6%	19.1%	7.3%	100.0%	
	研究生	计数	488	134	64	686	
		年级 中的 %	71.1%	19.5%	9.3%	100.0%	
合计		计数	3060	776	281	4117	
		年级 中的 %	74.3%	18.8%	6.8%	100.0%	

通过数据分析，对于美国两党竞选民主制的支持上，山东的大学生中，不同年级的学生有明显差异，低年级的支持率较低，而随着年级升高支持率也小幅升高，大一学生为18.4%，大三学生为19.1%，研究生为19.5%（在0.01水平上显著）。

（14）消费水平的差异

消费层次＊ 是否学习美国的两党竞选 交叉制表

			是否学习美国的两党竞选			合计	Pearson 卡方
			不应该	应该	其他		
消费层次	低	计数	175	33	17	225	12.991（p<0.05）
		消费层次 中的 %	77.8%	14.7%	7.6%	100.0%	
	中	计数	2562	630	233	3425	
		消费层次 中的 %	74.8%	18.4%	6.8%	100.0%	
	高	计数	315	112	28	455	
		消费层次 中的 %	69.2%	24.6%	6.2%	100.0%	
合计		计数	3052	775	278	4105	
		消费层次 中的 %	74.3%	18.9%	6.8%	100.0%	

从消费水平看，很明显的，随着消费水平的增高，其对于美国两党竞选制度的支持率也升高，而学生的消费水平越低，其对美国两党竞选制度的反对率也越高。

（15）心理卷入强度的差异

心理卷入强度＊ 是否学习美国两党竞选 交叉制表

			是否学习美国两党竞选			合计	Pearson 卡方
			不应该	应该	其他		
心理卷入强度	低	计数	1225	352	147	1724	21.122（p<0.001）
		百分比	71.1%	20.4%	8.5%	100.0%	
	高	计数	1833	423	133	2389	
		百分比	76.7%	17.7%	5.6%	100.0%	
合计		计数	3058	775	280	4113	
		百分比	74.3%	18.8%	6.8%	100.0%	

很明显的，不同心理卷入强度的学生有显著差异，学生的心理卷入强度越高，对于美国两党竞争制度的支持率就越低（在0.001水平上显著）。

（16）小结

山东省大学生对于美国的两党竞选制度，总体上是不支持的，有高达74.3%的被调查学生不认同这种制度，只有18.8%的学生认为中国应该学习美国的两党竞选。

从不同的分组来考察，我们发现，不同分组之间有的存在明显的差异，总结如下：

◆从性别来看，男生对于美国两党竞选制度的支持率要高于女生。

◆从民族来看，汉族学生和少数民族学生在对这一问题的态度上没有明显差异。

◆从是否独生子女来看，独生子女和非独生子女学生对此问题的态度没有明显差别。

◆从户口属性来看，非农业户口的学生对于两党选举制的支持明显高于农业户口的学生。

◆从家庭所在地来看，无论家在城市还是农村的学生没有显著性差异。

◆从政治面貌看，党员和非党员对于这一问题的态度没有显著性差别。

◆从是否学生干部来看，学生干部和普通学生对于这一问题的态度没有显著性差别。

◆从宗教信仰来看，有宗教信仰和没有宗教信仰的学生对此问题的态度没有显著性差别。

◆从学校层次来看，一本院校对于美国的两党竞选制度支持率最高，而985高校和普通院校差别不大。

◆从父亲职业来看，其父亲职业等级不同的学生对于这一问题的态度没有显著性差别。

◆从母亲职业来看，其父母亲职业等级不同的学生对于这一问题的态度没有显著性差别。

◆从父亲教育程度来看，其父亲教育程度不同的学生对于这一问题的态度没有显著性差别。

◆从母亲教育程度来看，其父母亲教育程度不同的学生对于这一问题的态度没有显著性差别。

◆从家庭经济社会地位来看，不同家庭地位出身的学生对于这一问题的态度没有显著性差别。

◆从专业来看，文科生和理科生在此问题上的态度没有明显差异。

◆从年级来看，不同年级的学生有明显差异，低年级的支持率较低，而随着年级升高支持率也小幅升高。

◆从学生的消费水平来看，随着消费水平的增高，其对于美国两党竞选制度的支持率也升高。

◆从心理卷入强度来看，学生的心理卷入强度越高，对于美国两党竞争制度的支持率就越低。

2. 民主认知统计测量

本次调查设置了一个题目，来测量学生的民主观。对于民主，其内涵异常丰富，人们既可把它理解为自由、法治、选举，也有可能认为民主意味着缩小贫富差距、清廉的政府或安定富裕的生活。当代学者对于我国民众的民主信念进行过多次实证调查研究，如余振（1996）通过对海峡两岸暨香港、澳门大学生民主意识的比较研究，认为中国大陆地区大学生的民主观最受中国的政治氛围所影响，传统文化及西方思想的影响相对较少。他们不满于权力腐败、法律不健全、行政决策透明度低和办事效率低等现象，盼望能够有一个廉洁公正、依法办事、决策透明度高和行政效率高的民主政府。① 史天健（Tianjian Shi，2009、2014）发现大多数中国民众所认为的民主概念是一种“实质性民主(substantive)”而不是“程序性民主(procedural)”，他将之称为民本民主观，与自由民主观（liberal democracy）相对。他发现中国民众认为民主的真正内涵在于政府是否能积极有效地满足民众需要或将民众利益放在首位，而不是政府领导人由民众选举产生，或是开放多党竞争，通过程序性的规定限制政府和要求政府保障公民权利。② 张明澍在2012年的全国抽样中调查从选举民主和人民民主两方面来调查中国人的民主观，发现有近85%的中国人认为“民主就是一个个国家的政府和领导人，要真正代表人民的利益，为人民服务，受人民监督。”有过半的人主张协商而非表决。 得出结论中国人想要的民主德治优先于法治；解决反腐败和群众监督政府优先于保障公民权利和自由；重视实质和内容优先于重视形式和程序。③

基于前辈学者的研究，我们在对民主认知的测量中将民主分为：1 = 选举民主、2 = 民本民主、3 = 协商民主等，测试学生倾向于哪个民主观。 题目设置如下：

您觉得下面对民主的说法，哪一种比较接近您对民主的理解？

1 = 民主就是一个国家要定期举行选举，并且通过几个政党竞争选出国家领导人；

2 = 民主就是一个国家的政府和领导人，要真正代表人民的利益，为人民服务，要受人民的监督；

3 = 民主就是大家的事情大家商量着办，当官的不要搞一言堂。

4 = 其他

民主作为政治学中基础性概念，其多义性造成了操作化的困难，精确地测量几乎是难以完成的任务，本文的民主定义也仅仅是严格限制在问卷问题的题意之内，或许我们设定的三个民主分类定义与学界通行的概念不是完全一致，这样的分类我们更多的是为了讨论统计数据的方便，所以对于变量的定义不必过度解读。 对于这个问题，总体的统计分布如下：

民主认知分布

		频率	百分比	有效百分比	累积百分比
有效	选举民主	112	2.7	2.7	2.7
	民本民主	3551	85.3	86.8	89.6
	协商民主	365	8.8	8.9	98.5
	其他	62	1.5	1.5	100.0
	总计	4090	98.3	100.0	
缺失	系统	72	1.7		
总计		4162	100.0		

① 余振、郭正林：《当代中国青年的民主意识－对海峡两岸四地区大学生的民主意识比较》，《青年研究》，1997年第6期。

② 史天健、玛雅：《走出‘民主’迷信》，《开放时代》2009年第6期。T. Shi, *The Cultural Logic of Politics in Mainland China and Taiwan – Cambridge University Press* (2014).

③ 张明澍：《中国人想要什么样民主》，社会科学文献出版社2013年版，第53～88页。

从统计结果可看出，被调查者中，认同选举民主的占2.7%，认同民本民主的占86.8%，认同协商民主的占8.9%，剩余的1.5%选择了“其他”。 此结果与学者们的调查结果大体一致。 由此可见，山东大学生对选举民主的认同度很低，对民本民主的认同度非常高，说明学生对于我国所倡导的民本民主非常认同。

对于民主认知，不同群组的大学生有明显的差异，统计如下：

（1）性别的差异

民主认知（性别的影响）

			您认同下面哪一种民主说法				总计	Pearson 卡方
			选举民主	民本民主	协商民主	其他		
性别	男	计数	55	1092	131	34	1312	34.480（p<0.001）
		百分比在 性别 内	4.2%	83.2%	10.0%	2.6%	100.0%	
	女	计数	57	2448	234	28	2767	
		百分比在 性别 内	2.1%	88.5%	8.5%	1.0%	100.0%	
合计		计数	112	3540	365	62	4079	
		百分比在 性别 内	2.7%	86.8%	8.9%	1.5%	100.0%	

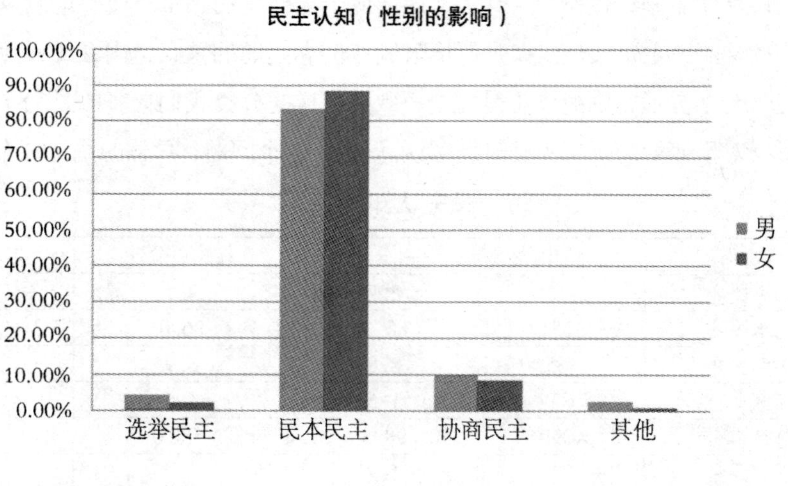

以性别进行交叉分析，可以看出，女生对于民本民主的支持率高于男生，高5.3个百分点。 男生对于选举民主的支持率略高于女生，高2.1个百分点。 男生对于协商民主的支持也高于女生，高1.5个百分点。

（2）民族的差异

民族 * 民主认知 交叉制表

			民主认知				总计	Pearson 卡方
			选举民主	民本民主	协商民主	其他		
民族	汉族	计数	107	3409	356	57	3929	5.001 (p>0.05)
		民族 中的 %	2.7%	86.8%	9.1%	1.5%	100.0%	
	少数民族	计数	5	142	9	5	161	
		民族 中的 %	3.1%	88.2%	5.6%	3.1%	100.0%	
合计		计数	112	3551	365	62	4090	
		民族 中的 %	2.7%	86.8%	8.9%	1.5%	100.0%	

从民族看，样本数据中，少数民族学生对于选举民主和民本民主的支持率高于汉族学生，对协商民主的支持率低于汉族学生，不过从总体看，卡方检验未通过，也就是说山东大学生中汉族和少数民族学生的民主认知没有明显差异。

（3）是否是独生子女的差异

是否是独生子女 * 民主认知 交叉制表

			民主认知				合计	Pearson 卡方
			选举民主	民本民主	协商民主	其他		
是否是独生子女	是	计数	61	1441	169	34	1705	16.791 (p<0.001)
		百分比	3.6%	84.5%	9.9%	2.0%	100.0%	
	否	计数	51	2098	194	28	2371	
		百分比	2.2%	88.5%	8.2%	1.2%	100.0%	
合计		计数	112	3539	363	62	4076	
		百分比	2.7%	86.8%	8.9%	1.5%	100.0%	

从是否独生子女来看，山东大学生中，是独生子女的学生对于选举民主和协商民主的支持率高于非独生子女，分别高 1.4 个百分点和 1.7 个百分点；而对于民本民主的支持率低于非独生子女，低 4 个百分点。

（4）户口的差异

民主认知（户口属性的影响）

			您认同下面哪一种民主说法				合计	Pearson 卡方
			选举民主	民本民主	协商民主	其他		
户口属性	农业	计数	59	2179	218	27	2483	11.897 (p<0.01)
		百分比	2.4%	87.8%	8.8%	1.1%	100.0%	
	非农业	计数	53	1360	147	35	1595	
		百分比	3.3%	85.3%	9.2%	2.2%	100.0%	
总计		计数	112	3539	365	62	4078	
		百分比	2.7%	86.8%	9.0%	1.5%	100.0%	

以户口属性进行交叉分析，可以看出，农业户口的学生对于民本民主的支持率高于非农业户口的学生，高2.5个百分点。非农业户口的学生对于选举民主的支持率略高于农业户口的学生，高0.9个百分点。非农业户口的学生对于协商民主的支持率也略高于农业户口的学生，高0.4个百分点。

（5）家庭所在地的差异

家庭所在地＊ 民主认知 交叉制表

			民主认知				合计	Pearson 卡方
			选举民主	民本民主	协商民主	其他		
家庭所在地	农村	计数	37	1549	144	20	1750	11.682（p＞0.05）
		百分比	2.1%	88.5%	8.2%	1.1%	100.0%	
	县城镇区	计数	36	1021	112	19	1188	
		百分比	3.0%	85.9%	9.4%	1.6%	100.0%	
	城市	计数	39	959	109	23	1130	
		百分比	3.5%	84.9%	9.6%	2.0%	100.0%	
合计		计数	112	3529	365	62	4068	
		百分比	2.8%	86.8%	9.0%	1.5%	100.0%	

从家庭所在地来看，从样本数据看其分布很明显，家庭是城市的学生对于选举民主和协商民主的认同要高于家庭是农村的学生，而对于民本民主要低于家庭是农村的学生。不过，对于总体，卡方检验没通过，所以山东大学生无论家庭所在地在什么地方，对于民主的认知无明显差别。

（6）政治面貌的差异

政治面貌＊ 民主认知 交叉制表

			民主认知				合计	Pearson 卡方
			选举民主	民本民主	协商民主	其他		
政治面貌	非党员	计数	103	3336	349	57	3845	2.955（p＞0.05）
		%	2.7%	86.8%	9.1%	1.5%	100.0%	
	中共党员	计数	9	206	16	5	236	
		%	3.8%	87.3%	6.8%	2.1%	100.0%	
合计		计数	112	3542	365	62	4081	
		%	2.7%	86.8%	8.9%	1.5%	100.0%	

从政治面貌来看，样本数据中，党员学生对于选举民主和民本民主的支持率要高于非党员学生，而对于协商民主的支持率低于非党员学生。但是，总体上看，卡方检验没通过，说

明山东大学生中，党员学生和非党员学生的民主认知没什么差别。

学生机构的角色＊ 民主认知 交叉制表

			民主认知				合计	Pearson 卡方
			选举民主	民本民主	协商民主	其他		
学生机构的角色	干部	计数	31	985	116	19	1151	2.158 (p>0.05)
		%	2.7%	85.6%	10.1%	1.7%	100.0%	
	普通成员	计数	63	1984	199	31	2277	
		%	2.8%	87.1%	8.7%	1.4%	100.0%	
合计		计数	94	2969	315	50	3428	
		%	2.7%	86.6%	9.2%	1.5%	100.0%	

从是否是学生干部来看，样本数据中，干部学生对于选举民主和民本民主的支持率要低于非干部学生，而对于协商民主的支持率高于非干部学生。但是，总体上看，卡方检验没通过，说明山东大学生中，干部学生和非干部学生的民主认知没有显著性差别。

（7）宗教信仰的差异

是否有宗教信仰＊ 民主认知 交叉制表

			民主认知				合计	Pearson 卡方
			选举民主	民本民主	协商民主	其他		
是否有宗教信仰	无	计数	106	3375	348	57	3886	0.856 (p>0.05)
		%	2.7%	86.9%	9.0%	1.5%	100.0%	
	有	计数	6	163	15	4	188	
		%	3.2%	86.7%	8.0%	2.1%	100.0%	
合计		计数	112	3538	363	61	4074	
		%	2.7%	86.8%	8.9%	1.5%	100.0%	

从宗教信仰来看，样本数据中，有宗教信仰的学生对于选举民主支持率要高于无宗教信仰的学生，而对于民本民主和协商民主的支持率略低于无宗教信仰的学生。但是，总体上看，卡方检验没通过，说明山东大学生中，有宗教信仰的学生和无宗教信仰的学生的民主认知无显著性差异。

（8）学校层次的差异

民主认知（学校层次的影响）

			您认同下面哪一种民主说法				合计	Pearson 卡方
			选举民主	民本民主	协商民主	其他		
学校层次	985 高校	计数	35	784	91	29	939	28.285（p<0.001）
		百分比	3.7%	83.5%	9.7%	3.1%	100.0%	
	一本院校	计数	59	1959	199	25	2242	
		百分比	2.6%	87.4%	8.9%	1.1%	100.0%	
	普通院校	计数	18	808	75	8	909	
		百分比	2.0%	88.9%	8.3%	0.9%	100.0%	
总计		计数	112	3551	365	62	4090	
		百分比	2.7%	86.8%	8.9%	1.5%	100.0%	

民主认知（学校层次的影响）

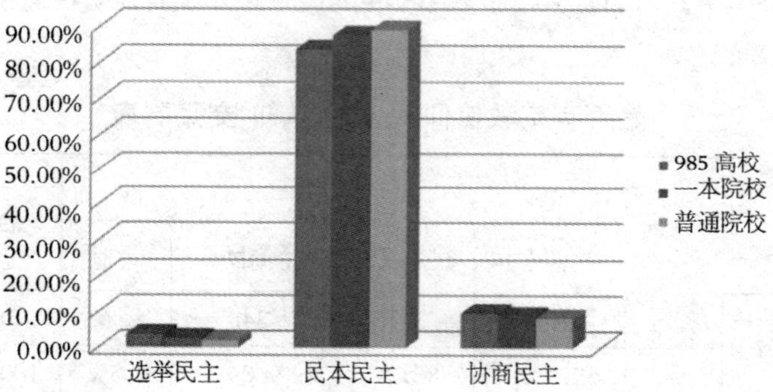

以学校层次进行交叉分析，可以看出，学校层次越高，学生对于民本民主的支持率越低，对于选举民主和协商民主的支持率越高。对于选举民主，985 高校比普通院校高 1.7 个百分点；对于协商民主，985 高校比普通院校高 1.6 个百分点；对于民本民主，985 高校比普通院校低 5.4 个百分点。

（9）父母职业的差异

从父亲职业等级来看，父亲的职业等级属于高层级的学生，其对选举民主和协商民主的支持率要高于父亲职业等级属于低层级的学生，而对民本民主的支持率低于父亲职业等级属于低层级的学生。

父亲职业等级＊ 民主认知 交叉制表

			民主认知				合计	Pearson 卡方
			选举民主	民本民主	协商民主	其他		
父亲职业等级	低	计数	40	1727	148	22	1937	41.007 (p<0.001)
		%	2.1%	89.2%	7.6%	1.1%	100.0%	
	中下	计数	14	346	38	5	403	
		%	3.5%	85.9%	9.4%	1.2%	100.0%	
	中	计数	22	743	86	11	862	
		%	2.6%	86.2%	10.0%	1.3%	100.0%	
	中上	计数	18	324	41	7	390	
		%	4.6%	83.1%	10.5%	1.8%	100.0%	
	高	计数	18	334	43	16	411	
		%	4.4%	81.3%	10.5%	3.9%	100.0%	
合计		计数	112	3474	356	61	4003	
		%	2.8%	86.8%	8.9%	1.5%	100.0%	

母亲职业等级＊ 民主认知 交叉制表

			民主认知				合计	Pearson 卡方
			选举民主	民本民主	协商民主	其他		
母亲职业等级	低	计数	45	1912	172	25	2154	43.517 (p<0.001)
		%	2.1%	88.8%	8.0%	1.2%	100.0%	
	中下	计数	18	312	41	6	377	
		%	4.8%	82.8%	10.9%	1.6%	100.0%	
	中	计数	16	577	71	14	678	
		%	2.4%	85.1%	10.5%	2.1%	100.0%	
	中上	计数	16	210	21	2	249	
		%	6.4%	84.3%	8.4%	.8%	100.0%	
	高	计数	13	287	36	12	348	
		%	3.7%	82.5%	10.3%	3.4%	100.0%	
合计		计数	108	3298	341	59	3806	
		%	2.8%	86.7%	9.0%	1.6%	100.0%	

从母亲职业等级来看，母亲的职业等级属于高层级的学生，其对选举民主和协商民主的支持率要高于母亲职业等级属于低层级的学生，而对民本民主的支持率低于母亲职业等级属于低层级的学生。

(10) 父母教育程度的差异

父亲教育程度 * 民主认知 交叉制表

			民主认知				合计	Pearson 卡方
			选举民主	民本民主	协商民主	其他		
父亲教育程度	小学及以下	计数	10	395	36	2	443	30.737 (p<0.01)
		%	2.3%	89.2%	8.1%	.5%	100.0%	
	初中或相当	计数	38	1373	149	24	1584	
		%	2.4%	86.7%	9.4%	1.5%	100.0%	
	高中或相当	计数	23	969	83	14	1089	
		%	2.1%	89.0%	7.6%	1.3%	100.0%	
	大专或相当	计数	13	365	44	11	433	
		%	3.0%	84.3%	10.2%	2.5%	100.0%	
	本科及以上	计数	28	424	51	11	514	
		%	5.4%	82.5%	9.9%	2.1%	100.0%	
合计		计数	112	3526	363	62	4063	
		%	2.8%	86.8%	8.9%	1.5%	100.0%	

从父亲教育程度来看，父亲教育程度高的学生，其对选举民主和协商民主的支持率要高于父亲教育程度低的学生，而对民本民主的支持率低于父亲教育程度低的学生。

母亲教育程度 * 民主认知 交叉制表

			民主认知				合计	Pearson 卡方
			选举民主	民本民主	协商民主	其他		
母亲教育程度	小学及以下	计数	21	837	87	6	951	27.229 (p<0.01)
		%	2.2%	88.0%	9.1%	.6%	100.0%	
	初中或相当	计数	34	1372	137	25	1568	
		%	2.2%	87.5%	8.7%	1.6%	100.0%	
	高中或相当	计数	31	761	77	16	885	
		%	3.5%	86.0%	8.7%	1.8%	100.0%	
	大专或相当	计数	8	277	36	4	325	
		%	2.5%	85.2%	11.1%	1.2%	100.0%	
	本科及以上	计数	18	275	27	10	330	
		%	5.5%	83.3%	8.2%	3.0%	100.0%	
合计		计数	112	3522	364	61	4059	
		%	2.8%	86.8%	9.0%	1.5%	100.0%	

从母亲教育程度来看，母亲教育程度高的学生，其对选举民主和协商民主的支持率要高于母亲教育程度低的学生，而对民本民主的支持率低于母亲教育程度低的学生。

(11) 家庭社会经济地位的差异

民主认知（家庭社会经济地位的影响）

			您认同下面哪一种民主				合计	Pearson 卡方
			选举民主	民本民主	协商民主	其他		
家庭地位	下层	计数	37	1515	136	17	1705	25.971（p<0.05）
		百分比	2.2%	88.9%	8.0%	1.0%	100.0%	
	中下层	计数	22	681	78	14	795	
		百分比	2.8%	85.7%	9.8%	1.8%	100.0%	
	中层	计数	16	471	55	10	552	
		百分比	2.9%	85.3%	10.0%	1.8%	100.0%	
	中上层	计数	15	294	34	7	350	
		百分比	4.3%	84.0%	9.7%	2.0%	100.0%	
	上层	计数	18	298	34	11	361	
		百分比	5.0%	82.5%	9.4%	3.0%	100.0%	
总计		计数	108	3259	337	59	3763	
		百分比	2.9%	86.6%	9.0%	1.6%	100.0%	

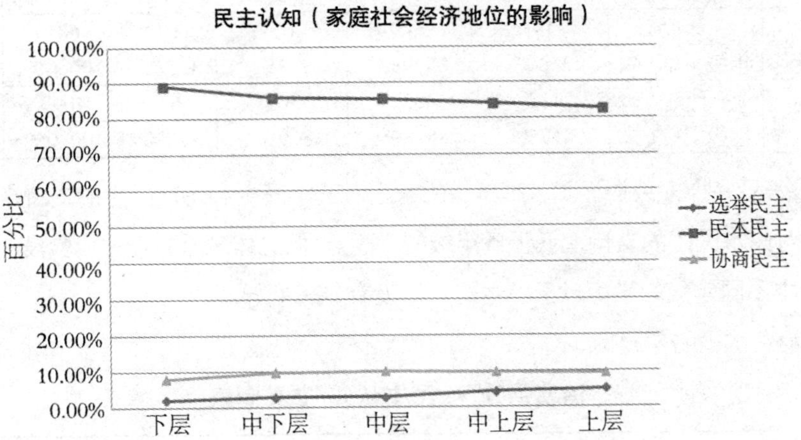

以家庭社会经济地位进行交叉分析，可以看出，无论高层还是低层家庭的学生，大多数还是支持民本民主，但我们也看到，不同层级的家庭学生之间还是有显著性差异，这些差异应该更引起注意。家庭地位越高，学生对于民本民主的支持率越低，对于选举民主和协商民主的支持率越高。对于民本民主，最高层家庭的学生比最底层家庭的学生低 7.2 个百分点；对于选举民主，最高层家庭的学生比最底层家庭的学生高 2.8 个百分点；对于协商民主，最高层家庭的学生比最底层家庭的学生高 1.4 个百分点。

（12）专业年级的差异

专业＊ 民主认知 交叉制表

			民主认知				合计	Pearson 卡方
			选举民主	民本民主	协商民主	其他		
专业	理科	计数	53	1486	155	24	1718	1.644 （p＞0.05）
		专业 中的 %	3.1%	86.5%	9.0%	1.4%	100.0%	
	文科	计数	59	2065	210	38	2372	
		专业 中的 %	2.5%	87.1%	8.9%	1.6%	100.0%	
合计		计数	112	3551	365	62	4090	
		专业 中的 %	2.7%	86.8%	8.9%	1.5%	100.0%	

从专业来看，样本数据显示，理科生对选举民主和协商民主的支持率稍高于文科生，对民本民主的支持率稍低于文科生。但总体来看，卡方检验没有通过，说明山东大学生中文科生和理科生对于民主的认知没有显著差异。

年级＊民主认知 交叉制表

			民主认知				合计	Pearson 卡方
			选举民主	民本民主	协商民主	其他		
年级	大一	计数	42	1599	159	28	1828	3.641 （p＞0.05）
		年级 中的 %	2.3%	87.5%	8.7%	1.5%	100.0%	
	大三	计数	51	1367	139	24	1581	
		年级 中的 %	3.2%	86.5%	8.8%	1.5%	100.0%	
	研究生	计数	19	585	67	10	681	
		年级 中的 %	2.8%	85.9%	9.8%	1.5%	100.0%	
合计		计数	112	3551	365	62	4090	
		年级 中的 %	2.7%	86.8%	8.9%	1.5%	100.0%	

从年级来看，样本数据显示，高年级的学生对选举民主和协商民主的支持率稍高于低年级的学生，对民本民主的支持率低于低年级的学生。但总体来看，卡方检验没有通过，说明山东大学生中不同年级的学生对于民主的认知没有显著差异。

（13）消费水平的差异

消费层次＊ 民主认知 交叉制表

			民主认知				合计	Pearson 卡方
			选举民主	民本民主	协商民主	其他		
消费层次	低	计数	6	202	13	1	222	26.38 （p＜0.001）
		消费层次 中的 %	2.7%	91.0%	5.9%	.5%	100.0%	
	中	计数	80	2959	318	50	3407	
		消费层次 中的 %	2.3%	86.9%	9.3%	1.5%	100.0%	
	高	计数	26	379	33	11	449	
		消费层次 中的 %	5.8%	84.4%	7.3%	2.4%	100.0%	
合计		计数	112	3540	364	62	4078	
		消费层次 中的 %	2.7%	86.8%	8.9%	1.5%	100.0%	

从消费水平看，山东大学生中，消费水平高的学生对于选举民主和协商民主的支持率高于消费水平低的学生，对于民本民主的支持率低于消费水平低的学生。

（14）民主期望的差异

民主认知（民主期望的影响）

			您认同下面哪一种民主				总计	Pearson 卡方
			选举民主	民本民主	协商民主	其他		
民主期望	低	计数	17	89	22	7	135	91.080（p<0.001）
		百分比	12.6%	65.9%	16.3%	5.2%	100.0%	
	中	计数	47	1172	123	12	1354	
		百分比	3.5%	86.6%	9.1%	.9%	100.0%	
	高	计数	47	2281	218	43	2589	
		百分比	1.8%	88.1%	8.4%	1.7%	100.0%	
总计		计数	111	3542	363	62	4078	
		百分比	2.7%	86.9%	8.9%	1.5%	100.0%	

从民主期望看，山东大学生中，民主期望低的学生对于选举民主和协商民主的支持率明显高于民主期望高的学生，对于民本民主的支持率远远低于民主期望高的学生。从计数来看，2281名学生属于高民主期望和认同民本民主的群组，占学生总数的56%，这也说明了学生中对于民主的期望主要是对民本民主的期望。

（15）小结

山东省大学生对于民主的认知分布比较集中，主要是认同民本民主，占86.8%，认同协商民主的占8.9%，认同选举民主的占2.7%。其组间差异的统计结果如下：

◆从性别来看，女生对于民本民主的支持率高于男生，男生对于选举民主和协商民主的支持率略高于女生。

◆从民族来看，山东大学生中汉族和少数民族学生的民主认知没有明显差异。

◆从是否独生子女来看，独生子女的学生对于选举民主和协商民主的支持率高于非独生子女，对于民本民主的支持率低于非独生子女。

◆从户口属性来看，农业户口的学生对于民本民主的支持率高于非农业户口的学生，对于选举民主和协商民主的支持率略低于非农业户口的学生。

◆从家庭所在地来看，无论家在城市还是农村的学生对于民主认知没有显著性差异。

◆从政治面貌看，党员和非党员对于民主的认知没有显著性差别。

◆从是否学生干部来看，干部学生和非干部学生的民主认知没有显著性差别。

◆从宗教信仰来看，有宗教信仰的学生和无宗教信仰的学生的民主认知无显著性差异。

◆从学校层次来看，学校层次越高，学生对于民本民主的支持率越低，对于选举民主和协商民主的支持率越高。

◆从父亲职业来看，父亲的职业等级属于高层级的学生，其对选举民主和协商民主的支持率要高于父亲职业等级属于低层级的学生，而对民本民主的支持率低于父亲职业等级属于低层级的学生。

◆从母亲职业来看，母亲的职业等级属于高层级的学生，其对选举民主和协商民主的支持率要高于母亲职业等级属于低层级的学生，而对民本民主的支持率低于母亲职业等级属于低层级的学生。

◆从父亲教育程度来看，父亲教育程度高的学生，其对选举民主和协商民主的支持率要高于父亲教育程度低的学生，而对民本民主的支持率低于父亲教育程度低的学生。

◆从母亲教育程度来看，母亲教育程度高的学生，其对选举民主和协商民主的支持率要高于母亲教育程度低的学生，而对民本民主的支持率低于母亲教育程度低的学生。

◆从家庭经济社会地位来看，家庭地位越高，学生对于民本民主的支持率越低，对于选举民主和协商民主的支持率越高。

◆从专业来看，山东大学生中文科生和理科生对于民主的认知没有显著差异。

◆从年级来看，山东大学生中不同年级的学生对于民主的认知没有显著差异。

◆从学生的消费水平来看，消费水平高的学生对于选举民主和协商民主的支持率高于消费水平低的学生，对于民本民主的支持率低于消费水平低的学生。

◆从民主期望来看，民主期望低的学生对于选举民主和协商民主的支持率明显高于民主期望高的学生，对于民本民主的支持率远远低于民主期望高的学生。

3. 民主程度评价

民主程度是指民主的实现程度，是指一个国家或地区的民主原则、民主精神、民主制度转化为民主实践的程度、状况和水平。 我们设置一道10分制的题目，来测量学生对于我国民主程度的评价，题目如下：

如果1代表完全不民主，10代表完全民主，您认为中国目前的民主程度能得几分？

完全不民主：___：___：___：___：___：___：___：___：___：___：完全民主

1　2　3　4　5　6　7　8　9　10

民主程度评价描述统计

	数字	最小值(M)	最大值(X)	平均值(E)	标准偏差
中国的民主程度	4143	1	10	5.99	1.641
有效 N（成列）	4143				

从得分可看出，山东大学生对于我国的民主程度评价得分为5.99分，比中值略高0.49

分，说明山东大学生认为我国的民主程度处于中等稍偏上水平。

（1）性别的差异

民主程度评价（性别的影响）

	N	均值	标准差	标准误	均值的 95% 置信区间		极小值	极大值	ANOVA F
					下限	上限			
男	1334	6.03	1.829	.050	5.93	6.13	1	10	1.277 (p>0.05)
女	2797	5.97	1.543	.029	5.91	6.02	1	10	
总数	4131	5.99	1.641	.026	5.94	6.04	1	10	

从样本的统计数据看，男生对于中国民主程度的评估稍高于女生，但 F 检验没有通过，说明山东大学生中男生和女生对于中国民主程度的评估没有差别。

（2）民族的差异

民主程度评价（民族的影响）

	N	均值	标准差	标准误	均值的 95% 置信区间		极小值	极大值	ANOVA F
					下限	上限			
汉族	3980	5.99	1.643	.026	5.93	6.04	1	10	0.062 (p>0.05)
少数民族	163	6.02	1.608	.126	5.77	6.27	1	10	
总数	4143	5.99	1.641	.026	5.94	6.04	1	10	

从样本的统计数据看，少数民族学生对于中国民主程度的评估稍高于汉族，但 F 检验没有通过，说明山东大学生中汉族和少数民族对于中国民主程度的评估没有显著性差异。

（3）是否是独生子女的差异

民主程度评价（是否独生子女的影响）

	N	均值	标准差	标准误	均值的 95% 置信区间		极小值	极大值	ANOVA F
					下限	上限			
是	1731	5.98	1.718	.041	5.90	6.07	1	10	0.007 (p>0.05)
否	2398	5.99	1.585	.032	5.93	6.05	1	10	
总数	4129	5.99	1.642	.026	5.94	6.04	1	10	

从样本的统计数据看，学生是否是独生子女对于中国民主程度的评估几乎相同，同时，F 检验没有通过，说明山东大学生中独生子女和非独生子女对于中国民主程度的评估没有差别。

（4）户口的差异

民主程度评价（户口属性的影响）

	户口属性	数字	平均值(E)	标准偏差	标准误差平均值	T - test
民主程度	农业	2510	6.04	1.634	.033	2.369
	非农业	1619	5.91	1.647	.041	（p<0.05）

以户口属性进行交叉分析，可以看出，农业户口的学生对于我国民主程度的评价略高于非农业户口的学生。

（5）家庭所在地的差异

民主程度评价（家庭所在地的影响）

	N	均值	标准差	标准误	均值的95%置信区间		极小值	极大值	ANOVA F
					下限	上限			
农村	1775	6.03	1.664	.039	5.96	6.11	1	10	1.834（p>0.05）
县城镇区	1199	5.98	1.593	.046	5.89	6.07	1	10	
城市	1146	5.92	1.656	.049	5.82	6.01	1	10	
总数	4120	5.98	1.642	.026	5.93	6.03	1	10	

从家庭所在地来看，样本值中显示家住城市的学生对于我国民主程度的评价略低于家住农村的学生。但总体来看，F检验没有通过，说明山东大学生中不同家庭所在地的学生对于中国民主程度的评估没有差别。

（6）政治面貌的差异

民主程度评价（政治面貌的影响）

	N	均值	标准差	标准误	均值的95%置信区间		极小值	极大值	ANOVA F
					下限	上限			
非中共党员	3894	5.98	1.639	.026	5.92	6.03	1	10	3.609（p>0.05）
中共党员	240	6.18	1.684	.109	5.97	6.40	1	10	
总数	4134	5.99	1.643	.026	5.94	6.04	1	10	

从样本统计值来看，党员学生对于我国民主程度的评价高于非党员学生，但F检验没有通过，说明山大学生中党员学生和非党员学生对于中国民主程度的评估没有差别。

民主程度评价（学生机构角色的影响）

	N	均值	标准差	标准误	均值的 95% 置信区间		极小值	极大值	ANOVA F
					下限	上限			
干部	1163	6.01	1.616	.047	5.92	6.10	1	10	0.083 (p>0.05)
普通成员	2304	5.99	1.627	.034	5.93	6.06	1	10	
总数	3467	6.00	1.623	.028	5.95	6.05	1	10	

从是否是学生干部来看，样本数值中，是干部的学生对于中国民主程度的评价略高于普通学生，但 F 检验没通过，说明总体上山东大学生中是否是学生干部对于中国民主程度的评价没有显著性差异。

（7）宗教信仰的差异

民主程度评价（宗教信仰的影响）

	N	均值	标准差	标准误	均值的 95% 置信区间		极小值	极大值	ANOVA F
					下限	上限			
无	3937	6.01	1.638	.026	5.96	6.06	1	10	15.375 (p<0.001)
有	191	5.53	1.682	.122	5.29	5.77	1	10	
总数	4128	5.99	1.643	.026	5.94	6.04	1	10	

从有无宗教信仰来看，没有宗教信仰的学生对我国民主程度的评价明显高于有宗教信仰的学生。

宗教信仰 * 中国民主程度评价 交叉制表

			中国民主程度			合计	ANOVA F
			低	中	高		
宗教信仰	无	计数	260	2081	1596	3937	14.318 (p<0.001)
		宗教信仰 中的 %	6.6%	52.9%	40.5%	100.0%	
	有	计数	22	114	55	191	
		宗教信仰 中的 %	11.5%	59.7%	28.8%	100.0%	
合计		计数	282	2195	1651	4128	
		宗教信仰 中的 %	6.8%	53.2%	40.0%	100.0%	

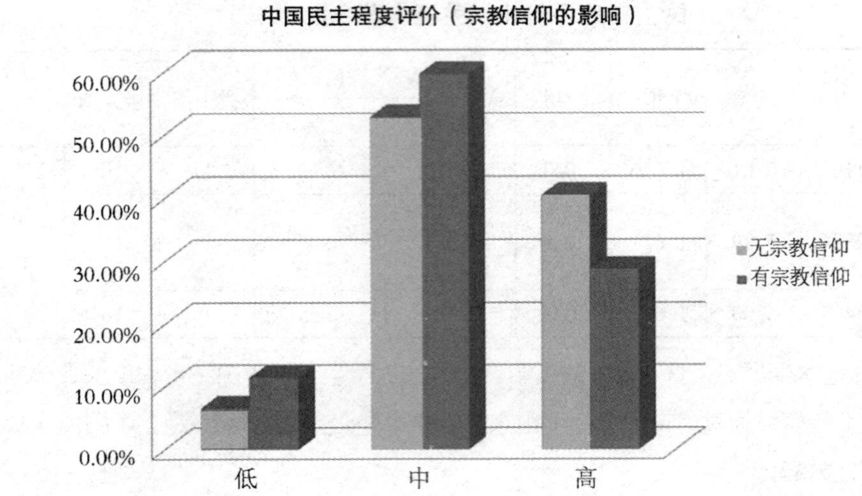

从交叉分析数据来看，很明显的，无宗教信仰的学生认为中国民主程度高的比率远高于有宗教信仰的学生，高 11.7 个百分点。

（8）学校层次的差异

民主程度评价（学校层次的影响）

	N	平均值	标准差	标准误	平均值 95% 置信区间		最小值	最大值	ANOVA F
					下限值	上限			
985 高校	960	5.99	1.652	.053	5.88	6.09	1	10	4.185 ($p<0.05$)
一本院校	2260	5.93	1.611	.034	5.87	6.00	1	10	
普通院校	923	6.12	1.698	.056	6.01	6.23	1	10	
总计	4143	5.99	1.641	.026	5.94	6.04	1	10	

以学校层次进行交叉分析，可以看出，普通院校的学生对于我国民主程度的评价略高于重点大学的学生。

（9）父母职业的差异

民主程度评价（父亲职业的影响）

	N	均值	标准差	标准误	均值的 95% 置信区间		极小值	极大值	ANOVA F
					下限	上限			
低	1967	6.07	1.647	.037	5.99	6.14	1	10	3.133 ($p<0.05$)
中下	411	5.81	1.655	.082	5.65	5.97	1	10	
中	868	5.94	1.587	.054	5.84	6.05	1	10	
中上	396	6.01	1.670	.084	5.84	6.17	1	10	
高	414	5.86	1.628	.080	5.70	6.02	1	10	
总数	4056	5.99	1.637	.026	5.94	6.04	1	10	

从父亲职业层次来看，父亲职业层次最低的学生对于中国的民主程度评价最高，父亲职

业层次为中下的学生对于中国的民主程度评价最低。

民主程度评价（母亲职业的影响）

	N	均值	标准差	标准误	均值的95%置信区间		极小值	极大值	ANOVA F
					下限	上限			
低	2180	6.07	1.652	.035	6.00	6.14	1	10	4.303（p<0.01）
中下	384	5.73	1.670	.085	5.56	5.89	1	10	
中	684	5.96	1.573	.060	5.84	6.08	1	10	
中上	255	6.04	1.689	.106	5.83	6.24	1	10	
高	351	5.87	1.591	.085	5.70	6.04	1	10	
总数	3854	5.99	1.640	.026	5.94	6.05	1	10	

从母亲职业层次来看，母亲职业层次最低的学生对于中国的民主程度评价最高，母亲职业层次为中下的学生对于中国的民主程度评价最低。这与以父亲职业层次分组的分布一致。

（10）父母教育程度的差异

民主程度评价（父亲教育程度的影响）

	N	均值	标准差	标准误	均值的95%置信区间		极小值	极大值	ANOVA F
					下限	上限			
小学及以下	453	5.85	1.605	.075	5.70	6.00	1	10	2.287（p>0.05）
初中或相当	1601	6.08	1.604	.040	6.00	6.15	1	10	
高中或相当	1102	5.95	1.709	.051	5.85	6.05	1	10	
大专或相当	438	5.93	1.594	.076	5.78	6.08	1	10	
本科及以上	522	5.96	1.672	.073	5.81	6.10	1	10	
总数	4116	5.99	1.641	.026	5.94	6.04	1	10	

从父亲教育程度来看，样本统计值显示，父亲教育程度为初中的学生对中国民主程度的评价最高，父亲教育程度是小学的学生对中国民主程度的评价最低。但是总体看，F检验没有通过，说明父亲教育程度不同的大学生对于中国民主程度的评价没有差别。

民主程度评价（母亲教育程度的影响）

	N	均值	标准差	标准误	均值的 95% 置信区间		极小值	极大值	ANOVA F
					下限	上限			
小学及以下	961	5.95	1.672	.054	5.84	6.05	1	10	2.968（p<0.05）
初中或相当	1591	6.08	1.598	.040	6.00	6.16	1	10	
高中或相当	896	5.85	1.706	.057	5.74	5.97	1	10	
大专或相当	332	5.96	1.528	.084	5.80	6.13	1	10	
本科及以上	331	6.04	1.664	.091	5.86	6.22	1	10	
总数	4111	5.99	1.641	.026	5.94	6.04	1	10	

从母亲教育程度来看，母亲教育程度是初中的学生对中国民主程度的评价最高，母亲教育程度是高中的学生对中国民主程度的评价最低。

（11）家庭社会经济地位的差异

民主程度评价（家庭社会经济地位的影响）

	N	均值	标准差	标准误	均值的 95% 置信区间		极小值	极大值	ANOVA F
					下限	上限			
下层	1730	6.05	1.647	.040	5.97	6.12	1	10	2.197（p>0.05）
中下层	805	5.96	1.658	.058	5.84	6.07	1	10	
中层	556	5.87	1.616	.069	5.74	6.01	1	10	
中上层	354	6.11	1.600	.085	5.95	6.28	1	10	
上层	366	5.89	1.628	.085	5.72	6.05	1	10	
总数	3811	5.99	1.640	.027	5.94	6.04	1	10	

从家庭社会经济地位来看，仅就样本统计数据显示，家庭地位为中上层的学生对中国民主程度的评价最高，家庭地位为中层的学生对中国民主程度的评价最低。但总体上看，F 检验未通过，说明家庭地位不同的学生对于中国民主程度的评价没有显著性差异。

（12）专业年级的差异

民主程度评价（专业的影响）

	N	均值	标准差	标准误	均值的 95% 置信区间		极小值	极大值	ANOVA F
					下限	上限			
理科	1746	5.95	1.747	.042	5.87	6.03	1	10	1.334（p>0.05）
文科	2397	6.01	1.560	.032	5.95	6.07	1	10	
总数	4143	5.99	1.641	.026	5.94	6.04	1	10	

从专业来看，样本统计值显示，文科生对于我国民主程度的评价略高于理科生，但F检验未通过，说明山东大学生中文科生和理科生对于我国民主程度的评价没有差别。

民主程度评价（年级的影响）

	N	平均值	标准差	标准误	平均值 95% 置信区间		最小值	最大值	ANOVA F
					下限值	上限			
大一	1851	6.20	1.612	.037	6.13	6.28	1	10	29.350 (p<0.001)
大三	1599	5.79	1.630	.041	5.71	5.87	1	10	
研究生	693	5.86	1.678	.064	5.73	5.98	1	10	
总计	4143	5.99	1.641	.026	5.94	6.04	1	10	

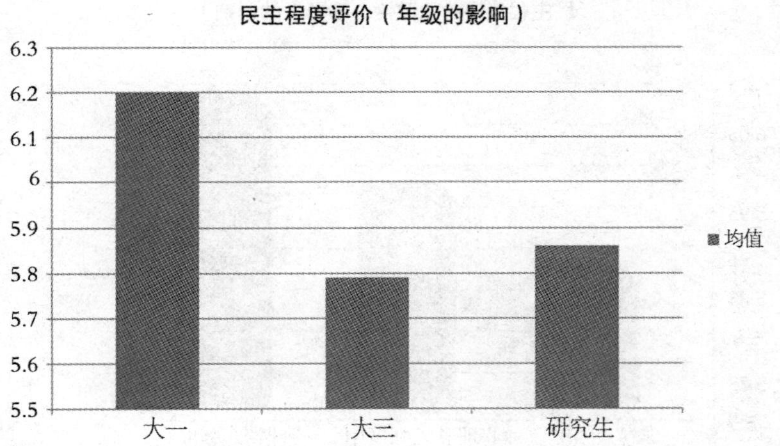

以年级进行交叉分析，可以看出，低年级的学生对于我国民主程度的评价高于高年级的学生。

（13）消费水平的差异

民主程度评价（消费水平的影响）

	N	均值	标准差	标准误	均值的 95% 置信区间		极小值	极大值	ANOVA F
					下限	上限			
低	223	6.11	1.678	.112	5.89	6.33	1	10	2.163 (p>0.05)
中	3451	6.00	1.641	.028	5.94	6.05	1	10	
高	457	5.86	1.606	.075	5.71	6.00	1	10	
总数	4131	5.99	1.640	.026	5.94	6.04	1	10	

从学生的消费水平来看，仅就样本统计数据显示，消费水平越高，对中国民主程度的评价就越低。 但总体上看，F检验未通过，说明消费水平不同的学生对于中国民主程度的评价没有显著性差异。

（14）政治心理卷入的差异

民主程度评价（政治心理卷入的影响）

	N	均值	标准差	标准误	均值的 95% 置信区间		极小值	极大值	ANOVA F
					下限	上限			
低	554	5.85	1.677	.071	5.71	5.99	1	10	4.23（$p < 0.05$）
中	1516	5.95	1.646	.042	5.86	6.03	1	10	
高	2070	6.06	1.625	.036	5.99	6.13	1	10	
总数	4140	5.99	1.641	.026	5.94	6.04	1	10	

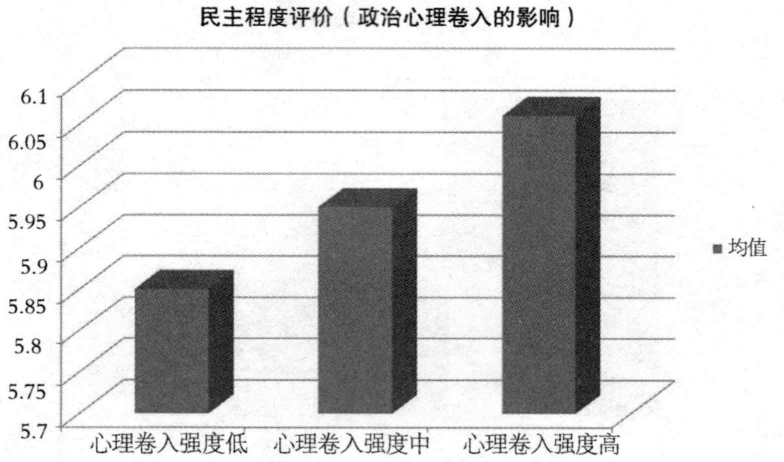

从政治心理卷入来看，政治心理卷入强度越高的学生，其对中国民主程度的评价也越高。

（15）民主期望的差异

民主程度评价（民主期望的影响）

	N	均值	标准差	标准误	均值的 95% 置信区间		极小值	极大值	ANOVA F
					下限	上限			
低	138	3.86	2.135	.182	3.50	4.22	1	10	325.293（$p < 0.001$）
中	1376	5.42	1.303	.035	5.35	5.49	1	10	
高	2625	6.40	1.594	.031	6.34	6.46	1	10	
总数	4139	5.99	1.641	.026	5.94	6.04	1	10	

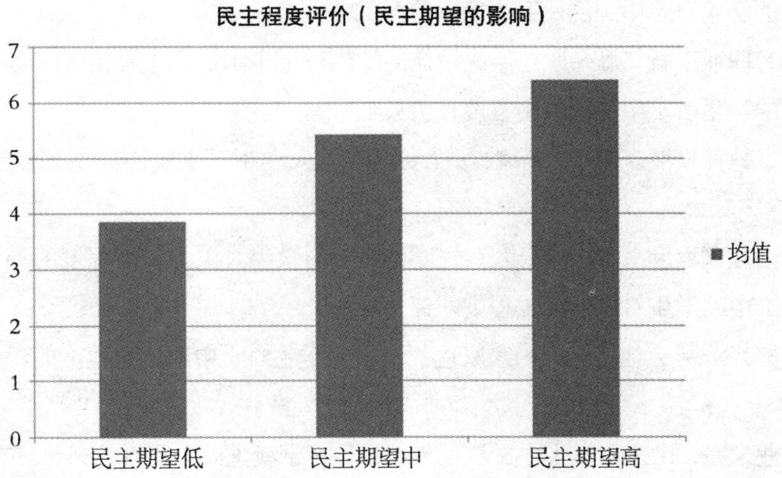

从民主期望来看，非常明显的，民主期望越高的学生，其对中国民主程度的评价也越高。

（16）小结

山东省大学生对于我国民主程度的评价处于一般略高水平，得分为5.99分（最高分10分）。其组间差异的统计结果如下：

◆从性别来看，山东大学生中男生和女生对于中国民主程度的评估没有差别。

◆从民族来看，山东大学生中汉族和少数民族对于中国民主程度的评估没有显著性差异。

◆从是否独生子女来看，山东大学生中独生子女和非独生子女对于中国民主程度的评估没有差别。

◆从户口属性来看，农业户口的学生对于我国民主程度的评价略高于非农业户口的学生。

◆从家庭所在地来看，山东大学生中不同家庭所在地的学生对于中国民主程度的评估没有差别。

◆从政治面貌看，山大学生中党员学生和非党员学生对于中国民主程度的评估没有差别。

◆从是否学生干部来看，山东大学生中是否是学生干部对于中国民主程度的评价没有显著性差异。

◆从宗教信仰来看，没有宗教信仰的学生对我国民主程度的评价明显高于有宗教信仰的学生。

◆从学校层次来看，普通院校的学生对于我国民主程度的评价略高于重点大学的学生。

◆从父亲职业来看，父亲职业层次最低的学生对于中国的民主程度评价最高，父亲职业层次为中下的学生对于中国的民主程度评价最低。

◆从母亲职业来看，母亲职业层次最低的学生对于中国的民主程度评价最高，母亲职业层次为中下的学生对于中国的民主程度评价最低。

◆从父亲教育程度来看，父亲教育程度不同的大学生对于中国民主程度的评价没有差别。

◆从母亲教育程度来看，母亲教育程度是初中的学生对中国民主程度的评价最高，母亲教育程度是高中的学生对中国民主程度的评价最低。

◆从家庭经济社会地位来看，家庭地位不同的学生对于中国民主程度的评价没有显著性差异。

◆从专业来看，山东大学生中文科生和理科生对于我国民主程度的评价没有差别。

◆从年级来看，低年级的学生对于我国民主程度的评价高于高年级的学生。

◆从学生的消费水平来看，消费水平不同的学生对于中国民主程度的评价没有显著性差异。

◆从心理卷入来看，政治心理卷入强度越高的学生，其对中国民主程度的评价也越高。

◆从民主期望来看，从民主期望来看，非常明显的，民主期望越高的学生，其对中国民主程度的评价也越高。

4. 民主期望测量

民主期望是指民众对我国民主体制实现程度的期望。 我们设置一道10分制的题目，来测量学生对于我国民主期望的评价，题目如下：

如果1表示极专制，10表示极民主，您希望中国的政治体制处于怎样的水平？

极专制：__：__：__：__：__：__：__：__：__：__：极民主

1 2 3 4 5 6 7 8 9 10

民主期望描述统计

	数字	最小值(M)	最大值(X)	平均值(E)	标准偏差
民主期望	4143	1	10	6.95	1.740
有效 N（成列）	4143				

统计可知，样本的平均得分为6.95分，说明大学生的民主期望较高，但并不强烈。 从下面的交叉表可清楚地看到，民主期望值属于“高”和“中”的所有学生中，有87.6%的学生认为民主是民本民主；认为是选举民主的学生仅仅占2%，认为是协商民主的学生也只占8.6%。 这说明，学生的民主期望是民本民主的期望，而不是西方民主的期望。

民主认知＊ 民主期望程度 交叉制表

		民主期望程度			合计	Pearson 卡方
		低	中	高		
民主认知	选举民主	17	47	47	111	91.080 (p＜0.001)
	民本民主	89	1172	2281	3542	
	协商民主	22	123	218	363	
	其他	7	12	43	62	
合计		135	1354	2589	4078	

不同群组之间的民主期望有着显著性差异，组间差异的统计结果如下：

(1) 性别的差异

民主期望（性别的影响）

	性别	数字	平均值(E)	标准偏差	标准误差平均值	T－test
民主期望	男	1333	6.74	1.912	.052	－5.211 (p＜0.001)
	女	2798	7.05	1.643	.031	

以性别进行交叉分析，可以看出，女生对于我国民主期望高于男生。

性别＊ 民主期望程度 交叉制表

			民主期望程度			合计	Pearson 卡方
			低	中	高		
性别	男	计数	79	474	780	1333	51.169 (p＜0.001)
		性别 中的 %	5.9%	35.6%	58.5%	100.0%	
	女	计数	58	899	1841	2798	
		性别 中的 %	2.1%	32.1%	65.8%	100.0%	
合计		计数	137	1373	2621	4131	
		性别 中的 %	3.3%	33.2%	63.4%	100.0%	

从交叉分析也可清楚地看出，民主期望程度高的群体中，女生比男生高 7.3 个百分点。民主期望程度低的群体中，女生比男生低 3.8 个百分点。

(2) 民族的差异

民主期望（民族的影响）

	N	均值	标准差	标准误	均值的 95% 置信区间		极小值	极大值	ANOVA F
					下限	上限			
汉族	3979	6.96	1.737	.028	6.90	7.01	1	10	1.627 (p＞0.05)
少数民族	164	6.78	1.810	.141	6.50	7.06	1	10	
总数	4143	6.95	1.740	.027	6.90	7.00	1	10	

从民族来看，样本统计值中，汉族学生的民主期望值要高于少数民族学生，但F检验未通过，说明山东大学生中，汉族学生和少数民族学生的民主期望没有差别。

（3）是否是独生子女的差异

民主期望（独生子女的影响）

	是否是独生子女	数字	平均值(E)	标准偏差	标准误差平均值	T－test
民主期望	是	1731	6.77	1.788	.043	－5.539
	否	2398	7.08	1.691	.035	(p<0.001)

以是否是独生子女进行交叉分析，可以看出，非独生子女对于我国民主期望高于独生子女。

是否是独生子女＊ 民主期望程度 交叉制表

			民主期望程度			合计	Pearson 卡方
			低	中	高		
是否是独生子女	是	计数	84	603	1044	1731	
		%	4.9%	34.8%	60.3%	100.0%	
	否	计数	53	770	1575	2398	27.969
		%	2.2%	32.1%	65.7%	100.0%	(p<0.001)
合计		计数	137	1373	2619	4129	
		%	3.3%	33.3%	63.4%	100.0%	

从交叉分析看出，民主期望程度高的群体中，非独生子女学生比独生子女学生高5.4个百分点。民主期望程度低的群体中，非独生子女学生比独生子女学生低2.7个百分点。

（4）户口的差异

民主期望（户口属性的影响）

	上大学前户口	数字	平均值(E)	标准偏差	标准误差平均值	T－test
民主期望	农业	2510	7.08	1.739	.035	6.162
	非农业	1619	6.74	1.719	.043	(p<0.001)

以是户口属性进行交叉分析，可以看出，农业户口的学生对于我国民主期望略高于非农业户口的学生。

户口属性＊ 民主期望程度 交叉制表

			民主期望程度			合计	Pearson 卡方
			低	中	高		
户口属性	农业	计数	66	797	1647	2510	18.063（p<0.001）
		户口属性 中的 %	2.6%	31.8%	65.6%	100.0%	
	非农业	计数	71	575	973	1619	
		户口属性 中的 %	4.4%	35.5%	60.1%	100.0%	
合计		计数	137	1372	2620	4129	
		户口属性 中的 %	3.3%	33.2%	63.5%	100.0%	

从交叉表中可看出，民主期望程度高的群体中，农业户口的学生比非农业户口的学生高5.5个百分点。民主期望程度低的群体中，农业户口的学生比非农业户口的学生低1.9个百分点。

（5）家庭所在地的差异

民主期望（家庭所在地的影响）

	N	均值	标准差	标准误	均值的95%置信区间		极小值	极大值	ANOVA F
					下限	上限			
农村	1773	7.15	1.737	.041	7.07	7.23	1	10	22.498（p<0.001）
县城镇区	1200	6.86	1.715	.050	6.76	6.95	1	10	
城市	1147	6.73	1.739	.051	6.63	6.83	1	10	
总数	4120	6.95	1.740	.027	6.90	7.00	1	10	

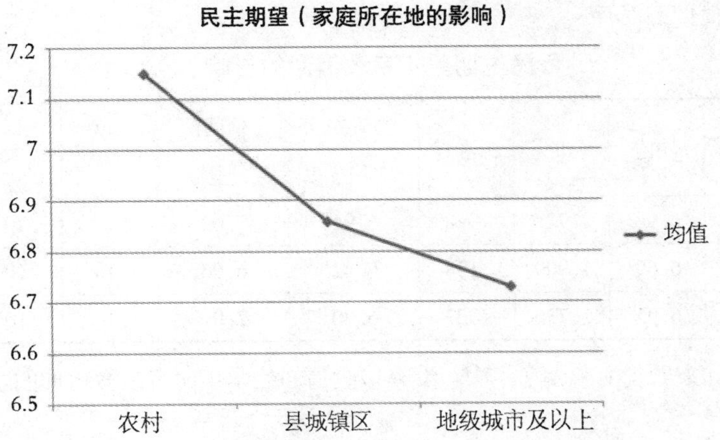

从家庭所在地来看，住在城市的学生的民主期望低于住在农村的学生，从农村、县城、地级城市依次降低。

（6）政治面貌的差异

民主期望（政治面貌的影响）

	N	均值	标准差	标准误	均值的95%置信区间		极小值	极大值	ANOVA F
					下限	上限			
非中共党员	3893	6.95	1.735	.028	6.90	7.01	1	10	0.014（p>0.05）
中共党员	241	6.94	1.833	.118	6.71	7.17	1	10	
总数	4134	6.95	1.740	.027	6.90	7.00	1	10	

从政治面貌来看，样本统计值显示党员学生与非党员学生差别不大，并且F检验没有通过，说明山东大学生中党员和非党员学生的民主期望没有显著性差异。

民主期望（学生组织角色的影响）

	N	均值	标准差	标准误	均值的95%置信区间		极小值	极大值	ANOVA F
					下限	上限			
干部	1161	6.87	1.794	.053	6.77	6.97	1	10	3.228（p>0.05）
普通成员	2305	6.98	1.706	.036	6.91	7.05	1	10	
总数	3466	6.94	1.737	.030	6.89	7.00	1	10	

从是否是学生干部来看，样本统计值显示学生干部的民主期望低于普通学生，但F检验没有通过，说明山东大学生中干部和普通学生的民主期望没有显著性差异。

（7）宗教信仰的差异

民主期望（宗教信仰的影响）

	N	均值	标准差	标准误	均值的95%置信区间		极小值	极大值	ANOVA F
					下限	上限			
无	3937	6.96	1.727	.028	6.91	7.02	1	10	4.527（p<0.05）
有	191	6.69	1.909	.138	6.42	6.96	1	10	
总数	4128	6.95	1.736	.027	6.90	7.01	1	10	

从宗教信仰来看，山东大学生中，没有宗教信仰的学生比有宗教信仰的学生的民主期望高0.27分。

宗教信仰 * 民主期望程度 交叉制表

			民主期望程度			合计	Pearson 卡方
			低	中	高		
宗教信仰	无	计数	124	1298	2515	3937	8.426 (p<0.05)
		宗教信仰 中的 %	3.1%	33.0%	63.9%	100.0%	
	有	计数	12	72	107	191	
		宗教信仰 中的 %	6.3%	37.7%	56.0%	100.0%	
合计		计数	136	1370	2622	4128	
		宗教信仰 中的 %	3.3%	33.2%	63.5%	100.0%	

从交叉表来看，民主期望程度高的群体中，无宗教信仰的学生比有宗教信仰的学生高7.9个百分点。民主期望程度低的群体中，无宗教信仰的学生比有宗教信仰的学生低3.2个百分点。

（8）学校层次的差异

民主期望（学校层次的影响）

	N	平均值	标准差	标准误	平均值 95% 置信区间		最小值	最大值	ANOVA F
					下限值	上限			
985 高校	960	6.75	1.674	.054	6.65	6.86	1	10	15.414 (p<0.001)
一本院校	2260	6.93	1.725	.036	6.86	7.01	1	10	
普通院校	923	7.19	1.815	.060	7.08	7.31	1	10	
总计	4143	6.95	1.740	.027	6.90	7.00	1	10	

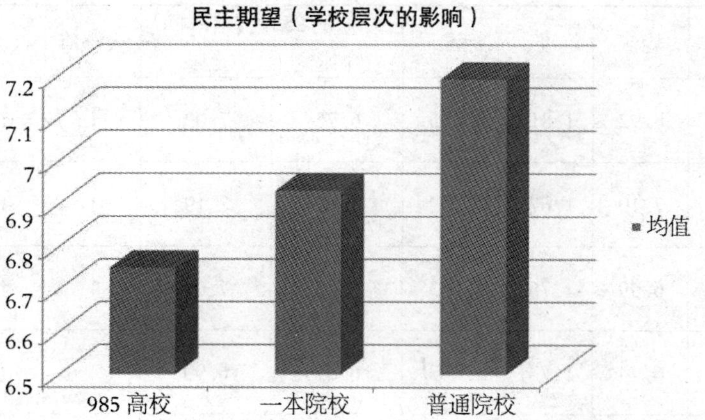

以学校层次进行交叉分析，可以看出，学校层次越高，学生的民主期望越低。

（9）父母职业的差异

民主期望（父亲职业的影响）

	N	均值	标准差	标准误	均值的 95% 置信区间		极小值	极大值	ANOVA F
					下限	上限			
低	1966	7.11	1.719	.039	7.03	7.18	1	10	13.177 (p<0.001)
中下	412	6.88	1.714	.084	6.71	7.04	1	10	
中	869	6.96	1.721	.058	6.85	7.07	1	10	
中上	395	6.56	1.735	.087	6.39	6.73	1	10	
高	414	6.61	1.787	.088	6.44	6.79	1	10	
总数	4056	6.95	1.738	.027	6.89	7.00	1	10	

从父亲职业来看，父亲职业层级高的学生的民主期望比父亲职业层级低的学生低，最低值是中上层，最高值是底层。

民主期望（母亲职业的影响）

	N	均值	标准差	标准误	均值的 95% 置信区间		极小值	极大值	ANOVA F
					下限	上限			
低	2178	7.09	1.724	.037	7.02	7.17	1	10	11.34 (p<0.001)
中下	384	6.72	1.762	.090	6.54	6.90	1	10	
中	685	7.00	1.707	.065	6.87	7.13	1	10	
中上	255	6.63	1.754	.110	6.41	6.84	1	10	
高	351	6.60	1.773	.095	6.41	6.78	1	10	
总数	3853	6.96	1.740	.028	6.91	7.02	1	10	

从母亲职业来看，母亲职业层级高的学生的民主期望比母亲职业层级低的学生低，最低值是高层，最高值是底层。

（10）父母教育程度的差异

民主期望（父亲教育程度的影响）

	N	均值	标准差	标准误	均值的 95% 置信区间		极小值	极大值	ANOVA F
					下限	上限			
小学及以下	453	6.92	1.815	.085	6.75	7.09	1	10	11.34 (p<0.001)
初中或相当	1601	7.10	1.677	.042	7.02	7.19	1	10	
高中或相当	1102	6.99	1.762	.053	6.88	7.09	1	10	
大专或相当	438	6.74	1.731	.083	6.57	6.90	1	10	
本科及以上	522	6.60	1.762	.077	6.45	6.75	1	10	
总数	4116	6.95	1.740	.027	6.90	7.00	1	10	

从父亲教育程度来看，父亲教育程度高的学生的民主期望比父亲教育程度低的学生低，最低值是本科，最高值是初中。

民主期望（母亲教育程度的影响）

	N	均值	标准差	标准误	均值的 95% 置信区间		极小值	极大值	ANOVA F
					下限	上限			
小学及以下	962	7.06	1.732	.056	6.95	7.17	1	10	9.943（p<0.001）
初中或相当	1589	7.10	1.681	.042	7.02	7.18	1	10	
高中或相当	896	6.77	1.806	.060	6.65	6.89	1	10	
大专或相当	332	6.70	1.717	.094	6.52	6.89	1	10	
本科及以上	332	6.68	1.776	.097	6.49	6.88	1	10	
总数	4111	6.95	1.739	.027	6.90	7.01	1	10	

从母亲教育程度来看，母亲教育程度高的学生的民主期望比母亲教育程度低的学生低，最低值是本科，最高值是初中。

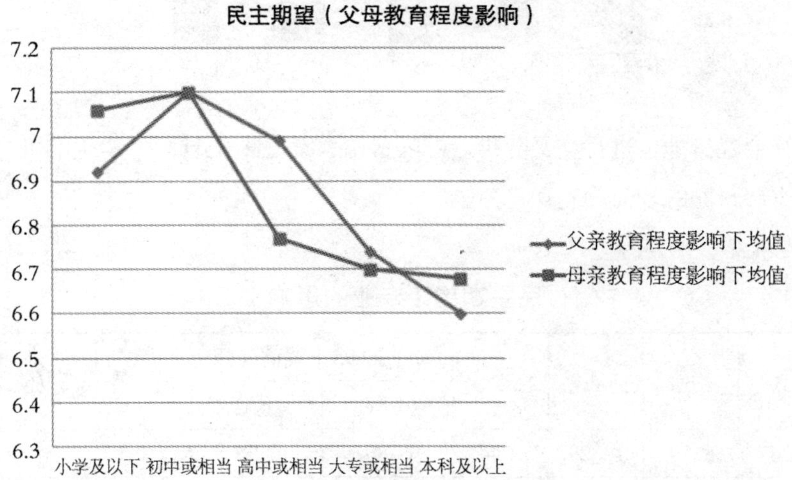

从父母教育程度的影响来看，两者的影响效应基本一致，如曲线对比图所示。

（11）家庭地位的差异

民主期望（家庭社会经济地位的影响）

	N	平均值	标准差	标准误	平均值 95% 置信区间		最小值	最大值	ANOVA F
					下限值	上限			
下层	1729	7.11	1.724	.041	7.03	7.19	1	10	11.945 (p<0.001)
中下层	803	7.04	1.729	.061	6.92	7.16	1	10	
中层	558	6.80	1.716	.073	6.66	6.94	1	10	
中上层	354	6.78	1.727	.092	6.60	6.96	1	10	
上层	366	6.51	1.791	.094	6.33	6.70	1	10	
总计	3810	6.96	1.741	.028	6.91	7.02	1	10	

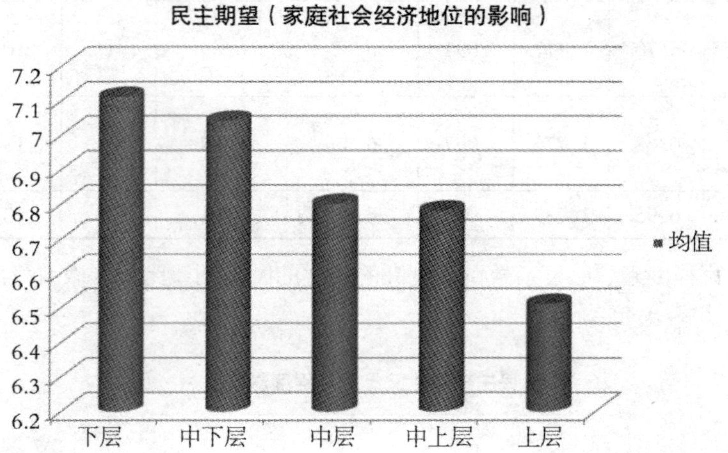

以家庭社会经济地位进行交叉分析，可以看出，家庭地位越高，学生的民主期望越低，上层家庭与下层家庭的均值相差0.6分。

（12）专业年级的差异

民主期望（专业的影响）

	N	均值	标准差	标准误	均值的 95% 置信区间		极小值	极大值	ANOVA F
					下限	上限			
理科	1747	6.89	1.829	.044	6.80	6.98	1	10	3.548 (p>0.05)
文科	2396	6.99	1.671	.034	6.93	7.06	1	10	
总数	4143	6.95	1.740	.027	6.90	7.00	1	10	

从专业来看，样本值中理科生的民主期望低于文科生，但F检验没有通过，说明山东大学生中理科生和文科生的民主期望无显著性差异。

民主期望（年级的影响）

	N	均值	标准差	标准误	均值的 95% 置信区间		极小值	极大值	ANOVA F
					下限	上限			
大一	1850	7.00	1.693	.039	6.93	7.08	1	10	2.266（p＞0.05）
大三	1600	6.88	1.759	.044	6.79	6.97	1	10	
研究生	693	6.97	1.814	.069	6.83	7.10	1	10	
总数	4143	6.95	1.740	.027	6.90	7.00	1	10	

从年级来看，样本值中大一的民主期望最高，大三的最低，但 F 检验没有通过，说明山东大学生中各年级学生的民主期望无显著性差异。

（13）消费水平的差异

民主期望（消费水平的影响）

	N	均值	标准差	标准误	均值的 95% 置信区间		极小值	极大值	ANOVA F
					下限	上限			
低	223	7.13	1.805	.121	6.89	7.37	1	10	6.700（p＜0.001）
中	3450	6.97	1.735	.030	6.91	7.03	1	10	
高	458	6.69	1.727	.081	6.53	6.85	1	10	
总数	4131	6.95	1.740	.027	6.90	7.00	1	10	

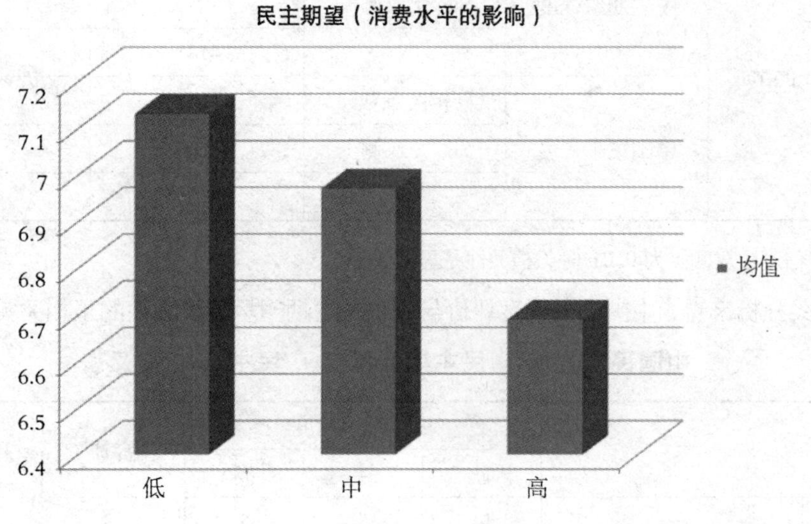

以消费水平进行交叉分析，可以看出，消费水平越高，学生的民主期望越低。

（14）中国民主程度评价的差异

民主期望（中国民主程度评价的影响）

	N	均值	标准差	标准误	均值的 95% 置信区间		极小值	极大值	ANOVA F
					下限	上限			
低	281	5.62	2.588	.154	5.32	5.93	1	10	299.962（p<0.001）
中	2206	6.59	1.621	.035	6.53	6.66	1	10	
高	1652	7.65	1.408	.035	7.58	7.72	1	10	
总数	4139	6.95	1.740	.027	6.90	7.00	1	10	

从中国的民主程度评价来看，很明显的，对中国民主程度评价越高，其民主期望也越高。

相关系数

			民主期望程度	中国民主程度评价
Kendall 的 tau_b	民主期望程度	相关系数	1.000	.338**
		Sig.（双侧）	.	.000
		N	4143	4139
	中国民主程度	相关系数	.338**	1.000
		Sig.（双侧）	.000	.
		N	4139	4143
Spearman 的 rho	民主期望程度	相关系数	1.000	.348**
		Sig.（双侧）	.	.000
		N	4143	4139
	中国民主程度	相关系数	.348**	1.000
		Sig.（双侧）	.000	.
		N	4139	4143

**. 在置信度（双测）为 0.01 时，相关性是显著的。

从相关分析来看，中国民主程度评价与中国民主期望呈现显著性的正相关关系。

中国民主程度 * 民主期望程度 * 民主认知 交叉表

民主认知			民主期望程度			合计	Pearson 卡方
			低	中	高		
选举民主	中国民主程度	低	13	5	5	23	44.312（p<0.001）
		中	3	34	24	61	
		高	1	8	18	27	
	合计		17	47	47	111	

民本民主	中国民主程度	低	44	72	76	192	723.298 ($p<0.001$)
		中	27	865	958	1850	
		高	18	235	1243	1496	
	合计		89	1172	2277	3538	
协商民主	中国民主程度	低	16	12	20	48	97.803 ($p<0.001$)
		中	6	96	119	221	
		高	0	15	79	94	
	合计		22	123	218	363	

进一步与民主认知进行交叉分析，可看出，大学生的分布主要集中在民主认知是民本民主的组群中，在这一组中，对中国民主程度的评价与民主期望呈现正相关关系。另外，从分布中也可看出，山东大学生对于中国民主程度的评价和对中国的民主期望，主要还是针对民本民主，而不是选举民主和协商民主。

（15）小结

山东省大学生对于我国的民主期望较高，得分为6.95分（最高分10分）。其组间差异的统计结果如下：

◆从性别来看，山东大学生中女生对于我国民主期望高于男生。

◆从民族来看，山东大学生中汉族和少数民族对于中国的民主期望没有显著性差异。

◆从是否独生子女来看，山东大学生中非独生子女对于我国民主期望高于独生子女。

◆从户口属性来看，农业户口的学生对于我国民主期望略高于非农业户口的学生。

◆从家庭所在地来看，山东大学生中住在城市的学生的民主期望低于住在农村的学生，从农村、县城、地级城市依次降低。

◆从政治面貌看，山东大学生中党员和非党员学生的民主期望没有显著性差异。

◆从是否学生干部来看，山东大学生中干部和普通学生的民主期望没有显著性差异。

◆从宗教信仰来看，没有宗教信仰的学生比有宗教信仰的学生的民主期望高。

◆从学校层次来看，学校层次越高，学生的民主期望越低。

◆从父亲职业来看，父亲职业层级高的学生的民主期望比父亲职业层级低的学生低。

◆从母亲职业来看，母亲职业层级高的学生的民主期望比母亲职业层级低的学生低。

◆从父亲教育程度来看，父亲教育程度高的学生的民主期望比父亲教育程度低的学生低。

◆从母亲教育程度来看，母亲教育程度高的学生的民主期望比母亲教育程度低的学生低。

◆从家庭经济社会地位来看，家庭地位越高，学生的民主期望越低。

◆从专业来看，山东大学生中文科生和理科生对于我国的民主期望没有差别。

◆从年级来看，各年级学生的民主期望无显著性差异。

◆从学生的消费水平来看，消费水平越高，学生的民主期望越低。

◆从中国的民主程度评价来看，对中国民主程度评价越高，其民主期望也越高。

5. 民主适合度的测量

民主适合度是指民众对民主体制是否适合我国的评价。我们设置一道10分制的题目，来测量学生对于我国民主适合度的评价，题目如下：

如果1表示完全不适合，10表示完全适合，您认为民主在多大程度上适合中国？

完全不适合：___：___：___：___：___：___：___：___：___：___：完全适合

1　2　3　4　5　6　7　8　9　10

统计得分是7.13分，说明山东大学生对于民主适合于我国的评价比较高。这一结果与民主期望是一致的。

民主适合度描述统计

	数字	最小值(M)	最大值(X)	平均值(E)	标准偏差
民主适合度	4142	1	10	7.13	1.769
有效 N（成列）	4142				

对民主的理解 * 民主适合程度 交叉制表

		民主适合程度			合计	Pearson 卡方
		低	中	高		
民主认知	选举民主	16	38	57	111	59.355 ($p<0.001$)
	民本民主	109	934	2497	3540	
	协商民主	18	118	227	363	
	其他	3	23	36	62	
合计		146	1113	2817	4076	

从上面两表结合看，学生所认为的民主适合度主要是指民本民主适合于中国的程度。认为民主适合度高的学生中，有88.6%的学生指的是民本民主。

相关性

		民主适合度	对中国的民主期望
民主适合度	Pearson 相关性	1	.469**
	显著性（双侧）		.000
	N	4142	4140
对中国的民主期望	Pearson 相关性	.469**	1
	显著性（双侧）	.000	
	N	4140	4143

**. 在 .01 水平（双侧）上显著相关。

从相关分析来看，山东大学生对于中国的民主期望和民主适合度具有很强的正相关关系，不同分组的分布也比较相似。

相关性

		民主适合度	中国的民主程度
民主适合度	Pearson 相关性	1	.412**
	显著性（双侧）		.000
	N	4142	4138
中国的民主程度	Pearson 相关性	.412**	1
	显著性（双侧）	.000	
	N	4138	4143

**. 在 .01 水平（双侧）上显著相关。

从相关分析来看，山东大学生对于中国的民主期望和中国民主程度评价也具有很强的正相关关系，不同分组的分布也比较相似。

（1）性别的差异

民主适合度（性别的影响）

	性别	数字	平均值(E)	标准偏差	标准误差平均值	T - test
民主程度	男	1331	6.96	1.955	.054	-4.165
	女	2799	7.22	1.670	.032	(p<0.001)

以性别进行交叉分析，可以看出，女生的分数高于男生，高0.26分，说明山东大学生中女生比男生认为民主更适合中国。

性别 * 民主适合程度 交叉制表

			民主适合程度			合计	Pearson 卡方
			低	中	高		
性别	男	计数	81	381	869	1331	
		性别 中的 %	6.1%	28.6%	65.3%	100.0%	
	女	计数	70	751	1978	2799	36.55
		性别 中的 %	2.5%	26.8%	70.7%	100.0%	(p<0.001)
合计		计数	151	1132	2847	4130	
		性别 中的 %	3.7%	27.4%	68.9%	100.0%	

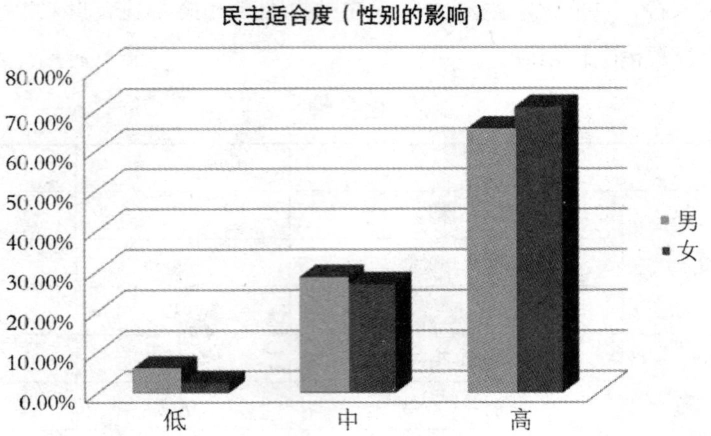

从交叉分析数据来看，在认为民主适合度高的群组里，女生支持比率比男生高5.4个百分点。在认为民主适合度低的群组里，女生支持比率比男生低3.6个百分点。

（2）民族的差异

民主适合度（民族的影响）

	N	均值	标准差	标准误	均值的95%置信区间		极小值	极大值	ANOVA F
					下限	上限			
汉族	3978	7.13	1.771	.028	7.08	7.19	1	10	0.124（p>0.05）
少数民族	164	7.09	1.739	.136	6.82	7.35	1	10	
总数	4142	7.13	1.769	.027	7.08	7.19	1	10	

从民族来看，样本值显示汉族学生比少数民族学生更认为民主适合中国，但从总体看，F检验未通过，说明山东大学生中，汉族和少数民族学生对于这一问题的态度没有显著性差异。

（3）是否是独生子女的差异

民主适合度（独生子女的影响）

	是否是独生子女	数字	平均值(E)	标准偏差	标准误差平均值	T-test
民主适合度	是	1729	6.92	1.872	.045	-6.462（p<0.001）
	否	2399	7.29	1.673	.034	

以是否是独生子女进行交叉分析，可以看出，非独生子女的分数高于独生子女。与民主期望的得分一致，可看出山东大学生中非独生子女的学生认为民主制度更适合中国。

是否是独生子女 * 民主适合程度 交叉制表

			民主适合程度			合计	Pearson 卡方
			低	中	高		
是否是独生子女	是	计数	90	526	1113	1729	39.605 (p<0.001)
		%	5.2%	30.4%	64.4%	100.0%	
	否	计数	59	607	1733	2399	
		%	2.5%	25.3%	72.2%	100.0%	
合计		计数	149	1133	2846	4128	
		%	3.6%	27.4%	68.9%	100.0%	

从交叉表可清楚地看出，在认为民主适合度高的分组中，非独生子女比率比独生子女比率高7.8个百分点；在认为民主适合度低的分组中，非独生子女比率比独生子女比率低2.7个百分点。所以，非独生子女更支持民主。

(4) 户口的差异

民主适合度（户口属性的影响）

	户口属性	数字	平均值(E)	标准偏差	标准误差平均值	T - test
民主适合度	农业	2510	7.31	1.698	.034	7.826 (p<0.001)
	非农业	1618	6.86	1.837	.046	

以是户口属性进行交叉分析，可以看出，农业户口的学生得分高于非农业户口的学生。与民主期望的得分一致，可看出农业户口的学生更认同民主制度。

户口属性 * 民主适合程度 交叉制表

			民主适合程度			合计	Pearson 卡方
			低	中	高		
户口属性	农业	计数	71	620	1819	2510	39.497 (p<0.001)
		户口属性 中的 %	2.8%	24.7%	72.5%	100.0%	
	非农业	计数	78	512	1028	1618	
		户口属性 中的 %	4.8%	31.6%	63.5%	100.0%	
合计		计数	149	1132	2847	4128	
		户口属性 中的 %	3.6%	27.4%	69.0%	100.0%	

从交叉表可看出，在认为民主适合度高的分组中，农业户口的学生比率比非农业户口的学生比率高9个百分点；在认为民主适合度低的分组中，农业户口的学生比率比非农业户口的学生比率低2个百分点。所以，农业户口的学生比非农业户口的学生更加认为民主适合中国。

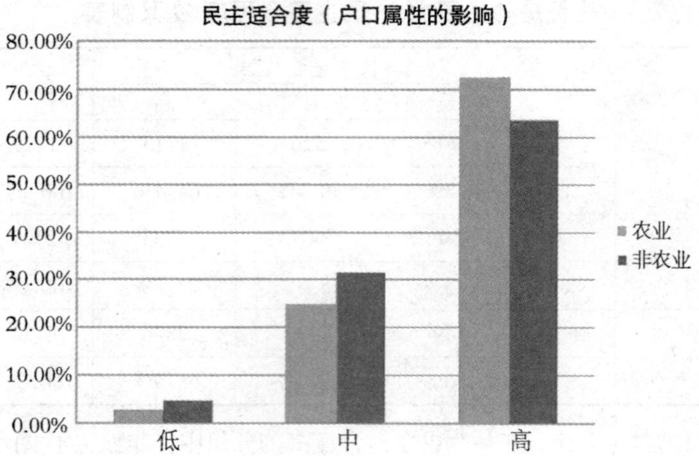

户口属性 * 民主适合程度 * 民主认知 交叉制表

民主认知			民主适合程度 低	中	高	合计	Pearson 卡方
选举民主	户口属性	农业	7	15	37	59	6.589 ($p<0.05$)
		非农业	9	23	20	52	
	合计		16	38	57	111	
民本民主	户口属性	农业	53	515	1602	2170	30.431 ($p<0.001$)
		非农业	54	417	887	1358	
	合计		107	932	2489	3528	
协商民主	户口属性	农业	8	68	141	217	2.503 ($p>0.05$)
		非农业	10	50	86	146	
	合计		18	118	227	363	

进一步交叉分析可知，山东大学生对于民主是否适合中国这一问题，86.8%（4064 名学生中的 3528 名）的学生认为的民主是民本民主，只有 2.7%（4064 名学生中的 111 名）学生认为的民主是选举民主，也只有 8.9%（4064 名学生中的 363 名）学生认为的民主是协商民主。同时，在民本民主分组中，学生的分布与上面的总体分布一致，也是农业户口的学生比非农业户口的学生更加认为民主适合中国。结合上面的数据分析，可知，山东大学生中绝大多数农业户口的学生比非农业户口的学生认为民本民主更加适合中国；只有极少数的农业户口的学生比非农业户口的学生认为选举民主更加适合中国。

（5）家庭所在地的差异

民主适合度(家庭所在地的影响)

	N	平均值	标准差	标准误	平均值 95% 置信区间		最小值	最大值	ANOVA F
					下限值	上限			
直辖市	95	6.94	2.041	.209	6.52	7.35	1	10	16.086 ($p<0.001$)
省会城市	261	6.51	1.919	.119	6.28	6.75	1	10	
地级城市	790	6.91	1.761	.063	6.78	7.03	1	10	
县城	800	7.04	1.763	.062	6.91	7.16	1	10	
镇区	399	7.20	1.770	.089	7.03	7.38	1	10	
农村	1774	7.36	1.701	.040	7.28	7.44	1	10	
总计	4119	7.13	1.770	.028	7.08	7.19	1	10	

以家庭所在地进行交叉分析，可以看出，家在农村的学生得分高于家在城市的学生。这一结果与户口属性的交叉结果是一致的。说明农村出身的学生更倾向民主。

家庭所在地 * 民主适合程度 * 民主认知 交叉制表

民主认知			民主适合程度			合计	Pearson 卡方
			低	中	高		
选举民主	家庭所在地	农村	4	13	20	37	5.505 ($p>0.05$)
		县城镇区	8	8	20	36	
		城市	4	17	17	38	
	合计		16	38	57	111	
民本民主	家庭所在地	农村	36	359	1148	1543	25.534 ($p<0.001$)
		县城镇区	32	279	707	1018	
		城市	40	291	626	957	
	合计		108	929	2481	3518	
协商民主	家庭所在地	农村	8	42	94	144	5.102 ($p>0.05$)
		县城镇区	2	41	68	111	
		城市	8	35	65	108	
	合计		18	118	227	363	

进一步交叉分析可知，山东大学生对于民主是否适合中国这一问题，86.8%（4054 名学生中的 3518 名）的学生认为的民主是民本民主，只有 2.7%（4054 名学生中的 111 名）的学生认为的民主是选举民主，也只有 9%（4054 名学生中的 363 名）的学生认为的民主是协商民主。民本民主分组中，学生基于家庭所在地的分布与上面的总体分布一致。所以，总体上，山东大学生中绝大多数家住农村的学生比家住城市的学生认为民本民主更加适合中国。

（6）政治面貌的差异

民主适合度（政治面貌的影响）

	N	均值	标准差	标准误	均值的 95% 置信区间		极小值	极大值	ANOVA F
					下限	上限			
非中共党员	3892	7.13	1.781	.029	7.08	7.19	1	10	0.002（p>0.05）
中共党员	241	7.13	1.593	.103	6.93	7.33	2	10	
总数	4133	7.13	1.770	.028	7.08	7.19	1	10	

从统计数值看，山东大学生中，党员学生和非党员学生对于这一问题的态度没有差别。

民主适合度（学生组织角色的影响）

	N	均值	标准差	标准误	均值的 95% 置信区间		极小值	极大值	ANOVA F
					下限	上限			
干部	1163	7.09	1.749	.051	6.98	7.19	1	10	0.476（p>0.05）
普通成员	2304	7.13	1.771	.037	7.06	7.20	1	10	
总数	3467	7.11	1.763	.030	7.06	7.17	1	10	

从是否是学生干部看，样本值中普通学生对于民主的认同要高于学生干部，但 F 检验没有通过，说明山东大学生中普通学生与学生干部对此问题的态度没有差异。

（7）宗教信仰的差异

民主适合度（宗教信仰的影响）

	N	均值	标准差	标准误	均值的 95% 置信区间		极小值	极大值	ANOVA F
					下限	上限			
无	3937	7.14	1.766	.028	7.08	7.19	1	10	0.672（p>0.05）
有	190	7.03	1.793	.130	6.77	7.29	1	10	
总数	4127	7.13	1.767	.028	7.08	7.19	1	10	

从样本数值看，无宗教信仰的学生比有宗教信仰的学生认为民主更适合中国，但 F 验证没通过，说明山东大学生中，无宗教信仰的学生和有宗教信仰的学生对于这一问题的态度没有差别。

（8）学校层次的差异

民主适合度（学校层次的影响）

	N	平均值	标准差	标准误	平均值 95% 置信区间		最小值	最大值	ANOVA F
					下限值	上限			
985 高校	958	6.84	1.843	.060	6.73	6.96	1	10	18.578（p<0.001）
一本院校	2261	7.18	1.737	.037	7.11	7.25	1	10	
普通院校	923	7.31	1.737	.057	7.20	7.43	1	10	
总计	4142	7.13	1.769	.027	7.08	7.19	1	10	

以学校层次进行交叉分析，可以看出，学校层次越高，学生的得分越低。这与民主期望的得分趋势一致。

（9）父母职业的差异

民主适合度（父亲职业的影响）

父亲职业等级	N	均值	标准差	标准误	均值的 95% 置信区间		极小值	极大值	ANOVA F
					下限	上限			
低	1966	7.32	1.708	.039	7.25	7.40	1	10	16.010（p<0.001）
中下	411	6.99	1.759	.087	6.81	7.16	1	10	
中	868	7.08	1.727	.059	6.97	7.20	1	10	
中上	396	6.83	1.889	.095	6.64	7.02	1	10	
高	414	6.69	1.911	.094	6.51	6.88	1	10	
总数	4055	7.12	1.770	.028	7.07	7.18	1	10	

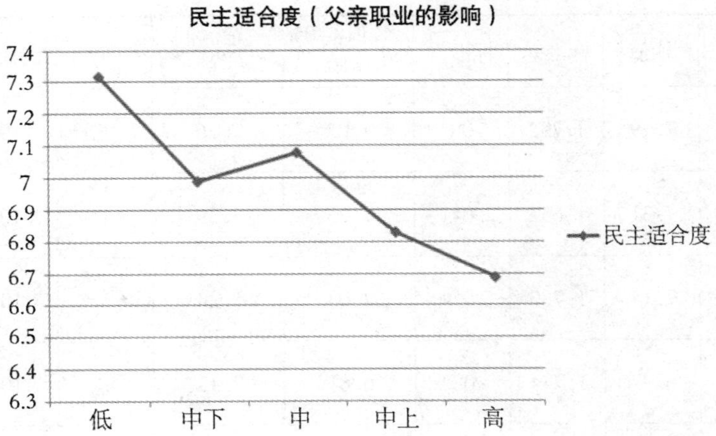

从父亲职业来看，很明显的，随着父亲职业等级的升高，学生的民主适合度数值越低，也就是说父亲职业等级高的学生对民主的认同要低于父亲职业等级低的学生。

民主适合度（母亲职业的影响）

	N	均值	标准差	标准误	均值的 95% 置信区间		极小值	极大值	ANOVA F
					下限	上限			
低	2178	7.33	1.689	.036	7.25	7.40	1	10	15.271（p＜0.001）
中下	382	6.91	1.813	.093	6.72	7.09	1	10	
中	686	7.07	1.773	.068	6.94	7.21	1	10	
中上	255	6.78	1.854	.116	6.56	7.01	1	10	
高	351	6.74	1.933	.103	6.53	6.94	1	10	
总数	3852	7.15	1.764	.028	7.09	7.21	1	10	

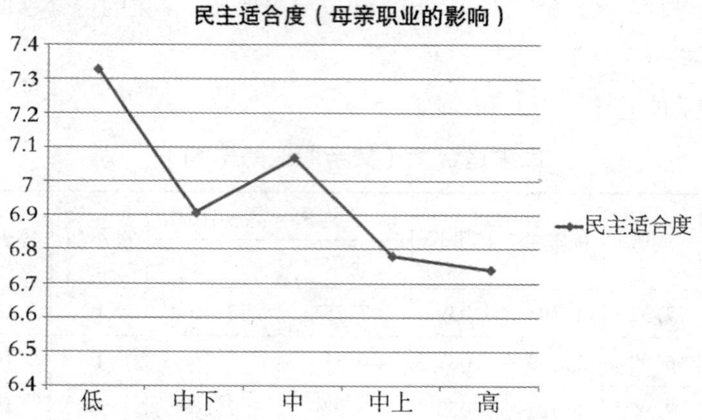

从母亲职业来看，与父亲职业的分布类似，随着母亲职业等级的升高，学生的民主适合度数值越低，也就是说母亲职业等级高的学生对民主的认同要低于母亲职业等级低的学生。

（10）父母教育程度的差异

民主适合度（父亲教育程度的影响）

	N	均值	标准差	标准误	均值的 95% 置信区间		极小值	极大值	ANOVA F
					下限	上限			
小学及以下	453	7.19	1.792	.084	7.03	7.36	1	10	16.119（p＜0.001）
初中或相当	1600	7.31	1.652	.041	7.23	7.39	1	10	
高中或相当	1102	7.14	1.780	.054	7.03	7.24	1	10	
大专或相当	439	6.97	1.744	.083	6.81	7.13	1	10	
本科及以上	521	6.63	1.989	.087	6.45	6.80	1	10	
总数	4115	7.13	1.770	.028	7.08	7.18	1	10	

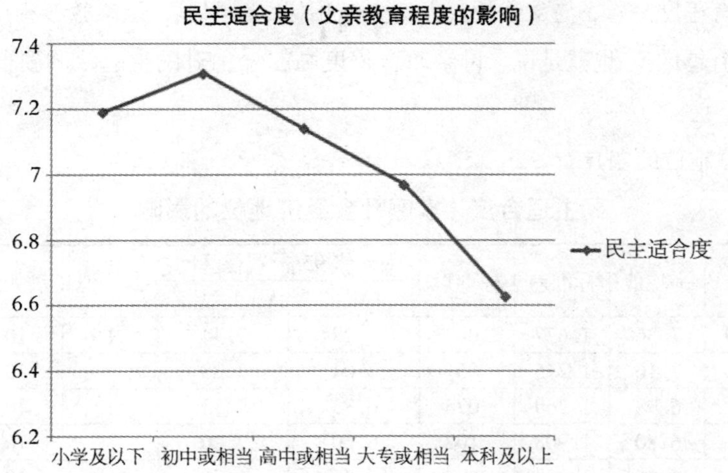

从父亲教育程度来看，很明显，父亲教育程度越高，学生的民主适合度数值越低。也就是说，父亲教育程度高的学生对民主的认同要低于父亲教育程度低的学生。

民主适合度（母亲教育程度的影响）

	N	均值	标准差	标准误	均值的 95% 置信区间		极小值	极大值	ANOVA
					下限	上限			F
小学及以下	962	7.25	1.721	.055	7.14	7.36	1	10	16.707 ($p < 0.001$)
初中或相当	1590	7.33	1.664	.042	7.24	7.41	1	10	
高中或相当	896	6.93	1.837	.061	6.80	7.05	1	10	
大专或相当	330	6.89	1.880	.103	6.68	7.09	1	10	
本科及以上	332	6.66	1.930	.106	6.45	6.87	1	10	
总数	4110	7.13	1.770	.028	7.08	7.19	1	10	

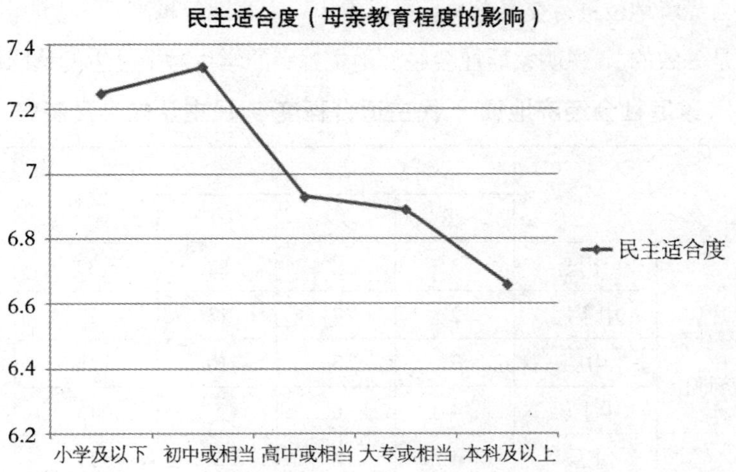

从母亲教育程度来看，与父亲教育程度分布相似，很明显，母亲教育程度越高，学生的民主适合度数值越低。 也就是说，母亲教育程度高的学生对民主的认同要低于母亲教育程度低的学生。

（11）家庭地位的差异

民主适合度（家庭社会经济地位的影响）

	N	平均值	标准差	标准误	平均值 95% 置信区间		最小值	最大值	ANOVA F
					下限值	上限			
下层	1729	7.36	1.677	.040	7.28	7.44	1	10	18.685（p<0.001）
中下层	802	7.16	1.715	.061	7.04	7.28	1	10	
中层	559	6.98	1.769	.075	6.83	7.13	1	10	
中上层	353	6.80	1.908	.102	6.60	7.00	1	10	
上层	366	6.65	1.954	.102	6.45	6.85	1	10	
总计	3809	7.14	1.765	.029	7.09	7.20	1	10	

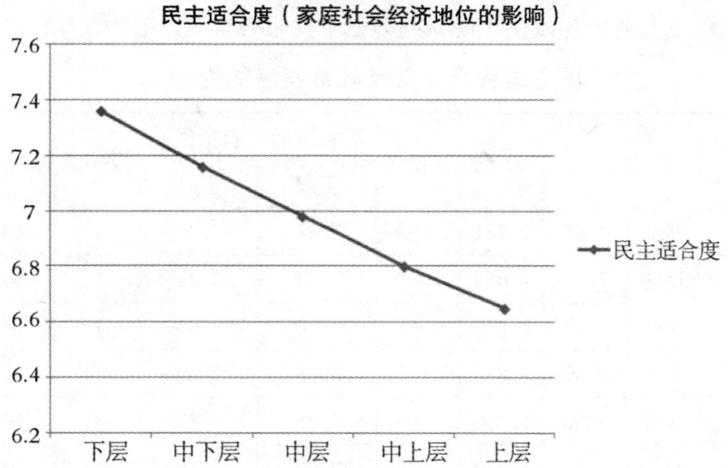

以家庭社会经济地位进行交叉分析，可以看出，家庭地位越高，学生的得分越低。 这与民主期望得分是一致的。 说明家庭社会经济地位越高的学生对于民主的认同越低。

家庭社会经济地位 * 民主适合程度 * 民主认知交叉制表

民主认知			民主适合程度 低	中	高	合计	Pearson 卡方
选举民主	家庭社会经济地位	下层	3	12	22	37	9.87（p>0.05）
		中下层	2	7	13	22	
		中层	3	3	10	16	
		中上层	4	6	5	15	
		上层	4	8	5	17	
	合计		16	36	55	107	

民本民主	家庭社会经济地位	下层	32	358	1120	1510	35.608（p<0.001）
		中下层	17	174	486	677	
		中层	14	140	316	470	
		中上层	17	85	191	293	
		上层	14	99	185	298	
	合计		94	856	2298	3248	
协商民主	家庭社会经济地位	下层	6	42	88	136	15.213（p>0.05）
		中下层	1	22	54	77	
		中层	4	23	28	55	
		中上层	3	9	22	34	
		上层	4	16	14	34	
	合计		18	112	206	336	

进一步交叉分析可知，山东大学生对于民主是否适合中国这一问题，86.6%（3750 名学生中的3248 名）的学生认为的民主是民本民主，只有2.9%（3750 名学生中的107 名）的学生认为的民主是选举民主，也只有9%（3750 名学生中的336 名）的学生认为的民主是协商民主。民本民主分组中，学生基于家庭地位的分布与上面的总体分布一致。所以，总体上，山东大学生中绝大多数的家庭地位低的学生比家庭地位高的学生认为民本民主更加适合中国。

（12）专业年级的差异

民主适合度（专业的影响）

	N	均值	标准差	标准误	均值的95%置信区间		极小值	极大值	ANOVA F
					下限	上限			
理科	1746	7.08	1.855	.044	6.99	7.17	1	10	2.521（p>0.05）
文科	2396	7.17	1.703	.035	7.10	7.24	1	10	
总数	4142	7.13	1.769	.027	7.08	7.19	1	10	

从专业来看，样本值显示文科生比理科生更支持民主，但是F检验没有通过，说明山东大学生中文科生和理科生对于民主是否适合中国的态度没有差异。

民主适合度（年级的影响）

	N	平均值	标准差	标准误	平均值95% 置信区间		最小值	最大值	ANOVA F
					下限值	上限			
大一	1849	7.22	1.773	.041	7.13	7.30	1	10	5.838（p<0.01）
大三	1600	7.02	1.795	.045	6.93	7.10	1	10	
研究生	693	7.18	1.687	.064	7.06	7.31	1	10	
总计	4142	7.13	1.769	.027	7.08	7.19	1	10	

以年级进行交叉分析，可以看出，低年级学生得分较高。说明低年级的学生更支持民主制度。

（13）消费水平的差异

民主适合度（月消费水平的影响）

	N	均值	标准差	标准误	均值的95%置信区间		极小值	极大值	ANOVA F
					下限	上限			
低	223	7.27	1.796	.120	7.04	7.51	1	10	76.716 ($p<0.001$)
中	3449	7.18	1.754	.030	7.12	7.24	1	10	
高	458	6.76	1.805	.084	6.59	6.92	1	10	
总数	4130	7.14	1.767	.027	7.08	7.19	1	10	

民主适合度（消费水平的影响）

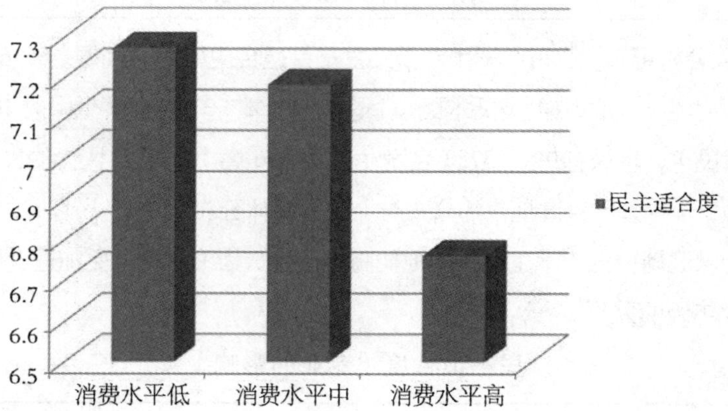

以消费水平进行交叉分析，可以看出，消费水平越高，学生的得分越低。

（14）小结

山东大学生的民主适合度得分为7.13分（最高分10分），说明山东大学生认为民主制度比较适合中国，而山东大学生这里认为的民主是指民本民主。其组间差异的统计结果如下：

◆从性别来看，说明山东大学生中女生比男生认为民主更适合中国。

◆从民族来看，山东大学生中汉族和少数民族学生对于这一问题的态度没有显著性差异。

◆从是否独生子女来看，山东大学生中非独生子女的学生认为民主更适合中国。

◆从户口属性来看，农业户口的学生更认同民主。

◆从家庭所在地来看，山东大学生中家在农村的学生比家在城市的学生更认同民主。

◆从政治面貌看，山东大学生中党员学生和非党员学生对于这一问题的态度没有差别。

◆从是否学生干部来看，山东大学生中普通学生与学生干部对此问题的态度没有差异。

◆从宗教信仰来看，无宗教信仰的学生和有宗教信仰的学生对此问题的态度没有差别。

◆从学校层次来看，学校层次越高，学生的民主适合度得分越低。

◆从父亲职业来看，随着父亲职业等级的升高，学生的民主适合度数值越低。

◆从母亲职业来看，随着母亲职业等级的升高，学生的民主适合度数值越低。

◆从父亲教育程度来看，父亲教育程度越高，学生的民主适合度数值越低。

◆从母亲教育程度来看，母亲教育程度越高，学生的民主适合度数值越低。

◆从家庭经济社会地位来看，家庭地位越高，学生的民主适合度数值越低。

◆从专业来看，文科生和理科生对于民主是否适合中国的态度没有差异。

◆从年级来看，低年级的学生更支持民主制度。

◆从学生的消费水平来看，消费水平越高，学生的民主适合度得分越低。

6. 民主实践满意度的测量

民主满意度是指民众对当前政权的民主实践的认可和满意程度。题目如下：

总的来说，您对中国民主的现状满意吗？

1 = 非常满意　　2 = 比较满意　　3 = 不确定

4 = 不太满意　　5 = 很不满意

对中国民主的满意度

		频率	百分比	有效百分比	累积百分比
有效	非常满意	160	3.8	3.8	3.8
	比较满意	2560	61.5	61.6	65.4
	不确定	589	14.2	14.2	79.6
	不太满意	775	18.6	18.6	98.2
	很不满意	73	1.8	1.8	100.0
	总计	4157	99.9	100.0	
缺失	系统	5	.1		
总计		4162	100.0		

统计结果可看出，非常满意和比较满意的占比 65.4%，不太满意和很不满意的占 20.4%，说明多数山东大学生对于我国的民主实践是满意的。

民主认知 * 民主满意度 交叉制表

		总的来说，您对中国民主的现状满意吗					合计	Pearson 卡方
		非常满意	比较满意	不确定	不太满意	很不满意		
民主认知	选举民主	6	49	22	26	9	112	109.560 (p < 0.001)
	民本民主	142	2266	477	618	44	3547	
	协商民主	6	187	62	98	12	365	
	其他	3	25	13	15	6	62	
合计		157	2527	574	757	71	4086	

从上表可知，对我国民主实践满意和比较满意的学生，所指的民主是民本民主的占比89.7%，所以山东大学生对于民主实践的满意度是针对民本民主而言。

（1）性别的差异

民主满意度（性别的影响）

			总的来说，您对中国民主的现状满意吗					总计	Pearson 卡方
			非常满意	比较满意	不确定	不太满意	很不满意		
性别	男	计数	80	764	184	276	39	1343	49.455 （p＜0.001）
		百分比	6.0%	56.9%	13.7%	20.6%	2.9%	100.0%	
	女	计数	79	1789	404	496	34	2802	
		百分比	2.8%	63.8%	14.4%	17.7%	1.2%	100.0%	
总计		计数	159	2553	588	772	73	4145	
		百分比	3.8%	61.6%	14.2%	18.6%	1.8%	100.0%	

从性别来看，男性非常满意的比例为6%，高于平均值3.8%；女性非常满意的比例为2.8%，低于平均值3.8%。 但从非常满意和比较满意来看，女生的民主满意率略高于男生。

（2）民族的差异

民族 * 民主满意度 交叉制表

			民主满意度			合计	Pearson 卡方
			满意	不确定	不满意		
民族	汉族	计数	2616	562	816	3994	0.805 （p＞0.05）
		民族 中的 %	65.5%	14.1%	20.4%	100.0%	
	少数民族	计数	104	27	32	163	
		民族 中的 %	63.8%	16.6%	19.6%	100.0%	
合计		计数	2720	589	848	4157	
		民族 中的 %	65.4%	14.2%	20.4%	100.0%	

从民族看，卡方检验没通过，说明山东大学生中少数民族学生和汉族学生的民主满意度没有显著性差异。

（3）是否是独生子女的差异

民主满意度（是否独生子女的影响）

			民主满意度			合计	Pearson 卡方
			满意	不确定	不满意		
是否是独生子女	是	计数	1116	265	354	1735	3.001 （p＞0.05）
		百分比	64.3%	15.3%	20.4%	100.0%	
	否	计数	1594	323	490	2407	
		百分比	66.2%	13.4%	20.4%	100.0%	
合计		计数	2710	588	844	4142	
		百分比	65.4%	14.2%	20.4%	100.0%	

从样本值来看，非独生子女学生的民主满意度比独生子女高一点，但卡方检验未通过，说明山东大学生中独生子女和非独生子的民主满意度没有差别。

（4）户口的差异

民主满意度（户口属性的影响）

			民主满意度					总计	Pearson 卡方
			非常满意	比较满意	不确定	不太满意	很不满意		
户口属性	农业	计数	95	1598	295	489	45	2522	33.796（p<0.001）
		百分比	3.8%	63.4%	11.7%	19.4%	1.8%	100.0%	
	非农业	计数	64	955	293	281	28	1621	
		百分比	3.9%	58.9%	18.1%	17.3%	1.7%	100.0%	
总计		计数	159	2553	588	770	73	4143	
		百分比	3.8%	61.6%	14.2%	18.6%	1.8%	100.0%	

从户口属性来看，农业户口的学生的民主满意度略高于非农业户口的学生。

（5）家庭所在地的差异

民主满意度（家庭所在地的影响）

			民主满意度					总计	Pearson 卡方
			非常满意	比较满意	不确定	不太满意	很不满意		
家庭所在地	直辖市	计数	4	57	14	19	1	95	57.271（p<0.001）
		百分比	4.2%	60.0%	14.7%	20.0%	1.1%	100.0%	
	省会城市	计数	8	148	61	38	7	262	
		百分比	3.1%	56.5%	23.3%	14.5%	2.7%	100.0%	
	地级城市	计数	36	457	133	149	17	792	
		百分比	4.5%	57.7%	16.8%	18.8%	2.1%	100.0%	
	县城	计数	28	475	139	147	13	802	
		百分比	3.5%	59.2%	17.3%	18.3%	1.6%	100.0%	
	镇区	计数	18	260	50	67	5	400	
		百分比	4.5%	65.0%	12.5%	16.8%	1.3%	100.0%	
	农村	计数	66	1148	190	349	30	1783	
		百分比	3.7%	64.4%	10.7%	19.6%	1.7%	100.0%	
总计		计数	160	2545	587	769	73	4134	
		百分比	3.9%	61.6%	14.2%	18.6%	1.8%	100.0%	

从家庭所在地来看，可明显看出来自乡镇的学生的满意度高于来自城市的学生。

（6）政治面貌的差异

民主满意度（政治面貌的影响）

			民主满意度			合计	Pearson 卡方
			满意	不确定	不满意		
政治面貌	非中共党员	计数	2549	550	807	3906	3.56 （p>0.05）
		百分比	65.3%	14.1%	20.7%	100.0%	
	中共党员	计数	166	38	38	242	
		百分比	68.6%	15.7%	15.7%	100.0%	
合计		计数	2715	588	845	4148	
		百分比	65.5%	14.2%	20.4%	100.0%	

从样本值来看，党员学生的民主满意度要高于非党员学生，但卡方检验并未通过，说明山东大学生中党员学生和非党员学生的民主满意度没有差别。

民主满意度（学生机构角色的影响）

			民主满意度			合计	Pearson 卡方
			满意	不确定	不满意		
学生机构的角色	干部	计数	761	167	240	1168	0.351 （p>0.05）
		百分比	65.2%	14.3%	20.5%	100.0%	
	普通成员	计数	1518	336	455	2309	
		百分比	65.7%	14.6%	19.7%	100.0%	
合计		计数	2279	503	695	3477	
		百分比	65.5%	14.5%	20.0%	100.0%	

从是否是学生干部来看，样本值中普通学生的满意度稍高于学生干部，但卡方检验没通过，说明山东大学生中学生干部和普通学生的民主满意度没有差别。

（7）宗教信仰的差异

民主满意度（宗教信仰的影响）

			民主满意度			合计	Pearson 卡方
			满意	不确定	不满意		
宗教信仰	无	计数	2598	562	789	3949	8.964 （p<0.05）
		宗教信仰 中的 %	65.8%	14.2%	20.0%	100.0%	
	有	计数	116	21	55	192	
		宗教信仰 中的 %	60.4%	10.9%	28.6%	100.0%	
合计		计数	2714	583	844	4141	
		宗教信仰 中的 %	65.5%	14.1%	20.4%	100.0%	

从宗教信仰来看，山东大学生中无宗教信仰的学生的民主满意度高于有宗教信仰的学生。

（8）学校层次的差异

民主满意度（学校层次的影响）

			民主满意度					总计	Pearson 卡方
			非常满意	比较满意	不确定	不太满意	很不满意		
学校层次	985高校	计数	44	542	179	179	16	960	30.039（p<0.001）
		百分比	4.6%	56.5%	18.6%	18.6%	1.7%	100.0%	
	一本院校	计数	79	1417	303	425	46	2270	
		百分比	3.5%	62.4%	13.3%	18.7%	2.0%	100.0%	
	普通院校	计数	37	601	107	171	11	927	
		百分比	4.0%	64.8%	11.5%	18.4%	1.2%	100.0%	
总计		计数	160	2560	589	775	73	4157	
		百分比	3.8%	61.6%	14.2%	18.6%	1.8%	100.0%	

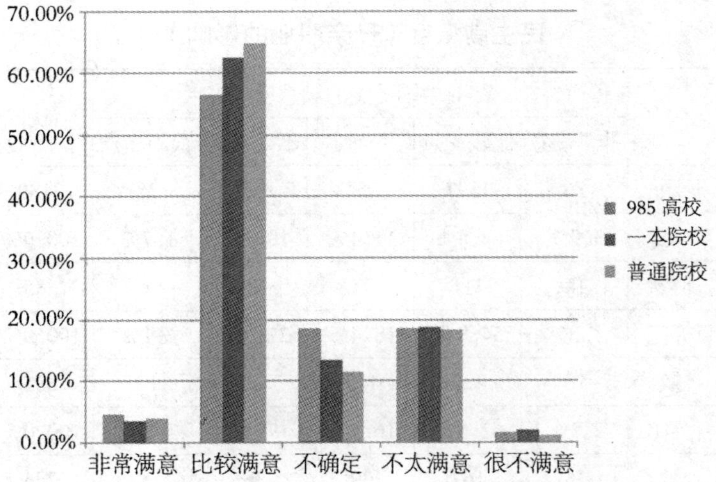

从学校层次来看，可明显看出学校层次越高，学生的民主满意度就越低。

（9）父母职业的差异

民主满意度（父亲职业的影响）

			对中国民主的满意度					总计	Pearson 卡方
			非常满意	比较满意	不确定	不太满意	很不满意		
父亲职业等级	低	计数	84	1255	229	375	32	1975	41.28（p<0.001）
		百分比	4.3%	63.5%	11.6%	19.0%	1.6%	100.0%	
	中下	计数	11	242	76	75	9	413	
		百分比	2.7%	58.6%	18.4%	18.2%	2.2%	100.0%	
	中	计数	21	531	129	177	12	870	
		百分比	2.4%	61.0%	14.8%	20.3%	1.4%	100.0%	
	中上	计数	19	232	68	65	12	396	
		百分比	4.8%	58.6%	17.2%	16.4%	3.0%	100.0%	
	高	计数	18	249	74	66	8	415	
		百分比	4.3%	60.0%	17.8%	15.9%	1.9%	100.0%	
合计		计数	153	2509	576	758	73	4069	
		百分比	3.8%	61.7%	14.2%	18.6%	1.8%	100.0%	

从父亲职业来看，山东大学生的民主满意度呈现U型结构，就是父亲职业等级高和低的学生的民主满意度高，而父亲职业等级中等的满意度最低。

民主满意度（母亲职业的影响）

			对中国民主的满意度					总计	Pearson 卡方
			非常满意	比较满意	不确定	不太满意	很不满意		
母亲职业等级	低	计数	86	1397	250	418	38	2189	43.284（p<0.001）
		百分比	3.9%	63.8%	11.4%	19.1%	1.7%	100.0%	
	中下	计数	14	211	71	81	8	385	
		百分比	3.6%	54.8%	18.4%	21.0%	2.1%	100.0%	
	中	计数	16	428	112	117	12	685	
		百分比	2.3%	62.5%	16.4%	17.1%	1.8%	100.0%	
	中上	计数	15	162	39	36	4	256	
		百分比	5.9%	63.3%	15.2%	14.1%	1.6%	100.0%	
	高	计数	17	202	63	60	9	351	
		百分比	4.8%	57.5%	17.9%	17.1%	2.6%	100.0%	
合计		计数	148	2400	535	712	71	3866	
		百分比	3.8%	62.1%	13.8%	18.4%	1.8%	100.0%	

从母亲职业来看，山东大学生的民主满意度也是呈现U型结构，就是母亲职业等级高和

低的学生的民主满意度高，而母亲职业等级中和中下等的满意度最低。

（10）父母教育程度的差异

民主满意度（父亲教育程度的影响）

			对中国民主的满意度					总计	Pearson 卡方
			非常满意	比较满意	不确定	不太满意	很不满意		
父亲教育程度	小学及以下	计数	17	283	47	99	8	454	39.494（p<0.001）
		百分比	3.7%	62.3%	10.4%	21.8%	1.8%	100.0%	
	初中或相当	计数	59	1031	192	303	23	1608	
		百分比	3.7%	64.1%	11.9%	18.8%	1.4%	100.0%	
	高中或相当	计数	46	662	169	207	23	1107	
		百分比	4.2%	59.8%	15.3%	18.7%	2.1%	100.0%	
	大专或相当	计数	11	260	87	72	10	440	
		百分比	2.5%	59.1%	19.8%	16.4%	2.3%	100.0%	
	本科及以上	计数	27	306	90	89	9	521	
		百分比	5.2%	58.7%	17.3%	17.1%	1.7%	100.0%	
合计		计数	160	2542	585	770	73	4130	
		百分比	3.9%	61.5%	14.2%	18.6%	1.8%	100.0%	

从父亲教育程度来看，山东大学生的民主满意度是呈现U型结构，就是父亲教育程度高和低的学生的民主满意度高，而父亲教育程度为大专的满意度最低。

民主满意度（母亲教育程度的影响）

			对中国民主的满意度					总计	Pearson 卡方
			非常满意	比较满意	不确定	不太满意	很不满意		
母亲教育程度	小学及以下	计数	37	603	104	203	19	966	49.471（p<0.001）
		百分比	3.8%	62.4%	10.8%	21.0%	2.0%	100.0%	
	初中或相当	计数	56	1010	204	303	22	1595	
		百分比	3.5%	63.3%	12.8%	19.0%	1.4%	100.0%	
	高中或相当	计数	37	527	160	153	23	900	
		百分比	4.1%	58.6%	17.8%	17.0%	2.6%	100.0%	
	大专或相当	计数	9	204	52	60	7	332	
		百分比	2.7%	61.4%	15.7%	18.1%	2.1%	100.0%	
	本科及以上	计数	20	195	66	49	2	332	
		百分比	6.0%	58.7%	19.9%	14.8%	.6%	100.0%	
合计		计数	159	2539	586	768	73	4125	
		百分比	3.9%	61.6%	14.2%	18.6%	1.8%	100.0%	

从母亲教育程度来看，山东大学生的民主满意度是呈现U型结构，就是母亲教育程度高和低的学生的民主满意度高，而母亲教育程度为高中的满意度最低。

（11）家庭地位的差异

民主满意度（家庭社会经济地位的影响）

			民主满意度					总计	Pearson 卡方
			非常满意	比较满意	不确定	不太满意	很不满意		
家庭地位	下层	计数	71	1108	188	338	30	1735	42.497 (p<0.001)
		百分比	4.1%	63.9%	10.8%	19.5%	1.7%	100.0%	
	中下层	计数	27	497	117	152	16	809	
		百分比	3.3%	61.4%	14.5%	18.8%	2.0%	100.0%	
	中层	计数	13	343	95	98	11	560	
		百分比	2.3%	61.3%	17.0%	17.5%	2.0%	100.0%	
	中上层	计数	11	218	58	58	8	353	
		百分比	3.1%	61.8%	16.4%	16.4%	2.3%	100.0%	
	上层	计数	23	207	71	59	6	366	
		百分比	6.3%	56.6%	19.4%	16.1%	1.6%	100.0%	
合计		计数	145	2373	529	705	71	3823	
		百分比	3.8%	62.1%	13.8%	18.4%	1.9%	100.0%	

从家庭社会经济地位来看，家庭地位低的学生的民主满意度高于家庭地位高的学生。而从不太满意和很不满意的比率来看，家庭地位低的学生的民主不满意度同样高于家庭地位高的学生。

（12）专业年级的差异

专业＊ 民主满意度 交叉制表

			民主满意度					总计	Pearson 卡方
			非常满意	比较满意	不确定	不太满意	很不满意		
专业	理科	计数	68	1087	238	329	35	1757	1.853 (p>0.05)
		专业中的%	3.9%	61.9%	13.5%	18.7%	2.0%	100.0%	
	文科	计数	92	1473	351	446	38	2400	
		专业中的%	3.8%	61.4%	14.6%	18.6%	1.6%	100.0%	
合计		计数	160	2560	589	775	73	4157	
		专业中的%	3.8%	61.6%	14.2%	18.6%	1.8%	100.0%	

从专业看，卡方检验没有通过，说明山东大学生中理科生和文科生的民主满意度没有显著性差异。

民主满意度（年级的影响）

			民主满意度					总计	Pearson 卡方
			非常满意	比较满意	不确定	不太满意	很不满意		
年级	大一	计数	81	1229	221	295	30	1856	41.781 （p<0.001）
		百分比	4.4%	66.2%	11.9%	15.9%	1.6%	100.0%	
	大三	计数	52	935	251	338	32	1608	
		百分比	3.2%	58.1%	15.6%	21.0%	2.0%	100.0%	
	研究生	计数	27	396	117	142	11	693	
		百分比	3.9%	57.1%	16.9%	20.5%	1.6%	100.0%	
总计		计数	160	2560	589	775	73	4157	
		百分比	3.8%	61.6%	14.2%	18.6%	1.8%	100.0%	

从年级来看，可明显看出年级越高，学生的民主满意度就越低。

（13）消费水平的差异

民主满意度（消费水平的影响）

			民主满意度					总计	Pearson 卡方
			非常满意	比较满意	不确定	不太满意	很不满意		
消费层次	低	计数	16	148	24	33	4	225	29.207 （p<0.05）
		消费层次中的 %	7.1%	65.8%	10.7%	14.7%	1.8%	100.0%	
	中	计数	120	2134	485	665	57	3461	
		消费层次中的 %	3.5%	61.7%	14.0%	19.2%	1.6%	100.0%	
	高	计数	24	271	78	75	11	459	
		消费层次中的 %	5.2%	59.0%	17.0%	16.3%	2.4%	100.0%	
合计		计数	160	2553	587	773	72	4145	
		消费层次中的 %	3.9%	61.6%	14.2%	18.6%	1.7%	100.0%	

民主满意度（消费水平的影响）

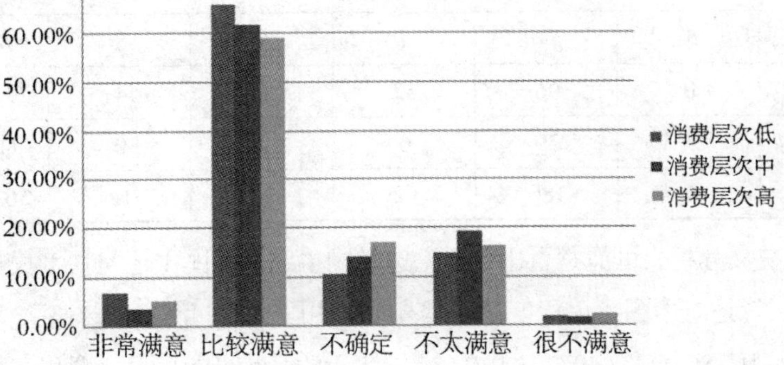

从消费水平来看，消费水平低的学生的满意度要高于消费水平高的学生。

（14）民主程度评价的差异

民主满意度（中国民主程度评价的影响）

			对中国民主的满意度					总计	Pearson 卡方
			非常满意	比较满意	不确定	不太满意	很不满意		
中国民主程度	低	计数	5	64	38	134	41	282	1010.467（p<0.001）
		百分比	1.8%	22.7%	13.5%	47.5%	14.5%	100.0%	
	中	计数	30	1165	417	565	28	2205	
		百分比	1.4%	52.8%	18.9%	25.6%	1.3%	100.0%	
	高	计数	124	1319	132	73	4	1652	
		百分比	7.5%	79.8%	8.0%	4.4%	.2%	100.0%	
合计		计数	159	2548	587	772	73	4139	
		百分比	3.8%	61.6%	14.2%	18.7%	1.8%	100.0%	

从民主程度评价来看，非常明显，对中国民主程度评价越高，那么对于中国民主的满意度也越高。

民主程度评价＊ 民主满意度＊ 民主认知 交叉制表

民主认知			对中国民主的满意度					合计	Pearson 卡方
			非常满意	比较满意	不确定	不太满意	很不满意		
选举民主	中国民主程度	低	1	6	3	5	8	23	45.058（p<0.001）
		中	3	22	18	18	0	61	
		高	1	21	1	3	1	27	
	合计		5	49	22	26	9	111	
民本民主	中国民主程度	低	3	45	28	96	20	192	737.462（p<0.001）
		中	27	1015	327	459	21	1849	
		高	112	1197	121	62	3	1495	
	合计		142	2257	476	617	44	3536	
协商民主	中国民主程度	低	1	11	4	24	8	48	114.747（p<0.001）
		中	0	96	52	69	4	221	
		高	5	79	6	4	0	94	
	合计		6	186	62	97	12	363	

更进一步交叉分析，可清楚看出，无论选举民主、民本民主还是协商民主，各分组的分布都是相似的，就是对中国民主程度评价越高，对中国民主的满意度越高。不过，从数量来看，山东大学生中，86.8%（4072人中的3536人）的学生认为的民主是民本民主。

（15）民主期望的差异

民主满意度（民主期望的影响）

			对中国民主的满意度					总计	Pearson 卡方
			非常满意	比较满意	不确定	不太满意	很不满意		
民主期望程度	低	计数	5	50	14	49	20	138	213.159（p<0.001）
		100.0%	百分比	3.6%	36.2%	10.1%	35.5%	14.5%	
	中	计数	38	784	240	295	17	1374	
		百分比	2.8%	57.1%	17.5%	21.5%	1.2%	100.0%	
	高	计数	115	1715	333	428	36	2627	
		百分比	4.4%	65.3%	12.7%	16.3%	1.4%	100.0%	
合计		计数	158	2549	587	772	73	4139	
		百分比	3.8%	61.6%	14.2%	18.7%	1.8%	100.0%	

从民主期望来看，学生的民主期望越高，对于中国民主的满意度也越高。

（16）民主适合度的差异

民主适合程度＊ 对中国民主的满意度 交叉制表

			对中国民主的满意度					总计	Pearson 卡方
			非常满意	比较满意	不确定	不太满意	很不满意		
民主适合程度	低	计数	7	75	22	37	10	151	131.839（p<0.001）
		百分比	4.6%	49.7%	14.6%	24.5%	6.6%	100.0%	
	中	计数	31	579	223	270	30	1133	
		百分比	2.7%	51.1%	19.7%	23.8%	2.6%	100.0%	
	高	计数	121	1893	342	465	33	2854	
		百分比	4.2%	66.3%	12.0%	16.3%	1.2%	100.0%	
合计		计数	159	2547	587	772	73	4138	
		百分比	3.8%	61.6%	14.2%	18.7%	1.8%	100.0%	

从民主适合度来看，学生中认为民主越适合中国，那他对中国的民主满意度也越高。

（17）小结

山东大学生对于我国民主的满意度总体比较高，非常满意和比较满意的占比65.4%。说明山东大学生认为我国的民主制度实施得较好，而山东大学生认为的民主是指民本民主。其组间差异的统计结果如下：

◆从性别来看，女生的民主满意率略高于男生。

◆从民族来看，山东大学生中少数民族学生和汉族学生的民主满意度没有显著性差异。

◆从是否独生子女来看，山东大学生中独生子女和非独生子的民主满意度没有差别。

◆从户口属性来看，农业户口学生的民主满意度略高于非农业户口的学生。

◆从家庭所在地来看，来自乡镇的学生的满意度明显高于来自城市的学生。

◆从政治面貌看，山东大学生中党员学生和非党员学生的民主满意度没有差别。

◆从是否学生干部来看，山东大学生中学生干部和普通学生的民主满意度没有差别。

◆从宗教信仰来看，山东大学生中无宗教信仰的学生的民主满意度高于有宗教信仰的学生。

◆从学校层次来看，学校层次越高，学生的民主满意度就越低。

◆从父亲职业来看，山东大学生的民主满意度呈现U型结构，父亲职业等级高和低的学生的民主满意度高，而父亲职业等级中等的满意度最低。

◆从母亲职业来看，山东大学生的民主满意度也是呈现U型结构，母亲职业等级高和低的学生的民主满意度高，而母亲职业等级中和中下等的满意度最低。

◆从父亲教育程度来看，山东大学生的民主满意度是呈现U型结构，父亲教育程度高和低的学生的民主满意度高，而父亲教育程度为大专的满意度最低。

◆从母亲教育程度来看，山东大学生的民主满意度是呈现U型结构，母亲教育程度高和低的学生的民主满意度高，而母亲教育程度为高中的满意度最低。

◆从家庭经济社会地位来看，家庭地位低的学生的民主满意度高于家庭地位高的学生。

◆从专业来看，山东大学生中理科生和文科生的民主满意度没有显著性差异。

◆从年级来看，年级越高，学生的民主满意度就越低。

◆从学生的消费水平来看，消费水平低的学生的满意度要高于消费水平高的学生。

◆从民主程度评价来看，对中国民主程度评价越高，那么对于中国民主的满意度也越高。

◆从民主期望来看，学生的民主期望越高，对于中国民主的满意度也越高。

◆从民主适合度来看，学生中认为民主越适合中国，那他对中国的民主满意度也越高。

7. 民主效能的测量

民主效能是指民主制度的效力和效用，这里我们设计了一两选题进行测量，题目如下：

下列陈述哪种更接近您的观点？

（1）民主不能解决中国的问题　　（2）民主能够解决中国的问题

对于此题统计如下：

下列陈述哪种更接近您的观点

		频率	百分比	有效百分比	累积百分比
有效	民主不能解决中国的问题	1512	36.3	36.7	36.7
	民主能够解决中国的问题	2610	62.7	63.3	100.0
	总计	4122	99.0	100.0	
缺失	系统	40	1.0		
总计		4162	100.0		

从结果来看，持肯定观点的大学生占六成以上，占比达63.3%，这与民主适合度的结果一致，说明山东大学生多数肯定民主制度的效能。

民主认知 * 民主效能 交叉制表

		民主效能		合计
		不能解决	能够解决	
民主认知	选举民主	47	65	112
	民本民主	1268	2252	3520
	协商民主	140	222	362
	其他	25	34	59
合计		1480	2573	4053

与民主认知交叉分析可知，55.6%的学生认为民本民主能够解决中国问题；31.3%的学生认为民本民主不能够解决中国问题。只有1.6%的学生认为选举民主能够解决中国问题；5.5%的学生认为协商民主能够解决中国问题。从此数据可以看出，多数肯定民主效能的学生主要还是指民本民主。

（1）性别的差异

民主解决中国问题（性别的影响）

			下列陈述哪种更接近您的观点		合计	Pearson 卡方
			不能解决	能够解决		
性别	男	计数	495	834	1329	0.177 (p>0.05)
		性别 中的 %	37.2%	62.8%	100.0%	
	女	计数	1017	1764	2781	
		100.0%	性别 中的 %	36.6%	63.4%	
合计		计数	1512	2598	4110	
		性别 中的 %	36.8%	63.2%	100.0%	

从样本值来看，男生对民主效能的肯定比女生稍低。但从总体看，卡方检验没通过，

说明山东大学生中，男生和女生对民主效能的态度没有差别。

（2）民族的差异

民主解决中国问题（民族的影响）

			下列陈述哪种更接近您的观点		合计	Pearson 卡方
			不能解决	能够解决		
民族	汉族	计数	1455	2505	3960	0.162 （p > 0.05）
		民族 中的 %	36.7%	63.3%	100.0%	
	少数民族	计数	57	105	162	
		民族 中的 %	35.2%	64.8%	100.0%	
合计		计数	1512	2610	4122	
		民族 中的 %	36.7%	63.3%	100.0%	

从民族来看，样本值中少数民族学生对民主效能比汉族学生的支持率略高，但卡方检验未通过，说明山东大学生中汉族学生和少数民族学生的民主效能支持率没有显著差异。

（3）是否是独生子女的差异

民主解决中国问题（独生子女的影响）

			下列陈述哪种更接近您的观点		合计	Pearson 卡方
			不能解决	能够解决		
是否是独生子女	是	计数	705	1020	1725	21.800 （p < 0.001）
		百分比	40.9%	59.1%	100.0%	
	否	计数	804	1578	2382	
		百分比	33.8%	66.2%	100.0%	
总计		计数	1509	2598	4107	
		百分比	36.7%	63.3%	100.0%	

从数据看，山东大学生中，独生子女的学生对民主效能的肯定率要明显低于非独生子女的学生，低 7.1 个百分点。

（4）户口的差异

民主解决中国问题（户口属性的影响）

			下列陈述哪种更接近您的观点		合计	Pearson 卡方
			不能解决	能够解决		
户口属性	农业	计数	812	1686	2498	48.240 （p < 0.001）
		百分比	32.5%	67.5%	100.0%	
	非农业	计数	696	915	1611	
		百分比	43.2%	56.8%	100.0%	
总计		计数	1508	2601	4109	
		百分比	36.7%	63.3%	100.0%	

从户口属性看，山东大学生中，农业户口的学生对民主效能的肯定率要明显高于非农业户口的学生。

（5）家庭所在地的差异

民主解决中国问题（家庭所在地的影响）

			下列陈述哪种更接近您的观点		合计	Pearson 卡方
			不能解决	能够解决		
家庭所在地	直辖市	计数	44	50	94	57.314（p<0.001）
		百分比	46.8%	53.2%	100.0%	
	省会城市	计数	127	134	261	
		百分比	48.7%	51.3%	100.0%	
	地级城市	计数	338	448	786	
		百分比	43.0%	57.0%	100.0%	
	县城	计数	303	494	797	
		百分比	38.0%	62.0%	100.0%	
	镇区	计数	142	253	395	
		百分比	35.9%	64.1%	100.0%	
	农村	计数	551	1215	1766	
		百分比	31.2%	68.8%	100.0%	
总计		计数	1505	2594	4099	
		百分比	36.7%	63.3%	100.0%	

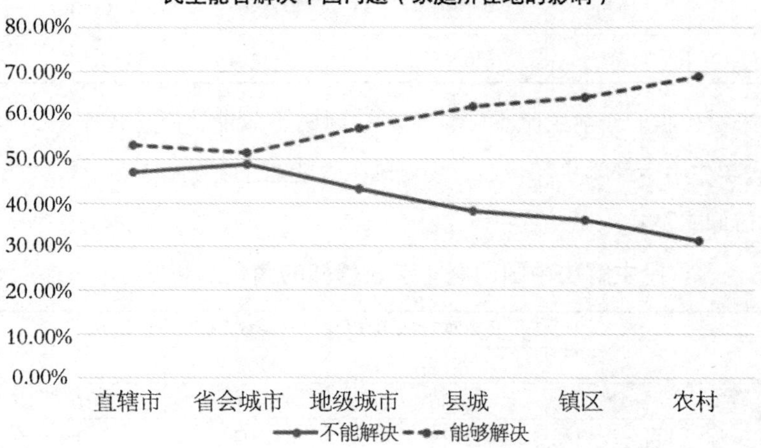

通过统计数据，可明显地看到，与户口属性的结果一致，山东大学生中，来自乡镇的学生对民主效能的肯定要明显高于来自城市的学生，肯定的趋势是从农村到城市依次降低，否

定的趋势是从农村到城市依次升高。

（6）政治面貌的差异

政治面貌＊ 民主效能 交叉制表

			下列陈述哪种更接近您的观点		合计	Pearson 卡方
			不能解决	能够解决		
政治面貌	非中共党员	计数	1416	2456	3872	0.251（p＞0.05）
		政治面貌 中的 %	36.6%	63.4%	100.0%	
	中共党员	计数	92	149	241	
		政治面貌 中的 %	38.2%	61.8%	100.0%	
合计		计数	1508	2605	4113	
		政治面貌 中的 %	36.7%	63.3%	100.0%	

从样本值来看，非党员学生比党员学生更认同民主效能，但总体来看，卡方验证没通过，说明山东大学生中党员学生和非党员学生对民主效能的态度没有差异。

民主解决中国问题（学生机构的角色的影响）

			下列陈述哪种更接近您的观点		合计	Pearson 卡方
			不能解决	能够解决		
学生机构的角色	干部	计数	429	728	1157	0.209（p＞0.05）
		百分比	37.1%	62.9%	100.0%	
	普通成员	计数	832	1461	2293	
		百分比	36.3%	63.7%	100.0%	
合计		计数	1261	2189	3450	
		百分比	36.6%	63.4%	100.0%	

从样本值来看，非干部学生比干部学生更认同民主效能，但总体来看，卡方验证没通过，说明山东大学生中干部学生和普通学生对民主效能的态度没有差异。

（7）宗教信仰的差异

民主解决中国问题（宗教信仰的角色的影响）

			下列陈述哪种更接近您的观点		合计	Pearson 卡方
			不能解决	能够解决		
宗教信仰	无	计数	1436	2480	3916	0.083（p＞0.05）
		百分比	36.7%	63.3%	100.0%	
	有	计数	72	119	191	
		百分比	37.7%	62.3%	100.0%	
合计		计数	1508	2599	4107	
		百分比	36.7%	63.3%	100.0%	

从样本值来看，没宗教信仰的学生比有宗教信仰的学生更认同民主效能，但总体来看，卡方验证没通过，说明山东大学生中没宗教信仰的学生和有宗教信仰的学生对民主效能的态度没有差异。

（8）学校层次的差异

民主解决中国问题（学校层次的影响）

			下列陈述哪种更接近您的观点		合计	Pearson 卡方
			不能解决	能够解决		
学校层次	985 高校	计数	427	530	957	46.615（p<0.001）
		百分比	44.6%	55.4%	100.0%	
	一本院校	计数	814	1432	2246	
		百分比	36.2%	63.8%	100.0%	
	普通院校	计数	271	648	919	
		百分比	29.5%	70.5%	100.0%	
总计		计数	1512	2610	4122	
		百分比	36.7%	63.3%	100.0%	

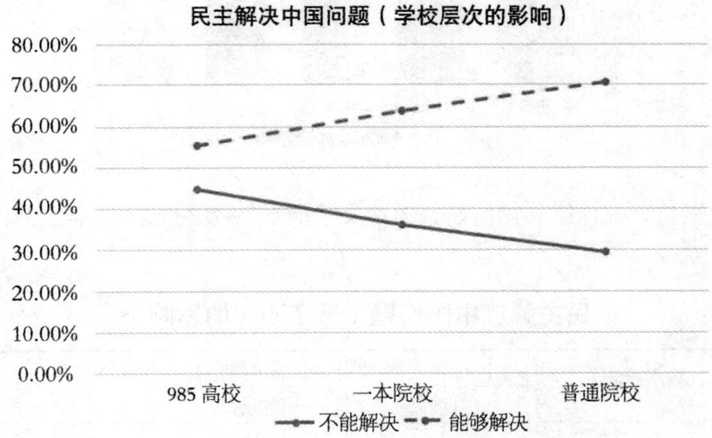

从数据可知，很明显的，学校层次越高，对于民主效能的认同越低。

（9）父母职业的差异

民主解决中国问题（父亲职业的影响）

			下列陈述哪种更接近您的观点		合计	Pearson 卡方
			不能解决	能够解决		
父亲职业等级	低	计数	645	1312	1957	37.913 (p<0.001)
		百分比	33.0%	67.0%	100.0%	
	中下	计数	157	253	410	
		百分比	38.3%	61.7%	100.0%	
	中	计数	333	530	863	
		百分比	38.6%	61.4%	100.0%	
	中上	计数	166	229	395	
		百分比	42.0%	58.0%	100.0%	
	高	计数	194	216	410	
		百分比	47.3%	52.7%	100.0%	
合计		计数	1495	2540	4035	
		百分比	37.1%	62.9%	100.0%	

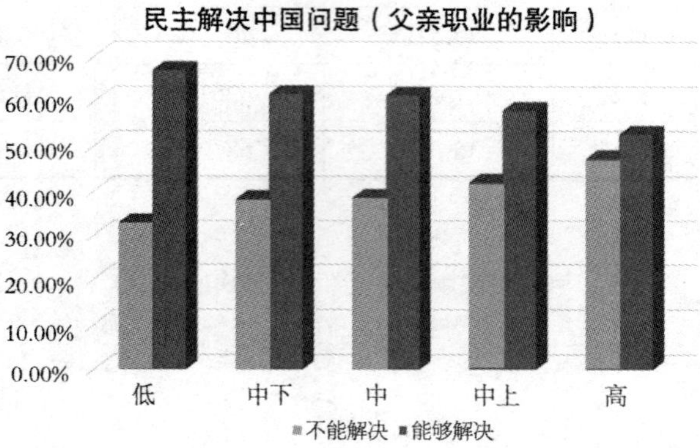

从父亲职业来看，统计值非常清楚，随着父亲职业等级的升高，学生的民主效能的认同率持续下降。

民主解决中国问题（母亲职业的影响）

			下列陈述哪种更接近您的观点		合计	Pearson 卡方
			不能解决	能够解决		
母亲职业等级	低	计数	713	1458	2171	39.953 (p<0.001)
		百分比	32.8%	67.2%	100.0%	
	中下	计数	163	219	382	
		百分比	42.7%	57.3%	100.0%	
	中	计数	265	415	680	
		百分比	39.0%	61.0%	100.0%	
	中上	计数	115	140	255	
		百分比	45.1%	54.9%	100.0%	
	高	计数	158	191	349	
		百分比	45.3%	54.7%	100.0%	
合计		计数	1414	2423	3837	
		百分比	36.9%	63.1%	100.0%	

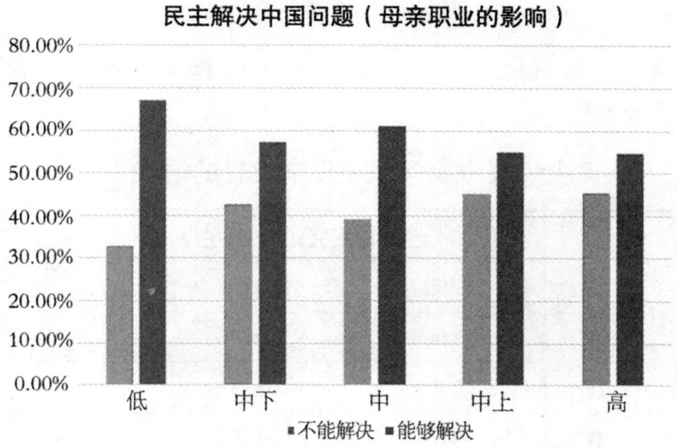

从母亲职业来看，母亲职业等级越高，学生的民主效能的认同率越低。

（10）父母教育程度的差异

民主解决中国问题（父亲教育的影响）

			下列陈述哪种更接近您的观点		合计	Pearson 卡方
			不能解决	能够解决		
父亲教育程度	小学及以下	计数	156	293	449	39.314（p<0.001）
		百分比	34.7%	65.3%	100.0%	
	初中或相当	计数	521	1074	1595	
		100.0%	百分比	32.7%	67.3%	
	高中或相当	计数	405	692	1097	
		100.0%	百分比	36.9%	63.1%	
	大专或相当	计数	187	251	438	
		百分比	42.7%	57.3%	100.0%	
	本科及以上	计数	240	278	518	
		百分比	46.3%	53.7%	100.0%	
合计		计数	1509	2588	4097	
		百分比	36.8%	63.2%	100.0%	

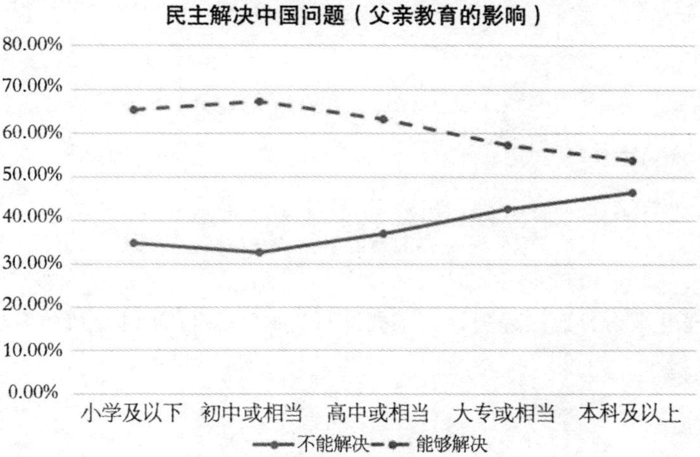

从父亲教育程度来看，数据趋势非常清楚，可看到随着父亲教育程度的升高，学生的民主效能的认同率持续下降。

民主解决中国问题（母亲教育的影响）

			下列陈述哪种更接近您的观点		合计	Pearson 卡方
			不能解决	能够解决		
母亲教育程度	小学及以下	计数	314	645	959	41.764 ($p<0.001$)
		百分比	32.7%	67.3%	100.0%	
	初中或相当	计数	522	1060	1582	
		百分比	33.0%	67.0%	100.0%	
	高中或相当	计数	375	517	892	
		百分比	42.0%	58.0%	100.0%	
	大专或相当	计数	143	187	330	
		百分比	43.3%	56.7%	100.0%	
	本科及以上	计数	147	183	330	
		百分比	44.5%	55.5%	100.0%	
合计		计数	1501	2592	4093	
		百分比	36.7%	63.3%	100.0%	

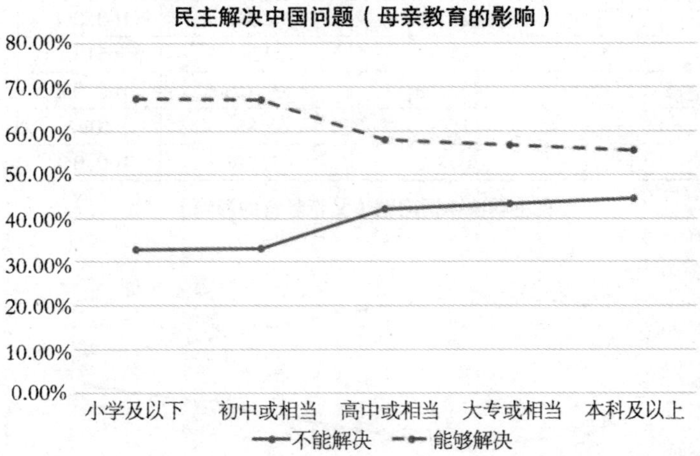

从母亲教育程度来看，数据趋势与父亲教育程度相似，可看到母亲教育程度越高，学生对民主效能的认同率越低。

（11）家庭地位的差异

民主解决中国问题（家庭社会经济地位的影响）

			下列陈述哪种更接近您的观点		合计	Pearson 卡方
			不能解决	能够解决		
家庭社会经济地位	下层	计数	545	1173	1718	50.323（p < 0.001）
		百分比	31.7%	68.3%	100.0%	
	中下层	计数	302	505	807	
		百分比	37.4%	62.6%	100.0%	
	中层	计数	230	325	555	
		百分比	41.4%	58.6%	100.0%	
	中上层	计数	164	187	351	
		百分比	46.7%	53.3%	100.0%	
	上层	计数	165	199	364	
		百分比	45.3%	54.7%	100.0%	
总计		计数	1406	2389	3795	
		百分比	37.0%	63.0%	100.0%	

民主解决中国问题（家庭地位的影响）

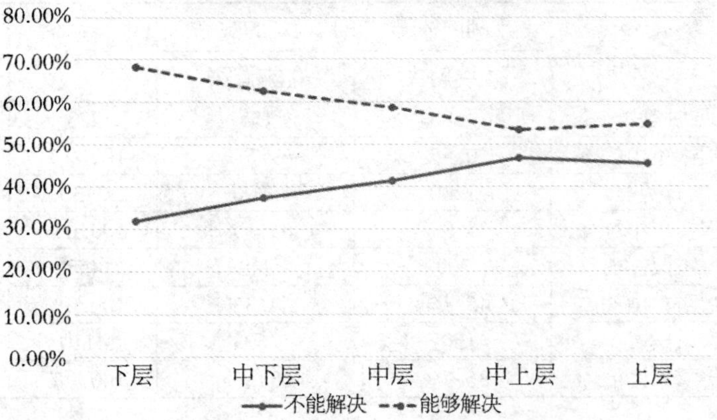

统计数据的趋势很清楚，家庭社会经济地位越高，对于民主效能的认同越低。

（12）专业年级的差异

专业 * 下列陈述哪种更接近您的观点 交叉制表

			下列陈述哪种更接近您的观点		合计	Pearson 卡方
			不能解决	能够解决		
专业	理科	计数	669	1074	1743	8.71（p > 0.05）
		100.0%	专业 中的 %	38.4%	61.6%	
	文科	计数	843	1536	2379	
		100.0%	专业 中的 %	35.4%	64.6%	
合计		计数	1512	2610	4122	
		专业 中的 %	36.7%	63.3%	100.0%	

从样本值来看，文科生比理科生更认同民主效能，但总体上来看，卡方验证没有通过，

山东大学生中文科生和理科生对于民主效能的态度没有差别。

民主解决中国问题（年级的影响）

			下列陈述哪种更接近您的观点		合计	Pearson 卡方
			不能解决	能够解决		
年级	大一	计数	631	1212	1843	8.71 (p<0.05)
		年级 中的 %	34.2%	65.8%	100.0%	
	大三	计数	619	972	1591	
		100.0%	年级 中的 %	38.9%	61.1%	
	研究生	计数	262	426	688	
		年级 中的 %	38.1%	61.9%	100.0%	
合计		计数	1512	2610	4122	
		年级 中的 %	36.7%	63.3%	100.0%	

从年级看，山东大学生中，低年级的学生比高年级的学生更认同民主效能。

（13）消费水平的差异

民主解决中国问题（月消费水平的影响）

			下列陈述哪种更接近您的观点		合计	Pearson 卡方
			不能解决	能够解决		
消费层次	低	计数	68	155	223	20.797 (p<0.001)
		消费层次 中的 %	30.5%	69.5%	100.0%	
	中	计数	1230	2200	3430	
		消费层次 中的 %	35.9%	64.1%	100.0%	
	高	计数	209	248	457	
		消费层次 中的 %	45.7%	54.3%	100.0%	
合计		计数	1507	2603	4110	
		消费层次 中的 %	36.7%	63.3%	100.0%	

民主能否解决中国问题（月消费水平的影响）

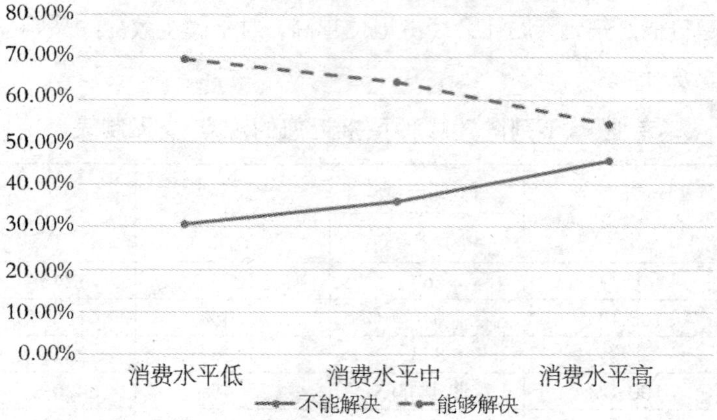

从数据图可清楚地看到，学生的消费水平越高，对于民主效能的肯定率越低。

（14）中国民主程度评估的差异

民主解决中国问题（中国民主程度评估的影响）

			下列陈述哪种更接近您的观点		合计	Pearson 卡方
			不能解决	能够解决		
中国民主程度	低	计数	154	123	277	157.018（p<0.001）
		百分比	55.6%	44.4%	100.0%	
	中	计数	929	1258	2187	
		百分比	42.5%	57.5%	100.0%	
	高	计数	424	1216	1640	
		百分比	25.9%	74.1%	100.0%	
合计		计数	1507	2597	4104	
		百分比	36.7%	63.3%	100.0%	

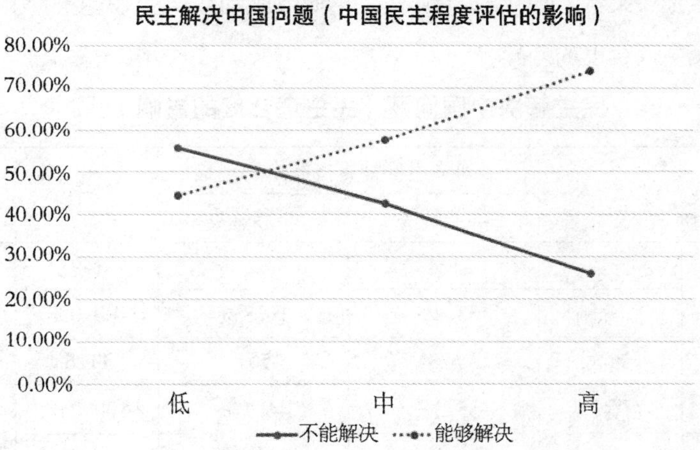

从中国民主程度评估来看，很明显，对中国民主程度评估的越高，那学生对民主的效能的肯定率也越高。

（15）中国民主期望的差异

民主解决中国问题（民主期望的影响）

			下列陈述哪种更接近您的观点		合计	Pearson 卡方
			不能解决	能够解决		
民主期望程度	低	计数	72	64	136	85.032（p<0.001）
		百分比	52.9%	47.1%	100.0%	
	中	计数	612	750	1362	
		百分比	44.9%	55.1%	100.0%	
	高	计数	822	1784	2606	
		百分比	31.5%	68.5%	100.0%	
合计		计数	1506	2598	4104	
		百分比	36.7%	63.3%	100.0%	

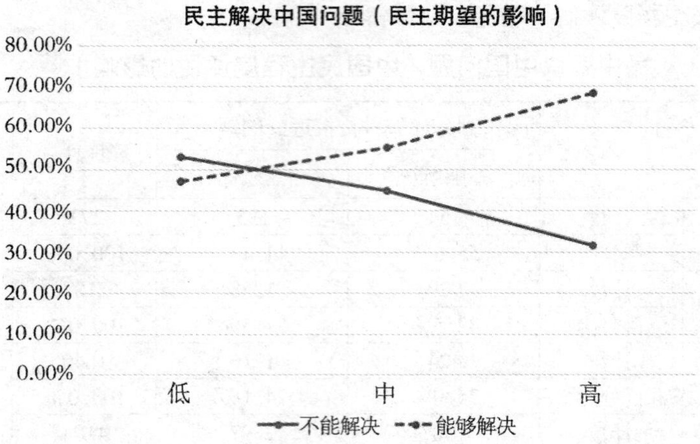

从对中国民主期望来看，很明显，对中国民主期望越高的学生对民主的效能肯定也越高。

（16）中国民主适合度的差异

民主解决中国问题（民主适合度的影响）

			下列陈述哪种更接近您的观点		合计	Pearson 卡方
			不能解决	能够解决		
民主适合程度	低	计数	124	25	149	426.336 （p<0.001）
		百分比	83.2%	16.8%	100.0%	
	中	计数	623	503	1126	
		百分比	55.3%	44.7%	100.0%	
	高	计数	758	2070	2828	
		百分比	26.8%	73.2%	100.0%	
合计		计数	1505	2598	4103	
		百分比	36.7%	63.3%	100.0%	

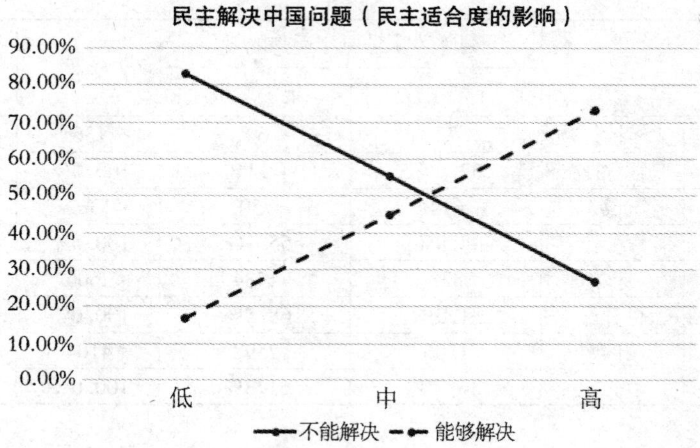

从对中国民主适合度来看，非常明显，认为民主制度越适合中国的学生对民主的效能肯定也越高。

（17）小结

山东大学生对于民主效能的评价，总体上是肯定民主制度的作用，有63.3%学生持肯定的观点。其组间差异的统计结果如下：

◆从性别来看，山东大学生中男生和女生对民主效能的态度没有差别。

◆从民族来看，山东大学生中汉族学生和少数民族学生的民主效能支持率没有显著差异。

◆从是否独生子女来看，山东大学生中独生子女的学生对民主效能的肯定率要明显低于非独生子女的学生。

◆从户口属性来看，山东大学生中农业户口的学生对民主效能的肯定率要明显高于非农业户口的学生。

◆从家庭所在地来看，来自乡镇的学生对民主效能的肯定要明显高于来自城市的学生

◆从政治面貌看，山东大学生中党员学生和非党员学生对民主效能的态度没有差异。

◆从是否学生干部来看，山东大学生中干部学生和普通学生对民主效能的态度没有差异。

◆从宗教信仰来看，山东大学生中没宗教信仰的学生和有宗教信仰的学生对民主效能的态度没有差异。

◆从学校层次来看，学校层次越高，对于民主效能的认同越低。

◆从父亲职业来看，随着父亲职业等级的升高，学生对民主效能的认同率持续下降。

◆从母亲职业来看，母亲职业等级越高，学生对民主效能的认同率越低。

◆从父亲教育程度来看，随着父亲教育程度的升高，学生的民主效能的认同率持续下降。

◆从母亲教育程度来看，母亲教育程度越高，学生对民主效能的认同率越低。

◆从家庭经济社会地位来看，家庭社会经济地位越高，对于民主效能的认同越低。

◆从专业来看，山东大学生中文科生和理科生对于民主效能的态度没有差别。

◆从年级来看，低年级的学生比高年级的学生更认同民主效能。

◆从学生的消费水平来看，学生的消费水平越高，对于民主效能的肯定率越低。

◆从民主程度评价来看，对中国民主程度评价越高的学生对民主效能的肯定也越高。

◆从民主期望来看，学生的民主期望越高，对于民主效能的肯定也越高。

◆从民主适合度来看，学生中认为民主越适合中国的学生对民主效能的肯定也越高。

8.政体偏好测量

政体偏好指的是大学生认可或认同什么样的政体，就世界现有的政体而言，大体分为民主政体和威权政体，我们所测量的就是大学生偏好民主政体还是威权政体。

为测量大学生对于政体的偏好，设计了此题：

下列陈述哪种更接近您的观点？

（1）民主政府总是比其他政府类型更可取

（2）在某些情况下权威政府比民主政府更可取

（3）民主、不民主都无所谓

本题的统计结果如下：

下列陈述哪种更接近您的观点

		频率	百分比	有效百分比	累积百分比
有效	民主政府总是比其他政府类型更可取	1507	36.2	36.5	36.5
	在某些情况下权威政府比民主政府更可取	2522	60.6	61.0	97.5
	民主、不民主都无所谓	105	2.5	2.5	100.0
	总计	4134	99.3	100.0	
缺失	系统	28	.7		
总计		4162	100.0		

结果可知，超过六成的学生认为一定条件下权威政府比民主政府更可取。按照西方学者的分类，中国政府一般划分到权威政府的类别之中，中国民众的观念中一般也认可这种分类。从这题的结果可间接反映出多数学生是支持和认可中国现有政体的。与上面对于民主的测量来看，结果也是一致的，上面数据看出，学生多数是支持民本民主的，而民本民主正是我们政府所倡导和实施的中国式民主。这也从侧面反映了学生对于我国政府的支持度和认可度较高。

（1）性别的差异

民主政府更可取（性别的影响）

			下列陈述哪种更接近您的观点			合计	Pearson 卡方
			民主政府更可取	权威政府更可取	无所谓		
性别	男	计数	463	828	45	1336	7.667 ($p<0.05$)
		百分比	34.7%	62.0%	3.4%	100.0%	
	女	计数	1040	1687	59	2786	
		百分比	37.3%	60.6%	2.1%	100.0%	
总计		计数	1503	2515	104	4122	
		百分比	36.5%	61.0%	2.5%	100.0%	

从性别看，男生比女生更认可权威政府；女生比男生更认可民主政府。这与前面民主期望、民主适合度的测量结果是一致的。

（2）民族的差异

民主政府更可取（民族的影响）

			下列陈述哪种更接近您的观点			合计	Pearson 卡方
			民主政府更可取	权威政府更可取	无所谓		
民族	汉族	计数	1446	2426	98	3970	2.205（p>0.05）
		民族中的 %	36.4%	61.1%	2.5%	100.0%	
	少数民族	计数	61	96	7	164	
		民族中的 %	37.2%	58.5%	4.3%	100.0%	
合计		计数	1507	2522	105	4134	
		民族中的 %	36.5%	61.0%	2.5%	100.0%	

从民族来看，样本值中，少数民族学生比汉族学生更认同民主政府；汉族学生比少数民族学生更认同权威政府。但卡方验证没通过，说明山东大学生中，少数民族学生与汉族学生对此问题的态度没有差异。

（3）是否是独生子女的差异

民主政府更可取（独生子女的影响）

			下列陈述哪种更接近您的观点			合计	Pearson 卡方
			民主政府更可取	权威政府更可取	无所谓		
是否是独生子女	是	计数	588	1080	59	1727	15.134（p<0.001）
		百分比	34.0%	62.5%	3.4%	100.0%	
	否	计数	913	1434	45	2392	
		百分比	38.2%	59.9%	1.9%	100.0%	
总计		计数	1501	2514	104	4119	
		百分比	36.4%	61.0%	2.5%	100.0%	

民主政府更可取（独生子女的影响）

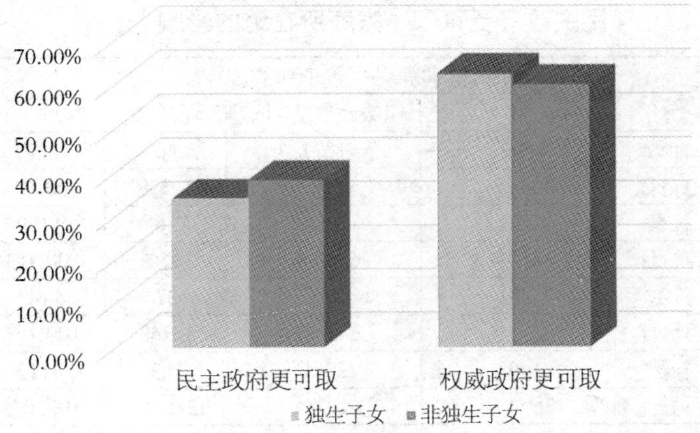

独生子女学生比非独生子女学生更认可权威政府；非独生子女学生比独生子女学生更认可民主政府。 这与前面民主期望、民主适合度的测量结果是一致的。

（4）户口的差异

民主政府更可取（户口属性的影响）

			下列陈述哪种更接近您的观点			合计	Pearson 卡方
			民主政府更可取	权威政府更可取	无所谓		
户口属性	农业	计数	989	1470	48	2507	31.514（p<0.001）
		百分比	39.4%	58.6%	1.9%	100.0%	
	非农业	计数	512	1045	56	1613	
		百分比	31.7%	64.8%	3.5%	100.0%	
总计		计数	1501	2515	104	4120	
		百分比	36.4%	61.0%	2.5%	100.0%	

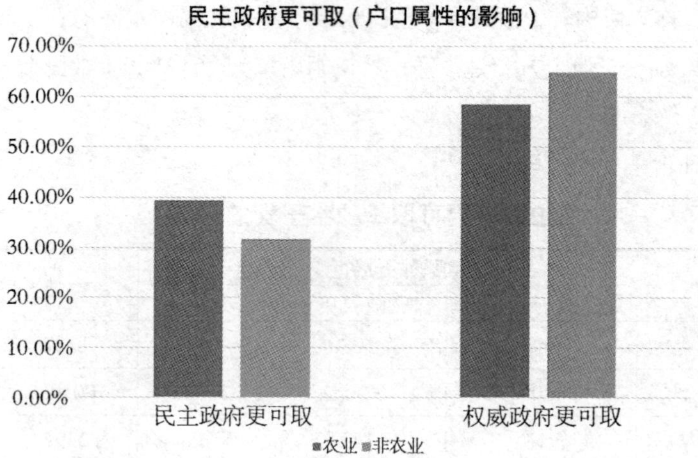

从户口属性看，农业户口的学生比非农业户口的学生更认可民主政府，而非农业户口的学生相对更支持权威政府。

（5）家庭所在地的差异

民主政府更可取（家庭所在地的影响）

			下列陈述哪种更接近您的观点			合计	Pearson 卡方
			民主政府更可取	权威政府更可取	无所谓		
家庭所在地	农村	计数	709	1021	40	1770	21.733（p<0.001）
		百分比	40.1%	57.7%	2.3%	100.0%	
	县城镇区	计数	419	754	26	1199	
		百分比	34.9%	62.9%	2.2%	100.0%	
	地级市及以上	计数	370	736	37	1143	
		百分比	32.4%	64.4%	3.2%	100.0%	
合计		计数	1498	2511	103	4112	
		百分比	36.4%	61.1%	2.5%	100.0%	

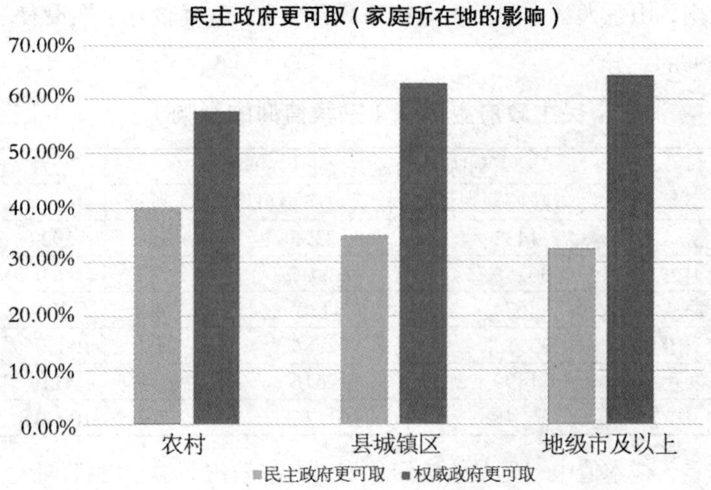

从家庭所在地来看，来自乡村的学生比来自城市的学生更认可民主政府，来自城市学生更认可权威政府。

（6）政治面貌的差异

民主政府更可取（政治面貌的影响）

			下列陈述哪种更接近您的观点			合计	Pearson 卡方
			民主政府更可取	权威政府更可取	无所谓		
政治面貌	非党员	计数	1411	2373	101	3885	2.043 （p＞0.05）
		百分比	36.3%	61.1%	2.6%	100.0%	
	中共党员	计数	93	144	3	240	
		百分比	38.8%	60.0%	1.3%	100.0%	
合计		计数	1504	2517	104	4125	
		百分比	36.5%	61.0%	2.5%	100.0%	

从政治面貌看，样本值中，党员学生比非党员学生更认可民主政府；非党员学生比党员学生更认可权威政府。但总体上，卡方检验未通过，说明山东大学生中党员学生和非党员学生在这问题上的态度没有差别。

民主政府更可取（学生机构的角色的影响）

			下列陈述哪种更接近您的观点			合计	Pearson 卡方
			民主政府更可取	权威政府更可取	无所谓		
学生机构的角色	干部	计数	416	714	30	1160	0.005 （p＞0.05）
		百分比	35.9%	61.6%	2.6%	100.0%	
	普通成员	计数	826	1411	59	2296	
		百分比	36.0%	61.5%	2.6%	100.0%	
合计		计数	1242	2125	89	3456	
		百分比	35.9%	61.5%	2.6%	100.0%	

从统计可看出，山东大学生中学生干部和普通学生在政体偏好上面没有差异。

（7）宗教信仰的差异

民主政府更可取（宗教信仰的影响）

			下列陈述哪种更接近您的观点			合计	Pearson 卡方
			民主政府更可取	权威政府更可取	无所谓		
宗教信仰	无	计数	1432	2396	100	3928	0.342（p＞0.05）
		宗教信仰 中的 %	36.5%	61.0%	2.5%	100.0%	
	有	计数	67	120	4	191	
		宗教信仰 中的 %	35.1%	62.8%	2.1%	100.0%	
合计		计数	1499	2516	104	4119	
		宗教信仰 中的 %	36.4%	61.1%	2.5%	100.0%	

从宗教信仰看，样本值中，无宗教信仰学生比有宗教信仰学生更认可民主政府；有宗教信仰学生比无宗教信仰学生更认可权威政府。但总体上，卡方检验未通过，说明山东大学生中无宗教信仰学生和有宗教信仰学生在这问题上的态度没有差别。

（8）学校层次的差异

民主政府更可取（学校层次的影响）

			下列陈述哪种更接近您的观点			合计	Pearson 卡方
			民主政府更可取	权威政府更可取	无所谓		
学校层次	985高校	计数	279	645	33	957	44.181（p＜0.001）
		百分比	29.2%	67.4%	3.4%	100.0%	
	一本院校	计数	832	1368	59	2259	
		百分比	36.8%	60.6%	2.6%	100.0%	
	普通院校	计数	396	509	13	918	
		百分比	43.1%	55.4%	1.4%	100.0%	
合计		计数	1507	2522	105	4134	
		百分比	36.5%	61.0%	2.5%	100.0%	

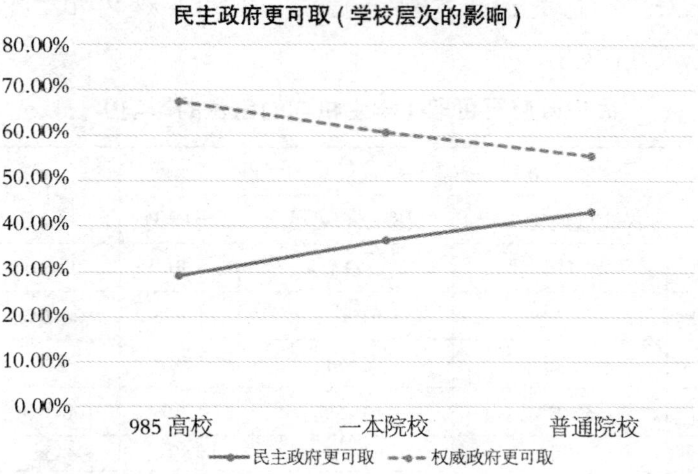

从学校层次看，学校层次越高，越认可权威政府；学校层次越低，越认可民主政府。

（9）父母职业的差异

民主政府更可取（父亲职业等级的影响）

			下列陈述哪种更接近您的观点			合计	Pearson 卡方
			民主政府更可取	权威政府更可取	无所谓		
父亲职业等级	低	计数	768	1152	45	1965	25.938（p＜0.001）
		百分比	39.1%	58.6%	2.3%	100.0%	
	中下	计数	145	250	17	412	
		百分比	35.2%	60.7%	4.1%	100.0%	
	中	计数	302	547	14	863	
		百分比	35.0%	63.4%	1.6%	100.0%	
	中上	计数	127	256	10	393	
		百分比	32.3%	65.1%	2.5%	100.0%	
	高	计数	128	269	17	414	
		百分比	30.9%	65.0%	4.1%	100.0%	
合计		计数	1470	2474	103	4047	
		百分比	36.3%	61.1%	2.5%	100.0%	

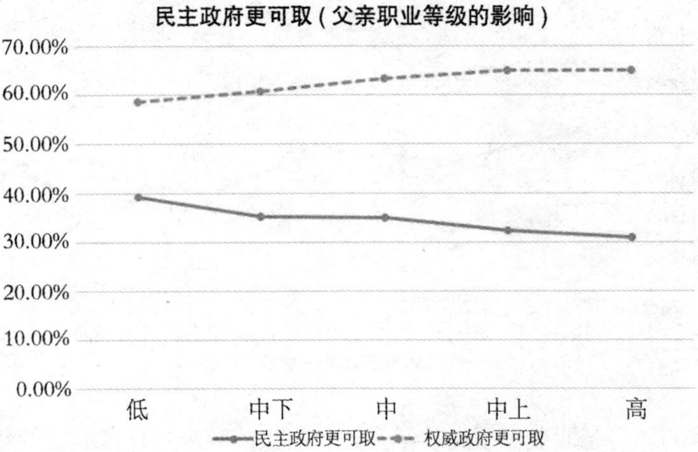

从父亲职业来看，很明显，父亲职业等级越高，学生越认同权威政府；父亲职业等级越低，学生越认同民主政府。

民主政府更可取（母亲职业等级的影响）

			下列陈述哪种更接近您的观点			合计	Pearson 卡方
			民主政府更可取	权威政府更可取	无所谓		
母亲职业等级	低	计数	865	1264	48	2177	41.493（p<0.001）
		百分比	39.7%	58.1%	2.2%	100.0%	
	中下	计数	128	245	12	385	
		百分比	33.2%	63.6%	3.1%	100.0%	
	中	计数	245	422	15	682	
		百分比	35.9%	61.9%	2.2%	100.0%	
	中上	计数	67	184	3	254	
		百分比	26.4%	72.4%	1.2%	100.0%	
	高	计数	105	226	18	349	
		百分比	30.1%	64.8%	5.2%	100.0%	
合计		计数	1410	2341	96	3847	
		百分比	36.7%	60.9%	2.5%	100.0%	

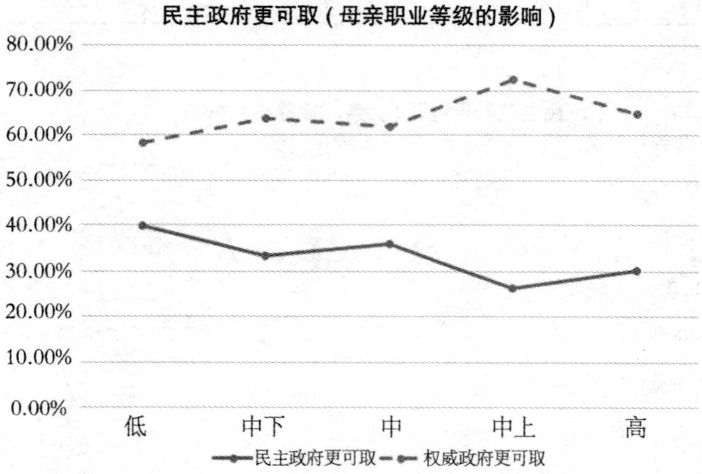

从母亲职业来看，母亲职业等级高的学生更认同权威政府；母亲职业等级低的学生更认同民主政府。

（10）父母教育程度的差异

民主政府更可取（母亲教育程度的影响）

			下列陈述哪种更接近您的观点			合计	Pearson 卡方
			民主政府更可取	权威政府更可取	无所谓		
父亲教育程度	小学及以下	计数	164	271	15	450	15.61（p＜0.05）
		百分比	36.4%	60.2%	3.3%	100.0%	
	初中或相当	计数	609	960	31	1600	
		百分比	38.1%	60.0%	1.9%	100.0%	
	高中或相当	计数	400	676	24	1100	
		百分比	36.4%	61.5%	2.2%	100.0%	
	大专或相当	计数	155	272	11	438	
		百分比	35.4%	62.1%	2.5%	100.0%	
	本科及以上	计数	169	329	23	521	
		百分比	32.4%	63.1%	4.4%	100.0%	
合计		计数	1497	2508	104	4109	
		百分比	36.4%	61.0%	2.5%	100.0%	

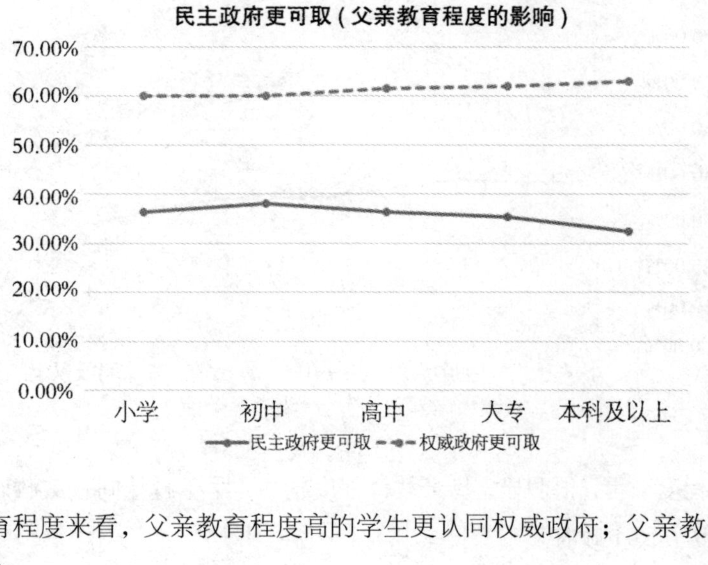

从父亲教育程度来看，父亲教育程度高的学生更认同权威政府；父亲教育程度低的学生更认同民主政府。

民主政府更可取（母亲教育程度的影响）

			下列陈述哪种更接近您的观点			合计	Pearson 卡方
			民主政府更可取	权威政府更可取	无所谓		
母亲教育程度	小学及以下	计数	365	570	26	961	21.066（p<0.01）
		百分比	38.0%	59.3%	2.7%	100.0%	
	初中或相当	计数	615	944	28	1587	
		百分比	38.8%	59.5%	1.8%	100.0%	
	高中或相当	计数	313	557	26	896	
		百分比	34.9%	62.2%	2.9%	100.0%	
	大专或相当	计数	113	206	10	329	
		百分比	34.3%	62.6%	3.0%	100.0%	
	本科及以上	计数	95	222	14	331	
		百分比	28.7%	67.1%	4.2%	100.0%	
合计		计数	1501	2499	104	4104	
		百分比	36.6%	60.9%	2.5%	100.0%	

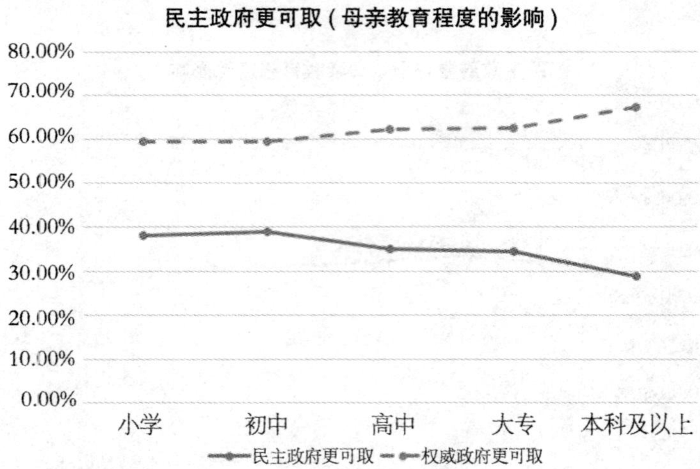

从母亲教育程度来看，很明显，母亲教育程度越高，学生越认同权威政府；母亲教育程度越低，学生越认同民主政府。

（11）家庭地位的差异

民主政府更可取（家庭社会经济地位的影响）

			下列陈述哪种更接近您的观点			合计	Pearson 卡方
			民主政府更可取	权威政府更可取	无所谓		
家庭地位	下层	计数	679	1007	40	1726	22.523（p<0.01）
		百分比	39.3%	58.3%	2.3%	100.0%	
	中下层	计数	295	493	16	804	
		百分比	36.7%	61.3%	2.0%	100.0%	
	中层	计数	193	353	12	558	
		百分比	34.6%	63.3%	2.2%	100.0%	
	中上层	计数	111	231	9	351	
		百分比	31.6%	65.8%	2.6%	100.0%	
	上层	计数	113	236	17	366	
		百分比	30.9%	64.5%	4.6%	100.0%	
总计		计数	1391	2320	94	3805	
		百分比	36.6%	61.0%	2.5%	100.0%	

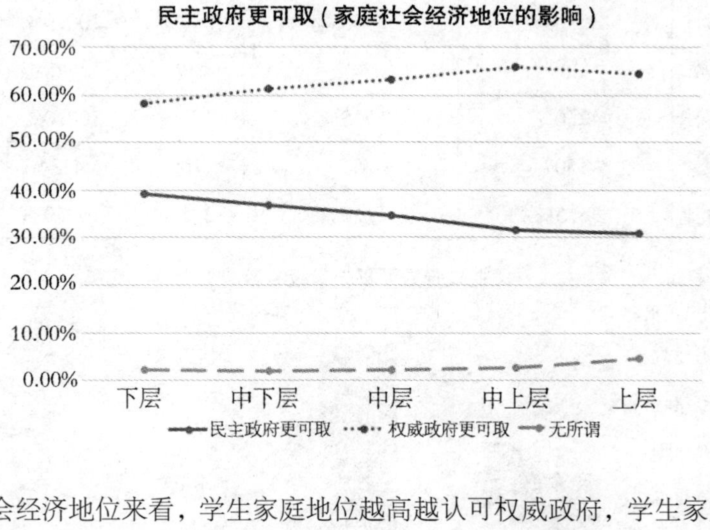

从家庭社会经济地位来看，学生家庭地位越高越认可权威政府，学生家庭地位越低越认可民主政府。

（12）专业年级的差异

民主政府更可取（专业的影响）

			下列陈述哪种更接近您的观点			合计	Pearson 卡方
			民主政府更可取	权威政府更可取	无所谓		
专业	理科	计数	668	1027	57	1752	11.273 （p<0.01）
		百分比	38.1%	58.6%	3.3%	100.0%	
	文科	计数	839	1495	48	2382	
		百分比	35.2%	62.8%	2.0%	100.0%	
总计		计数	1507	2522	105	4134	
		百分比	36.5%	61.0%	2.5%	100.0%	

从专业看，山东大学生中理科学生更认可民主政府，文科学生更认可权威政府。

民主政府更可取（年级的影响）

			下列陈述哪种更接近您的观点			合计	Pearson 卡方
			民主政府更可取	权威政府更可取	无所谓		
年级	大一	计数	649	1157	42	1848	12.525 （p<0.05）
		百分比	35.1%	62.6%	2.3%	100.0%	
	大三	计数	569	983	46	1598	
		百分比	35.6%	61.5%	2.9%	100.0%	
	研究生	计数	289	382	17	688	
		百分比	42.0%	55.5%	2.5%	100.0%	
总计		计数	1507	2522	105	4134	
		百分比	36.5%	61.0%	2.5%	100.0%	

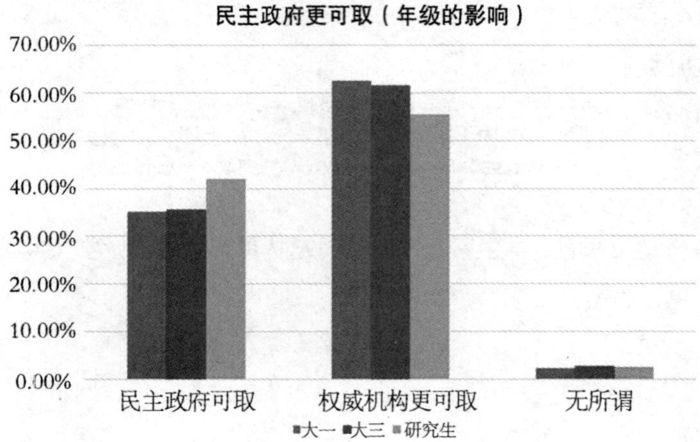

从年级看，年级越高越认可民主政府，年级越低越认可权威政府，这与前面民主适合度的测量结果正好相反。在民主期望测量中，年级之间并没有显著的差异。出现这种看起来矛盾的结果是学生对于民主界定不同造成的。在民主适合度测量中，学生认为的民主是民本民主，而这里的民主政府，主要是指西方民主类型的政府。

（13）消费水平的差异

民主政府更可取（月消费水平的影响）

			下列陈述哪种更接近您的观点			合计	Pearson 卡方
			民主政府更可取	权威政府更可取	无所谓		
月消费水平	500 元以内	计数	84	133	6	223	22.120（p<0.05）
		百分比	37.7%	59.6%	2.7%	100.0%	
	501－1000 元	计数	781	1150	44	1975	
		百分比	39.5%	58.2%	2.2%	100.0%	
	1001－1500 元	计数	496	933	38	1467	
		百分比	33.8%	63.6%	2.6%	100.0%	
	1501－2000 元	计数	94	213	11	318	
		百分比	29.6%	67.0%	3.5%	100.0%	
	2001 元以上	计数	47	86	6	139	
		百分比	33.8%	61.9%	4.3%	100.0%	
总计		计数	1502	2515	105	4122	
		百分比	36.4%	61.0%	2.5%	100.0%	

从消费水平来看，消费水平低的学生更认可民主政府，消费水平高的学生更认可权威政府，差别并不明显。

（14）政治心理卷入的差异

民主政府更可取（心理卷入的影响）

			下列陈述哪种更接近您的观点			合计	Pearson 卡方
			民主政府更可取	权威政府更可取	无所谓		
心理卷入强度	低	计数	222	302	30	554	37.281（p<0.001）
		百分比	40.1%	54.5%	5.4%	100.0%	
	中	计数	566	903	43	1512	
		百分比	37.4%	59.7%	2.8%	100.0%	
	高	计数	717	1315	32	2064	
		百分比	34.7%	63.7%	1.6%	100.0%	
合计		计数	1505	2520	105	4130	
		百分比	36.4%	61.0%	2.5%	100.0%	

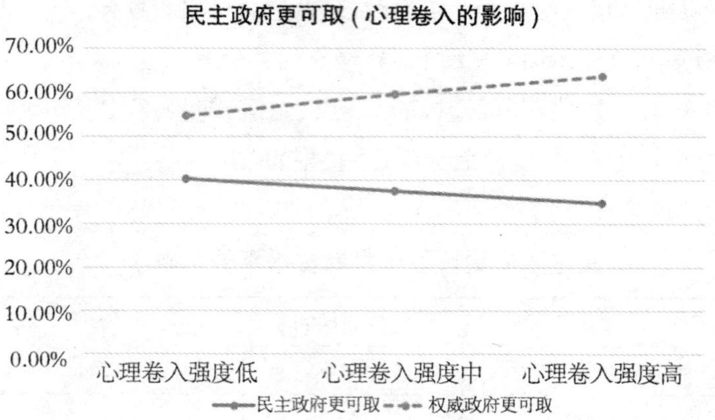

从心理卷入来看，很明显的，学生的政治心理卷入强度越强，学生越认可权威政府；学生的政治心理卷入强度越低，学生越认可民主政府。

（15）中国民主程度评估的差异

民主政府更可取（中国民主程度评估的影响）

			下列陈述哪种更接近您的观点			合计	Pearson 卡方
			民主政府更可取	权威政府更可取	无所谓		
中国民主程度	低	计数	112	152	14	278	15.359（p<0.01）
		百分比	40.3%	54.7%	5.0%	100.0%	
	中	计数	764	1380	56	2200	
		百分比	34.7%	62.7%	2.5%	100.0%	
	高	计数	622	983	34	1639	
		百分比	37.9%	60.0%	2.1%	100.0%	
合计		计数	1498	2515	104	4117	
		百分比	36.4%	61.1%	2.5%	100.0%	

从民主程度评估来看，对中国的民主程度评估低的学生更认可民主政府；对中国的民主程度评估高的学生更认可权威政府。

（16）中国民主期望的差异

民主政府更可取（中国民主期望的影响）

			下列陈述哪种更接近您的观点			合计	Pearson 卡方
			民主政府更可取	权威政府更可取	无所谓		
民主期望程度	低	计数	60	74	3	137	25.9（p<0.001）
		百分比	43.8%	54.0%	2.2%	100.0%	
	中	计数	435	887	47	1369	
		百分比	31.8%	64.8%	3.4%	100.0%	
	高	计数	1004	1555	52	2611	
		百分比	38.5%	59.6%	2.0%	100.0%	
合计		计数	1499	2516	102	4117	
		百分比	36.4%	61.1%	2.5%	100.0%	

从民主期望来看，对中国的民主期望低的学生更认可民主政府；对中国的民主期望高的学生更认可权威政府。

（17）中国民主适合度的差异

民主政府更可取（中国民主适合度的影响）

			下列陈述哪种更接近您的观点			合计	Pearson 卡方
			民主政府更可取	权威政府更可取	无所谓		
民主适合程度	低	计数	18	119	13	150	132.657（p<0.001）
		百分比	12.0%	79.3%	8.7%	100.0%	
	中	计数	312	773	44	1129	
		百分比	27.6%	68.5%	3.9%	100.0%	
	高	计数	1168	1624	45	2837	
		百分比	41.2%	57.2%	1.6%	100.0%	
合计		计数	1498	2516	102	4116	
		百分比	36.4%	61.1%	2.5%	100.0%	

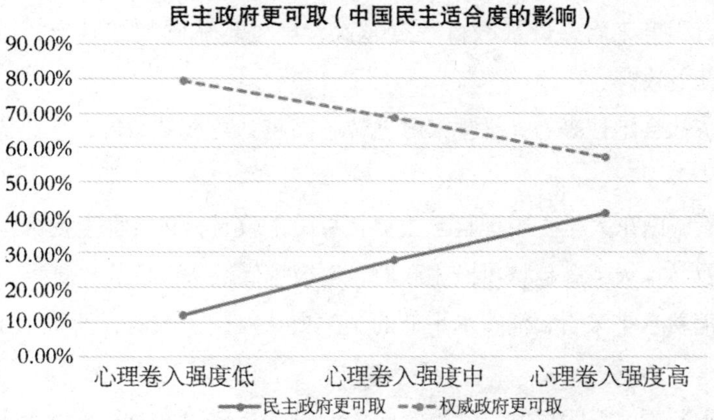

从民主适合度来看，认为民主越适合中国的学生越认可民主政府；认为民主越不适合中国的学生越认可权威政府。

（18）小结

对于政体偏好，山东大学生超过六成的学生认为一定条件下权威政府比民主政府更可取。 其组间差异的统计结果如下：

◆从性别来看，山东大学生中男生比女生更认可权威政府；女生比男生更认可民主政府。

◆从民族来看，山东大学生中少数民族学生与汉族学生对此问题的态度没有差异。

◆从是否独生子女来看，山东大学生中独生子女学生比非独生子女学生更认可权威政府；非独生子女学生比独生子女学生更认可民主政府。

◆从户口属性来看，山东大学生中农业户口的学生比非农业户口的学生更认可民主政府，而非农业户口的学生相对更支持权威政府。

◆从家庭所在地来看，来自乡村的学生比来自城市的学生更认可民主政府，来自城市的学生更认可权威政府。

◆从政治面貌看，山东大学生中党员学生和非党员学生在这问题上的态度没有差别。

◆从是否学生干部来看，山东大学生中学生干部和普通学生在政体偏好上面没有差异。

◆从宗教信仰来看，山东大学生中无宗教信仰学生和有宗教信仰学生在这问题上的态度没有差别。

◆从学校层次来看，学校层次越高，越认可权威政府；学校层次越低，越认可民主政府。

◆从父亲职业来看，父亲职业等级越高，学生越认同权威政府；父亲职业等级越低，学生越认同民主政府。

◆从母亲职业来看，母亲职业等级高的学生更认同权威政府；母亲职业等级低的学生更认同民主政府。

◆从父亲教育程度来看，父亲教育程度高的学生更认同权威政府；父亲教育程度低的学生更认同民主政府。

◆从母亲教育程度来看，母亲教育程度越高，学生越认同权威政府；母亲教育程度越低，学生越认同民主政府。

◆从家庭经济社会地位来看，学生家庭地位越高越认可权威政府；学生家庭地位越低越认可民主政府。

◆从专业来看，山东大学生中理科学生更认可民主政府；文科学生更认可权威政府。

◆从年级来看，年级越高越认可民主政府；年级越低越认可权威政府。

◆从学生的消费水平来看，消费水平低的学生更认可民主政府；消费水平高的学生更认可权威政府。

◆从心理卷入来看，很明显的，学生的政治心理卷入强度越强，学生越认可权威政府；学生的政治心理卷入强度越低，学生越认可民主政府。

◆从民主程度评价来看，对中国的民主程度评估低的学生更认可民主政府；对中国的民主程度评估高的学生更认可权威政府。

◆从民主期望来看，对中国的民主期望低的学生更认可民主政府；对中国的民主期望高的学生更认可权威政府。

◆从民主适合度来看，认为民主越适合中国的学生越认可民主政府；认为民主越不适合中国的学生越认可权威政府。

9. 民主还是经济发展

为测量大学生对于民主和经济发展的偏好，设计了此题：

如果必须在民主与经济发展之间做出抉择，您同意下列哪种说法？

（1）毫无疑问经济发展更重要　　（2）在某种程度上经济发展更重要

（3）在某种程度上民主更重要　　（4）毫无疑问民主更重要

（5）两者同样重要

本题的统计结果如下：

民主还是经济发展

		频率	百分比	有效百分比	累积百分比
有效	毫无疑问经济发展更重要	165	4.0	4.0	4.0
	在某种程度上经济发展更重要	1188	28.5	28.7	32.7
	在某种程度上民主更重要	758	18.2	18.3	51.0
	毫无疑问民主更重要	110	2.6	2.7	53.7
	两者同样重要	1916	46.0	46.3	100.0
	总计	4137	99.4	100.0	
缺失	系统	25	.6		
总计		4162	100.0		

从结果看，近半数学生认为两者同样重要，占比为46.3%。 认为经济更重要的远多于选民主更重要的，高出11.7个百分点。 这说明在山东大学生中，经济发展偏好明显高于民主偏好。

（1）性别的差异

民主还是经济发展（性别的影响）

			民主还是经济发展					合计	Pearson卡方
			毫无疑问经济发展更重要	在某种程度上经济发展更重要	在某种程度上民主更重要	毫无疑问民主更重要	两者同样重要		
性别	男	计数	87	396	257	55	537	1332	64.443 (p<0.001)
		%	6.5%	29.7%	19.3%	4.1%	40.3%	100.0%	
	女	计数	78	789	497	55	1374	2793	
		%	2.8%	28.2%	17.8%	2.0%	49.2%	100.0%	
合计		计数	165	1185	754	110	1911	4125	
		%	4.0%	28.7%	18.3%	2.7%	46.3%	100.0%	

从统计数据来看，男生比女生认为经济发展更重要，也比女生认为民主更重要。 而女生在认为两者都重要这一项上明显比男生高，高8.9个百分点。

（2）是否是独生子女的差异

民主还是经济发展（是否独生子女的影响）

			民主还是经济发展					合计	Pearson 卡方
			毫无疑问经济发展更重要	在某种程度上经济发展更重要	在某种程度上民主更重要	毫无疑问民主更重要	两者同样重要		
是否是独生子女	是	计数	97	534	318	53	726	1728	38.406 (p<0.001)
		%	5.6%	30.9%	18.4%	3.1%	42.0%	100.0%	
	否	计数	68	651	433	56	1186	2394	
		%	2.8%	27.2%	18.1%	2.3%	49.5%	100.0%	
合计		计数	165	1185	751	109	1912	4122	
		%	4.0%	28.7%	18.2%	2.6%	46.4%	100.0%	

从是否独生子女看，独生子女的学生比非独生子女的学生明显地认为经济发展更重要，也比非独生子女的学生认为民主更重要。而非独生子女的学生在认为两者都重要这一项上明显比独生子女的学生高，高7.3个百分点。

（3）户口的差异

民主还是经济发展（户口属性的影响）

			民主还是经济发展					合计	Pearson 卡方
			毫无疑问经济发展更重要	在某种程度上经济发展更重要	在某种程度上民主更重要	毫无疑问民主更重要	两者同样重要		
户口属性	农业	计数	72	660	491	67	1220	2510	47.008 (p<0.001)
		百分比	2.9%	26.3%	19.6%	2.7%	48.6%	100.0%	
	非农业	计数	93	525	263	43	689	1613	
		百分比	5.8%	32.5%	16.3%	2.7%	42.7%	100.0%	
总计		计数	165	1185	754	110	1909	4123	
		百分比	4.0%	28.7%	18.3%	2.7%	46.3%	100.0%	

从户口属性看，农业户口的学生倾向于民主偏好，非农业户口的学生倾向于经济偏好。

（4）家庭所在地的差异

民主还是经济发展（家庭所在地的影响）

			民主还是经济发展					合计	Pearson 卡方
			毫无疑问经济发展更重要	在某种程度上经济发展更重要	在某种程度上民主更重要	毫无疑问民主更重要	两者同样重要		
家庭所在地	直辖市	计数	11	29	11	1	43	95	68.143（p<0.001）
		%	11.6%	30.5%	11.6%	1.1%	45.3%	100.0%	
	省会城市	计数	17	88	33	4	119	261	
		%	6.5%	33.7%	12.6%	1.5%	45.6%	100.0%	
	地级城市	计数	33	257	140	25	333	788	
		%	4.2%	32.6%	17.8%	3.2%	42.3%	100.0%	
	县城	计数	42	242	143	20	351	798	
		%	5.3%	30.3%	17.9%	2.5%	44.0%	100.0%	
	镇区	计数	9	125	78	9	176	397	
		%	2.3%	31.5%	19.6%	2.3%	44.3%	100.0%	
	农村	计数	51	443	345	51	885	1775	
		%	2.9%	25.0%	19.4%	2.9%	49.9%	100.0%	
总计		计数	163	1184	750	110	1907	4114	
		%	4.0%	28.8%	18.2%	2.7%	46.4%	100.0%	

从家庭所在地看，乡镇来的学生更倾向于民主偏好，城市来的学生更倾向于经济偏好。从农村到直辖市，学生对于经济发展的支持率越来越高，而对民主的支持率越来越低。

（5）宗教信仰的差异

民主还是经济发展（宗教信仰的影响）

			民主还是经济发展					合计	Pearson 卡方
			毫无疑问经济发展更重要	在某种程度上经济发展更重要	在某种程度上民主更重要	毫无疑问民主更重要	两者同样重要		
宗教信仰	无	计数	152	1141	704	106	1827	3930	10.073（p<0.05）
		%	3.9%	29.0%	17.9%	2.7%	46.5%	100.0%	
	有	计数	11	46	49	4	81	191	
		%	5.8%	24.1%	25.7%	2.1%	42.4%	100.0%	
合计		计数	163	1187	753	110	1908	4121	
		%	4.0%	28.8%	18.3%	2.7%	46.3%	100.0%	

从宗教信仰来看，无宗教信仰的学生比有宗教信仰的学生认为经济发展更重要；有宗教信仰的学生比无宗教信仰的学生认为民主更重要。

（6）学校层次的差异

民主还是经济发展（学校层次的影响）

			民主还是经济发展					合计	Pearson 卡方
			毫无疑问经济发展更重要	在某种程度上经济发展更重要	在某种程度上民主更重要	毫无疑问民主更重要	两者同样重要		
学校层次	985高校	计数	54	328	162	29	384	957	41.306（p＜0.001）
		%	5.6%	34.3%	16.9%	3.0%	40.1%	100.0%	
	一本院校	计数	88	630	419	57	1065	2259	
		%	3.9%	27.9%	18.5%	2.5%	47.1%	100.0%	
	普通院校	计数	23	230	177	24	467	921	
		%	2.5%	25.0%	19.2%	2.6%	50.7%	100.0%	
总计		计数	165	1188	758	110	1916	4137	
		%	4.0%	28.7%	18.3%	2.7%	46.3%	100.0%	

从学校层次看，学校层次越低越倾向于民主偏好，学校层次越高越倾向于经济偏好。

（7）父母职业的差异

父亲职业等级＊ 民主还是经济发展 交叉制表

			民主还是经济发展					合计	Pearson 卡方
			毫无疑问经济发展更重要	在某种程度上经济发展更重要	在某种程度上民主更重要	毫无疑问民主更重要	两者同样重要		
父亲职业	低	计数	56	520	362	62	965	1965	59.77（p＜0.001）
		%	2.8%	26.5%	18.4%	3.2%	49.1%	100.0%	
	中下	计数	24	115	84	10	179	412	
		%	5.8%	27.9%	20.4%	2.4%	43.4%	100.0%	
	中	计数	29	248	178	18	394	867	
		%	3.3%	28.6%	20.5%	2.1%	45.4%	100.0%	
	中上	计数	23	128	63	9	172	395	
		%	5.8%	32.4%	15.9%	2.3%	43.5%	100.0%	
	高	计数	29	151	56	10	164	410	
		%	7.1%	36.8%	13.7%	2.4%	40.0%	100.0%	
合计		计数	161	1162	743	109	1874	4049	
		%	4.0%	28.7%	18.4%	2.7%	46.3%	100.0%	

从父亲职业来看，父亲职业等级越高，学生越倾向于经济发展；父亲职业等级越低，学生越倾向于民主。

母亲职业等级＊ 民主还是经济发展 交叉制表

			民主还是经济发展					合计	Pearson 卡方
			毫无疑问经济发展更重要	在某种程度上经济发展更重要	在某种程度上民主更重要	毫无疑问民主更重要	两者同样重要		
母亲职业	低	计数	67	577	399	61	1075	2179	63.208（p<0.001）
		%	3.1%	26.5%	18.3%	2.8%	49.3%	100.0%	
	中下	计数	23	112	68	11	170	384	
		%	6.0%	29.2%	17.7%	2.9%	44.3%	100.0%	
	中	计数	22	203	135	20	303	683	
		%	3.2%	29.7%	19.8%	2.9%	44.4%	100.0%	
	中上	计数	20	81	57	1	97	256	
		%	7.8%	31.6%	22.3%	.4%	37.9%	100.0%	
	高	计数	23	125	43	13	143	347	
		%	6.6%	36.0%	12.4%	3.7%	41.2%	100.0%	
合计		计数	155	1098	702	106	1788	3849	
		%	4.0%	28.5%	18.2%	2.8%	46.5%	100.0%	

从母亲职业来看，母亲职业等级高的学生比母亲职业等级低的学生更倾向于经济发展；母亲职业等级低的学生比母亲职业等级高的学生更倾向于民主。

（8）父母教育程度的差异

父亲教育程度＊ 民主还是经济发展 交叉制表

			民主还是经济发展					合计	Pearson 卡方
			毫无疑问经济发展更重要	在某种程度上经济发展更重要	在某种程度上民主更重要	毫无疑问民主更重要	两者同样重要		
父亲教育程度	小学及以下	计数	18	118	76	11	230	453	59.551（p<0.001）
		%	4.0%	26.0%	16.8%	2.4%	50.8%	100.0%	
	初中或相当	计数	46	436	299	48	772	1601	
		%	2.9%	27.2%	18.7%	3.0%	48.2%	100.0%	
	高中或相当	计数	40	303	232	32	493	1100	
		%	3.6%	27.5%	21.1%	2.9%	44.8%	100.0%	
	大专或相当	计数	22	138	65	9	202	436	
		%	5.0%	31.7%	14.9%	2.1%	46.3%	100.0%	
	本科及以上	计数	39	188	79	10	204	520	
		%	7.5%	36.2%	15.2%	1.9%	39.2%	100.0%	
合计		计数	165	1183	751	110	1901	4110	
		%	4.0%	28.8%	18.3%	2.7%	46.3%	100.0%	

从父亲教育程度来看，父亲教育程度越高，学生越倾向于经济发展；父亲教育程度低的学生比父亲教育程度高的学生更倾向于民主。

母亲教育程度 * 民主还是经济发展 交叉制表

			民主还是经济发展					合计	Pearson 卡方
			毫无疑问经济发展更重要	在某种程度上经济发展更重要	在某种程度上民主更重要	毫无疑问民主更重要	两者同样重要		
母亲教育程度	小学及以下	计数	26	262	184	24	469	965	57.264（p<0.001）
		%	2.7%	27.2%	19.1%	2.5%	48.6%	100.0%	
	初中或相当	计数	49	433	307	39	759	1587	
		%	3.1%	27.3%	19.3%	2.5%	47.8%	100.0%	
	高中或相当	计数	40	253	167	31	404	895	
		%	4.5%	28.3%	18.7%	3.5%	45.1%	100.0%	
	大专或相当	计数	23	113	44	8	138	326	
		%	7.1%	34.7%	13.5%	2.5%	42.3%	100.0%	
	本科及以上	计数	26	120	50	8	129	333	
		%	7.8%	36.0%	15.0%	2.4%	38.7%	100.0%	
合计		计数	164	1181	752	110	1899	4106	
		%	4.0%	28.8%	18.3%	2.7%	46.2%	100.0%	

从母亲教育程度来看，母亲教育程度越高，学生越倾向于经济发展；母亲教育程度低的学生比母亲教育程度高的学生更倾向于民主。

（9）家庭地位的差异

民主还是经济发展（家庭社会经济地位的影响）

			民主还是经济发展					合计	Pearson 卡方
			毫无疑问经济发展更重要	在某种程度上经济发展更重要	在某种程度上民主更重要	毫无疑问民主更重要	两者同样重要		
家庭地位	下层	计数	47	459	321	47	851	1725	76.268（p<0.001）
		%	2.7%	26.6%	18.6%	2.7%	49.3%	100.0%	
	中下层	计数	25	210	154	28	392	809	
		%	3.1%	26.0%	19.0%	3.5%	48.5%	100.0%	
	中层	计数	27	170	123	14	223	557	
		%	4.8%	30.5%	22.1%	2.5%	40.0%	100.0%	
	中上层	计数	28	118	47	5	154	352	
		%	8.0%	33.5%	13.4%	1.4%	43.8%	100.0%	
	上层	计数	25	131	49	11	147	363	
		%	6.9%	36.1%	13.5%	3.0%	40.5%	100.0%	
合计		计数	152	1088	694	105	1767	3806	
		%	4.0%	28.6%	18.2%	2.8%	46.4%	100.0%	

从家庭社会经济地位看，家庭地位越高越倾向于经济发展；家庭地位低的学生比家庭地位高的学生更倾向于民主。

（10）专业的差异

专业 * 民主还是经济发展 交叉制表

			民主还是经济发展					合计	Pearson 卡方
			毫无疑问经济发展更重要	在某种程度上经济发展更重要	在某种程度上民主更重要	毫无疑问民主更重要	两者同样重要		
专业	理科	计数	80	537	317	51	766	1751	57.264（$p<0.05$）
		%	4.6%	30.7%	18.1%	2.9%	43.7%	100.0%	
	文科	计数	85	651	441	59	1150	2386	
		%	3.6%	27.3%	18.5%	2.5%	48.2%	100.0%	
合计		计数	165	1188	758	110	1916	4137	
		%	4.0%	28.7%	18.3%	2.7%	46.3%	100.0%	

从专业看，理科学生比文科学生更倾向于经济发展；理科学生与文科学生对于民主的态度没有差别。

（11）消费水平的差异

消费层次 * 民主还是经济发展 交叉制表

			民主还是经济发展					合计	Pearson 卡方
			毫无疑问经济发展更重要	在某种程度上经济发展更重要	在某种程度上民主更重要	毫无疑问民主更重要	两者同样重要		
消费层次	低	计数	12	61	37	3	113	226	30.418（$p<0.001$）
		%	5.3%	27.0%	16.4%	1.3%	50.0%	100.0%	
	中	计数	118	972	654	95	1606	3445	
		%	3.4%	28.2%	19.0%	2.8%	46.6%	100.0%	
	高	计数	34	151	66	11	192	454	
		%	7.5%	33.3%	14.5%	2.4%	42.3%	100.0%	
合计		计数	164	1184	757	109	1911	4125	
		%	4.0%	28.7%	18.4%	2.6%	46.3%	100.0%	

从消费水平来看，消费水平高的学生比消费水平低的学生更倾向经济发展；消费水平低的学生比消费水平高的学生更倾向民主。

（12）学生机构角色的差异

学生机构的角色 * 民主还是经济发展 交叉制表

			民主还是经济发展					合计	Pearson 卡方
			毫无疑问经济发展更重要	在某种程度上经济发展更重要	在某种程度上民主更重要	毫无疑问民主更重要	两者同样重要		
学生机构角色	干部	计数	51	380	203	28	504	1166	13.632（p<0.01）
		%	4.4%	32.6%	17.4%	2.4%	43.2%	100.0%	
	普通成员	计数	81	625	429	59	1101	2295	
		%	3.5%	27.2%	18.7%	2.6%	48.0%	100.0%	
合计		计数	132	1005	632	87	1605	3461	
		%	3.8%	29.0%	18.3%	2.5%	46.4%	100.0%	

从数据看，山东大学生中学生干部比普通学生更倾向于经济发展；普通学生比学生干部更倾向于民主。

（13）小结

对于民主和经济发展，山东大学生近半数学生认为两者同样重要，占比为46.3%。认为经济更重要的远多于选民主更重要的，高出11.7个百分点。其组间差异的统计结果如下：

◆从性别来看，山东大学生中男生比女生认为经济发展更重要，也比女生认为民主更重要。

◆从民族来看，山东大学生中少数民族学生与汉族学生对此问题的态度没有差异。

◆从是否独生子女来看，山东大学生中独生子女的学生比非独生子女的学生明显地认为经济发展更重要，也比非独生子女的学生认为民主更重要。

◆从户口属性来看，农业户口的学生倾向于民主偏好，非农业户口的学生倾向于经济偏好。

◆从家庭所在地来看，乡镇来的学生更倾向于民主偏好，城市来的学生更倾向于经济偏好。从农村到直辖市，学生对于经济发展的支持率越来越高，而对民主的支持率越来越低。

◆从政治面貌看，山东大学生中党员学生和非党员学生在这问题上的态度没有差别。

◆从是否学生干部来看，山东大学生中学生干部比普通学生更倾向于经济发展；普通学生比学生干部更倾向于民主。

◆从宗教信仰来看，山东大学生中无宗教信仰的学生比有宗教信仰的学生认为经济发展更重要；有宗教信仰的学生比无宗教信仰的学生认为民主更重要。

◆从学校层次来看，学校层次越低越倾向于民主偏好，学校层次越高越倾向于经济偏好。

◆从父亲职业来看，父亲职业等级越高，学生越倾向于经济发展；父亲职业等级越低，学生越倾向于民主。

◆从母亲职业来看，母亲职业等级高的学生比母亲职业等级低的学生更倾向于经济发展；母亲职业等级低的学生比母亲职业等级高的学生更倾向于民主。

◆从父亲教育程度来看，父亲教育程度越高，学生越倾向于经济发展。父亲教育程度低的学生比父亲教育程度高的学生更倾向于民主。

◆从母亲教育程度来看，母亲教育程度越高，学生越倾向于经济发展。母亲教育程度低的学生比母亲教育程度高的学生更倾向于民主。

◆从家庭经济社会地位来看，家庭地位越高越倾向于经济发展。家庭地位低的学生比家庭地位高的学生更倾向于民主。

◆从专业来看，理科学生比文科学生更倾向于经济发展。理科学生与文科学生对于民主的态度没有差别。

◆从年级来看，不同年级的学生对此问题的态度没有差别。

◆从学生的消费水平来看，消费水平高的学生比消费水平低的学生更倾向经济发展。消费水平低的学生比消费水平高的学生更倾向民主。

二、民主信念的复合变量统计分析

1. 民主偏好测量

民主偏好程度是指民众在多大程度上会支持和认可民主。这一变量的构造如下：将民主期望进行重新编码，5分及以下变为0，6分及以上变为1；将民主适合度进行重新编码，5分及以下变为0，6分及以上变为1；将民主解决中国问题进行重新编码，认为民主不能解决中国问题变为0，能解决中国问题变为1；将民主政府是否更可取进行重新编码，将民主政府总是更可取变为1，其他项变为0；将民主和经济发展的比较进行重新编码，将民主和经济发展相比同样重要或更重要变为1，将其他选项变为0。然后对新变量进行加总得到民主偏好程度。其中，0代表民主偏好程度最低，5代表民主偏好程度最高。

构成要素的描述统计

	数字	最小值(M)	最大值(X)	平均值(E)	标准偏差
民主期望	4143	0	1	.78	.414
民主适合中国	4142	0	1	.81	.393
民主能解决中国问题	4122	0	1	.63	.482

民主政府总是更可取	4134	0	1	.36	.481
民主和经济发展同样重要或更重要	4137	0	1	.67	.469
有效 N（成列）	4063				

经过统计，合成变量民主偏好的结果如下：

民主偏好程度描述统计

	数字	最小值(M)	最大值(X)	平均值(E)	标准偏差
民主偏好程度	4063	0	5	3.26	1.289
有效 N（成列）	4063				

从数据可知，民主偏好值为3.26，高于中间值2.5，说明山东大学生总体上是比较支持民主的。

民主认知＊ 民主偏好 交叉制表

		民主偏好		合计	Pearson 卡方
		低	高		
民主认知	选举民主	70	35	105	12.818（p<0.01）
	民本民主	1702	1698	3400	
	协商民主	187	160	347	
	其他	29	25	54	
合计		1988	1918	3906	

与民主认知进行交叉分析，可明显看出，87%的大学生对于民主偏好判断时的民主认知是民本民主。 43.5%的大学生其支持的民主是民本民主；4%的大学生支持协商民主；只有0.9%的大学生支持选举民主。

（1）性别的差异

民主偏好程度（性别的影响）

	性别	数字	平均值(E)	标准偏差	标准误差平均值	T－test
民主偏好程度	男	1301	3.12	1.376	.038	－4.446（p<0.001）
	女	2750	3.32	1.242	.024	

从性别看，女生的民主偏好值高于男生，高0.2分，说明山东大学生中，女生比男生更认可民主。

（2）民族的差异

民族 * 民主偏好 交叉制表

			民主偏好		合计	Pearson 卡方
			低	高		
民族	汉族	计数	1947	1854	3801	0.315 (p>0.05)
		民族 中的 %	51.2%	48.8%	100.0%	
	少数民族	计数	74	83	157	
		民族 中的 %	47.1%	52.9%	100.0%	
合计		计数	2021	1937	3958	
		民族 中的 %	51.1%	48.9%	100.0%	

从民族看，样本值里，少数民族学生比汉族学生的民主偏好高，但总体看，卡方验证没通过，说明山东大学生中，少数民族学生和汉族学生的民主偏好没有差异。

(3) 是否是独生子女的差异

民主偏好程度（独生子女的影响）

	是否是独生子女	数字	平均值(E)	标准偏差	标准误差平均值	T－test
民主偏好程度	是	1700	3.09	1.358	.033	－6.976 (p<0.001)
	否	2349	3.38	1.223	.025	

从统计数据看，非独生子女学生的民主偏好值高于独生子女学生，高0.29分，说明山东大学生中非独生子女学生比独生子女学生更认可民主。

是否独生子女 * 民主偏好 交叉制表

			民主偏好		合计	Pearson 卡方
			低	高		
独生子女	是	计数	909	725	1634	22.503 (p<0.001)
		百分比	55.6%	44.4%	100.0%	
	否	计数	1108	1202	2310	
		百分比	48.0%	52.0%	100.0%	
合计		计数	2017	1927	3944	
		百分比	51.1%	48.9%	100.0%	

从交叉表来看，高民主偏好的分组里，非独生子女学生比独生子女高7.6个百分比，明显看出山东大学生中非独生子女学生比独生子女学生更认可民主。

是否是独生子女 * 民主偏好 * 民主认知

民主认知			民主偏好		合计	Pearson 卡方
			低	高		
选举民主	是否是独生子女	是	37	19	56	0.019 (p >0.05)
		否	33	16	49	
	合计		70	35	105	
民本民主	是否是独生子女	是	744	622	1366	17.305 (p <0.001)
		否	954	1068	2022	
	合计		1698	1690	3388	
协商民主	是否是独生子女	是	98	62	160	5.969 (p <0.05)
		否	89	96	185	
	合计		187	158	345	
其他	是否是独生子女	是	18	12	30	1.076 (p >0.05)
		否	11	13	24	
	合计		29	25	54	

进一步与民主认知进行交叉分析，可明显看出，独生子女大学生和非独生子女大学生对于民主偏好的组间差异，主要集中在民本民主的分组里面，占总人数的87%，也就是说山东生大学生中非独生子女学生比独生子女学生更认可的民主是民本民主。

（4）户口的差异

民主偏好程度（户口属性的影响）

	户口属性	数字	平均值(E)	标准偏差	标准误差平均值	T - test
民主偏好程度	农业	2461	3.41	1.226	.025	9.506 (p <0.001)
	非农业	1589	3.02	1.347	.034	

从户口属性来看，农业户口的学生的民主偏好值高于非农业户口的学生，高0.39分。说明山东大学生中，农业户口的学生比非农业户口的学生更认可民主。

户口属性 * 民主偏好 交叉制表

			民主偏好		合计	Pearson 卡方
			低	高		
户口属性	农业	计数	1125	1288	2413	50.48 (p <0.001)
		户口属性 中的 %	46.6%	53.4%	100.0%	
	非农业	计数	892	640	1532	
		户口属性 中的 %	58.2%	41.8%	100.0%	
合计		计数	2017	1928	3945	
		户口属性 中的 %	51.1%	48.9%	100.0%	

从交叉表来看，高民主偏好的分组里，农业户口学生比非农业户口学生高11.6个百分

比，可明显看出，山东大学生中农业户口学生比非农业户口学生更认可民主。

户口属性 * 民主偏好 * 民主认知 交叉制表

民主认知			民主偏好 低	民主偏好 高	合计	Pearson 卡方
选举民主	户口属性	农业	31	25	56	6.907 ($p<0.01$)
		非农业	39	10	49	
	合计		70	35	105	
民本民主	户口属性	农业	961	1138	2099	41.459 ($p<0.001$)
		非农业	737	552	1289	
	合计		1698	1690	3388	
协商民主	户口属性	农业	101	104	205	4.307 ($p<0.05$)
		非农业	86	56	142	
	合计		187	160	347	
其他	户口属性	农业	12	12	24	0.238 ($p>0.05$)
		非农业	17	13	30	
	合计		29	25	54	

进一步与民主认知进行交叉分析，可明显看出，农业户口大学生和非农业户口大学生对于民主偏好的组间差异，主要集中在民本民主的分组里面，占总人数的87%，也就是说山东大学生中农业户口大学生和非农业户口大学生更认可的民主是民本民主。

（5）家庭所在地的差异

民主偏好程度（家庭所在地的影响）

	N	平均值	标准差	标准误	平均值 95% 置信区间 下限值	平均值 95% 置信区间 上限	最小值	最大值	ANOVA F
直辖市	94	2.95	1.498	.155	2.64	3.25	0	5	20.512 ($p<0.001$)
省会城市	256	2.81	1.382	.086	2.64	2.98	0	5	
地级城市	773	3.07	1.326	.048	2.97	3.16	0	5	
县城	788	3.16	1.338	.048	3.07	3.26	0	5	
镇区	392	3.28	1.213	.061	3.16	3.40	0	5	
农村	1738	3.46	1.203	.029	3.40	3.52	0	5	
总计	4041	3.26	1.290	.020	3.22	3.30	0	5	

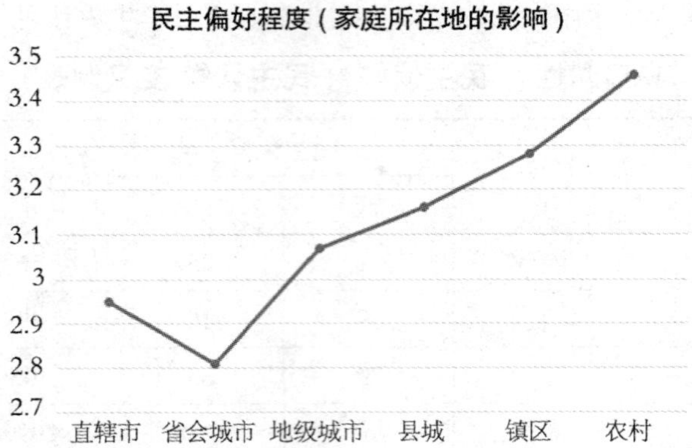

从统计值可清楚看到，来自乡村地区的学生民主偏好值明显高于城市的学生，且越往农村支持率越高。

家庭所在地 * 民主偏好 * 民主认知 交叉制表

民主认知			民主偏好（分箱化）		合计	Pearson 卡方
			低	高		
选举民主	家庭所在地	农村	21	13	34	0.082（p>0.05）
		县城镇区	23	12	35	
		城市	26	10	36	
	合计		70	35	105	
民本民主	家庭所在地	农村	668	829	1497	37.634（p<0.001）
		县城镇区	512	469	981	
		城市	515	386	901	
	合计		1695	1684	3379	
协商民主	家庭所在地	农村	65	71	136	3.644（p>0.05）
		县城镇区	65	44	109	
		城市	57	45	102	
	合计		187	160	347	
其他	家庭所在地	农村	8	9	17	0.461（p>0.05）
		县城镇区	10	8	18	
		城市	11	8	19	
	合计		29	25	54	

进一步与民主认知进行交叉分析，可明显看出，87%的学生集中在民本民主的分组里面，在民本民主分组里，学生的分布与总体一致，也是家在农村的学生的民主偏好比家在城市的学生高。

（6）政治面貌的差异

民主偏好程度（政治面貌的影响）

	N	均值	标准差	标准误	均值的95%置信区间		极小值	极大值	ANOVA F
					下限	上限			
非中共党员	3817	3.26	1.286	.021	3.22	3.30	0	5	0.797 （p>0.05）
中共党员	237	3.19	1.359	.088	3.01	3.36	0	5	
总数	4054	3.26	1.290	.020	3.22	3.30	0	5	

从样本值来看，非中共党员学生的民主偏好值比党员学生高，但F检验没有通过，说明山东大学生中，非中共党员学生和党员学生的民主偏好没有差异。

政治面貌＊ 民主偏好 交叉制表

			民主偏好		合计	Pearson 卡方
			低	高		
政治面貌	非中共党员	计数	1893	1826	3719	0.576 （p>0.05）
		政治面貌 中的 %	50.9%	49.1%	100.0%	
	中共党员	计数	123	107	230	
		政治面貌 中的 %	53.5%	46.5%	100.0%	
合计		计数	2016	1933	3949	
		政治面貌 中的 %	51.1%	48.9%	100.0%	

从政治面貌看，样本值里，非中共党员学生比中共党员学生的民主偏好高，但总体看，卡方验证没通过，说明山东大学生中，非中共党员学生和中共党员学生的民主偏好没有差异。

民主偏好程度（学生机构的角色的影响）

	N	均值	标准差	标准误	均值的95%置信区间		极小值	极大值	ANOVA F
					下限	上限			
干部	1140	3.18	1.296	.038	3.10	3.25	0	5	5.537 （p<0.05）
普通成员	2260	3.29	1.289	.027	3.23	3.34	0	5	
总数	3400	3.25	1.292	.022	3.21	3.29	0	5	

从统计数据看，普通学生的民主偏好值比学生干部的高，说明普通学生更支持民主。

学生机构的角色 * 民主偏好 交叉制表

			学生机构的角色		合计	Pearson 卡方
			低	高		
政治面貌	干部	计数	600	509	1109	5.71（p<0.05）
		百分比	54.1%	45.9%	100.0%	
	普通成员	计数	1095	1108	2203	
		百分比	49.7%	50.3%	100.0%	
合计		计数	1695	1617	3312	
		百分比	51.2%	48.8%	100.0%	

从交叉表看，高民主偏好分组里，普通学生比学生干部高 4.4 个百分点。普通学生更倾向于民主。

（7）宗教信仰的差异

民主偏好程度（宗教信仰的影响）

	N	均值	标准差	标准误	均值的 95% 置信区间		极小值	极大值	ANOVA F
					下限	上限			
无	3863	3.26	1.288	.021	3.22	3.30	0	5	0.686（p>0.05）
有	187	3.18	1.307	.096	2.99	3.37	0	5	
总数	4050	3.26	1.288	.020	3.22	3.30	0	5	

从样本值来看，没宗教信仰学生的民主偏好值比有宗教信仰学生高，但 F 检验没有通过，说明山东大学生中，没宗教信仰学生和有宗教信仰学生的民主偏好没有差异。

（8）学校层次的差异

民主偏好程度（学校层次的影响）

	N	平均值	标准差	标准误	平均值 95% 置信区间		最小值	最大值	ANOVA F
					下限值	上限			
985 高校	942	2.96	1.340	.044	2.88	3.05	0	5	42.261（p<0.001）
一本院校	2220	3.29	1.259	.027	3.23	3.34	0	5	
普通院校	901	3.50	1.250	.042	3.42	3.58	0	5	
总计	4063	3.26	1.289	.020	3.22	3.30	0	5	

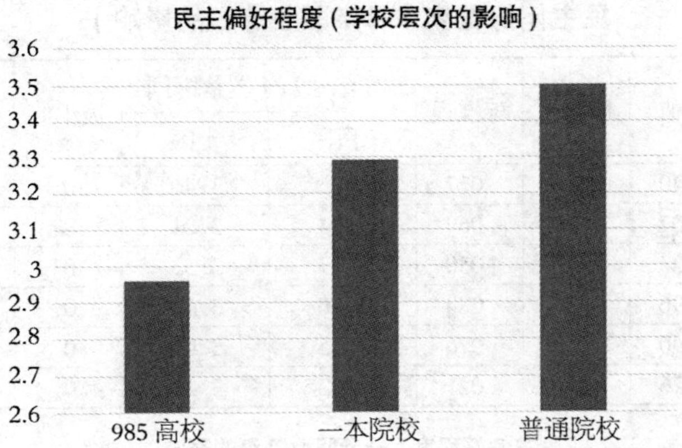

从学校层次看，很明显的，学校层次越高，民主偏好程度越低。985 高校分值低于平均水平。

（9）父母职业的差异

民主偏好程度（父亲职业等级的影响）

	N	均值	标准差	标准误	均值的 95% 置信区间		极小值	极大值	ANOVA F
					下限	上限			
低	1926	3.40	1.234	.028	3.35	3.46	0	5	20.033 ($p<0.001$)
中下	407	3.21	1.329	.066	3.08	3.34	0	5	
中	851	3.22	1.282	.044	3.13	3.31	0	5	
中上	387	3.03	1.325	.067	2.90	3.16	0	5	
高	406	2.85	1.390	.069	2.71	2.98	0	5	
总数	3977	3.25	1.292	.020	3.21	3.29	0	5	

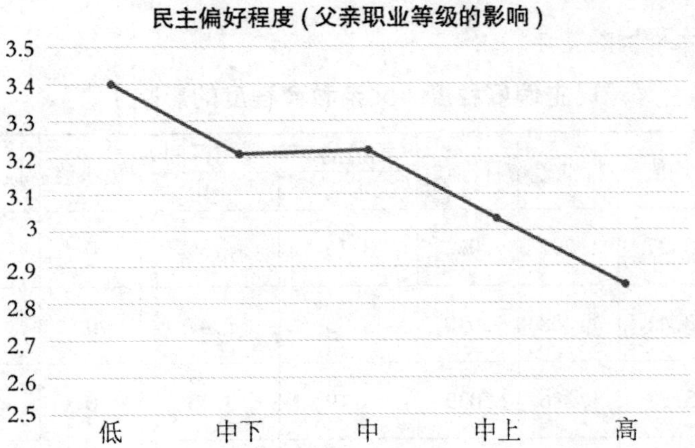

从父亲职业来看，非常明显，父亲职业等级越高，学生的民主偏好值就越低。最高和最低相差达到 0.65 分，差距非常明显，并且父亲职业等级最高的学生的民主偏好值只有 2.85 分，低于中间值 3 分。

民主偏好程度（母亲职业等级的影响）

	N	均值	标准差	标准误	均值的95%置信区间		极小值	极大值	ANOVA F
					下限	上限			
低	2136	3.40	1.232	.027	3.35	3.46	0	5	19.28 (p<0.001)
中下	379	3.07	1.345	.069	2.94	3.21	0	5	
中	672	3.23	1.297	.050	3.13	3.33	0	5	
中上	252	2.96	1.329	.084	2.80	3.13	0	5	
高	345	2.90	1.406	.076	2.75	3.04	0	5	
总数	3784	3.26	1.291	.021	3.22	3.31	0	5	

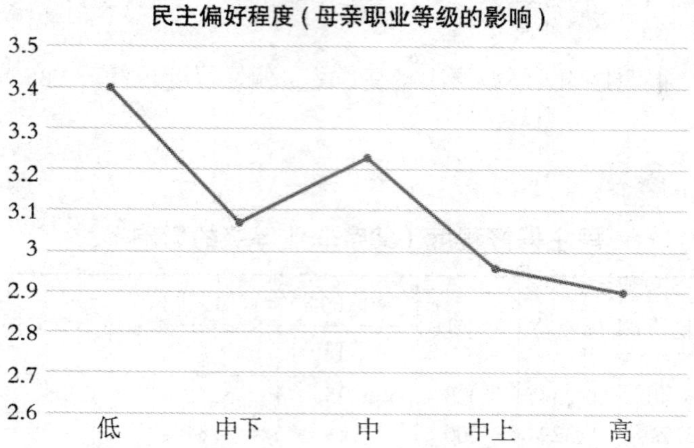

从母亲职业来看，总的趋势也是母亲职业等级越高，学生的民主偏好值就越低。最高和最低相差达到0.5分，差距非常明显，并且母亲职业等级最高的学生的民主偏好值是2.9分，也低于中间值3分。

（10）父母教育程度的差异

民主偏好程度（父亲教育程度的影响）

	N	均值	标准差	标准误	均值的95%置信区间		极小值	极大值	ANOVA F
					下限	上限			
小学及以下	440	3.27	1.292	.062	3.15	3.39	0	5	19.542 (p<0.001)
初中或相当	1573	3.41	1.208	.030	3.35	3.47	0	5	
高中或相当	1082	3.27	1.286	.039	3.19	3.35	0	5	
大专或相当	433	3.11	1.301	.063	2.98	3.23	0	5	
本科及以上	511	2.86	1.437	.064	2.73	2.98	0	5	
总数	4039	3.26	1.291	.020	3.22	3.30	0	5	

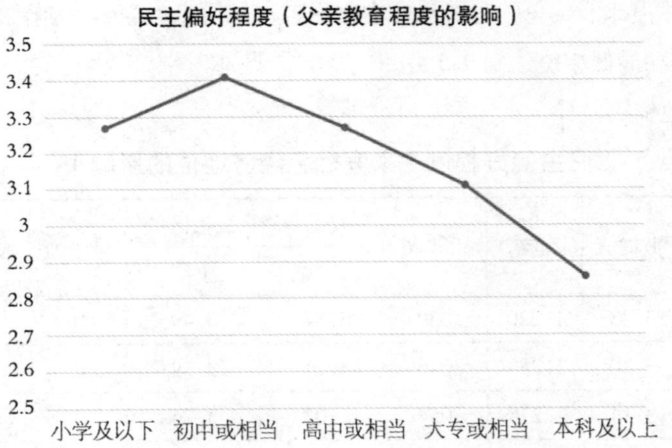

从父亲教育程度来看，总的趋势非常明显，基本上是父亲教育程度越高，学生的民主偏好值就越低。 最高和最低相差达到0.41分，差距非常明显。

民主偏好程度（母亲教育程度的影响）

	N	均值	标准差	标准误	均值的95%置信区间		极小值	极大值	ANOVA F
					下限	上限			
小学及以下	947	3.37	1.243	.040	3.29	3.45	0	5	21.375（p<0.001）
初中或相当	1561	3.41	1.218	.031	3.35	3.47	0	5	
高中或相当	880	3.11	1.334	.045	3.02	3.19	0	5	
大专或相当	321	3.00	1.349	.075	2.85	3.15	0	5	
本科及以上	327	2.87	1.416	.078	2.72	3.03	0	5	
总数	4036	3.26	1.290	.020	3.22	3.30	0	5	

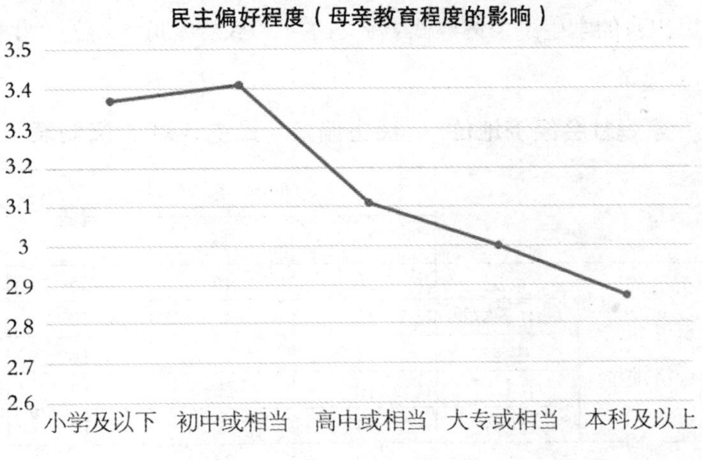

从母亲教育程度来看，总的趋势也非常明显，也是母亲教育程度越高，学生的民主偏好值就越低。 最高和最低相差达到0.5分，差距非常明显。

（11）家庭地位的差异

民主偏好程度（家庭社会经济地位的影响）

	N	平均值	标准差	标准误	平均值95% 置信区间		最小值	最大值	ANOVA F
					下限值	上限			
下层	1692	3.43	1.220	.030	3.37	3.49	0	5	23.001（p<0.001）
中下层	794	3.30	1.287	.046	3.21	3.39	0	5	
中层	551	3.14	1.278	.054	3.03	3.24	0	5	
中上层	348	2.96	1.366	.073	2.82	3.10	0	5	
上层	358	2.85	1.418	.075	2.70	3.00	0	5	
总计	3743	3.26	1.292	.021	3.22	3.30	0	5	

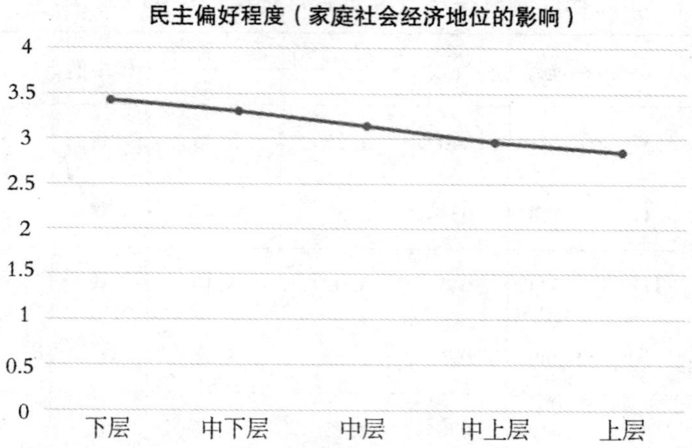

从上表可清楚看到，山东大学生中，家庭地位越高，学生的民主偏好值越低。 与前面数据一致，精英家庭出身的学生民主偏好低于平均水平，底层家庭出身的学生民主偏好明显高出平均水平。

家庭社会经济地位 * 民主偏好 * 民主认知 交叉制表

民主认知			民主偏好		合计	Pearson 卡方
			低	高		
选举民主	家庭社会经济地位	下层	20	15	35	4.331（p>0.05）
		中下层	12	8	20	
		中层	11	5	16	
		中上层	10	3	13	
		上层	14	3	17	
	合计		67	34	101	

民本民主	家庭社会经济地位	下层	666	788	1454	33.369 (p<0.001)
		中下层	327	334	661	
		中层	256	201	457	
		中上层	160	122	282	
		上层	165	109	274	
	合计		1574	1554	3128	
协商民主	家庭社会经济地位	下层	62	69	131	9.739 (p<0.05)
		中下层	35	38	73	
		中层	35	18	53	
		中上层	17	15	32	
		上层	23	10	33	
	合计		172	150	322	

从前面民主观念的测量可知，越底层家庭越认可民本民主，而上层家庭的学生对于民主的认识也是超过八成认可民本民主，由此可知，这里的民主偏好无论上层家庭还是底层家庭，他们的民主偏好主要是指民本民主偏好，而不是西方式的选举民主偏好或者协商民主偏好。上表的数据强烈支持了我们这一推论，学生对于民主偏好的认知主要集中在民本民主这一类型上，占样本总数的86.8%，卡方检验也明显通过。

（12）专业年级的差异

民主偏好程度（专业的影响）

	专业	数字	平均值(E)	标准偏差	标准误差平均值	T - test
民主偏好程度	理科	1719	3.19	1.330	.032	-2.950 (p<0.01)
	文科	2344	3.31	1.257	.026	

从专业性质来看，文科学生的民主偏好程度要高于理科学生。

专业 * 民主偏好 交叉制表

			民主偏好		合计	Pearson 卡方
			低	高		
专业	理科	计数	893	767	1660	8.553 (p<0.01)
		专业 中的 %	53.8%	46.2%	100.0%	
	文科	计数	1128	1170	2298	
		专业 中的 %	49.1%	50.9%	100.0%	
合计		计数	2021	1937	3958	
		专业 中的 %	51.1%	48.9%	100.0%	

从交叉表看，高民主偏好分组里，文科学生比理科学生的支持率高4.7个百分点，也就是说文科生更支持民主。

专业＊ 民主偏好＊ 民主认知 交叉制表

民主认知			民主偏好 低	民主偏好 高	合计	Pearson 卡方
选举民主	专业	理科	34	16	50	0.076 (p>0.05)
		文科	36	19	55	
	合计		70	35	105	
民本民主	专业	理科	752	665	1417	8.811 (p<0.01)
		文科	950	1033	1983	
	合计		1702	1698	3400	
协商民主	专业	理科	77	66	143	0.000 (p>0.05)
		文科	110	94	204	
	合计		187	160	347	

与民主认知进一步交叉分析可看出，文科生和理科生的民主偏好差异，基本上指的是民本民主的差异，文科生比理科生更支持民本民主。文科生和理科生的这种差异的形成，是否是文科生所学专业更容易受到国家意识形态的潜移默化的影响所致，这还需要进一步研究。

民主偏好程度（年级的影响）

	N	平均值	标准差	标准误	平均值95% 置信区间 下限值	平均值95% 置信区间 上限	最小值	最大值	ANOVA F
大一	1820	3.33	1.268	.030	3.27	3.39	0	5	6.447 (p<0.01)
大三	1562	3.17	1.300	.033	3.11	3.23	0	5	
研究生	681	3.28	1.311	.050	3.18	3.38	0	5	
总计	4063	3.26	1.289	.020	3.22	3.30	0	5	

从年级来看，大一学生的民主偏好程度最高，研究生次之，大三学生最低。

（13）消费水平的差异

民主偏好程度（月消费水平的影响）

	N	平均值	标准差	标准误	平均值95% 置信区间 下限值	平均值95% 置信区间 上限	最小值	最大值	ANOVA F
500元以内	217	3.33	1.251	.085	3.16	3.50	0	5	17.637 (p<0.001)
501－1000元	1938	3.41	1.244	.028	3.35	3.46	0	5	
1001－1500元	1447	3.15	1.308	.034	3.09	3.22	0	5	
1501－2000元	314	3.01	1.286	.073	2.86	3.15	0	5	
2001元以上	135	2.75	1.444	.124	2.50	2.99	0	5	
总计	4051	3.26	1.288	.020	3.22	3.30	0	5	

民主偏好程度（月消费水平的影响）

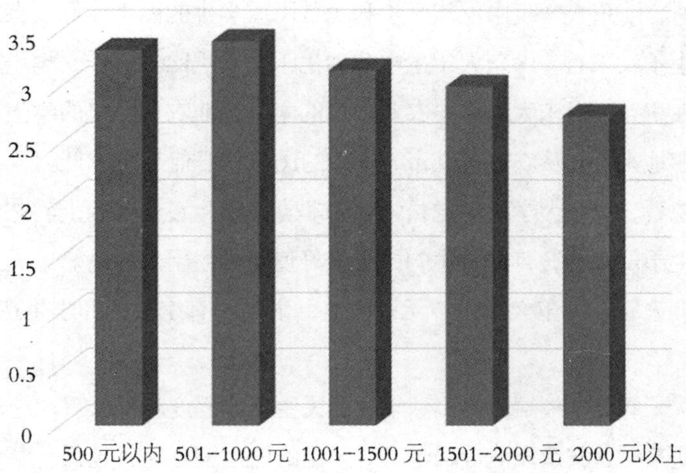

从统计结果明显看出，山东大学生中，学生消费水平越高，其民主偏好程度越低。

消费层次 * 民主偏好 * 民主认知 交叉制表

民主认知			民主偏好 低	民主偏好 高	合计	Pearson 卡方
选举民主	消费层次	低	3	1	4	2.921 (p＞0.05)
		中	47	29	76	
		高	20	5	25	
	合计		70	35	105	
民本民主	消费层次	低	87	104	191	21.086 (p＜0.001)
		中	1387	1450	2837	
		高	221	140	361	
	合计		1695	1694	3389	
协商民主	消费层次	低	7	6	13	1.399 (p＞0.05)
		中	159	142	301	
		高	21	12	33	
	合计		187	160	347	

进一步交叉可知，87%的大学生集中在民本民主这一组里，这一组对于民主偏好的分布与总体一致，也是消费水平越高，民主偏好越低。

（14）小结

对于民主偏好，山东大学生的民主偏好程度得分 3.26 分，超出中间值 0.76 分，说明山东大学生总体上是比较支持民主的。其组间差异的统计结果如下：

◆从性别来看，山东大学生中女生比男生更认可民主。

◆从民族来看，山东大学生中汉族学生和少数民族学生的民主偏好没有差异。

◆从是否独生子女来看，山东大学生中非独生子女学生比独生子女学生更认可民主。

◆从户口属性来看，山东大学生中农业户口的学生比非农业户口的学生更认可民主。

◆从家庭所在地来看，从农村到城市，学生的民主偏好值越来越低。

◆从政治面貌看，山东大学生中党员学生和非党员学生在这问题上的态度没有差别。

◆从是否学生干部来看，普通学生的民主偏好值比学生干部的高。

◆从宗教信仰来看，山东大学生中无宗教信仰学生和有宗教信仰学生在这问题上的态度没有差别。

◆从学校层次来看，学校层次越高，学生的民主偏好程度越低。

◆从父亲职业来看，父亲职业等级越高，学生的民主偏好值就越低。

◆从母亲职业来看，母亲职业等级越高，学生的民主偏好值就越低。

◆从父亲教育程度来看，父亲教育程度越高，学生的民主偏好值就越低。

◆从母亲教育程度来看，母亲教育程度越高，学生的民主偏好值就越低。

◆从家庭经济社会地位来看，家庭地位越高，学生的民主偏好值越低。

◆从专业来看，文科学生的民主偏好程度要高于理科学生。

◆从年级来看，大一学生的民主偏好程度最高，研究生次之，大三学生最低。

◆从学生的消费水平来看，学生消费水平越高，其民主偏好程度越低。

2. 民主价值的支持度测量

民主价值支持度是指民众对民主价值的认可和接受程度。民主价值支持是由包含五个题目的李克特量表来测量，此量表涉及以下五个问题："人们应该参与公共事务""政府不应该决定哪种观点能得以传播""政府不应该操办国家一切事物""社会多元化不会导致混乱""爱国应该支持现政权"这些观点认可程度的加总计分，其中"爱国应该支持现政权"是反向计分。1分民主价值支持最低；5分民主价值支持最高。从测试题目可看出，我们测试的主要是指西方的民主价值。量表中五道题目的描述性统计结果如下：

描述性统计

		非常同意	比较同意	不确定	不太同意	很不同意	合计
人们应该参与公共事务	频率	2201	1642	183	94	33	4153
	百分比	53.0	39.5	4.4	2.3	.8	100.0

政府不应该决定哪种观点能得以传播	频率	1094	1592	728	654	85	4153
	百分比	26.3	38.3	17.5	15.7	2.0	100.0
政府不应该操办国家一切事务	频率	1300	1602	626	530	85	4143
	百分比	31.4	38.7	15.1	12.8	2.1	100.0
社会多元化不会导致混乱	频率	358	887	1364	1180	357	4146
	百分比	8.6	21.4	32.9	28.5	8.6	100.0
爱国应该支持现政权	频率	560	1386	1032	955	212	4145
	百分比	13.5	33.4	24.9	23.0	5.1	100.0

根据统计数据，可看到，“人们应该参与公共事务”这一观点，有92.5%的学生比较同意和非常同意，只有3.1%的学生不太同意和很不同意，说明学生非常肯定这一观点。“政府不应该决定哪种观点能得以传播”这一观点，有64.6%的学生比较同意和非常同意，只有17.7%的学生不太同意和很不同意，说明学生比较肯定这一观点。“政府不应该操办国家一切事务”这一观点，有70.1%的学生比较同意和非常同意，只有14.9%的学生不太同意和很不同意，说明学生比较肯定这一观点。“社会多元化不会导致混乱”这一观点，有31%的学生比较同意和非常同意，有37.1%的学生不太同意和很不同意，说明学生不太同意这一观点。“爱国应该支持现政权”这一观点，有46.9%的学生比较同意和非常同意，有28.1%的学生不太同意和很不同意，说明学生对这一观点的支持一般。

将这五个问题进行合成，最终的民主价值支持度这一变量的统计结果如下：

民主价值支持描述统计

	数字	最小值(M)	最大值(X)	平均值(E)	标准偏差
民主价值支持	4131	1.20	5.00	3.5268	.55147
有效 N（成列）	4131				

从得分来看，总体平均分为3.53，超出中间值0.53分，说明山东大学生对于民主价值的支持度处于中等偏上水平，总体上支持但支持并不强烈。

（1）性别的差异

民主价值支持（性别的影响）

	性别	数字	平均值(E)	标准偏差	标准误差平均值	T－test
民主价值支持	男	1331	3.50	.60351	.01654	－2.297
	女	2788	3.54	.52398	.00992	($p<0.05$)

从性别看，山东大学生中，女生的得分略高于男生，说明女生的民主价值的支持度高于男生。

性别 * 民主价值支持程度 交叉制表

			民主价值支持程度		合计	Pearson 卡方
			低	高		
性别	男	计数	331	1000	1331	16.8 （p<0.001）
		百分比	24.9%	75.1%	100.0%	
	女	计数	538	2250	2788	
		百分比	19.3%	80.7%	100.0%	
合计		计数	869	3250	4119	
		百分比	21.1%	78.9%	100.0%	

从交叉表数据可看出，在高民主价值支持度这组里，女生比男生高5.6个百分点，说明女生的民主价值支持度高一些。

（2）民族的差异

民主价值支持（民族的影响）

	N	均值	标准差	标准误	均值的95%置信区间		极小值	极大值	ANOVA F
					下限	上限			
汉族	3967	3.5278	.54956	.00873	3.5106	3.5449	1.20	5.00	0.301 （p>0.05）
少数民族	164	3.5037	.59712	.04663	3.4116	3.5957	1.60	5.00	
总数	4131	3.5268	.55147	.00858	3.5100	3.5436	1.20	5.00	

从民族来看，样本值中，汉族学生的民主价值支持度比少数民族学生高，但F检验没有通过，说明山东大学生中，汉族学生和少数民族学生的民主价值支持度没有差异。

（3）是否是独生子女的差异

民主价值支持（是否独生子女的影响）

	N	均值	标准差	标准误	均值的95%置信区间		极小值	极大值	ANOVA F
					下限	上限			
是	1725	3.5379	.57555	.01386	3.5107	3.5650	1.20	5.00	1.22 （p>0.05）
否	2391	3.5186	.53367	.01091	3.4972	3.5400	1.60	5.00	
总数	4116	3.5267	.55162	.00860	3.5098	3.5435	1.20	5.00	

从是否独生子女来看，样本值中，独生子女学生的民主价值支持度比非独生子女学生高，但F检验没有通过，说明山东大学生中，独生子女学生和非独生子女学生的民主价值支持度没有差异。

（4）户口的差异

民主价值支持（户口的影响）

	N	均值	标准差	标准误	均值的 95% 置信区间		极小值	极大值	ANOVA F
					下限	上限			
农业	2503	3.5056	.54325	.01086	3.4843	3.5268	1.20	5.00	9.934 (p<0.01)
非农业	1614	3.5610	.56216	.01399	3.5335	3.5884	1.60	5.00	
总数	4117	3.5273	.55134	.00859	3.5104	3.5441	1.20	5.00	

从户口来看，山东大学生中，非农业户口的学生比农业户口的学生更认同民主价值。

户口属性 * 民主价值支持程度 交叉制表

			民主价值支持程度		合计	Pearson 卡方
			低	高		
户口属性	农业	计数	558	1945	2503	5.167 (p<0.05)
		户口属性 中的 %	22.3%	77.7%	100.0%	
	非农业	计数	312	1302	1614	
		户口属性 中的 %	19.3%	80.7%	100.0%	
合计		计数	870	3247	4117	
		户口属性 中的 %	21.1%	78.9%	100.0%	

从交叉表来看，高民主价值支持程度分组中，非农业户口的学生比农业户口的学生高 3 个百分点，说明非农业户口的学生更认同民主价值。

（5）家庭所在地的差异

民主价值支持（家庭所在地的影响）

	N	均值	标准差	标准误	均值的 95% 置信区间		极小值	极大值	ANOVA F
					下限	上限			
农村	1768	3.4816	.54574	.01298	3.4561	3.5070	1.20	5.00	12.26 (p<0.001)
县城镇区	1194	3.5374	.54831	.01587	3.5062	3.5685	1.60	5.00	
城市	1146	3.5834	.55907	.01651	3.5510	3.6158	1.60	5.00	
总数	4108	3.5262	.55174	.00861	3.5093	3.5431	1.20	5.00	

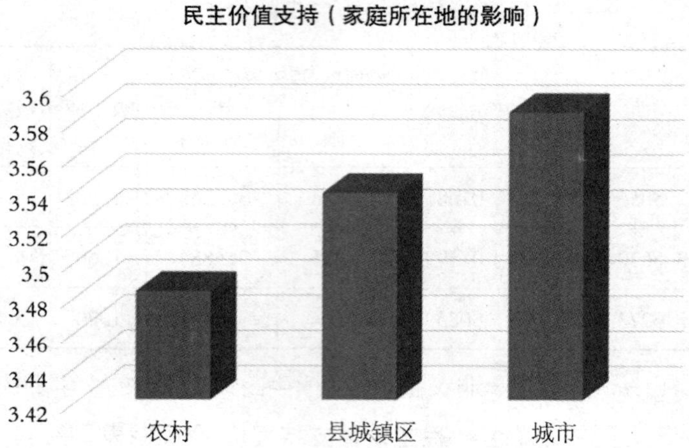

从家庭所在地看，非常明显，从农村到城市，民主价值支持度越来越高。这正与民主偏好程度的测量值相反，前面已经分析，从农村到城市而呈现明显下降趋势的民主偏好指的是民本民主偏好。民本民主价值与西方式民主价值虽然不是截然对立的两种价值理念，但确实存在较大的差异。所以，这里民主价值支持与民主偏好程度的测量值呈现相反趋势，并不矛盾。

（6）政治面貌的差异

民主价值支持（政治面貌的影响）

	N	均值	标准差	标准误	均值的 95% 置信区间		极小值	极大值	ANOVA F
					下限	上限			
非中共党员	3884	3.5290	.55325	.00888	3.5116	3.5464	1.20	5.00	1.384 (p>0.05)
中共党员	238	3.4857	.52294	.03390	3.4189	3.5525	2.20	5.00	
总数	4122	3.5265	.55158	.00859	3.5097	3.5434	1.20	5.00	

从政治面貌来看，样本值中，非中共党员学生的民主价值支持度比党员学生高，但 F 检验没有通过，说明山东大学生中，非中共党员学生和党员学生的民主价值支持度没有差异。

民主价值支持（学生机构角色的影响）

	N	均值	标准差	标准误	均值的 95% 置信区间		极小值	极大值	ANOVA F
					下限	上限			
干部	1163	3.5247	.54153	.01588	3.4935	3.5558	1.80	5.00	0.106 (p>0.05)
普通成员	2296	3.5182	.55600	.01160	3.4955	3.5410	1.20	5.00	
总数	3459	3.5204	.55111	.00937	3.5020	3.5388	1.20	5.00	

从是否学生干部来看，样本值中，干部学生的民主价值支持度比非干部学生高，但 F 检验没有通过，说明山东大学生中，干部学生和非干部学生的民主价值支持度没有差异。

（7）宗教信仰的差异

民主价值支持（宗教信仰的影响）

	N	均值	标准差	标准误	均值的 95% 置信区间		极小值	极大值	ANOVA F
					下限	上限			
无	3926	3.5269	.54873	.00876	3.5098	3.5441	1.20	5.00	0.014（p>0.05）
有	190	3.5221	.59294	.04302	3.4373	3.6070	1.80	5.00	
总数	4116	3.5267	.55078	.00858	3.5099	3.5436	1.20	5.00	

从政治面貌来看，样本值中，无宗教信仰的学生的民主价值支持度比有宗教信仰的学生略高，但 F 检验没有通过，说明山东大学生中，无宗教信仰的学生和有宗教信仰的学生的民主价值支持度没有差异。

（8）学校层次的差异

民主价值支持（学校层次的影响）

	N	平均值	标准差	标准误	平均值 95% 置信区间		最小值	最大值	ANOVA F
					下限值	上限			
985 高校	959	3.5723	.56526	.01825	3.5364	3.6081	1.60	5.00	13.909（p<0.001）
一本院校	2249	3.5405	.53600	.01130	3.5183	3.5627	1.60	5.00	
普通院校	923	3.4462	.56629	.01864	3.4096	3.4827	1.20	5.00	
总计	4131	3.5268	.55147	.00858	3.5100	3.5436	1.20	5.00	

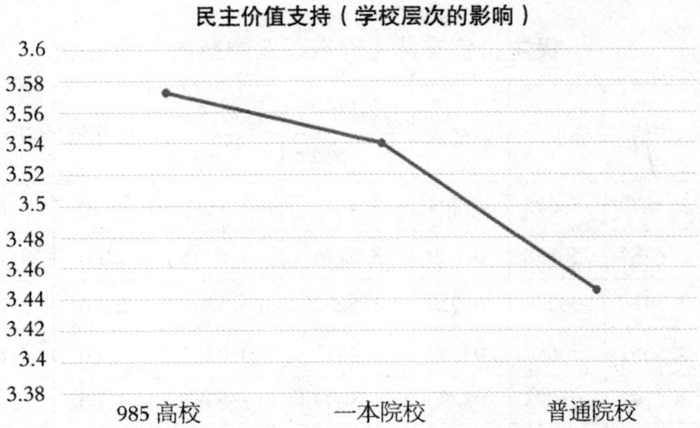

从学校层次看，很明显的，学校层次越高，学生的民主价值支持度也越高。

（9）父母职业的差异

民主价值支持（父亲职业的影响）

	N	均值	标准差	标准误	均值的 95% 置信区间		极小值	极大值	ANOVA F
					下限	上限			
低	1960	3.4874	.55203	.01247	3.4630	3.5119	1.20	5.00	5.788 (p<0.001)
中下	412	3.5578	.51853	.02555	3.5076	3.6080	1.60	4.80	
中	866	3.5635	.52521	.01785	3.5285	3.5985	2.00	5.00	
中上	395	3.5559	.61005	.03070	3.4956	3.6163	1.60	5.00	
高	412	3.5976	.55219	.02720	3.5441	3.6510	1.60	5.00	
总数	4045	3.5288	.55038	.00865	3.5118	3.5458	1.20	5.00	

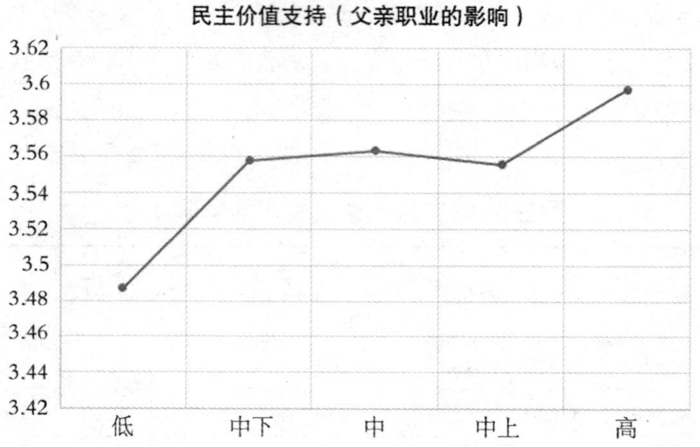

从父亲职业来看，总的趋势是，山东大学生中，父亲职业层级越高，学生的民主价值支持度越高。

民主价值支持（母亲职业的影响）

	N	均值	标准差	标准误	均值的 95% 置信区间		极小值	极大值	ANOVA F
					下限	上限			
低	2171	3.4879	.56095	.01204	3.4643	3.5115	1.20	5.00	6.913 (p<0.001)
中下	383	3.6287	.50888	.02600	3.5776	3.6798	2.00	4.80	
中	686	3.5429	.50272	.01919	3.5052	3.5805	2.00	5.00	
中上	254	3.5551	.56683	.03557	3.4851	3.6252	1.80	4.80	
高	349	3.5742	.61093	.03270	3.5099	3.6385	1.60	5.00	
总数	3843	3.5240	.55289	.00892	3.5065	3.5415	1.20	5.00	

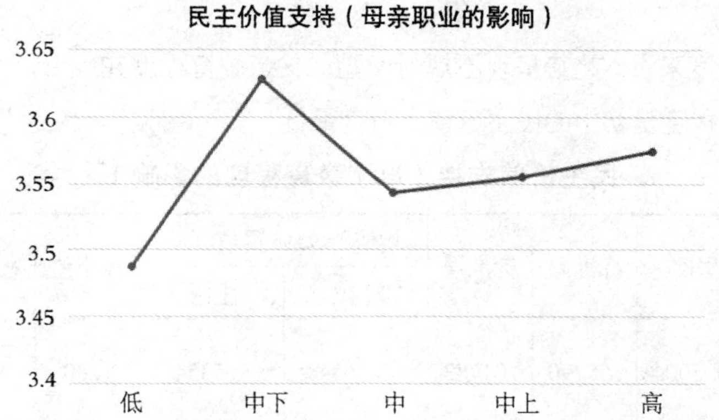

从母亲职业来看，山东大学生中，母亲职业层级中下的学生的民主价值支持度最高，母亲职业层级低的学生的民主价值支持度最低。

（10）父母教育程度的差异

民主价值支持（父亲教育程度的影响）

	N	均值	标准差	标准误	均值的95%置信区间		极小值	极大值	ANOVA F
					下限	上限			
小学及以下	452	3.5292	.54731	.02574	3.4786	3.5798	1.80	5.00	5.416（p<0.001）
初中或相当	1597	3.4788	.54578	.01366	3.4520	3.5056	1.20	5.00	
高中或相当	1096	3.5538	.53912	.01628	3.5219	3.5858	1.60	5.00	
大专或相当	439	3.5777	.57223	.02731	3.5240	3.6314	1.60	4.80	
本科及以上	520	3.5692	.57055	.02502	3.5201	3.6184	1.60	5.00	
总数	4104	3.5264	.55145	.00861	3.5095	3.5433	1.20	5.00	

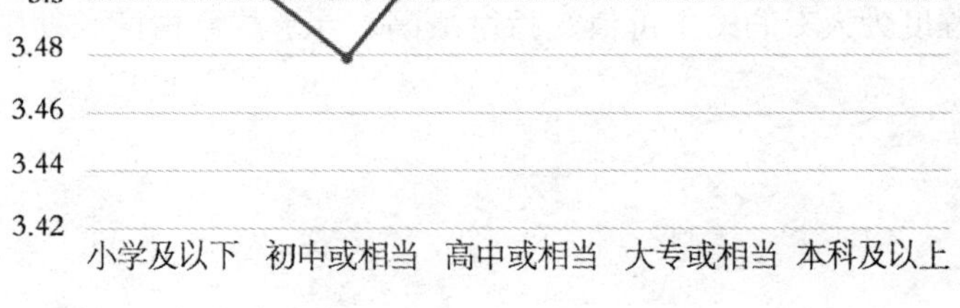

从父亲教育程度来看，趋势呈现不规则V型，父亲教育程度在大专以上的民主价值支持度最高，父亲教育程度是初中的民主价值支持度最低。

民主价值支持（母亲教育程度的影响）

	N	均值	标准差	标准误	均值的95%置信区间		极小值	极大值	ANOVA F
					下限	上限			
小学及以下	962	3.5004	.55290	.01783	3.4654	3.5354	1.80	5.00	7.212（p<0.001）
初中或相当	1584	3.4851	.54035	.01358	3.4585	3.5117	1.20	5.00	
高中或相当	893	3.5848	.54208	.01814	3.5492	3.6204	1.60	5.00	
大专或相当	330	3.6061	.54619	.03007	3.5469	3.6652	2.00	5.00	
本科及以上	332	3.5530	.60708	.03332	3.4875	3.6186	1.60	5.00	
总数	4101	3.5256	.55149	.00861	3.5087	3.5425	1.20	5.00	

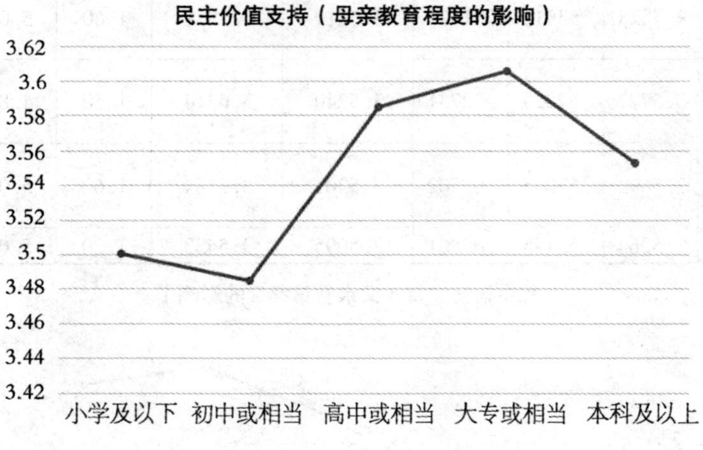

从母亲教育程度来看，母亲教育程度高的学生的民主价值支持度高于母亲教育程度低的学生。 母亲教育程度为大专的民主价值支持度最高，母亲教育程度是初中的民主价值支持度最低。

（11）家庭地位的差异

民主价值支持（家庭社会经济地位的影响）

	N	平均值	标准差	标准误	平均值 95% 置信区间		最小值	最大值	ANOVA F
					下限值	上限			
下层	1724	3.4752	.55488	.01336	3.4490	3.5014	1.20	5.00	7.540 (p<0.001)
中下层	802	3.5364	.53117	.01876	3.4996	3.5732	1.80	5.00	
中层	558	3.5771	.53210	.02253	3.5328	3.6213	2.00	5.00	
中上层	351	3.6148	.54804	.02925	3.5573	3.6723	2.00	5.00	
上层	366	3.5590	.60170	.03145	3.4972	3.6209	1.60	5.00	
总计	3801	3.5240	.55265	.00896	3.5064	3.5416	1.20	5.00	

民主价值支持（家庭社会经济地位的影响）

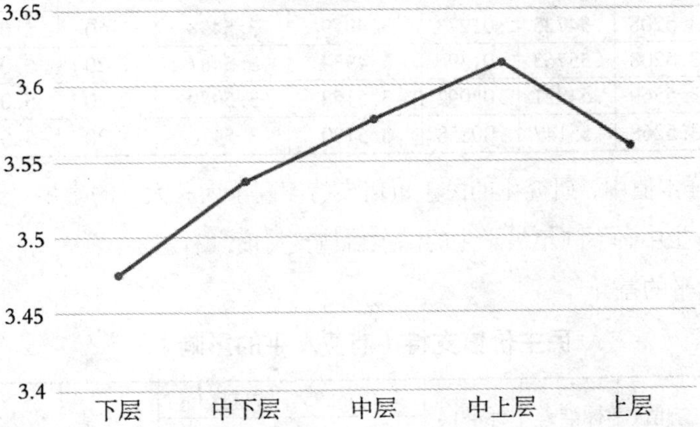

从家庭经济地位来看，家庭地位越高，民主价值的支持度越高，这与民主偏好程度的趋势正相反，因为民主价值支持测量的是西方选举民主价值，民主偏好测量的主要是民本民主价值。

（12）专业年级的差异

民主价值支持（专业的影响）

	专业	数字	平均值(E)	标准偏差	标准误差平均值	T－test
民主价值支持	理科	1744	3.4927	.56548	.01354	－3.381 (p<0.001)
	文科	2387	3.5517	.53977	.01105	

从专业看，山东大学生中文科生的民主价值支持度高于理科生。

专业 * 民主价值支持程度 交叉制表

			民主价值支持程度		合计	Pearson 卡方
			低	高		
专业	理科	计数	413	1331	1744	11.291 (p<0.001)
		专业 中的 %	23.7%	76.3%	100.0%	
	文科	计数	462	1925	2387	
		专业 中的 %	19.4%	80.6%	100.0%	
合计		计数	875	3256	4131	
		专业 中的 %	21.2%	78.8%	100.0%	

从交叉数据看，高民主价值支持程度分组中，文科生比例比理科生高 4.3 个百分点，说明文科生的民主价值支持度高。

民主价值支持（年级的影响）

	N	均值	标准差	标准误	均值的 95% 置信区间		极小值	极大值	ANOVA F
					下限	上限			
大一	1849	3.5208	.54725	.01273	3.4959	3.5458	1.60	5.00	1.229 (p>0.05)
大三	1595	3.5208	.55763	.01396	3.4934	3.5481	1.20	5.00	
研究生	687	3.5569	.54821	.02092	3.5158	3.5980	2.20	5.00	
总数	4131	3.5268	.55147	.00858	3.5100	3.5436	1.20	5.00	

从年级看，样本值中，研究生的民主价值支持度高于大一大三的学生，但 F 检验没有通过，说明山东大学生中，不同年级学生的民主价值支持度没有差别。

（13）消费水平的差异

民主价值支持（消费水平的影响）

	N	均值	标准差	标准误	均值的 95% 置信区间		极小值	极大值	ANOVA F
					下限	上限			
低	224	3.4250	.57144	.03818	3.3498	3.5002	1.60	4.80	8.625 (p<0.001)
中	3436	3.5221	.54632	.00932	3.5038	3.5403	1.20	5.00	
高	459	3.6052	.56720	.02647	3.5532	3.6573	1.60	5.00	
总数	4119	3.5261	.55109	.00859	3.5092	3.5429	1.20	5.00	

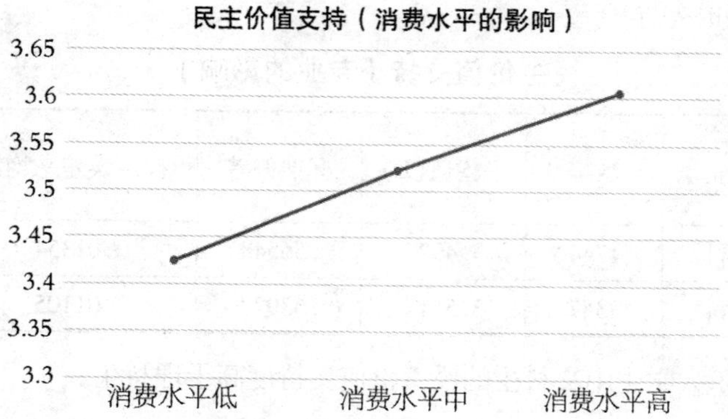

从消费水平来看，山东大学生中，消费水平越高，民主价值的支持度越高，这与民主偏好程度的趋势正相反。 如此是因为，民主偏好的趋势其实是指的是民本民主的趋势，而民主价值指的是西方选举民主的价值观。

消费层次 * 民主价值支持程度 交叉制表

			民主价值支持程度		合计	Pearson 卡方
			低	高		
消费层次	低	计数	59	165	224	6.621（p＜0.05）
		消费层次 中的 %	26.3%	73.7%	100.0%	
	中	计数	732	2704	3436	
		消费层次 中的 %	21.3%	78.7%	100.0%	
	高	计数	82	377	459	
		消费层次 中的 %	17.9%	82.1%	100.0%	
合计		计数	873	3246	4119	
		消费层次 中的 %	21.2%	78.8%	100.0%	

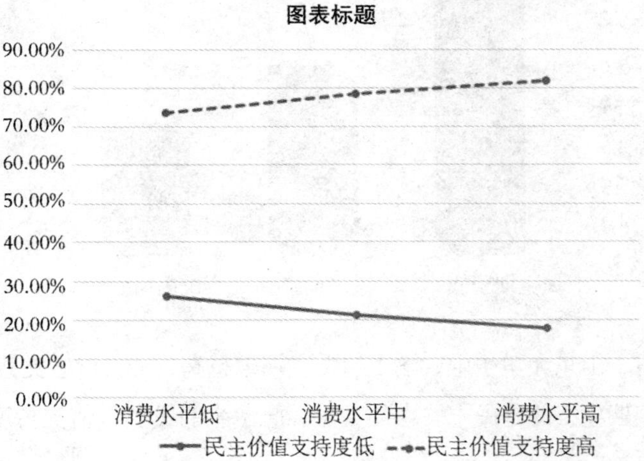

从交叉数据看，高民主价值支持程度分组中，高消费层次的学生比例比低消费层次的学生高 8.4 个百分点，说明高消费层次的学生的民主价值支持度高。

（14）政治心理卷入的差异

民主价值支持（政治心理卷入的影响）

	N	均值	标准差	标准误	均值的 95% 置信区间		极小值	极大值	ANOVA F
					下限	上限			
低	1735	3.5064	.55540	.01333	3.4802	3.5325	1.20	5.00	3.955（p＜0.05）
高	2392	3.5410	.54826	.01121	3.5190	3.5630	1.60	5.00	
总数	4127	3.5264	.55147	.00858	3.5096	3.5433	1.20	5.00	

从政治心理卷入来看，山东大学生中，政治心理卷入高的学生的民主价值支持度略高于政治心理卷入低的学生。

（15）民主期望的差异

民主价值支持（民主期望的影响）

	N	均值	标准差	标准误	均值的95%置信区间		极小值	极大值	ANOVA F
					下限	上限			
低	137	3.7489	.64990	.05552	3.6391	3.8587	1.60	5.00	19.393（p<0.001）
中	1366	3.5675	.55253	.01495	3.5382	3.5968	1.20	5.00	
高	2611	3.4950	.54029	.01057	3.4742	3.5157	1.60	5.00	
总数	4114	3.5275	.55078	.00859	3.5107	3.5444	1.20	5.00	

民主价值支持（民主期望的影响）

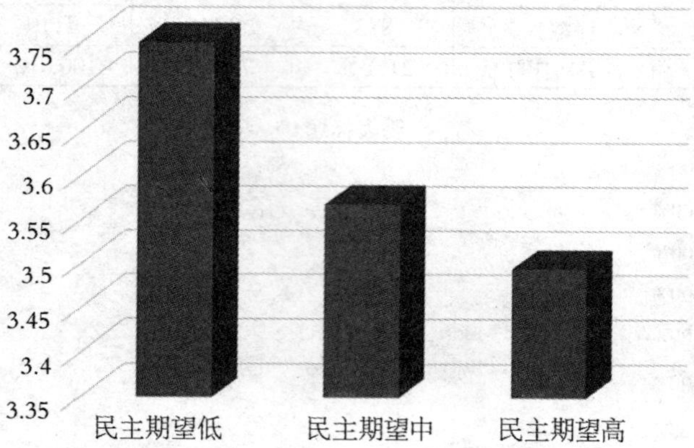

从民主期望来看，山东大学生中，学生的民主期望越高，民主价值支持度越低。原因如前，就是学生的民主期望指的是民本民主的期望，而学生的民主价值支持度测量的是西方选举民主的价值支持度。

（16）中国民主程度评价的差异

民主价值支持（中国民主程度评价的影响）

	N	均值	标准差	标准误	均值的95%置信区间		极小值	极大值	ANOVA F
					下限	上限			
低	281	3.7530	.61068	.03643	3.6813	3.8247	1.60	5.00	61.492（p<0.001）
中	2194	3.5738	.54146	.01156	3.5512	3.5965	1.20	5.00	
高	1639	3.4249	.53257	.01315	3.3991	3.4507	1.80	5.00	
总数	4114	3.5267	.55089	.00859	3.5099	3.5436	1.20	5.00	

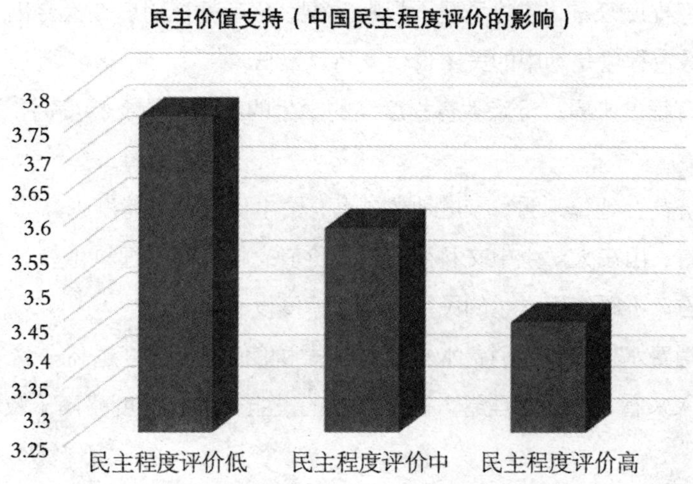

从中国民主程度评价来看，山东大学生中，对中国民主程度评价越高，学生的民主价值支持度越低。原因如前，就是学生的中国民主程度评价指的是民本民主的期望，而学生的民主价值支持度测量的是西方选举民主的价值支持度。

（17）小结

对于民主价值支持度，山东大学生得分 3.53 分，超出中间值 1.03 分，说明山东大学生对于民主价值的支持度比较高。其组间差异的统计结果如下：

◆从性别来看，山东大学生中，女生的民主价值支持度得分略高于男生。

◆从民族来看，山东大学生中汉族学生和少数民族学生的民主价值支持度没有差异。

◆从是否独生子女来看，山东大学生中独生子女学生和非独生子女学生的民主价值支持度没有差异。

◆从户口属性来看，山东大学生中，非农业户口的学生比农业户口的学生的民主价值支持度高。

◆从家庭所在地来看，从农村到城市，民主价值支持度越来越高。

◆从政治面貌看，山东大学生中党员学生和非党员学生在这问题上的态度没有差别。

◆从是否学生干部来看，山东大学生中学生干部和普通学生在民主价值支持上面没有差异。

◆从宗教信仰来看，山东大学生中无宗教信仰学生和有宗教信仰学生在这个问题上的态度没有差别。

◆从学校层次来看，学校层次越高，学生的民主价值支持度也越高。

◆从父亲职业来看，父亲职业层级越高，学生的民主价值支持度越高。

◆从母亲职业来看，母亲职业层级中下的学生的民主价值支持度最高，母亲职业层级低的学生的民主价值支持度最低。

◆从父亲教育程度来看，趋势呈现不规则 V 型，父亲教育程度在大专以上的民主价值支持度最高，父亲教育程度是初中的民主价值支持度最低。

◆从母亲教育程度来看，母亲教育程度高的学生的民主价值支持度高于母亲教育程度低的学生。

◆从家庭经济社会地位来看，家庭地位越高，民主价值的支持度越高。

◆从专业来看，山东大学生中文科生的民主价值支持度高于理科生。

◆从年级来看，不同年级学生的民主价值支持度没有差别。

◆从学生的消费水平来看，消费水平越高，民主价值的支持度越高。

◆从心理卷入来看，政治心理卷入高的学生的民主价值支持度略高于政治心理卷入低的学生。

◆从民主期望来看，山东大学生中，学生的民主期望越高，民主价值支持度越低。

◆从民主程度评价来看，山东大学生中，对中国民主程度评价越高，学生的民主价值支持度越低。

3. 民主信念诸变量相关性分析

在我们这次调查中，与民主信念相关的变量有中国民主程度评价、民主期望、民主适合度、民主偏好、民主价值支持度等五个变量。这五个变量并不是孤立的，彼此之间有很强的相关性。

（1）民本民主的共同认知

相关性

		民主程度	民主期望	民主适合度	民主偏好程度	民主价值支持
民主程度	Pearson 相关性	1				
	显著性（双侧）					
	N	4143				
民主期望	Pearson 相关性	.405**	1			
	显著性（双侧）	.000				
	N	4139	4143			
民主适合度	Pearson 相关性	.412**	.469**	1		
	显著性（双侧）	.000	.000			
	N	4138	4140	4142		

民主偏好程度	Pearson 相关性	.310**	.493**	.624**	1	
	显著性（双侧）	.000	.000	.000		
	N	4059	4063	4063	4063	
民主价值支持	Pearson 相关性	-.185**	-.077**	-.019	.002	1
	显著性（双侧）	.000	.000	.229	.911	
	N	4114	4114	4114	4039	4131

**. 在 .01 水平（双侧）上显著相关。

从相关性统计表可知，民主程度评价与民主期望是呈正相关关系，民主程度评价越高，民主期望也越高，反之亦然。民主程度评价与民主适合度呈正相关关系，民主评价程度越高，民主适合度也越高，反之亦然。民主程度评价与民主偏好程度是呈正相关关系，民主程度评价越高，民主偏好程度也越高，反之亦然。民主程度评价与民主价值支持是呈负相关关系，民主评价程度越高，民主价值支持越低，反之亦然。

民主期望与民主适合度呈正相关关系，民主期望越高，民主适合度也越高，反之亦然。民主期望与民主偏好呈正相关关系，民主期望越高，民主偏好程度也越高，反之亦然。民主期望与民主价值支持是呈负相关关系，民主期望越高，民主价值支持越低，反之亦然。

民主适合度与民主偏好程度是呈正相关关系，民主适合度越高，民主偏好程度也越高，反之亦然。

由相关性统计数据可以看出，中国民主程度评价、民主期望、民主适合度、民主偏好这四个变量之间存在显著性的正相关关系，这是因为，这四个变量中的“民主”指的是我国政府所实施并支持的民本民主。正是因为这四个变量所测量的对象实为同一个因子，所以在趋势上是相同的，高则俱高，低则俱低。

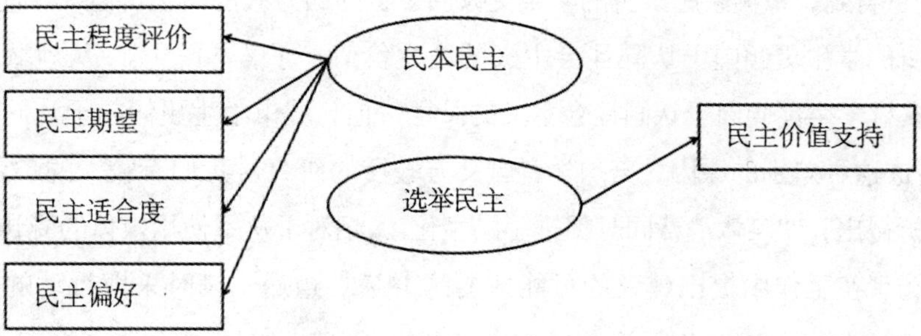

而对于民主价值支持度来说，其测量的民主价值指的是西方的选举民主价值，所以其核心的要素与中国民主程度评价、民主期望、民主适合度、民主偏好不同。虽然选举民主价值与民本民主价值并不是完全相对立的，但我国长期的政治宣传教化过程中，这两者经常是以对立的面目出现，给予人们的暗示似乎两者是相互对立，不可共存的。所以，在我们组间差异的分析中，可经常看到各组中民主价值支持度的趋势与中国民主程度评价、民主期望、民主适合度、民主偏好的趋势呈现相反的情况。

（2）民主价值的组间差异

民主信念的组间差异

变量	选举民主	协商民主	民本民主	民主偏好	民主价值支持
非农户口	高	高	低	低	高
农业户口	低	低	高	高	低
父母亲职业等级高	高	高	低	低	高
父母亲职业等级低	低	低	高	高	低
父母教育程度高	高	高	低	低	高
父母教育程度低	低	低	高	高	低
高层次高校	高	高	低	低	高
普通高校	低	低	高	高	低
高家庭地位	高	高	低	低	高
低家庭地位	低	低	高	高	低

根据上表可看出，山东大学生的民主信念的组间差异呈现出规律性的分布。根据这一分布，我们可将山东大学生分为两类：第一类是非农户口、父母职业等级高、父母教育程度高、在高层次学校、家庭社会经济地位高；第二类是农业户口、父母职业等级低、父母教育程度低、在普通学校、家庭社会经济地位低。根据我们的常识能很容易的分出，第一类学生可称作是精英家庭出身的学生或精英学生群体，第二类可称为平民家庭出身的学生或普通学生群体。这两类群体的民主信念存在明显的差异，而且这种差异在各个分组间呈现高度一致性。我们可看到，精英家庭出身的学生更倾向于认同西方式的民主价值，即选举民主；而平民家庭出身的学生更倾向于认同社会主义的民主价值，即民本民主。从地域这一区位变量来观察，农村学生更倾向于认同社会主义的民主价值，城市学生更倾向于认同西方式的民主价值。造成这种差别的原因，美国学者唐文方教授的研究对我们有较大的启示。他通过调查数据分析得出，"媒体消费同时促进了民主化。相对于从不使用媒体的受访者，经常使用媒体的受访者在工作中提出建议的可能性要高 14%，遭遇不满时采取行动的可能性要高 13%，政治效能感要高 5%，对民主价值的支持度要高 4%。虽然媒体消费增加了 5% 的官方意识形态支持度，但是亲西方趋向的支持度提升了 7%。"①唐教授证实了媒体对于中国民众西方民主价值观的正向影响。对于我们的调查结果，可进一步从皮亚杰的学习理论来解释。皮亚杰理论体系中的一个核心概念是图式。图式是指个体对世界的知觉、理解和思考的方

---

① 唐文芳：《中国民意与公民社会》，中山大学出版社 2008 年版，第 83 页。

式。我们可以把图式看成是心理活动的框架或组织结构。图式的形成和变化是认知发展的实质。皮亚杰认为，认知发展是受三个基本过程影响的：同化、顺化和平衡。同化是指个体对刺激输入的过滤或改变的过程；顺化是指有机体调节自己内部结构以适应特定刺激情境的过程；平衡是指个体通过自我调节机制使认知发展从一个平衡状态向另一种较高平衡状态过渡的过程。认知发展过程之中，信息输入的刺激是极为重要的。之所以出现精英家庭与平民家庭、农村与城市的差别，可能就在于这两类不同的学生在对民主价值观的认知发展过程中所受到的信息输入的刺激不同。这种不同可能包括媒体接触、信息来源、父母的言教等的不同。对于这一假设，我们有另外一项间接的支持证据。

在本问卷中，我们设置了一道题目，来了解多种信息渠道对于学生政治观的影响大小。题目如下：

下列渠道对您的政治观念的形成有多大影响?

渠道包括：大学专业课老师、大学公共政治课辅导员老师、同学朋友、家庭成员、互联网（包括微信平台）、图书杂志报纸、广播电视、学术讲座、社团社会实践。

从统计结果来看，影响最大的渠道是家庭成员，其次是图书杂志报纸和同学朋友。根据我们常识，精英家庭和平民家庭，城市学生和农村学生，他们在接受父母言教、接触图书杂志、结交的同学朋友的类型是有很大不同的，自然对于他们认知发展的影响也不相同，结果形成了不同的政治观念。

4. 民主信念诸变量多元回归分析

对于民族国家而言，现代性最重要的一个目标就是塑造国家政权的合法性。民主作为现代国家的追求之一，民主程度的高低在一定程度上反映了一个国家的合法性水平的高低，而民众对本国的民主程度的评价则更进一步地体现了一个国家的内部认同程度和民众对政权的支持程度。

大学生未来将会成为一个社会的中坚力量，他们当前对中国民主程度的评价对未来社会的稳定和国家政权维系有着深远的影响。我们这里试图去研究影响山东省内大学生对我国民主程度评价的影响因素。

（1）研究假设

基于对既往研究的总结，我们做出以下研究假设。

假设1：现实公正感和民主程度评价之间存在正相关关系。

假设2：政治体制一般支持、政治当局特定支持和民主程度评价之间存在正相关关系。

假设3：民主偏好程度和民主程度评价之间存在负相关关系。

假设4：自由民主价值支持和民主程度评价之间存在负相关关系。

假设5：民主认知和民主程度评价之间存在相关关系。

（2）变量设定

因变量是民主程度评价。

自变量包括性别、年级、专业、家庭社会经济地位、现实公正感（此变量参见第八章）、政治特定支持（此变量参见第六章）、政治普遍支持（此变量参见第六章）、民主价值支持、民主认知和民主偏好。

（3）回归分析

我们试图探究什么因素影响山东省大学生对中国民主程度的评价。在模型上选择的是一般线性回归模型，民主程度评价是因变量，其他因素作为自变量。

模型1考察了性别、年级和专业对山东省内大学生民主程度评价的影响。结果显示山东省内大学生对我国民主程度的评价在年级上存在显著的差别，年级越高，对我国民主程度的评价越低。

模型2在模型1的基础上加入了家庭社会经济地位、现实公正感、政治普遍支持、政治特定支持、民主价值支持和民主偏好等变量。结果显示，在引入这些变量后，山东省内大学生中男生相较于女生对我国民主程度的评价更高；山东省内的大学生的现实公正感越强，对我国民主程度的评价越高；山东省内的大学生的政治普遍支持越强，对我国民主程度的评价越高；山东省内的大学生的政治特定支持越强，对我国民主程度的评价越高；山东省内的大学生的民主价值支持越强，对我国民主程度的评价越低；山东省内的大学生的民主偏好程度越强，对我国民主程度的评价越高。

模型3在模型2的基础上，引入了二分民主认知这个变量。二分民主认知这个变量是个哑变量，它的含义是将“民主是一个国家领导人代表人民利益，为人民服务，受人民监督”即民本民主记为0，定义为一般性民主认知。将协商民主和选举民主记为1，定义为非一般民主认知。结果显示持有非一般民主认知的大学生相较于持有一般性民主认知的大学生对我国的民主程度评价更低。

回归分析1

	模型1 民主程度评价	模型2 民主程度评价	模型3 民主程度评价
性别（女为参照）			
男	0.0637	0.188＊＊＊	0.210＊＊＊
	(0.0615)	(0.0516)	(0.0515)
年级（大一为参照）			
大三	−0.475＊＊＊	−0.220＊＊＊	−0.215＊＊＊
	(0.0604)	(0.0509)	(0.0506)
研究生	−0.357＊＊＊	−0.257＊＊＊	−0.248＊＊＊
	(0.0773)	(0.0647)	(0.0643)

专业（理科为参照）			
文科	0.0644	0.0492	0.0483
	(0.0582)	(0.0486)	(0.0484)
家庭社会经济地位		0.0320	0.0381
		(0.0214)	(0.0214)
现实公正感		0.383***	0.380***
		(0.0555)	(0.0553)
政治体制普遍支持		0.686***	0.672***
		(0.0418)	(0.0416)
政治当局特定支持		0.424***	0.415***
		(0.0347)	(0.0345)
民主价值支持		-0.252***	-0.229***
		(0.0428)	(0.0428)
民主偏好程度		0.277***	0.274***
		(0.0184)	(0.0183)
二分民主认知（一般性民主认知为参照）			-0.411***
			(0.068)
Constant	6.185***	0.717**	0.769**
	(0.0607)	(0.272)	(0.271)
R-squared	0.019	0.322	0.329
Observations	3525	3525	3525

Standard errors in parentheses * $p<0.05$, ** $p<0.01$, *** $p<0.001$

通过模型1、模型2、模型3我们已经验证了假设1、假设2、假设4和假设5。但是假设3遭到了推翻，民主偏好程度和民主程度评价之间是正相关关系，这种正相关关系的出现可能是由于山东省内大学生在对民主的认知存在差异。所以提出假设6，民主认知能够调节民主偏好程度对民主程度评价的影响效应。

模型4在模型3的基础上试图去考察二分民主认知是如何调节民主偏好程度对民主程度评价的影响效应的。结果显示，相较于持有一般性民主认知的大学生，持有非一般性民主认知的大学生民主偏好每提升1个单位，对我国民主程度评价要低0.108分。

模型5在模型4的基础上，将二分民主认知置换成为四分民主认知，具体考察非一般性的民主认知是如何调节民主偏好程度对民主程度评价的影响。相较于一般性的民主认知，认同选举民主的大学生民主偏好每提升1个单位，对我国的民主程度评价要低0.106分；认同协商民主的大学生，民主偏好程度每提升1个单位，民主程度评价要低0.105分；持有其他民主认知的大学生民主偏好程度每提升1个单位，对我国的民主程度评价要低0.134分。

通过模型5和模型6我们已经验证了假设6，民主认知能够调节民主偏好程度对民主程度评价的效应。持有非一般性的民主认知的大学生相对于持有一般性民主信念的大学生，民主偏好程度每提升一个单位，带来的民主程度评价的增长要低0.134分。

回归分析结果 2

	模型 4 民主程度评价	模型 5 民主程度评价	模型 6 民主程度评价
性别（女为参照）			
男	0.205 * * *	0.206 * * *	0.204 * * *
	(0.0515)	(0.0517)	(0.0504)
年级（大一为参照）			
大三	−0.218 * * *	−0.217 * * *	−0.223 * * *
	(0.0507)	(0.0507)	(0.0495)
研究生	−0.248 * * *	−0.248 * * *	−0.240 * * *
	(0.0644)	(0.0644)	(0.0630)
专业（理科为参照）			
文科	0.0485	0.0487	0.0270
	(0.0484)	(0.0484)	(0.0474)
家庭社会经济地位	0.0361	0.0364	0.0271
	(0.0214)	(0.0214)	(0.0209)
现实公正感	0.377 * * *	0.378 * * *	0.355 * * *
	(0.0553)	(0.0553)	(0.0541)
政治体制普遍支持	0.672 * * *	0.672 * * *	0.655 * * *
	(0.0417)	(0.0417)	(0.0408)
政治当局特定支持	0.419 * * *	0.419 * * *	0.388 * * *
	(0.0345)	(0.0345)	(0.0338)
民主价值支持	−0.233 * * *	−0.232 * * *	−0.204 * * *
	(0.0428)	(0.0428)	(0.0418)
民主偏好程度	0.291 * * *	0.291 * * *	
	(0.0185)	(0.0185)	
民主认知#民主偏好程度（以一般民主认知为参照）			
非一般性民主认知# 民主偏好程度	−0.108 * * *		
	(−0.0201)		
民主认知（以一般性的民主认知#民主偏好程度为参照）			
选举民主		−0.106 *	
		(0.0428)	
协商民主		−0.105 * * *	

		(0.0236)	
其他 # 民主偏好程度		-0.134 *	
		(0.056)	
民主期望			0.769 * * *
			(0.0582)
民主适合中国			0.572 * * *
			(0.063)
民主能解决中国问题			0.252 * * *
			(0.0501)
民主政府总是更可取			-0.0473
			(0.0482)
民主和经济发展同等重要			-0.00753
			(0.0486)
Constant	0.719 * *	0.717 * *	0.594 *
	(0.271)	(0.271)	(0.267)
R - squared	0.328	0.328	0.360
Observations	3525	3525	3525

Standard errors in parentheses * $p<0.05$, * * $p<0.01$, * * * $p<0.001$

模型6是在模型2的基础上，具体考察了民主偏好的不同层面对民主程度评价的具体影响，从民主期望、民主适合中国、民主能解决中国问题、民主政府总是更可取、民主和经济发展同等重要几个方面进行分析。结果显示，山东大学生的民主期望越强，对我国民主程度的评价越高；山东大学生认为民主适合中国的偏好越强，对我国民主程度的评价越高；山东大学生认为民主能解决中国问题的偏好越强，对我国民主程度的评价越高，山东大学生认为民主政府总是更可取的偏好越强，对我国民主程度的评价越低；山东大学生认为民主和经济发展同等重要的偏好越强，对我国民主程度的评价越低。

（4）结论

我们已经验证了之前的假设1、2、4和5，假设遭到了推翻，也就是说山东大学生，民主偏好程度越强，对我国民主程度的评价就越高。于是我们利用模型6检验了民主偏好的不同维度的影响效应，结果显示，民主期望、民主适合中国和民主能够解决中国问题这三个维度对山东省内大学生的民主程度评价有显著的正向效应，而民主政府总是更可取和民主比经济发展更重要或同等重要在统计结果上不显著。

据此，我们得出以下结论：山东大学生对我国民主程度的评价处于一个较低的水平，平均分为6分；现实公正感和政治支持等因素影响到了大学生的民主程度评价，高的现实公正感和政治支持会带来高的民主程度评价；民主偏好程度越强，对我国民主程度的评价越高，民主偏好中真正起作用的维度是民主期望、民主适合中国和民主能够解决中国的问题；持有非一般性民主认知的大学生对我国民主程度的评价会相较于持有一般性民主认知的大学生偏低，并且民主偏好程度对他们的民主程度评价的促进作用也会减弱。而另一个可能性的结论就是，山东大学生普遍接受了一种党和国家所宣传的民主认知，但是同时又受到自由民主价值的影响。模型 7 的结果显示，自由民主价值支持越高，选择非一般性民主认知的可能性就越大，民主价值支持每提升 1 个单位，选择非一般性民主认知的可能性会高两倍左右。

民主价值与民主认知选择的 Logit 回归

	模型 7 非一般性的民主认知
民主价值支持	1.931 * * *
	（6.96）
Observations	3525

Exponentiated coefficients；t statistics in parentheses

* $p<0.05$，* * $p<0.01$，* * * $p<0.001$

对结论的解释，一方面我们可以将其归因于党和国家在宣传和高等教育过程中的实践，使得山东大学生普遍接受了党和国家所主张的那一套民主认知。另一方面，山东省内的传统文化氛围，在某种程度上会塑造山东省内大学生相对保守的政治心态和观念，对权威的服从同样会使得他们接受一套主流的民主认知。

在接受了一套贴近党和国家所宣传的民主认知的情况下，山东大学生对这套民主认知的偏好越强，越能肯定和认可当前中国的民主实践，对中国的民主程度的评价也越高。但是，山东大学生同时也在接受着自由民主价值的熏陶，并且有着极大的可能接受这样一套价值，当他们用这一套价值标准来审视和评价中国的民主程度，往往会给予负面的评价。

第五章　民族主义的统计分析

一、民族主义测量

民族主义是政治心态中的重要变量，汉斯·科恩认为，民族主义是一种思想状态，“它要求对民族国家怀有至高无上的忠诚”。 他还作过这样一个定义，即民族主义是一民族绝大多数普遍表现，并要求普及到其所有成员中去的一种精神状态，它承认民族国家是政治组织的理想形式，承认民族是一切文化创造力和经济福利的源泉。 对于政治，吉尔·德拉诺瓦认为民族主义是一种宣传工具，维持、引导民族感情，并以此获得政治能量。 相对于单纯的关于民族的意识形态，民族主义既是大众政治的产物又是其制造者。 同爱国主义相比，民族主义的意识形态性更强，能产生出否定爱国主义的意识形态。① 在讨论到民众对政治当局的支持度时，往往不能忽略民族主义这一因素，民众内心对于本国家与本民族的认可程度会直接反应其对政治当局的支持程度。 以赛亚·伯林曾说：“当今时代的任何政治运动，如果不跟民族主义激情携手，就不大可能取得成功。”②

民族主义并不是一个古典的概念，18 世纪才随着现代性的发展开始萌芽。 民族主义的形成，一般经历三个阶段。 最初，民族主义表现为收集和整理民俗，弘扬文化传统。 第二阶段是形成民族主义意识形态，进行社会动员，标志民族意识的觉醒。 第三阶段是文化复兴转变为政治诉求，要求建立一个现代的民族国家。 当代，民族主义问题紧密地和国家问题联系在一起，特别是和国家政治制度和国家权力合法性交织在一起。 在这个意义上说，民族主义是一种政治意识形态，直接为国家权力服务，或是国家权力的重大功能之一，民族主义已

① 【法】吉尔·德拉诺瓦:《民族与民族主义:理论基础与历史经验》,郑文彬译,生活·读书·新知三联书店 2005 年版,第 107 页。

② 徐迅:《民族主义》,中国社会科学出版社 2005 年版,第 2 页。

经成为国家统治的意识形态和合法性的依据。

民族主义的内涵丰富，定义众多，归纳起来，其含义包括：

（1）民族主义提倡每一个民族应当独自组成一个国家，而民族的构成因素是唯一的，如语文、种族、地理等。

（2）如果一个国家之中包含几个民族，则少数民族的特点应适度保留，其基本权利应予尊重。

（3）民族高于国家。民族是目的，国家是工具。国家的存在是为了保护民族所产生的文化。

（4）民族主义相信自己的生活文化是最优秀的生活文化，而且自己的民族负有贡献于世界文明的特殊使命。

（5）民族的成员愿意为自己的民族服务奉献，不惜牺牲一切。①

本次调查所用的民族主义的概念，主要是（3）（4）（5）的含义。对于民族主义的测量，问卷是用六个问题组成的李克特量表，得分区间为 1 – 5 分，1 分表示民族主义程度最低，5 分最高，这六个问题是：

（1）中国应当在海外建更多的孔子院校，扩大中国文化的影响力。

（2）中国的对外援助应该是以扩大中国的政治影响力为目的。

（3）赢得奥运会等国际比赛的胜利对中国来说是很重要的。

（4）如果国家没有尊严，连老百姓也会被人看不起。

（5）假如其他国家都能吸收中国文化，世界将变得更好。

（6）为了国家利益，个人做出的任何牺牲都是应该的。

1. 民族主义量表统计

对于民族主义量表中的六个问题，其统计结果如下。

您是否同意下列说法—中国应当在海外建更多的孔子学院

		频率	百分比	有效百分比	累积百分比
有效	很不同意	24	.6	.6	.6
	不太同意	266	6.4	6.4	7.0
	不确定	466	11.2	11.2	18.2
	比较同意	1952	46.9	47.0	65.1
	非常同意	1449	34.8	34.9	100.0
	合计	4157	99.9	100.0	
缺失	系统	5	.1		
总计		4162	100.0		

① 江宜桦：《自由主义、民族主义与国家认同》，扬智文化事业股份有限公司 1998 年版，第 38 页。

对于这个问题，有7%的学生表示不同意，而高达81.7%的学生表示支持，说明大部分学生支持在海外建更多的孔子学院，扩大中国文化的影响力。

您是否同意下列说法—中国的对外援助应该是以扩大中国的政治影响力为目的

		频率	百分比	有效百分比	累积百分比
有效	很不同意	124	3.0	3.0	3.0
	不太同意	1038	24.9	25.0	28.0
	不确定	795	19.1	19.1	47.1
	比较同意	1591	38.2	38.3	85.4
	非常同意	609	14.6	14.6	100.0
	合计	4157	99.9	100.0	
缺失	系统	5	.1		
总计		4162	100.0		

对于此问题，有27.9%的学生表示不同意，而52.8%的学生表示同意，说明大学生比较同意中国的对外援助应该是以扩大中国的政治影响力为目的。

您是否同意下列说法—赢得奥运会等国际比赛的胜利对中国来说是很重要的

		频率	百分比	有效百分比	累积百分比
有效	很不同意	113	2.7	2.7	2.7
	不太同意	752	18.1	18.1	20.8
	不确定	577	13.9	13.9	34.7
	比较同意	1804	43.3	43.4	78.1
	非常同意	908	21.8	21.9	100.0
	合计	4154	99.8	100.0	
缺失	系统	8	.2		
总计		4162	100.0		

对于此问题，有20.8%的学生表示不同意，而65.3%的学生表示同意，说明大学生比较认同赢得奥运会等国际比赛的胜利对中国来说是很重要的。

您是否同意下列说法—如果国家没有尊严，连老百姓也会被人看不起

		频率	百分比	有效百分比	累积百分比
有效	很不同意	18	.4	.4	.4
	不太同意	49	1.2	1.2	1.6
	不确定	135	3.2	3.2	4.9
	比较同意	1186	28.5	28.6	33.4
	非常同意	2766	66.5	66.6	100.0
	合计	4154	99.8	100.0	
缺失	系统	8	.2		
总计		4162	100.0		

对于此问题，有1.6%的学生表示不同意，而95.2%的学生表示同意，说明大学生非常

同意如果国家没有尊严，连老百姓也会被人看不起。

您是否同意下列说法—假如其他国家都能吸收中国文化，世界将变得更好

		频率	百分比	有效百分比	累积百分比
有效	很不同意	132	3.2	3.2	3.2
	不太同意	763	18.3	18.4	21.5
	不确定	1488	35.8	35.8	57.3
	比较同意	1088	26.1	26.2	83.5
	非常同意	685	16.5	16.5	100.0
	合计	4156	99.9	100.0	
缺失	系统	6	.1		
总计		4162	100.0		

对于此问题，有21.6%的学生表示不同意，而42.7%的学生表示同意，说明大学生比较同意假如其他国家都能吸收中国文化，世界将变得更好。

您是否同意下列说法—为了国家利益，个人做出任何牺牲都是应该的

		频率	百分比	有效百分比	累积百分比
有效	很不同意	416	10.0	10.0	10.0
	不太同意	1099	26.4	26.4	36.5
	不确定	831	20.0	20.0	56.4
	比较同意	1271	30.5	30.6	87.0
	非常同意	539	13.0	13.0	100.0
	合计	4156	99.9	100.0	
缺失	系统	6	.1		
总计		4162	100.0		

对于此问题，有36.4%的学生表示不同意，而43.6%的学生表示同意，说明学生比较同意为了国家利益，个人做出任何牺牲都是应该的。

2. 民族主义变量的统计分析

根据量表统计数据，结果显示山东大学生的民族主义程度得分为3.69分，超过中间值3分达0.69分，说明山东大学有较强的民族主义情感。

描述统计量

	N	极小值	极大值	均值	标准差
民族主义	4145	1	5	3.69	.573
有效的 N（列表状态）	4145				

山东大学生中，不同群组之间的民族主义是否有差异，通过分组统计分析，我们发现不同群组间学生的民族主义确实存在显著性差异，统计结果如下：

（1）性别的差异

民族主义（性别的影响）

	N	均值	标准差	标准误	均值的95%置信区间		极小值	极大值	ANOVA F
					下限	上限			
男	1339	3.69	.613	.017	3.66	3.73	1	5	0.184 ($p>0.05$)
女	2794	3.69	.553	.010	3.67	3.71	2	5	
总数	4133	3.69	.573	.009	3.67	3.71	1	5	

从统计结果看，无论是样本值还是参数值都表明，山东大学生中男生和女生的民族主义没有显著性差异。

（2）民族的差异

民族主义（民族的影响）

	N	均值	标准差	标准误	均值的95%置信区间		极小值	极大值	ANOVA F
					下限	上限			
汉族	3981	3.69	.573	.009	3.67	3.71	1	5	0.572 ($p>0.05$)
少数民族	164	3.66	.577	.045	3.57	3.74	2	5	
总数	4145	3.69	.573	.009	3.67	3.71	1	5	

从样本值来看，汉族学生的民族主义稍高于少数民族学生，但F检验未通过，说明山东大学生中，汉族学生和少数民族的民族主义没有显著性差异。

（3）是否是独生子女的差异

民族主义（是否独生子女的影响）

	N	均值	标准差	标准误	均值的95%置信区间		极小值	极大值	ANOVA F
					下限	上限			
是	1731	3.68	.584	.014	3.65	3.70	1	5	1.31 ($p>0.05$)
否	2399	3.70	.565	.012	3.67	3.72	2	5	
总数	4130	3.69	.573	.009	3.67	3.71	1	5	

从样本值来看，不是独生子女的学生的民族主义稍高于独生子女学生，但F检验未通过，说明山东大学生中，独生子女和非独生子女的民族主义没有显著性差异。

（4）户口的差异

民族主义（户口的影响）

	N	均值	标准差	标准误	均值的 95% 置信区间		极小值	极大值	ANOVA F
					下限	上限			
农业	2514	3.71	.572	.011	3.69	3.73	1	5	10.745 ($p<0.001$)
非农业	1617	3.65	.575	.014	3.62	3.68	2	5	
总数	4131	3.69	.573	.009	3.67	3.71	1	5	

从户口属性来看，山东大学生中，农业户口的学生的民族主义比非农业户口的学生的高。

户口属性 * 民族主义程度 交叉制表

			民族主义程度		合计	Pearson 卡方
			低	高		
户口属性	农业	计数	331	2183	2514	4.986 ($p<0.05$)
		户口属性 中的 %	13.2%	86.8%	100.0%	
	非农业	计数	253	1364	1617	
		户口属性 中的 %	15.6%	84.4%	100.0%	
合计		计数	584	3547	4131	
		户口属性 中的 %	14.1%	85.9%	100.0%	

从交叉表来看，在高民族主义程度的分组里，农业户口的学生比例比非农业户口学生高 2.2 个百分点，说明山东大学生中，农业户口的学生的民族主义稍高一些。

（5）家庭所在地的差异

民族主义（家庭所在地的影响）

	N	均值	标准差	标准误	均值的 95% 置信区间		极小值	极大值	ANOVA F
					下限	上限			
农村	1776	3.72	.578	.014	3.69	3.75	1	5	6.325 ($p<0.01$)
县城镇区	1200	3.67	.570	.016	3.64	3.70	2	5	
城市	1146	3.65	.566	.017	3.61	3.68	2	5	
总数	4122	3.69	.573	.009	3.67	3.70	1	5	

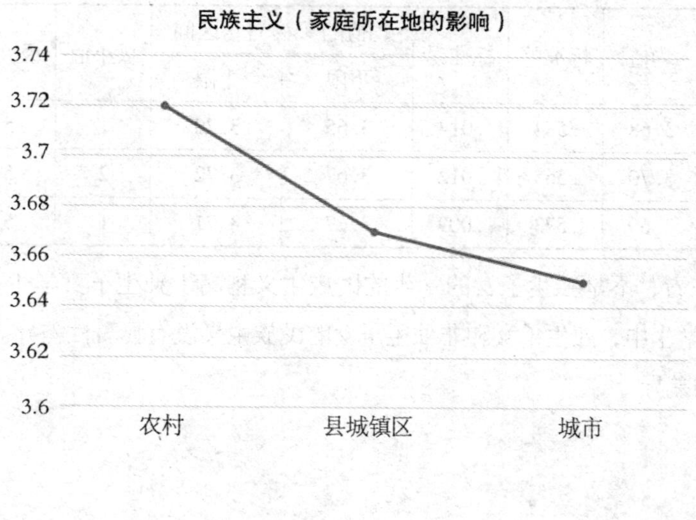

从家庭所在地来看，很明显，从农村到城市，学生的民族主义越来越低。

（6）政治面貌的差异

民族主义（政治面貌的影响）

	N	均值	标准差	标准误	均值的95%置信区间		极小值	极大值	ANOVA F
					下限	上限			
非中共党员	3896	3.69	.572	.009	3.67	3.70	1	5	1.94（p>0.05）
中共党员	240	3.74	.579	.037	3.66	3.81	2	5	
总数	4136	3.69	.573	.009	3.67	3.71	1	5	

从样本值来看，党员学生的民族主义高于非党员学生，但F检验未通过，说明山东大学生中，党员学生和非党员学生的民族主义没有显著性差异。

民族主义（学生机构角色的影响）

	N	均值	标准差	标准误	均值的95%置信区间		极小值	极大值	ANOVA F
					下限	上限			
干部	1165	3.72	.565	.017	3.69	3.75	2	5	2.732（p>0.05）
普通成员	2301	3.69	.569	.012	3.66	3.71	2	5	
总数	3466	3.70	.568	.010	3.68	3.72	2	5	

从是否是学生干部来看，从样本值可看出，学生干部的民族主义要高于普通学生，但从总体看，F检验没有通过，说明山东大学生中，学生干部和普通学生的民族主义没有显著性差异。

（7）宗教信仰的差异

民族主义（宗教信仰的影响）

	N	均值	标准差	标准误	均值的95%置信区间		极小值	极大值	ANOVA F
					下限	上限			
无	3937	3.69	.572	.009	3.67	3.71	2	5	0.078（p>0.05）
有	192	3.68	.600	.043	3.59	3.76	1	5	
总数	4129	3.69	.573	.009	3.67	3.71	1	5	

从统计值来看，F检验未通过，说明山东大学生中，有宗教信仰的学生和无宗教信仰的学生的民族主义没有显著性差异。

（8）学校层次的差异

民族主义（学校层次的影响）

	N	均值	标准差	标准误	均值的 95% 置信区间		极小值	极大值	ANOVA F
					下限	上限			
985 高校	962	3.57	.577	.019	3.53	3.60	2	5	42.549（p<0.001）
一本院校	2261	3.69	.566	.012	3.67	3.72	1	5	
普通院校	922	3.81	.560	.018	3.77	3.84	2	5	
总数	4145	3.69	.573	.009	3.67	3.71	1	5	

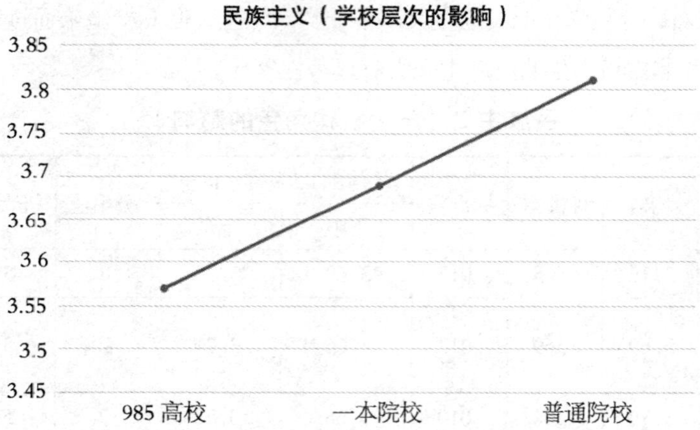

从学校层次看，非常明显，学校层次越低，学生的民族主义越高。

学校层次 * 民族主义程度 交叉制表

			民族主义程度		合计	Pearson 卡方
			低	高		
学校层次	985 高校	计数	176	786	962	26.901（p<0.001）
		学校层次 中的 %	18.3%	81.7%	100.0%	
	一本院校	计数	317	1944	2261	
		学校层次 中的 %	14.0%	86.0%	100.0%	
	普通院校	计数	92	830	922	
		学校层次 中的 %	10.0%	90.0%	100.0%	
合计		计数	585	3560	4145	
		学校层次 中的 %	14.1%	85.9%	100.0%	

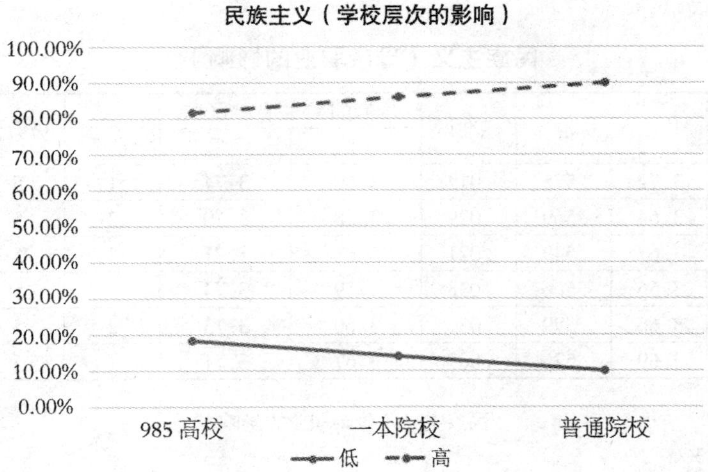

从交叉分析来看，趋势也很明显，高民族主义分组里，学校层次越低，学生比例依次升高，分别升高 4.3、4 个百分点。说明了学校层次越高，学生的民族主义越低。

（9）父母职业的差异

民族主义（父亲职业的影响）

	N	均值	标准差	标准误	均值的 95% 置信区间		极小值	极大值	ANOVA
					下限	上限			F
低	1972	3.72	.572	.013	3.70	3.75	1	5	3.681（$p<0.01$）
中下	411	3.64	.555	.027	3.59	3.70	2	5	
中	868	3.66	.564	.019	3.62	3.70	2	5	
中上	395	3.64	.580	.029	3.58	3.69	2	5	
高	411	3.68	.599	.030	3.62	3.74	2	5	
总数	4057	3.69	.573	.009	3.67	3.70	1	5	

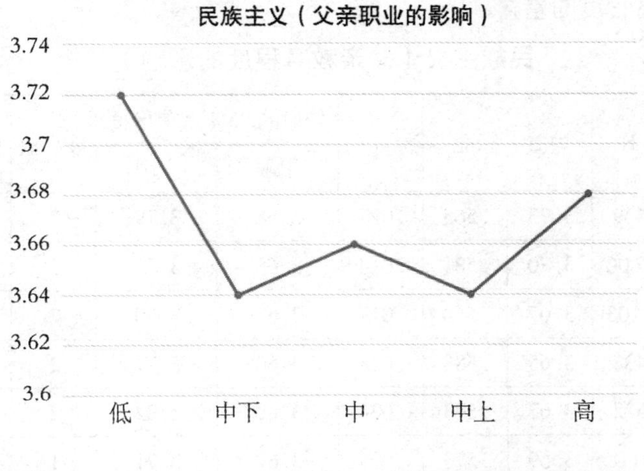

从父亲职业等级来看，趋势呈现 U 型，父亲职业等级最低的学生的民族主义最高，得分 3.72，父亲职业等级最高的学生的民族主义次之，得分 3.68，父亲职业等级为中下和中上的

学生的民族主义最低。

民族主义（母亲职业的影响）

	N	均值	标准差	标准误	均值的95%置信区间		极小值	极大值	ANOVA F
					下限	上限			
低	2182	3.72	.575	.012	3.69	3.74	1	5	2.385 ($p<0.05$)
中下	384	3.64	.569	.029	3.58	3.70	2	5	
中	684	3.67	.549	.021	3.63	3.71	2	5	
中上	255	3.66	.606	.038	3.59	3.74	2	5	
高	349	3.66	.599	.032	3.60	3.73	2	5	
总数	3854	3.69	.575	.009	3.67	3.71	1	5	

民族主义（母亲职业的影响）

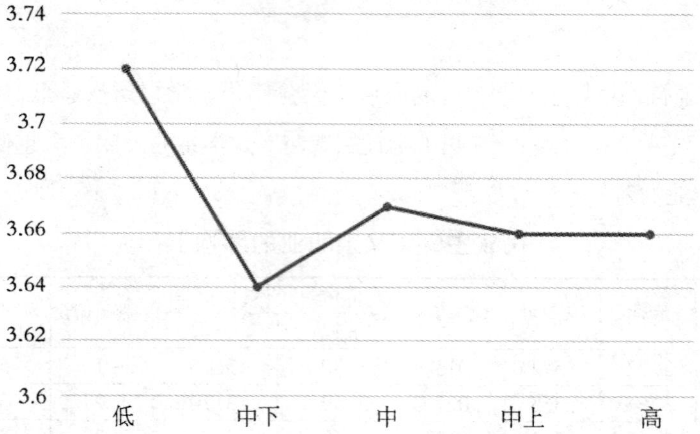

从母亲职业等级来看，母亲职业等级最低的学生的民族主义最高，得分3.72，母亲职业等级为中下的学生的民族主义最低，得分3.64。

（10）父母教育程度的差异

民族主义（父亲教育程度的影响）

	N	均值	标准差	标准误	均值的95%置信区间		极小值	极大值	ANOVA F
					下限	上限			
小学及以下	449	3.73	.565	.027	3.68	3.79	2	5	1.848 ($p>0.05$)
初中或相当	1606	3.70	.581	.014	3.68	3.73	1	5	
高中或相当	1103	3.67	.548	.017	3.64	3.70	2	5	
大专或相当	438	3.65	.588	.028	3.60	3.71	2	5	
本科及以上	522	3.67	.593	.026	3.62	3.72	2	5	
总数	4118	3.69	.573	.009	3.67	3.71	1	5	

从样本值来看，父亲教育程度越低，学生的民族主义越高，不过F检验未通过，说明山东大学生中，父亲教育程度不同的学生的民族主义没有差异。

民族主义（母亲教育程度的影响）

	N	均值	标准差	标准误	均值的 95% 置信区间		极小值	极大值	ANOVA F
					下限	上限			
小学及以下	961	3.73	.568	.018	3.69	3.76	2	5	1.885 (p>0.05)
初中或相当	1592	3.69	.567	.014	3.66	3.72	1	5	
高中或相当	896	3.66	.586	.020	3.62	3.70	2	5	
大专或相当	331	3.68	.574	.032	3.61	3.74	2	5	
本科及以上	333	3.66	.578	.032	3.60	3.72	2	5	
总数	4113	3.69	.573	.009	3.67	3.71	1	5	

从样本值来看，母亲教育程度越低，学生的民族主义越高，不过 F 检验未通过，说明山东大学生中，母亲教育程度不同的学生的民族主义没有差异。

（11）家庭地位的差异

民族主义（家庭社会经济地位的影响）

	N	均值	标准差	标准误	均值的 95% 置信区间		极小值	极大值	ANOVA F
					下限	上限			
下层	1729	3.72	.574	.014	3.69	3.74	1	5	3.989 (p<0.01)
中下层	807	3.71	.569	.020	3.67	3.75	2	5	
中层	557	3.62	.547	.023	3.57	3.66	2	5	
中上层	352	3.68	.587	.031	3.62	3.74	2	5	
上层	366	3.66	.598	.031	3.59	3.72	2	5	
总数	3811	3.69	.574	.009	3.67	3.71	1	5	

民族主义（家庭社会经济地位的影响）

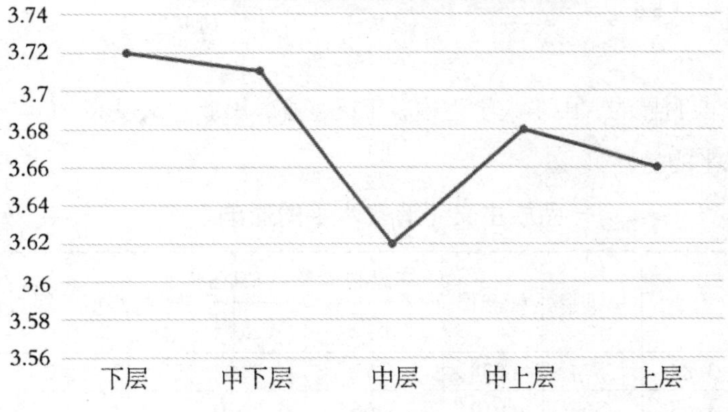

从家庭社会经济地位来看，从图中可看出，总体趋势是家庭地位低的学生的民族主义比家庭地位高的学生的民族主义高，但家庭地位是中层的民族主义明显低于其他阶层，出现一

个凹陷。

（12）专业年级的差异

民族主义（专业的影响）

	N	均值	标准差	标准误	均值的95%置信区间		极小值	极大值	ANOVA F
					下限	上限			
理科	1751	3.74	.579	.014	3.71	3.77	1	5	24.352 (p<0.001)
文科	2394	3.65	.566	.012	3.63	3.67	2	5	
总数	4145	3.69	.573	.009	3.67	3.71	1	5	

从专业来看，山东大学生中，理科学生的民族主义比文科学生的民族主义要高。

民族主义（年级的影响）

	N	均值	标准差	标准误	均值的95%置信区间		极小值	极大值	ANOVA F
					下限	上限			
大一	1851	3.66	.570	.013	3.63	3.68	1	5	9.768 (p<0.001)
大三	1606	3.69	.571	.014	3.66	3.72	2	5	
研究生	688	3.77	.579	.022	3.73	3.81	2	5	
总数	4145	3.69	.573	.009	3.67	3.71	1	5	

民族主义（年级的影响）

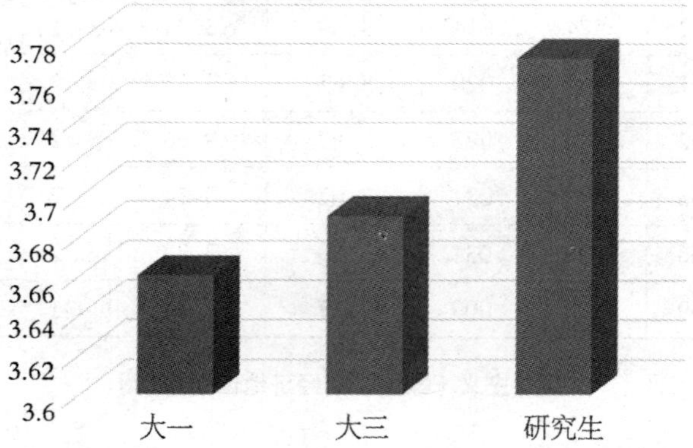

从年级来看，很明显的，山东大学生中，年级越高，民族主义越高。

（13）消费水平的差异

民族主义（消费水平的影响）

	N	均值	标准差	标准误	均值的95%置信区间		极小值	极大值	ANOVA F
					下限	上限			
低	224	3.84	.574	.038	3.77	3.92	2	5	8.717 (p<0.001)
中	3451	3.68	.566	.010	3.66	3.70	2	5	
高	458	3.67	.615	.029	3.61	3.72	1	5	
总数	4133	3.69	.573	.009	3.67	3.71	1	5	

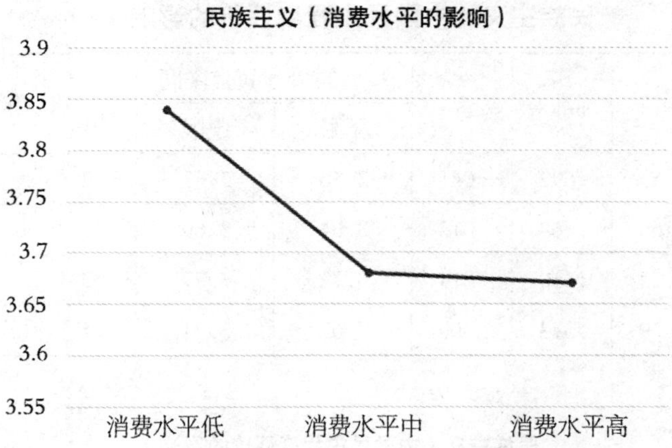

从消费水平来看，山东大学生中，消费水平越高，学生的民族主义越低。

（14）政治心理卷入的差异

民族主义（政治心理卷入的影响）

	N	均值	标准差	标准误	均值的95%置信区间		极小值	极大值	ANOVA F
					下限	上限			
低	557	3.63	.590	.025	3.58	3.68	1	5	8.044 ($p < 0.001$)
中	1512	3.66	.573	.015	3.64	3.69	2	5	
高	2072	3.72	.566	.012	3.70	3.75	2	5	
总数	4141	3.69	.573	.009	3.67	3.71	1	5	

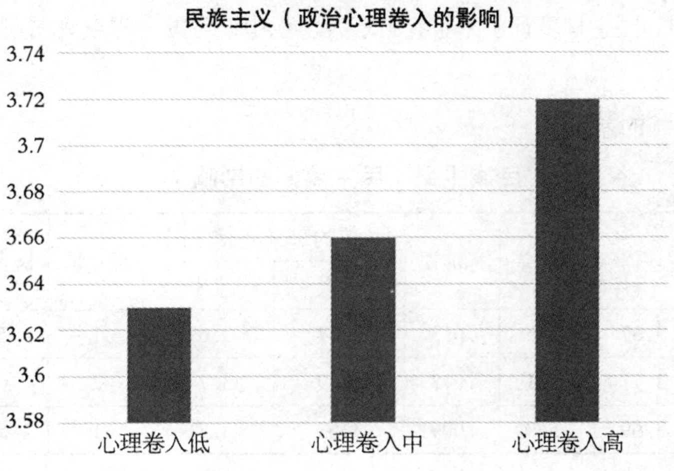

从学生的政治心理卷入程度来看，可明显看到，山东大学生中，学生的政治心理卷入程度越高，其民族主义也越高。

（15）中国民主程度评价的差异

民族主义（中国民主程度评价的影响）

	N	均值	标准差	标准误	均值的95%置信区间		极小值	极大值	ANOVA F
					下限	上限			
低	280	3.55	.692	.041	3.46	3.63	2	5	19.018 (p<0.001)
中	2199	3.66	.568	.012	3.64	3.69	1	5	
高	1648	3.75	.550	.014	3.72	3.77	2	5	
总数	4127	3.69	.573	.009	3.67	3.71	1	5	

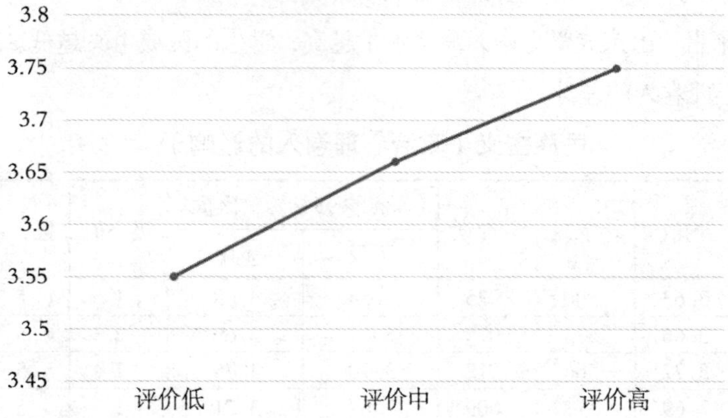

从学生对中国的民主程度评价来看，山东大学生中，对民主程度评价越高，其民族主义也越高。

（16）民主偏好的差异

民族主义（民主偏好的影响）

	N	均值	标准差	标准误	均值的95%置信区间		极小值	极大值	ANOVA F
					下限	上限			
低	2014	3.67	.585	.013	3.64	3.69	1	5	5.558 (p<0.05)
高	1931	3.71	.551	.013	3.69	3.74	2	5	
总数	3945	3.69	.569	.009	3.67	3.71	1	5	

从民主偏好来看，山东大学生中，民主偏好高的学生的民族主义也高。 前一章我们已经分析过，山东大学生的民主偏好主要是民本民主的偏好，所以这里也是民本民主偏好高的学生的民族主义也高。

（17）民主价值支持的差异

民族主义（民主价值支持的影响）

	N	均值	标准差	标准误	均值的95%置信区间		极小值	极大值	ANOVA F
					下限	上限			
低	872	3.74	.570	.019	3.70	3.78	1	5	5.558（p<0.01）
高	3246	3.67	.572	.010	3.65	3.69	2	5	
总数	4118	3.69	.572	.009	3.67	3.70	1	5	

从学生的民主价值支持程度来看，山东大学生中，民主价值支持程度低的学生的民族主义要高于民主价值支持程度高的学生，上一章我们也已经分析过，这里的民主价值指的是西方的选举民主的价值。

（18）民主认知的差异

民族主义（民主认知的影响）

	N	均值	标准差	标准误	均值的95%置信区间		极小值	极大值	ANOVA F
					下限	上限			
选举民主	111	3.76	.749	.071	3.61	3.90	2	5	7.065（p<0.001
民本民主	3537	3.70	.554	.009	3.68	3.72	1	5	
协商民主	364	3.64	.615	.032	3.58	3.70	2	5	
其他	62	3.40	.812	.103	3.19	3.61	2	5	
总数	4074	3.69	.572	.009	3.67	3.71	1	5	

民族主义（民主认知的影响）

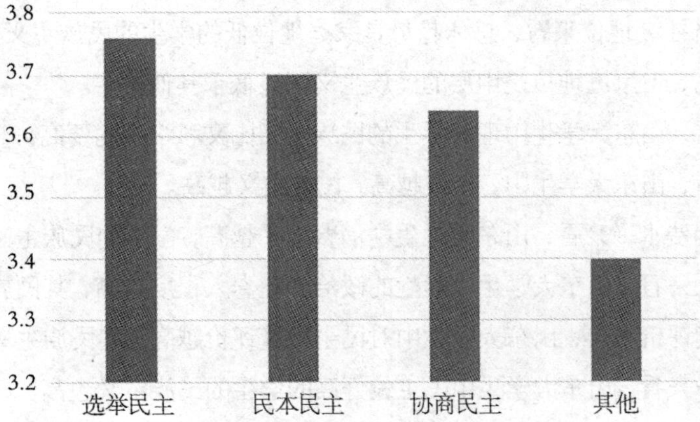

从民主认知来看，山东大学生中，认同选举民主的学生的民族主义最高，认同民本民主的民族主义次之，认同协商民主的民族主义最低。

（19）小结

对于民族主义，山东大学生得分 3.69 分，超出中间值 0.69 分，说明山东大学生民族主义的程度比较高。其组间差异的统计结果如下：

◆从性别来看，山东大学生中男生和女生的民族主义没有显著性差异。

◆从民族来看，山东大学生中汉族学生和少数民族的民族主义没有显著性差异。

◆从是否独生子女来看，山东大学生中独生子女学生和非独生子女学生的民族主义没有差异。

◆从户口属性来看，山东大学生中农业户口的学生的民族主义比非农业户口的学生的高。

◆从家庭所在地来看，从农村到城市，学生的民族主义越来越低。

◆从政治面貌看，山东大学生中党员学生和非党员学生的民族主义没有差别。

◆从是否学生干部来看，山东大学生中学生干部和普通学生的民族主义没有差异。

◆从宗教信仰来看，山东大学生中无宗教信仰和有宗教信仰的学生的民族主义没有差别。

◆从学校层次来看，学校层次越低，学生的民族主义越高。

◆从父亲职业来看，趋势呈现 U 型，父亲职业等级最低的学生的民族主义最高；父亲职业等级为中下和中上的学生的民族主义最低。

◆从母亲职业来看，母亲职业等级最低的学生的民族主义最高；母亲职业等级为中下的学生的民族主义最低。

◆从父亲教育程度来看，山东大学生中，父亲教育程度不同的学生的民族主义没有差异。

◆从母亲教育程度来看，山东大学生中，母亲教育程度不同的学生的民族主义没有差异。

◆从家庭经济社会地位来看，总体趋势是家庭地位低的学生的民族主义比家庭地位高的学生的民族主义高，但家庭地位是中层的民族主义明显低于其他阶层。

◆从专业来看，山东大学生中理科学生的民族主义比文科学生的要高。

◆从年级来看，山东大学生中，年级越高，民族主义越高。

◆从学生的消费水平来看，山东大学生中消费水平越高，学生的民族主义越低。

◆从心理卷入来看，山东大学生中学生的政治心理卷入程度越高，其民族主义也越高。

◆从民主程度评价来看，山东大学生中对民主程度评价越高，其民族主义也越高。

◆从民主偏好来看，山东大学生中民主偏好高的学生的民族主义也高。

◆从民主价值支持来看，山东大学生中民主价值支持程度低的学生的民族主义要高于民主价值支持程度高的学生。

◆从民主认知来看，山东大学生中认同选举民主的学生的民族主义最高，认同民本民主的民族主义次之，认同协商民主的民族主义最低。

二、盲目自负爱国主义测量

爱国主义，是个人对国家的一种情感，这种情感是基于对国家的热爱和自豪。我们所用的指标——盲目自负爱国主义——是爱国主义的一种类型。盲目自负爱国主义这一词语翻译自英文 smugness patriotic attitudes，美国学者 Rick Kosterman 和 Seymour Feshbach 对 239 位来自三种不同人群（大学生、高中生、建筑承包商）开展 120 项爱国主义/民族主义问卷调查时使用了这一指标，他们解释道，这一指标有点难以解释，但在人们日常观念中比较常见，就是有的人认为自己的国家不管任何东西都是最好的，我们国家什么都好，这种观点我们称之为盲目自负爱国主义。① 这里“盲目自负”并不是一个贬义词，仅仅是指爱国主义的一个类型，它在爱国主义之中，属于爱国情感比较强烈的一种类型。

盲目自负爱国主义这一指标由四个问题组成，分数从 1 到 5 分，1 分说明盲目自负爱国主义程度最低，5 分说明盲目自负爱国主义程度最高。问题如下：

①我永远不愿在其他国家定居

②中国人在世界上是最优秀的

③中国是世界上最好的国家

④即使可以选择世界上任何国家，我也更愿意做中国公民

1. 盲目自负爱国主义量表统计

您是否同意下列说法—我永远不愿在其他国家定居

		频率	百分比	有效百分比	累积百分比
有效	很不同意	622	14.9	15.0	15.0
	不太同意	1249	30.0	30.1	45.1
	不确定	1398	33.6	33.7	78.7
	比较同意	508	12.2	12.2	91.0
	非常同意	375	9.0	9.0	100.0
	合计	4152	99.8	100.0	
缺失	系统	10	.2		
总计		4162	100.0		

对此问题，非常同意和比较同意的占 21.2%，不太同意和很不同意的占 44.9%，学生

① Rick Kosterman, Seymour Feshbach. *Toward a Measure of Patriotic and Nationalistic Attitudes* ,1989;10(2):257 ~ 274.

对于此说法不太支持。

您是否同意下列说法—中国人在世界上是最优秀的

		频率	百分比	有效百分比	累积百分比
有效	很不同意	501	12.0	12.1	12.1
	不太同意	1367	32.8	33.0	45.1
	不确定	982	23.6	23.7	68.8
	比较同意	803	19.3	19.4	88.2
	非常同意	490	11.8	11.8	100.0
	合计	4143	99.5	100.0	
缺失	系统	19	.5		
总计		4162	100.0		

对于此说法，非常同意和比较同意的占 31.2%，不太同意和很不同意的占 44.1%，说明学生对于此说法不太支持。

您是否同意下列说法—中国是世界上最好的国家

		频率	百分比	有效百分比	累积百分比
有效	很不同意	443	10.6	10.7	10.7
	不太同意	1143	27.5	27.5	38.2
	不确定	994	23.9	24.0	62.2
	比较同意	968	23.3	23.3	85.5
	非常同意	602	14.5	14.5	100.0
	合计	4150	99.7	100.0	
缺失	系统	12	.3		
总计		4162	100.0		

对于此说法，非常同意和比较同意的占 37.7%，不太同意和很不同意的占 38.2%，说明学生对于此说法的支持率一般。

您是否同意下列说法—即使可以选择世界上任何国家，我也更愿意做中国公民

		频率	百分比	有效百分比	累积百分比
有效	很不同意	67	1.6	1.6	1.6
	不太同意	323	7.8	7.8	9.4
	不确定	762	18.3	18.3	27.7
	比较同意	1439	34.6	34.6	62.4
	非常同意	1563	37.6	37.6	100.0
	合计	4154	99.8	100.0	
缺失	系统	8	.2		
总计		4162	100.0		

对于此说法，非常同意和比较同意的占 72.2%，不太同意和很不同意的占 9.4%，说明学生对于此说法非常支持。

2. 盲目自负爱国主义变量统计

对于盲目自负爱国主义这一变量，其统计值如下：

描述统计量

	N	极小值	极大值	均值	标准差
盲目自负爱国主义	4134	1	5	3.15	.982
有效的 N（列表状态）	4134				

总体来看，山东大学生的盲目自负爱国主义得分为 3.15 分，比中间值高 0.15 分，山东大学生的盲目自负爱国主义程度一般，说明山东大学的爱国感情较为理性。

对于山东大学生群组之间盲目自负爱国主义的差异，统计结果如下：

（1）性别的差异

盲目自负爱国主义（性别的影响）

	N	均值	标准差	标准误	均值的 95% 置信区间		极小值	极大值	ANOVA F
					下限	上限			
男	1333	3.18	.946	.026	3.13	3.23	1	5	2.883（p＞0.05）
女	2789	3.13	.843	.016	3.10	3.16	1	5	
总数	4122	3.14	.878	.014	3.12	3.17	1	5	

从性别看，样本值中，男生的盲目自负爱国主义比女生高，但总体上看，F 检定没有通过，说明男生和女生的盲目自负爱国主义程度没有显著差异。

（2）民族的差异

盲目自负爱国主义（民族的影响）

	N	均值	标准差	标准误	均值的 95% 置信区间		极小值	极大值	ANOVA F
					下限	上限			
汉族	3972	3.15	.878	.014	3.12	3.18	1	5	5.523（p＜0.05）
少数民族	162	2.99	.869	.068	2.85	3.12	1	5	
总数	4134	3.15	.878	.014	3.12	3.17	1	5	

从民族看，山东大学生中，汉族学生的盲目自负爱国主义程度明显比少数民族学生高。

(3) 是否是独生子女的差异

盲目自负爱国主义（是否独生子女的影响）

	N	均值	标准差	标准误	均值的95%置信区间		极小值	极大值	ANOVA F
					下限	上限			
是	1730	3.14	.902	.022	3.10	3.19	1	5	0.009 (p>0.05)
否	2389	3.15	.861	.018	3.11	3.18	1	5	
总数	4119	3.15	.878	.014	3.12	3.17	1	5	

从是否独生子女来看，总体上F检定未通过，说明山东大学生中，独生子女学生和非独生子女学生的盲目自负爱国主义没有差别。

(4) 户口的差异

盲目自负爱国主义（户口的影响）

	N	均值	标准差	标准误	均值的95%置信区间		极小值	极大值	ANOVA F
					下限	上限			
农业	2502	3.18	.865	.017	3.14	3.21	1	5	8.294 (p<0.01)
非农业	1618	3.10	.896	.022	3.05	3.14	1	5	
总数	4120	3.15	.879	.014	3.12	3.17	1	5	

从户口属性来看，山东大学生中，农业户口学生的盲目自负爱国主义程度比非农业户口的学生高。

户口属性＊ 盲目自负爱国主义程度 交叉制表

			盲目自负爱国主义程度			合计	Pearson 卡方
			低	中	高		
户口属性	农业	计数	445	1269	788	2502	13.67 (p<0.001)
		户口属性 中的%	17.8%	50.7%	31.5%	100.0%	
	非农业	计数	362	791	465	1618	
		户口属性 中的%	22.4%	48.9%	28.7%	100.0%	
合计		计数	807	2060	1253	4120	
		户口属性 中的%	19.6%	50.0%	30.4%	100.0%	

从交叉表可看出，高盲目自负爱国主义分组中，农业户口学生的比例比非农业户口学生的比例高2.8个百分点；低盲目自负爱国主义分组中，农业户口学生的比例比非农业户口学生的比例低4.6个百分点。 由此可看出，农业户口学生的盲目自负爱国主义程度更高一些。

(5) 家庭所在地的差异

盲目自负爱国主义（家庭所在地的影响）

	N	均值	标准差	标准误	均值的95%置信区间		极小值	极大值	ANOVA F
					下限	上限			
省会城市及以上	358	3.03	.934	.049	2.93	3.13	1	5	3.733（p<0.01）
地级城市	788	3.09	.878	.031	3.02	3.15	1	5	
县城	798	3.14	.878	.031	3.08	3.21	1	5	
镇区	395	3.14	.852	.043	3.05	3.22	1	5	
农村	1772	3.19	.869	.021	3.15	3.23	1	5	
总数	4111	3.14	.878	.014	3.12	3.17	1	5	

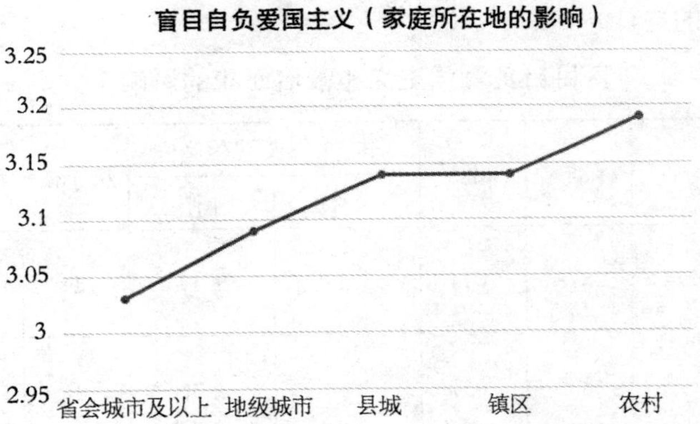

从家庭所在地来看，很明显，从城市到农村，学生的盲目自负爱国主义程度依次升高。

盲目自负爱国主义（家庭所在地的影响）

	N	均值	标准差	标准误	均值的95%置信区间		极小值	极大值	ANOVA F
					下限	上限			
农村	1772	3.19	.869	.021	3.15	3.23	1	5	6.98（p<0.001）
县城镇区	1193	3.14	.869	.025	3.09	3.19	1	5	
城市	1146	3.07	.896	.026	3.02	3.12	1	5	
总数	4111	3.14	.878	.014	3.12	3.17	1	5	

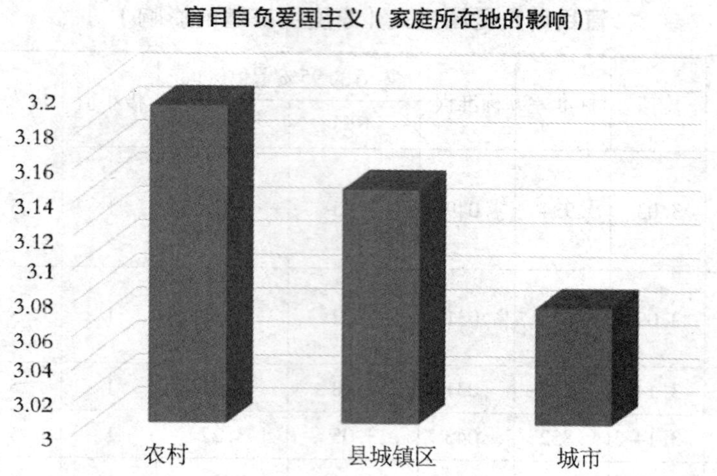

对家庭所在地进行简化再分析，很明显，从农村到城市，学生的盲目自负爱国主义程度越来越低。

（6）政治面貌的差异

盲目自负爱国主义（政治面貌的影响）

	N	均值	标准差	标准误	均值的95%置信区间		极小值	极大值	ANOVA F
					下限	上限			
非中共党员	3885	3.14	.878	.014	3.11	3.17	1	5	3.509（p＞0.05）
中共党员	240	3.25	.877	.057	3.14	3.36	1	5	
总数	4125	3.15	.879	.014	3.12	3.17	1	5	

从政治面貌看，样本值中显示，党员学生的盲目自负爱国主义程度比非党员学生要高。但是F检定未通过，说明山东大学生中，党员学生和非党员学生的盲目自负爱国主义没有显著性差别。

盲目自负爱国主义（学生机构角色的影响）

	N	均值	标准差	标准误	均值的95%置信区间		极小值	极大值	ANOVA F
					下限	上限			
干部	1159	3.19	.883	.026	3.14	3.24	1	5	4.06（p＜0.05）
普通成员	2300	3.13	.871	.018	3.09	3.16	1	5	
总数	3459	3.15	.875	.015	3.12	3.18	1	5	

从学生机构角色来看，山东大学生中，学生干部的盲目自负爱国主义程度比普通学生

高。

（7）宗教信仰的差异

盲目自负爱国主义（宗教信仰的影响）

	N	均值	标准差	标准误	均值的 95% 置信区间		极小值	极大值	ANOVA F
					下限	上限			
无	3927	3.15	.877	.014	3.12	3.18	1	5	3.59 ($p>0.05$)
有	192	3.03	.894	.065	2.90	3.16	1	5	
总数	4119	3.15	.878	.014	3.12	3.17	1	5	

从宗教信仰来看，样本值中显示，无宗教信仰的学生的盲目自负爱国主义程度比有宗教信仰的学生要高。但是 F 检定未通过，说明山东大学生中，无宗教信仰的学生和有宗教信仰的学生的盲目自负爱国主义没有显著性差别。

（8）学校层次的差异

盲目自负爱国主义（学校层次的影响）

	N	均值	标准差	标准误	均值的 95% 置信区间		极小值	极大值	ANOVA F
					下限	上限			
985 高校	962	2.98	.899	.029	2.92	3.03	1	5	45.335 ($p<0.001$)
一本院校	2255	3.13	.849	.018	3.10	3.17	1	5	
普通院校	917	3.35	.887	.029	3.30	3.41	1	5	
总数	4134	3.15	.878	.014	3.12	3.17	1	5	

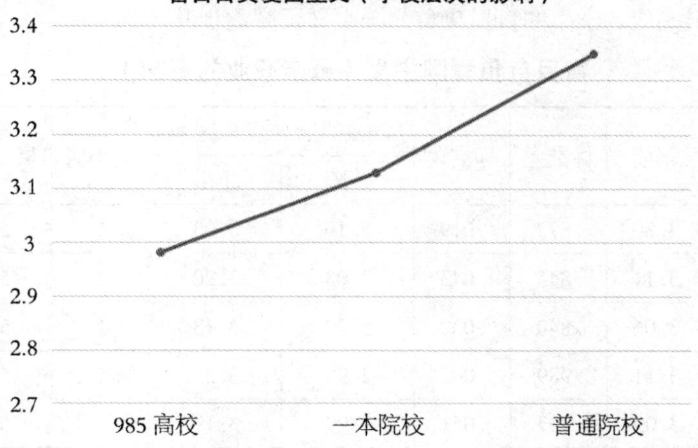

从学校层次看，非常明显，学校层次越高，学生的盲目自主爱国主义程度越低。

（9）父母职业的差异

盲目自负爱国主义（父亲职业的影响）

	N	均值	标准差	标准误	均值的95%置信区间		极小值	极大值	ANOVA F
					下限	上限			
低	1963	3.20	.879	.020	3.16	3.24	1	5	4.365（p<0.01）
中下	410	3.05	.822	.041	2.97	3.13	1	5	
中	867	3.08	.858	.029	3.02	3.14	1	5	
中上	394	3.11	.886	.045	3.02	3.19	1	5	
高	413	3.13	.954	.047	3.04	3.22	1	5	
总数	4047	3.14	.879	.014	3.12	3.17	1	5	

盲目自负爱国主义（父亲职业的影响）

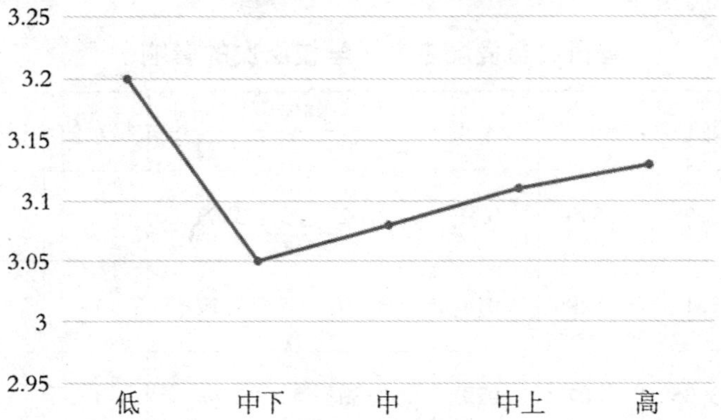

从父亲职业来看，学生的盲目自负爱国主义趋势呈现V型结构，父亲职业等级最低的学生的盲目自负爱国主义程度最高，父亲职业等级为中下的学生的盲目自负爱国主义程度最低，从中下级到最高级，学生的盲目自负爱国主义程度逐步升高。

盲目自负爱国主义（母亲职业的影响）

	N	均值	标准差	标准误	均值的95%置信区间		极小值	极大值	ANOVA F
					下限	上限			
低	2177	3.20	.872	.019	3.16	3.23	1	5	3.931（p<0.01）
中下	382	3.11	.845	.043	3.03	3.20	1	5	
中	683	3.06	.840	.032	3.00	3.13	1	5	
中上	255	3.11	.989	.062	2.98	3.23	1	5	
高	349	3.09	.957	.051	2.99	3.19	1	5	
总数	3846	3.15	.881	.014	3.12	3.18	1	5	

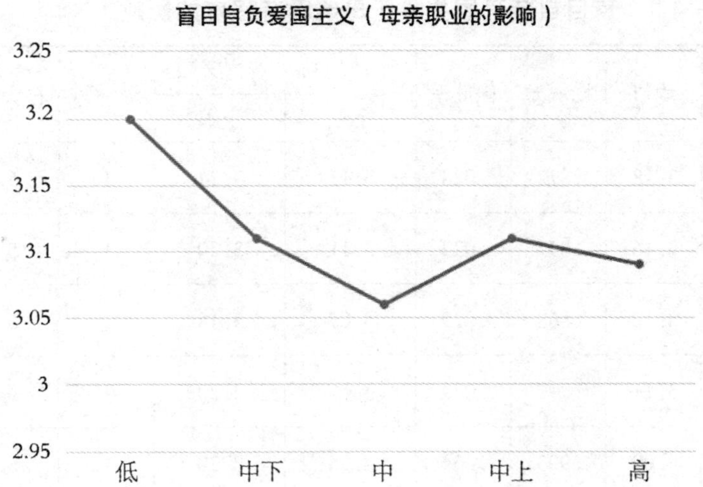

从母亲职业来看，学生的盲目自负爱国主义趋势呈现不规则 U 型结构，母亲职业等级最低的学生的盲目自负爱国主义程度最高，母亲职业等级为中的学生的盲目自负爱国主义程度最低。

（10）父母教育程度的差异

盲目自负爱国主义（父亲教育程度的影响）

	N	均值	标准差	标准误	均值的 95% 置信区间		极小值	极大值	ANOVA F
					下限	上限			
小学及以下	448	3.10	.889	.042	3.02	3.18	1	5	2.028（p>0.05）
初中或相当	1599	3.19	.859	.021	3.15	3.24	1	5	
高中或相当	1101	3.13	.858	.026	3.07	3.18	1	5	
大专或相当	438	3.11	.874	.042	3.03	3.19	1	5	
本科及以上	521	3.11	.970	.042	3.03	3.19	1	5	
总数	4107	3.15	.879	.014	3.12	3.17	1	5	

从父亲教育程度看，样本值中，父亲教育程度为初中的学生的盲目自负爱国主义程度最高，父亲教育程度为小学的学生的盲目自负爱国主义程度最低。但 F 检定未通过，说明山东大学生中，父亲教育程度不同的学生的盲目自负爱国主义程度没有显著性差异。

盲目自负爱国主义（母亲教育程度的影响）

	N	均值	标准差	标准误	均值的95%置信区间		极小值	极大值	ANOVA F
					下限	上限			
小学及以下	958	3.18	.872	.028	3.13	3.24	1	5	1.158（p>0.05）
初中或相当	1587	3.16	.857	.022	3.11	3.20	1	5	
高中或相当	893	3.12	.868	.029	3.07	3.18	1	5	
大专或相当	331	3.11	.896	.049	3.01	3.20	1	5	
本科及以上	333	3.09	.993	.054	2.98	3.20	1	5	
总数	4102	3.15	.878	.014	3.12	3.17	1	5	

从母亲教育程度看，样本值中，母亲教育程度越低，学生的盲目自负爱国主义程度越高。但F检定未通过，说明山东大学生中，母亲教育程度不同的学生的盲目自负爱国主义程度没有显著性差异。

（11）家庭社会经济地位的差异

盲目自负爱国主义（家庭社会经济地位的影响）

	N	均值	标准差	标准误	均值的95%置信区间		极小值	极大值	ANOVA F
					下限	上限			
下层	1724	3.20	.874	.021	3.16	3.24	1	5	3.53（p<0.01）
中下层	805	3.14	.864	.030	3.08	3.20	1	5	
中层	556	3.07	.840	.036	3.00	3.14	1	5	
中上层	351	3.15	.887	.047	3.06	3.24	1	5	
上层	367	3.07	.994	.052	2.97	3.17	1	5	
总数	3803	3.15	.882	.014	3.12	3.18	1	5	

盲目自负爱国主义（家庭社会经济地位的影响）

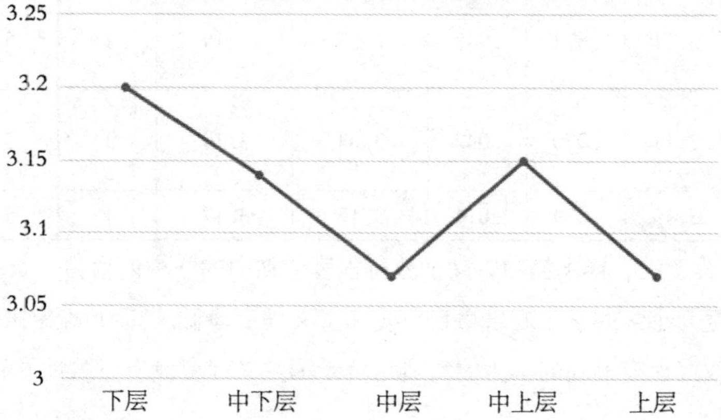

从家庭地位来看，总的趋势是，家庭社会经济地位越高，学生的盲目自负爱国主义程度越低。不过，在家庭地位是中上层的这一分组中，其学生的盲目自负爱国主义程度有一个凸起。

（12）专业年级的差异

盲目自负爱国主义（专业的影响）

	N	均值	标准差	标准误	均值的95%置信区间		极小值	极大值	ANOVA
					下限	上限			F
理科	1747	3.20	.892	.021	3.16	3.24	1	5	12.347 ($p<0.001$)
文科	2387	3.10	.866	.018	3.07	3.14	1	5	
总数	4134	3.15	.878	.014	3.12	3.17	1	5	

从专业看，山东大学生中，理科生的盲目自负爱国主义程度比文科生的高。

盲目自负爱国主义（年级的影响）

	N	均值	标准差	标准误	均值的95%置信区间		极小值	极大值	ANOVA
					下限	上限			F
大一	1848	3.06	.873	.020	3.02	3.10	1	5	20.609 ($p<0.001$)
大三	1599	3.17	.892	.022	3.13	3.22	1	5	
研究生	687	3.30	.837	.032	3.24	3.37	1	5	
总数	4134	3.15	.878	.014	3.12	3.17	1	5	

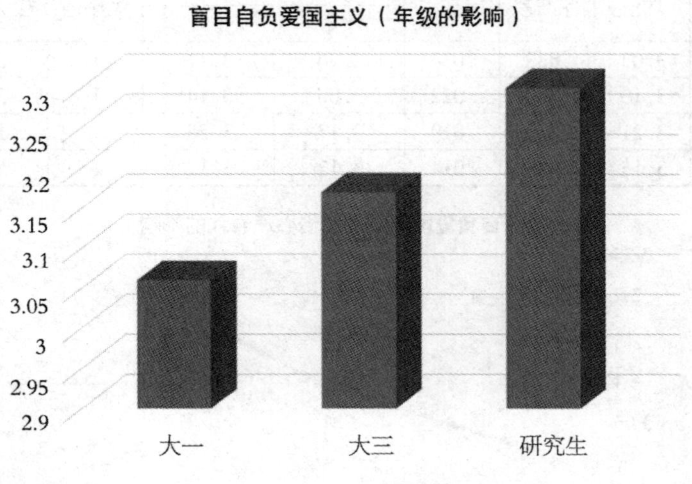

从年级看，山东大学生中，年级越高学生的盲目自负爱国主义程度越高。与民族主义的趋势是一致的。高年级的民族主义与盲目爱国主义都高于低年级的学生。

（13）消费水平的差异

盲目自负爱国主义（消费水平的影响）

	N	均值	标准差	标准误	均值的 95% 置信区间		极小值	极大值	ANOVA
					下限	上限			F
低	223	3.29	.924	.062	3.16	3.41	1	5	4.958（p<0.01）
中	3441	3.15	.859	.015	3.12	3.18	1	5	
高	458	3.06	.987	.046	2.97	3.15	1	5	
总数	4122	3.15	.878	.014	3.12	3.17	1	5	

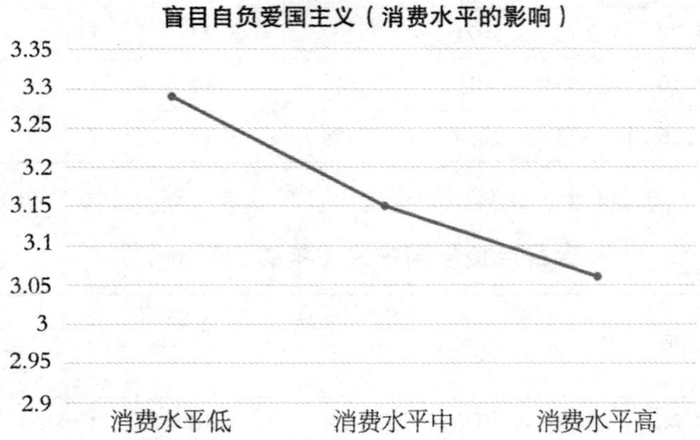

从消费水平来看，很显然，学生的消费水平越高，其盲目自负爱国主义程度越低。

（14）政治心理卷入的差异

盲目自负爱国主义（政治心理卷入的影响）

	N	均值	标准差	标准误	均值的 95% 置信区间		极小值	极大值	ANOVA
					下限	上限			F
低	558	3.03	.883	.037	2.96	3.11	1	5	12.142（p<0.001）
中	1504	3.10	.860	.022	3.06	3.14	1	5	
高	2068	3.21	.885	.019	3.17	3.25	1	5	
总数	4130	3.15	.878	.014	3.12	3.17	1	5	

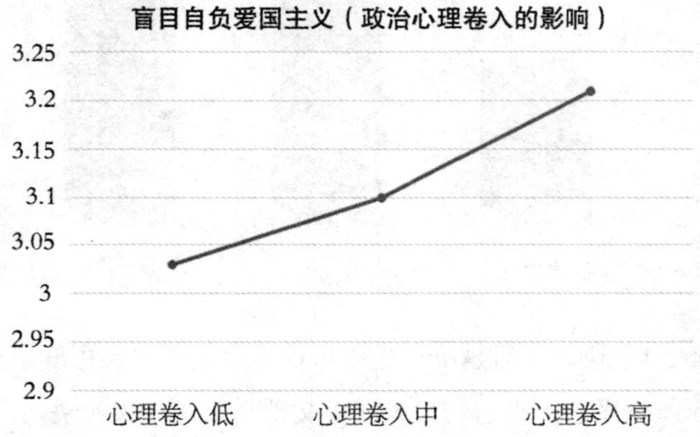

从政治心理卷入来看，学生的政治心理卷入越强，其盲目自负爱国主义程度越高。

（15）民主期望的差异

盲目自负爱国主义（民主期望的影响）

	N	均值	标准差	标准误	均值的 95% 置信区间		极小值	极大值	ANOVA F
					下限	上限			
低	138	2.99	1.089	.093	2.81	3.18	1	5	8.111 ($p < 0.001$)
中	1366	3.08	.883	.024	3.04	3.13	1	5	
高	2612	3.18	.859	.017	3.15	3.22	1	5	
总数	4116	3.14	.877	.014	3.12	3.17	1	5	

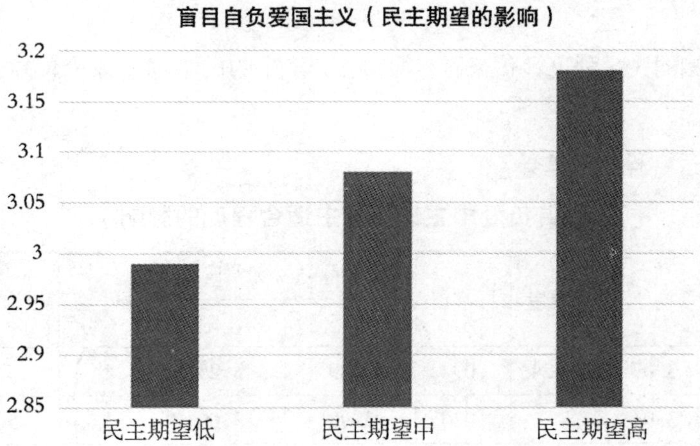

从学生对中国的民主期望来看，很明显，学生的民主期望越高，其盲目自负爱国主义程度越高。

（16）民主程度评价的差异

盲目自负爱国主义（民主程度评价的影响）

	N	均值	标准差	标准误	均值的 95% 置信区间		极小值	极大值	ANOVA F
					下限	上限			
低	279	2.77	.998	.060	2.65	2.89	1	5	8.111 ($p < 0.001$)
中	2195	3.04	.855	.018	3.01	3.08	1	5	
高	1642	3.34	.840	.021	3.30	3.38	1	5	
总数	4116	3.14	.877	.014	3.12	3.17	1	5	

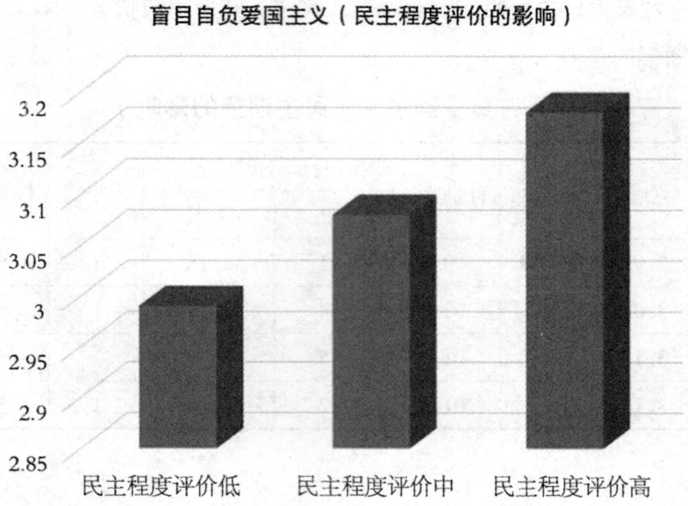

从学生对中国的民主程度评价来看，很明显，学生的民主程度评价越高，其盲目自负爱国主义程度越高。

（17）民主适合程度的差异

盲目自负爱国主义（民主适合程度的影响）

	N	均值	标准差	标准误	均值的 95% 置信区间		极小值	极大值	ANOVA F
					下限	上限			
低	148	3.07	1.124	.092	2.89	3.25	1	5	13.04 ($p<0.001$)
中	1127	3.04	.877	.026	2.98	3.09	1	5	
高	2840	3.19	.858	.016	3.16	3.22	1	5	
总数	4115	3.14	.877	.014	3.12	3.17	1	5	

从学生认为民主适合中国的程度来看，认为民主适合程度高的学生的盲目自负爱国主义程度比认为民主适合程度低的学生高。

（18）民主偏好的差异

盲目自负爱国主义（民主偏好的影响）

	N	均值	标准差	标准误	均值的 95% 置信区间		极小值	极大值	ANOVA F
					下限	上限			
低	2009	3.08	.888	.020	3.04	3.12	1	5	21.174 ($p<0.001$)
高	1927	3.21	.850	.019	3.17	3.25	1	5	
总数	3936	3.15	.872	.014	3.12	3.17	1	5	

从民主偏好看，高民主偏好的学生的盲目自负爱国主义程度比低民主偏好的学生高。这里的民主偏好指的是民本民主偏好，所以，民本民主支持度高的学生的盲目自负爱国主义

程度也高。

（19）民主价值支持的差异

盲目自负爱国主义（民主价值支持的影响）

	N	均值	标准差	标准误	均值的 95% 置信区间		极小值	极大值	ANOVA F
					下限	上限			
低	867	3.32	.882	.030	3.26	3.38	1	5	44.872 (p<0.001)
高	3239	3.10	.871	.015	3.07	3.13	1	5	
总数	4106	3.14	.878	.014	3.12	3.17	1	5	

从民主价值支持来看，民主价值支持度高的学生的盲目自负爱国主义程度比民主价值支持度低的学生要低。这里的民主价值指的是西方的选举民主价值。

（20）民主满意度的差异

盲目自负爱国主义（民主满意度的影响）

	N	均值	标准差	标准误	均值的 95% 置信区间		极小值	极大值	ANOVA F
					下限	上限			
满意	2703	3.27	.853	.016	3.24	3.30	1	5	97.022 (p<0.001)
不确定	586	3.03	.835	.035	2.96	3.10	1	5	
不满意	842	2.82	.892	.031	2.75	2.88	1	5	
总数	4131	3.15	.878	.014	3.12	3.17	1	5	

从学生对中国民主的满意度来看，对中国民主满意的学生的盲目自负爱国主义程度要比对中国民主不满意的学生高。

（21）民主认知的差异

盲目自负爱国主义（民主认知的影响）

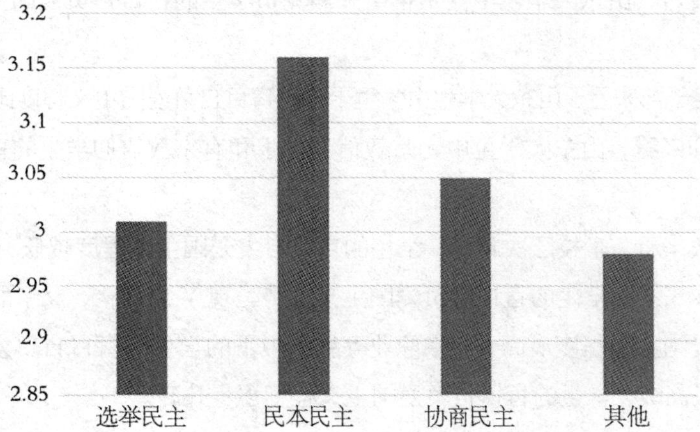

盲目自负爱国主义（民主认知的影响）

	N	均值	标准差	标准误	均值的95%置信区间		极小值	极大值	ANOVA F
					下限	上限			
选举民主	110	3.01	1.092	.104	2.80	3.22	1	5	3.479 ($p<0.05$)
民本民主	3527	3.16	.863	.015	3.14	3.19	1	5	
协商民主	364	3.05	.887	.046	2.96	3.14	1	5	
其他	62	2.98	1.029	.131	2.72	3.24	1	5	
总数	4063	3.15	.876	.014	3.12	3.17	1	5	

从民主认知来看，山东大学生中，认同民本民主的学生的盲目自负爱国主义最高，认同协商民主的盲目自负爱国主义次之，认同选举民主的盲目自负爱国主义最低。

（22）小结

对于盲目自负爱国主义，山东大学生得分3.15分，超出中间值0.15分，说明山东大学生盲目自负爱国主义程度一般。其组间差异的统计结果如下：

◆从性别来看，山东大学生中男生和女生的盲目自负爱国主义程度没有显著差异。

◆从民族来看，山东大学生中汉族学生的盲目自负爱国主义程度明显比少数民族学生高。

◆从是否独生子女来看，山东大学生中独生子女学生和非独生子女学生的盲目自负爱国主义没有差别。

◆从户口属性来看，山东大学生中农业户口的学生的盲目自负爱国主义程度比非农业户口的学生高。

◆从家庭所在地来看，从农村到城市，学生的盲目自负爱国主义程度越来越低。

◆从政治面貌看，山东大学生中党员学生和非党员学生的盲目自负爱国主义没有显著性差别。

◆从是否学生干部来看，山东大学生中学生干部的盲目自负爱国主义程度比普通学生高。

◆从宗教信仰来看，山东大学生中无宗教信仰学生和有宗教信仰学生的盲目自负爱国主义没有差别。

◆从学校层次来看，学校层次越高，学生的盲目自主爱国主义程度越低。

◆从父亲职业来看，学生的盲目自负爱国主义趋势呈现V型结构，父亲职业等级最低的学生的盲目自负爱国主义程度最高，父亲职业等级为中下的学生的盲目自负爱国主义程度最低，从中下级到最高级，学生的盲目自负爱国主义程度逐步升高。

◆从母亲职业来看，学生的盲目自负爱国主义趋势呈现不规则U型结构，母亲职业等级最低的学生的盲目自负爱国主义程度最高，母亲职业等级为中的学生的盲目自负爱国主义程度最低。

◆从父亲教育程度来看，山东大学生中父亲教育程度不同的学生的盲目自负爱国主义程度没有显著性差异。

◆从母亲教育程度来看，母亲教育程度不同的学生的盲目自负爱国主义程度没有显著性差异。

◆从家庭经济社会地位来看，总体趋势是家庭社会经济地位越高，学生的盲目自负爱国主义程度越低。

◆从专业来看，山东大学生中理科生的盲目自负爱国主义程度比文科生的高。

◆从年级来看，山东大学生中年级越高学生的盲目自负爱国主义程度越高。

◆从学生的消费水平来看，山东大学生中学生的消费水平越高，其盲目自负爱国主义程度越低。

◆从心理卷入来看，山东大学生中学生的政治心理卷入越强，其盲目自负爱国主义程度越高。

◆从民主期望来看，学生的民主期望越高，其盲目自负爱国主义程度越高。

◆从民主程度评价来看，山东大学生中对民主程度评价越高，其盲目自负爱国主义程度也越高。

◆从民主适合度来看，山东大学生中民主适合度高的学生的盲目自负爱国主义程度也高。

◆从民主偏好来看，山东大学生中民主偏好高的学生的盲目自负爱国主义程度也高。

◆从民主价值支持来看，山东大学生中民主价值支持程度低的学生的盲目自负爱国主义程度要高于民主价值支持程度高的学生。

◆从民主满意度来看，对中国民主满意的学生的盲目自负爱国主义程度要比对中国民主不满意的学生的要高。

◆从民主认知来看，山东大学生中认同民本民主的学生的盲目自负爱国主义最高，认同协商民主的盲目自负爱国主义次之，认同选举民主的盲目自负爱国主义最低。

三、国际主义测量

国际主义，是个人关注的着眼点在于世界利益或者说是全球的利益，认为本国应该要努力为全球利益做贡献，即使这与本国利益冲突，简单说就是世界利益优先。本问卷用含有三个题目的量表来测量国际主义，分数范围 1－5 分，最低 1 分，最高 5 分，题目如下：

①即便不符合我们的政治利益，中国也应当扩大对处于饥荒状态的国家的援助。

②中国在国际问题上的立场应取决于能否造福全世界，而不因具体国家而有差异。

③在环境保护等全球性问题上，中国应与国际社会合作，该让步的让步，该妥协的妥协。

	N	极小值	极大值	均值	标准差	方差
国际主义	4141	1	5	3.19	.851	.725
有效的 N（列表状态）	4109					

统计值表明，山东大学生的国际主义得分为3.19分，高于中间值0.19分，说明山东大学生的国际主义处于不太高的水平。

1. 国际主义量表统计

您是否同意下列说法—即便不符合我们的政治利益，中国也应当扩大对处于饥荒状态的国家的援助

		频率	百分比	有效百分比	累积百分比
有效	很不同意	253	6.1	6.1	6.1
	不太同意	915	22.0	22.0	28.1
	不确定	947	22.8	22.8	50.9
	比较同意	1502	36.1	36.1	87.1
	非常同意	538	12.9	12.9	100.0
	合计	4155	99.8	100.0	
缺失	系统	7	.2		
总计		4162	100.0		

对于此说法，非常同意和比较同意的占49%，不太同意和很不同意的占28.1%，说明学生比较支持此说法。

您是否同意下列说法—中国在国际问题上的立场应取决于能否造福全世界，而不因具体国家而有差异

		频率	百分比	有效百分比	累积百分比
有效	很不同意	281	6.8	6.8	6.8
	不太同意	1031	24.8	24.8	31.6
	不确定	868	20.9	20.9	52.5
	比较同意	1360	32.7	32.8	85.3
	非常同意	609	14.6	14.7	100.0
	合计	4149	99.7	100.0	
缺失	系统	13	.3		
总计		4162	100.0		

对于此说法，非常同意和比较同意的占 47.5%，不太同意和很不同意的占 31.6%，说明学生比较支持此说法。

您是否同意下列说法—在环境保护等全球性问题上，中国应与国际社会合作，该让步的让步，该妥协的妥协

		频率	百分比	有效百分比	累积百分比
有效	很不同意	409	9.8	9.9	9.9
	不太同意	1195	28.7	28.8	38.6
	不确定	766	18.4	18.4	57.1
	比较同意	1259	30.2	30.3	87.4
	非常同意	523	12.6	12.6	100.0
	合计	4152	99.8	100.0	
缺失	系统	10	.2		
总计		4162	100.0		

对于此说法，非常同意和比较同意的占 42.9%，不太同意和很不同意的占 38.7%，说明学生比较支持此说法。

2. 国际主义变量统计

（1）性别的差异

国际主义（性别的影响）

	N	均值	标准差	标准误	均值的 95% 置信区间		极小值	极大值	ANOVA
					下限	上限			F
男	1337	3.21	.911	.025	3.16	3.26	1	5	0.636 ($p>0.05$)
女	2792	3.19	.822	.016	3.16	3.22	1	5	
总数	4129	3.19	.852	.013	3.17	3.22	1	5	

从性别来看，样本值显示，男生的国际主义程度比女生高。但 F 检定未通过，说明山东大学生中，男生和女生的国际主义没有差别。

（2）民族的差异

国际主义（民族的影响）

	N	均值	标准差	标准误	均值的 95% 置信区间		极小值	极大值	ANOVA
					下限	上限			F
汉族	3977	3.20	.853	.014	3.17	3.22	1	5	0.459 ($p>0.05$)
少数民族	164	3.15	.823	.064	3.02	3.28	1	5	
总数	4141	3.19	.851	.013	3.17	3.22	1	5	

从民族来看，样本值显示，汉族学生的国际主义程度比少数民族学生高。但 F 检定未通过，说明山东大学生中，汉族学生和少数民族学生的国际主义没有差别。

（3）是否是独生子女的差异

国际主义（是否独生子女的影响）

	N	均值	标准差	标准误	均值的 95% 置信区间		极小值	极大值	ANOVA F
					下限	上限			
是	1732	3.22	.870	.021	3.18	3.26	1	5	0.459（$p>0.05$）
否	2394	3.18	.839	.017	3.14	3.21	1	5	
总数	4126	3.20	.852	.013	3.17	3.22	1	5	

从是否是独生子女来看，样本值显示，独生子女学生的国际主义程度比非独生子女学生高。但 F 检定未通过，说明山东大学生中，独生子女学生和非独生子女学生的国际主义没有差别。

（4）户口的差异

国际主义（户口属性的影响）

	N	均值	标准差	标准误	均值的 95% 置信区间		极小值	极大值	ANOVA F
					下限	上限			
农业	2507	3.19	.844	.017	3.16	3.22	1	5	0.093（$p>0.05$）
非农业	1620	3.20	.865	.021	3.16	3.24	1	5	
总数	4127	3.19	.852	.013	3.17	3.22	1	5	

从户口属性来看，样本值显示，非农业户口学生的国际主义程度比农业户口的学生稍高。但 F 检定未通过，说明山东大学生中，非农业户口学生和农业户口学生的国际主义没有差别。

（5）家庭所在地的差异

国际主义（家庭所在地的影响）

	N	均值	标准差	标准误	均值的 95% 置信区间		极小值	极大值	ANOVA F
					下限	上限			
农村	1773	3.18	.836	.020	3.14	3.22	1	5	0.942（$p>0.05$）
县城镇区	1197	3.22	.867	.025	3.17	3.27	1	5	
城市	1148	3.20	.857	.025	3.15	3.25	1	5	
总数	4118	3.20	.851	.013	3.17	3.22	1	5	

从家庭所在地来看，样本值显示，城市学生的国际主义程度比农村学生稍高。但 F 检定未通过，说明山东大学生中，不同家庭所在地的学生的国际主义没有差别。

（6）政治面貌的差异

国际主义（政治面貌的影响）

	N	均值	标准差	标准误	均值的 95% 置信区间		极小值	极大值	ANOVA F
					下限	上限			
非中共党员	3891	3.20	.858	.014	3.17	3.22	1	5	0.016（p>0.05）
中共党员	241	3.19	.744	.048	3.09	3.28	1	5	
总数	4132	3.19	.852	.013	3.17	3.22	1	5	

从政治面貌来看，样本值显示，非党员学生的国际主义程度比党员学生稍高。但 F 检定未通过，说明山东大学生中，非党员学生和党员学生的国际主义没有差别。

国际主义（学生机构角色的影响）

	N	均值	标准差	标准误	均值的 95% 置信区间		极小值	极大值	ANOVA F
					下限	上限			
干部	1162	3.18	.838	.025	3.13	3.23	1	5	0.279（p>0.05）
普通成员	2300	3.20	.846	.018	3.16	3.23	1	5	
总数	3462	3.19	.843	.014	3.16	3.22	1	5	

从学生机构角色来看，样本值显示，普通学生的国际主义程度比干部学生稍高。但 F 检定未通过，说明山东大学生中，干部学生和普通学生的国际主义没有差别。

（7）宗教信仰的差异

国际主义（宗教信仰的影响）

	N	均值	标准差	标准误	均值的 95% 置信区间		极小值	极大值	ANOVA F
					下限	上限			
无	3933	3.20	.849	.014	3.17	3.22	1	5	0.033（p >0.05）
有	192	3.18	.873	.063	3.06	3.31	1	5	
总数	4125	3.19	.850	.013	3.17	3.22	1	5	

从学生机构角色来看，样本值显示，无宗教信仰的学生的国际主义程度比有宗教信仰的学生稍高。但 F 检定未通过，说明山东大学生中，无宗教信仰的学生和有宗教信仰的学生国际主义没有差别。

（8）学校层次的差异

国际主义（学校层次的影响）

	N	均值	标准差	标准误	均值的 95% 置信区间		极小值	极大值	ANOVA F
					下限	上限			
985 高校	960	3.19	.870	.028	3.13	3.24	1	5	0.591 (p>0.05)
一本院校	2262	3.21	.842	.018	3.17	3.24	1	5	
普通院校	919	3.17	.855	.028	3.12	3.23	1	5	
总数	4141	3.19	.851	.013	3.17	3.22	1	5	

从学校层次来看，样本值显示，普通院校的学生的国际主义程度比高层次大学的学生稍高。但 F 检定未通过，说明山东大学生中，不同学校层次的学生的国际主义没有差别。

（9）父母职业的差异

国际主义（父亲职业的影响）

	N	均值	标准差	标准误	均值的 95% 置信区间		极小值	极大值	ANOVA F
					下限	上限			
低	1964	3.20	.842	.019	3.16	3.23	1	5	0.511 (p>0.05)
中下	412	3.15	.819	.040	3.07	3.22	1	5	
中	867	3.21	.848	.029	3.16	3.27	1	5	
中上	396	3.22	.908	.046	3.13	3.31	1	5	
高	415	3.20	.882	.043	3.11	3.28	1	5	
总数	4054	3.20	.852	.013	3.17	3.22	1	5	

从父亲职业来看，总体上 F 检定未通过，说明山东大学生中，父亲职业等级不同的学生的国际主义没有显著性的差异。

国际主义（母亲职业的影响）

	N	均值	标准差	标准误	均值的 95% 置信区间		极小值	极大值	ANOVA F
					下限	上限			
低	2177	3.20	.835	.018	3.16	3.23	1	5	0.511 (p>0.05)
中下	383	3.19	.859	.044	3.10	3.28	1	5	
中	685	3.21	.854	.033	3.15	3.28	1	5	
中上	255	3.19	.912	.057	3.08	3.30	1	5	
高	351	3.22	.903	.048	3.12	3.31	1	5	
总数	3851	3.20	.852	.014	3.17	3.23	1	5	

从母亲职业来看，总体上 F 检定未通过，说明山东大学生中，母亲职业等级不同的学生

的国际主义没有显著性的差异。

（10）父母教育程度的差异

国际主义（父亲教育程度的影响）

	N	均值	标准差	标准误	均值的95%置信区间		极小值	极大值	ANOVA F
					下限	上限			
小学及以下	453	3.23	.878	.041	3.15	3.31	1	5	0.531（p>0.05）
初中或相当	1598	3.18	.817	.020	3.14	3.22	1	5	
高中或相当	1103	3.21	.836	.025	3.16	3.25	1	5	
大专或相当	439	3.16	.856	.041	3.08	3.24	1	5	
本科及以上	521	3.21	.951	.042	3.13	3.30	1	5	
总数	4114	3.20	.851	.013	3.17	3.22	1	5	

从父亲教育程度来看，总体上F检定未通过，说明山东大学生中，父亲教育程度不同的学生的国际主义没有显著性的差异。

国际主义（母亲教育程度的影响）

	N	均值	标准差	标准误	均值的95%置信区间		极小值	极大值	ANOVA F
					下限	上限			
小学及以下	959	3.15	.849	.027	3.10	3.21	1	5	1.116（p>0.05）
初中或相当	1589	3.20	.814	.020	3.16	3.24	1	5	
高中或相当	899	3.21	.860	.029	3.15	3.26	1	5	
大专或相当	330	3.25	.933	.051	3.15	3.35	1	5	
本科及以上	332	3.21	.915	.050	3.11	3.31	1	5	
总数	4109	3.20	.851	.013	3.17	3.22	1	5	

从母亲教育程度来看，总体上F检定未通过，说明山东大学生中，母亲教育程度不同的

学生的国际主义没有显著性的差异。

（11）家庭地位的差异

国际主义（家庭社会经济地位的影响）

	N	均值	标准差	标准误	均值的 95% 置信区间		极小值	极大值	ANOVA F
					下限	上限			
下层	1724	3.19	.827	.020	3.15	3.22	1	5	2.086（p>0.05）
中下层	806	3.25	.838	.030	3.19	3.31	1	5	
中层	559	3.14	.852	.036	3.07	3.22	1	5	
中上层	352	3.27	.911	.049	3.18	3.37	1	5	
上层	367	3.18	.916	.048	3.08	3.27	1	5	
总数	3808	3.20	.850	.014	3.17	3.23	1	5	

从家庭地位来看，总体上 F 检定未通过，说明山东大学生中，家庭地位不同的学生的国际主义没有显著性的差异。

（12）专业年级的差异

国际主义（专业的影响）

	N	均值	标准差	标准误	均值的 95% 置信区间		极小值	极大值	ANOVA F
					下限	上限			
理科	1744	3.26	.874	.021	3.22	3.30	1	5	17.213（p<0.001）
文科	2397	3.15	.832	.017	3.11	3.18	1	5	
总数	4141	3.19	.851	.013	3.17	3.22	1	5	

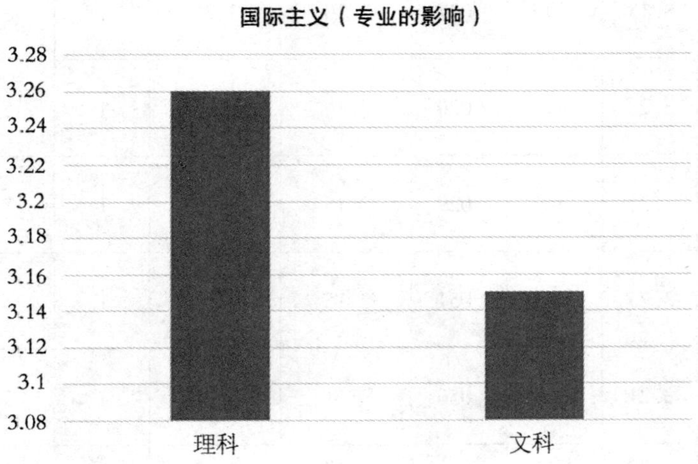

从专业看，山东大学生中，理科学生的国际主义程度要高于文科生。

国际主义（年级的影响）

	N	均值	标准差	标准误	均值的 95% 置信区间		极小值	极大值	ANOVA F
					下限	上限			
大一	1846	3.23	.876	.020	3.19	3.27	1	5	17.213 ($p<0.05$)
大三	1605	3.15	.846	.021	3.11	3.19	1	5	
研究生	690	3.22	.792	.030	3.16	3.28	1	5	
总数	4141	3.19	.851	.013	3.17	3.22	1	5	

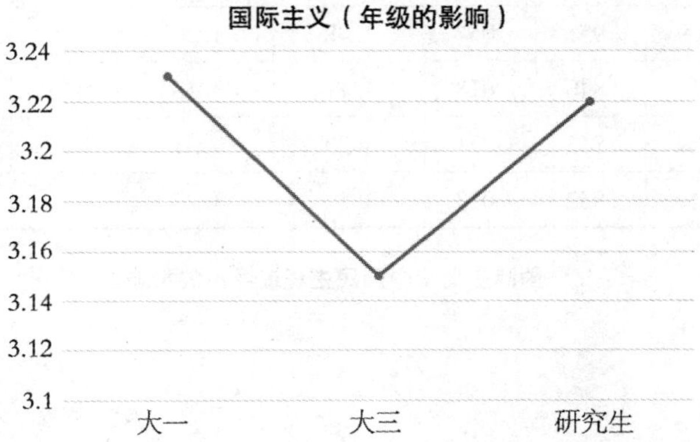

从年级来看，呈现 V 型结构，大一学生的国际主义程度最高，研究生的次之，大三学生的最低。

（13）消费水平的差异

国际主义（消费水平的影响）

	N	均值	标准差	标准误	均值的 95% 置信区间		极小值	极大值	ANOVA F
					下限	上限			
低	223	3.13	.846	.057	3.02	3.24	1	5	3.397 ($p<0.05$)
中	3448	3.19	.839	.014	3.16	3.21	1	5	
高	458	3.29	.931	.043	3.20	3.37	1	5	
总数	4129	3.19	.851	.013	3.17	3.22	1	5	

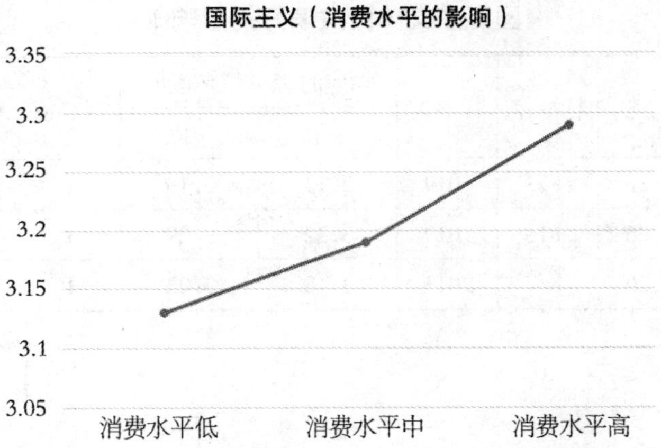

从消费水平来看，很明显，学生的消费水平越高，其国际主义程度也越高。

（14）中国民主程度评价的差异

国际主义（中国民主程度评价的影响）

	N	均值	标准差	标准误	均值的 95% 置信区间		极小值	极大值	ANOVA
					下限	上限			F
低	280	3.09	.951	.057	2.98	3.20	1	5	12.785 (p<0.001)
中	2198	3.15	.840	.018	3.11	3.18	1	5	
高	1645	3.27	.843	.021	3.23	3.31	1	5	
总数	4123	3.19	.852	.013	3.17	3.22	1	5	

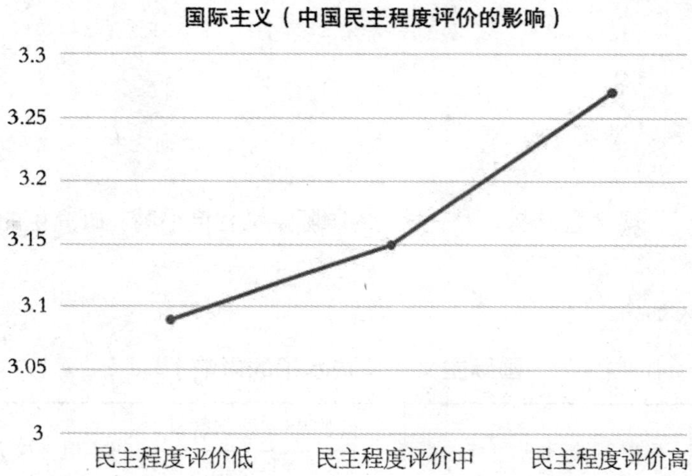

从民主程度评价来看，很明显，山东大学生中，学生对中国民主程度评价越高，学生的国际主义程度也越高。

（15）民主偏好评价的差异

国际主义（民主偏好的影响）

	N	均值	标准差	标准误	均值的 95% 置信区间		极小值	极大值	ANOVA
					下限	上限			F
低	2011	3.15	.873	.019	3.12	3.19	1	5	15.123 (p<0.001)
高	1928	3.26	.816	.019	3.22	3.29	1	5	
总数	3939	3.20	.847	.013	3.18	3.23	1	5	

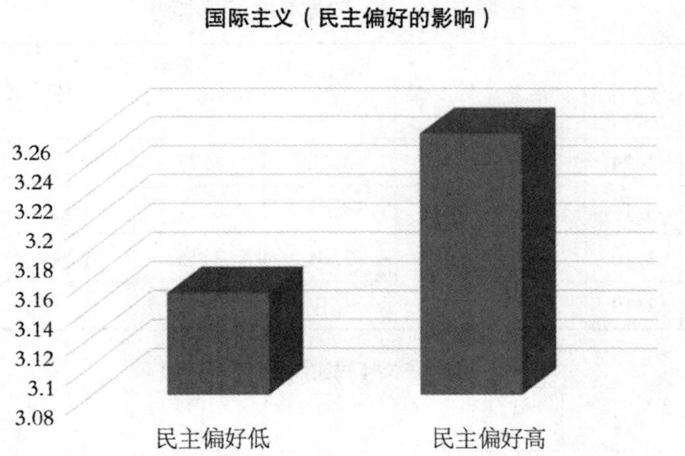

从民主偏好来看，山东大学生中，学生的民主偏好越高，其国际主义程度越高。

（16）民主价值支持评价的差异

国际主义（民主价值支持的影响）

	N	均值	标准差	标准误	均值的 95% 置信区间 下限	均值的 95% 置信区间 上限	极小值	极大值	ANOVA F
低	871	3.08	.865	.029	3.02	3.14	1	5	20.807 （p＜0.001）
高	3241	3.23	.844	.015	3.20	3.25	1	5	
总数	4112	3.19	.850	.013	3.17	3.22	1	5	

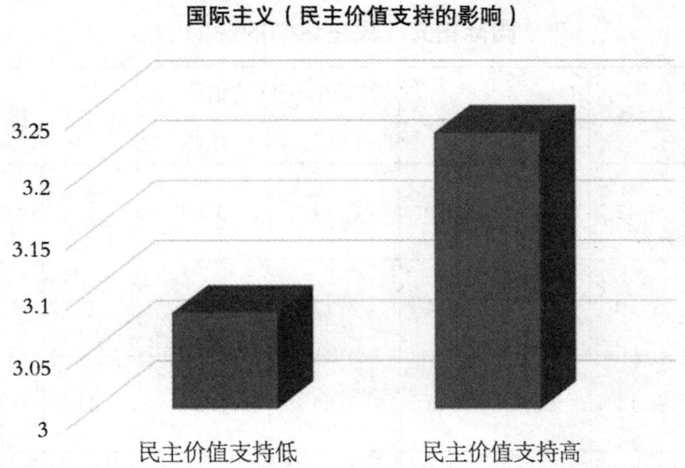

从民主价值支持来看，山东大学生中，学生的民主价值支持度越高，其国际主义程度越高。

（17）民主满意度的差异

国际主义（民主满意度的影响）

	N	均值	标准差	标准误	均值的 95% 置信区间		极小值	极大值	ANOVA F
					下限	上限			
满意	2707	3.24	.844	.016	3.20	3.27	1	5	10.22（$p<0.001$）
不确定	587	3.14	.824	.034	3.07	3.21	1	5	
不满意	844	3.10	.884	.030	3.04	3.15	1	5	
总数	4138	3.19	.851	.013	3.17	3.22	1	5	

国际主义（民主满意度的影响）

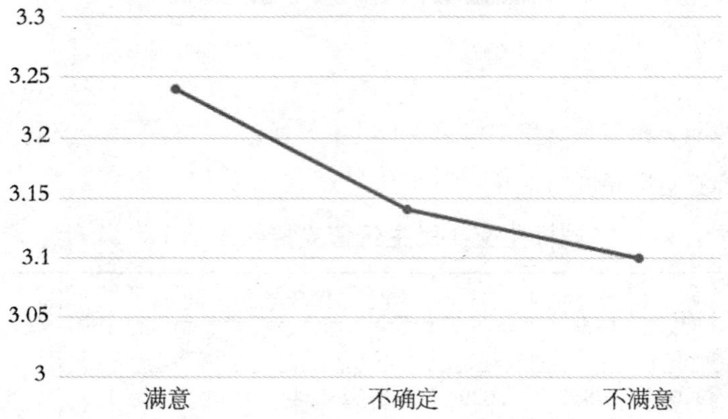

从学生对中国民主的满意度来看，山东大学生中，学生的民主满意度越高，其国际主义也越高。

（18）民主认知的差异

国际主义（民主认知的影响）

	N	均值	标准差	标准误	均值的 95% 置信区间		极小值	极大值	ANOVA F
					下限	上限			
选举民主	112	3.42	.956	.090	3.24	3.60	1	5	3.044（$p<0.05$）
民本民主	3534	3.19	.843	.014	3.17	3.22	1	5	
协商民主	362	3.14	.859	.045	3.06	3.23	1	5	
其他	62	3.17	1.008	.128	2.92	3.43	1	5	
总数	4070	3.20	.851	.013	3.17	3.22	1	5	

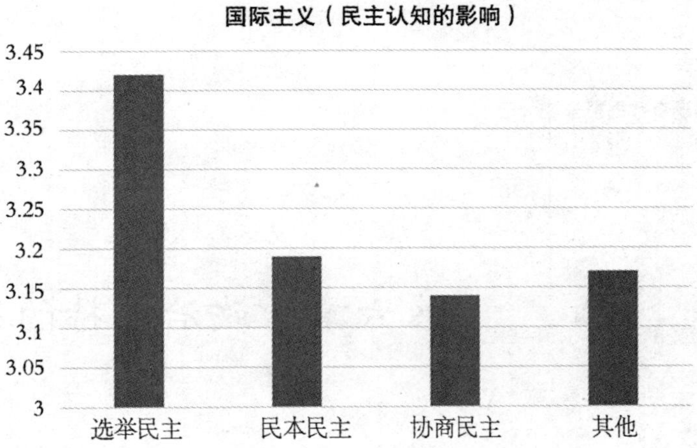

从民主认知来看，山东大学生中，认同选举民主的学生的国际主义最高，认同民本民主的国际主义次之，认同协商民主的国际主义最低。

（19）小结

对于国际主义，山东大学生得分 3.19 分，超出中间值 0.19 分，说明山东大学生国际主义程度一般。 其组间差异的统计结果如下：

◆从性别、民族、从是否独生子女、户口属性、家庭所在地来、从政治面貌、是否学生干部、宗教信仰、学校层次、父亲职业、母亲职业、父亲教育程度、母亲教育程度、家庭经济社会地位等来看，山东大学生在这些分组中的国际主义都没有显著差异。

◆从专业来看，山东大学生中，理科学生的国际主义程度要高于文科生。

◆从年级来看，呈现 V 型结构，大一学生的国际主义程度最高，研究生的次之，大三学生的最低。

◆从学生的消费水平来看，山东大学生中，学生的消费水平越高，其国际主义程度也越高。

◆从民主程度评价来看，很明显，山东大学生中，学生对中国民主程度评价越高，学生的国际主义程度也越高。

◆从民主偏好来看，山东大学生中，学生的民主偏好越高，其国际主义程度越高。

◆从民主价值支持来看，山东大学生中，学生的民主价值支持度越高，其国际主义程度越高。

◆从学生对中国民主的满意度来看，山东大学生中，学生的民主满意度越高，其国际主义也越高。

◆从民主认知来看，山东大学生中，认同选举民主的学生的国际主义最高，认同民本民主的国际主义次之，认同协商民主的国际主义最低。

第六章 政治支持的统计分析

政治支持这一概念由美国著名政治学家伊斯顿提出，在他的著作《政治生活的系统分析》中，将政治支持定义为："当甲代表乙从事活动，或者甲对乙表示赞同，我们可以说，甲是支持乙。乙可以是一个人，或者是一群人；也可以是一个目标，一种想法，或一个机构。以行动来支持，我叫作显性支持；以态度和情感来支持，我叫作隐性支持。"①伊斯顿还将以态度和情感来支持政体、当局和政治共同体的隐性支持称为政治支持。政体通常是其中最重要的因素，包括政府的基本价值、规则和机构；而当局一般之现任领导人以及通常意义上的政治领袖；政治共同体则指为了一个共同的政治事业而维系在一起的人群。

伊斯顿进一步对政治支持做了二元区分，分为普遍支持与特定支持。普遍支持代表了公民对政府的存在或运转是否符合他对于政治价值（如正义、道德等）的判断，而特定支持是衡量一个人对现行具体政策和政府政绩的满意程度，受公民对当局政策结果的感知、评价的影响。普遍支持的最基本对象是政体（即公民对政体的支持反映了对政治的普遍支持），这种支持是对整体的一种情感上的依恋，这种支持的形成是在社会政治的长期影响下形成的，是一个不断深化的过程，是由不断积累的对政府政绩的评价造就的，这种支持具有一定的稳定性和持久性，意味着它不容易被改变，或者说它的改变不是一朝一夕间实现的。而特定性支持则不同，它的形成相对于普遍支持来说较短一些，一般是对某一或某一些政策和当局政绩的本能反应。伊斯顿认为特定支持会随着个人现实利益或满意程度而发生变化，一旦这些因素衰弱或者消失了，特定支持也会跟着衰弱或者消失，因此特定支持相对来说更容易变化，缺乏稳定性。

陈捷在他的著作《中国民众政治支持的测量与分析》中，根据伊斯顿的定义，将普遍支持定义为政府的存在和运转是否符合他或她有关政治领域内何谓正义的道德原则或价值观

① 【美】戴维·伊斯顿:《政治生活的系统分析》,王浦劬译,华夏出版社 1998 年版,第 185 页。

念。具体在中国来说，是指中国公民对现政体倡导的基本价值以及对这个国家的基本政治制度的支持态度。① 根据陈捷的定义，本调查中，普遍支持是指大学生对现政体倡导的基本价值以及对这个国家的基本政治制度的支持态度。特定支持是衡量一个大学生对现行具体政策和政府政绩的满意程度的指标。

一、政治普遍支持测量

本调查用六个问题来测试普遍支持，分值为 1 - 5 分，1 分表示普遍支持度最低，5 分表示普遍支持度最高，问题如下：

①我很自豪我生活在现行政治制度下。

②我有义务支持我国现行政治制度。

③我拥护我国现行政治制度。

④我觉得公民的基本权利得到了保护。

⑤我相信，我国司法机关能够公正司法。

⑥我的观点与党和政府倡导的价值观是很一致的。

1. 政治普遍支持量表统计

（1）量表问题的频次统计

对于普遍支持量表中的六个问题，下面是它们的统计数据。

您是否同意下列说法—我很自豪我生活在现行政治制度下

		频率	百分比	有效百分比	累积百分比
有效	非常同意	870	20.9	21.0	21.0
	比较同意	2363	56.8	57.0	78.0
	不确定	658	15.8	15.9	93.8
	不太同意	214	5.1	5.2	99.0
	很不同意	42	1.0	1.0	100.0
	合计	4147	99.6	100.0	
缺失	系统	15	.4		
总计		4162	100.0		

对于这个说法，非常同意和比较同意的学生占 78%，不太同意和很不同意的占 6.2%，说明山东大学生对于此说法比较支持。

① 【美】陈捷:《中国民众政治支持的测量与分析》,中山大学出版社 2011 年版,第 4 ~5 页。

您是否同意下列说法—我有义务支持我国现行政治制度

		频率	百分比	有效百分比	累积百分比
有效	非常同意	1427	34.3	34.4	34.4
	比较同意	2268	54.5	54.7	89.1
	不确定	344	8.3	8.3	97.4
	不太同意	83	2.0	2.0	99.4
	很不同意	25	.6	.6	100.0
	合计	4147	99.6	100.0	
缺失	系统	15	.4		
总计		4162	100.0		

对于这个说法，非常同意和比较同意的学生占89.1%，不太同意和很不同意的占2.6%，说明山东大学生非常支持这一说法。

您是否同意下列说法—我拥护我国现行政治制度

		频率	百分比	有效百分比	累积百分比
有效	非常同意	1421	34.1	34.3	34.3
	比较同意	2246	54.0	54.2	88.5
	不确定	370	8.9	8.9	97.4
	不太同意	86	2.1	2.1	99.5
	很不同意	20	.5	.5	100.0
	合计	4143	99.5	100.0	
缺失	系统	19	.5		
总计		4162	100.0		

对于这个说法，非常同意和比较同意的学生占88.6%，不太同意和很不同意的占2.6%，说明山东大学生非常支持这一说法。

您是否同意下列说法—我觉得公民的基本权利得到了保护

		频率	百分比	有效百分比	累积百分比
有效	非常同意	795	19.1	19.2	19.2
	比较同意	2148	51.6	51.8	71.0
	不确定	746	17.9	18.0	89.0
	不太同意	393	9.4	9.5	98.5
	很不同意	62	1.5	1.5	100.0
	合计	4144	99.6	100.0	
缺失	系统	18	.4		
总计		4162	100.0		

对于这个说法，非常同意和比较同意的学生占 71%，不太同意和很不同意的占 11%，说明山东大学生比较支持这一说法。

您是否同意下列说法—我相信我国司法机关能够公正司法

		频率	百分比	有效百分比	累积百分比
有效	非常同意	631	15.2	15.2	15.2
	比较同意	1826	43.9	44.1	59.3
	不确定	1094	26.3	26.4	85.7
	不太同意	471	11.3	11.4	97.1
	很不同意	122	2.9	2.9	100.0
	合计	4144	99.6	100.0	
缺失	系统	18	.4		
总计		4162	100.0		

对于这个说法，非常同意和比较同意的学生占 59.3%，不太同意和很不同意的占 14.3%，说明山东大学生对这一说法支持度一般，也说明大学生对于我国的司法满意度不是很高。

您是否同意下列说法—我的观点与党和政府倡导的价值观是很一致的

		频率	百分比	有效百分比	累积百分比
有效	非常同意	945	22.7	22.8	22.8
	比较同意	2134	51.3	51.5	74.3
	不确定	825	19.8	19.9	94.2
	不太同意	201	4.8	4.9	99.1
	很不同意	38	.9	.9	100.0
	合计	4143	99.5	100.0	
缺失	系统	19	.5		
总计		4162	100.0		

对于这个说法，非常同意和比较同意的学生占 74.3%，不太同意和很不同意的占 5.8%，说明山东大学生对这一说法比较支持。

（2）量表问题与政治心态的相关性分析

相关性

		民族主义
①我很自豪我生活在现行政治制度下	Pearson 相关性	.311**
	显著性（双侧）	.000
	N	4135

②我有义务支持我国现行政治制度	Pearson 相关性	.307**
	显著性（双侧）	.000
	N	4135
③我拥护我国现行政治制度	Pearson 相关性	.289**
	显著性（双侧）	.000
	N	4131
④我觉得公民的基本权利得到了保护	Pearson 相关性	.252**
	显著性（双侧）	.000
	N	4132
⑤我相信我国司法机关能够公正司法	Pearson 相关性	.243**
	显著性（双侧）	.000
	N	4132
⑥我的观点与党和政府倡导的价值观是很一致的	Pearson 相关性	.289**
	显著性（双侧）	.000
	N	4131

**. 在 .01 水平（双侧）上显著相关。

将量表中的六个问题与民族主义进行相关性分析，结果可知，这六个问题全部与民族主义呈现显著性的正相关关系。相关关系强度上，民族主义与问题①②③⑥的关系要强于与问题④⑤的关系。这种结果说明，具有强烈民族主义感情的学生，更愿意支持我国政府和政治制度。

相关性

		盲目自负爱国主义
①我很自豪我生活在现行政治制度下	Pearson 相关性	.385**
	显著性（双侧）	.000
	N	4124
②我有义务支持我国现行政治制度	Pearson 相关性	.285**
	显著性（双侧）	.000
	N	4124
③我拥护我国现行政治制度	Pearson 相关性	.312**
	显著性（双侧）	.000
	N	4120

④我觉得公民的基本权利得到了保护	Pearson 相关性	.275**
	显著性（双侧）	.000
	N	4121
⑤我相信，我国司法机关能够公正司法	Pearson 相关性	.297**
	显著性（双侧）	.000
	N	4121
⑥我的观点与党和政府倡导的价值观是很一致的	Pearson 相关性	.299**
	显著性（双侧）	.000
	N	4120

**. 在 .01 水平（双侧）上显著相关。

与盲目自负爱国主义进行相关分析，可看出，这六个问题全部与盲目自负爱国主义呈现显著性的正相关关系，这说明，具有强烈盲目自负爱国主义感情的大学生，更愿意支持中国政府和中国的政治制度。

相关性

		国际主义
①我很自豪我生活在现行政治制度下	Pearson 相关性	.146**
	显著性（双侧）	.000
	N	4130
②我有义务支持我国现行政治制度	Pearson 相关性	.128**
	显著性（双侧）	.000
	N	4131
③我拥护我国现行政治制度	Pearson 相关性	.109**
	显著性（双侧）	.000
	N	4127
④我觉得公民的基本权利得到了保护	Pearson 相关性	.149**
	显著性（双侧）	.000
	N	4127
⑤我相信我国司法机关能够公正司法	Pearson 相关性	.170**
	显著性（双侧）	.000
	N	4128
⑥我的观点与党和政府倡导的价值观是很一致的	Pearson 相关性	.147**
	显著性（双侧）	.000
	N	4126

**. 在 .01 水平（双侧）上显著相关。

与国际主义进行相关分析，可看出，这六个问题全部与国际主义呈现显著性的正相关关系，这说明，具有强烈国际主义感情的大学生，更愿意支持中国政府和中国的政治制度。

相关性

		民主价值支持
①我很自豪我生活在现行政治制度下	Pearson 相关性	-.212**
	显著性（双侧）	.000
	N	4120
②我有义务支持我国现行政治制度	Pearson 相关性	-.189**
	显著性（双侧）	.000
	N	4120
③我拥护我国现行政治制度	Pearson 相关性	-.206**
	显著性（双侧）	.000
	N	4116
④我觉得公民的基本权利得到了保护	Pearson 相关性	-.149**
	显著性（双侧）	.000
	N	4117
⑤我相信，我国司法机关能够公正司法	Pearson 相关性	-.136**
	显著性（双侧）	.000
	N	4117
⑥我的观点与党和政府倡导的价值观是很一致的	Pearson 相关性	-.149**
	显著性（双侧）	.000
	N	4116

**. 在 .01 水平（双侧）上显著相关。

与民主价值支持进行相关分析，可看出，这六个问题全部与民主价值支持呈现显著性的负相关关系，这说明，越不认同西方的选举民主价值的大学生，越愿意支持中国政府和中国的政治制度。

2. 政治普遍支持变量统计

描述统计量

	N	极小值	极大值	均值	标准差	方差
政治体制普遍支持	4132	1	5	3.93	.644	.415
有效的 N（列表状态）	4132					

从结果看，山东大学生的普遍支持度比较高，达到 3.93 分，超出中间值 0.93 分，说明

山东大学生对我国当前政体倡导的基本价值以及对我国的基本政治制度是比较支持的。

对于普遍支持，山东大学生群组之间的差异，下面是统计结果：

（1）性别的差异

政治普遍支持（性别的影响）

	N	均值	标准差	标准误	均值的95%置信区间		极小值	极大值	ANOVA F
					下限	上限			
男	1326	3.84	.717	.020	3.80	3.88	1	5	36.1 （p<0.001）
女	2794	3.97	.600	.011	3.95	3.99	1	5	
总数	4120	3.93	.643	.010	3.91	3.95	1	5	

性别 * 政治普遍支持程度 交叉制表

			政治普遍支持程度		合计	Pearson 卡方
			低	高		
性别	男	计数	178	1148	1326	33.698 （p<0.001）
		性别 中的 %	13.4%	86.6%	100.0%	
	女	计数	216	2578	2794	
		性别 中的 %	7.7%	92.3%	100.0%	
合计		计数	394	3726	4120	
		性别 中的 %	9.6%	90.4%	100.0%	

从性别来看，山东大学生中，女生的政治普遍支持度高于男生，说明女生比男生更支持现政府与制度。

（2）民族的差异

政治普遍支持（民族的影响）

	N	均值	标准差	标准误	均值的95%置信区间		极小值	极大值	ANOVA F
					下限	上限			
汉族	3968	3.93	.644	.010	3.91	3.95	1	5	0.012 （p>0.05）
少数民族	164	3.93	.648	.051	3.84	4.03	2	5	
总数	4132	3.93	.644	.010	3.91	3.95	1	5	

从民族来看，山东大学生中，汉族和少数民族的普遍支持度没有差异。

（3）是否是独生子女的差异

政治普遍支持（是否独生子女的影响）

	N	均值	标准差	标准误	均值的 95% 置信区间		极小值	极大值	ANOVA F
					下限	上限			
是	1724	3.90	.687	.017	3.87	3.93	1	5	5.511 ($p<0.05$)
否	2393	3.95	.610	.012	3.93	3.97	1	5	
总数	4117	3.93	.644	.010	3.91	3.95	1	5	

从是否独生子女来看，非独生子女的学生的普遍支持比独生子女的稍高，说明非独生子女的学生相对更支持现政府和政治制度。

（4）户口的差异

政治普遍支持（户口的影响）

	N	均值	标准差	标准误	均值的 95% 置信区间		极小值	极大值	ANOVA F
					下限	上限			
农业	2501	3.96	.632	.013	3.93	3.98	1	5	10.776 ($p<0.001$)
非农业	1617	3.89	.659	.016	3.86	3.92	1	5	
总数	4118	3.93	.644	.010	3.91	3.95	1	5	

政治普遍支持（户口的影响）

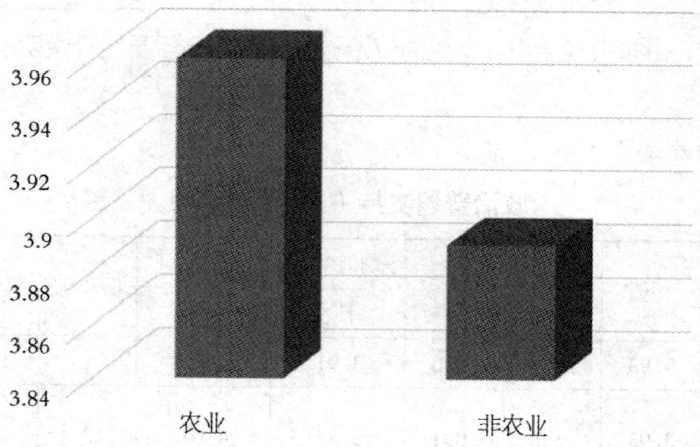

从户口来看，农业户口的学生的普遍支持要高于非农业户口的学生，说明农业户口的学生更支持现政府和政治制度。

（5）家庭所在地的差异

政治普遍支持（家庭所在地的影响）

	N	均值	标准差	标准误	均值的 95% 置信区间		极小值	极大值	ANOVA F
					下限	上限			
农村	1770	3.97	.620	.015	3.94	4.00	1	5	8.953 ($p<0.001$)
县城镇区	1193	3.93	.652	.019	3.90	3.97	1	5	
城市	1148	3.87	.667	.020	3.83	3.90	1	5	
总数	4111	3.93	.644	.010	3.91	3.95	1	5	

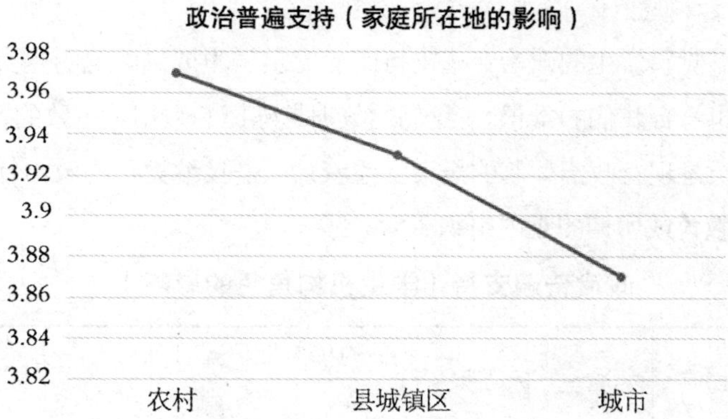

从家庭所在地来看，很明显，从农村到城市，学生的普遍支持越来越低。也就是说，农村学生比城市学生更支持现政府和政治制度。

（6）政治面貌的差异

政治普遍支持（政治面貌的影响）

	N	均值	标准差	标准误	均值的 95% 置信区间		极小值	极大值	ANOVA F
					下限	上限			
非中共党员	3883	3.92	.643	.010	3.90	3.94	1	5	17.214 ($p<0.001$)
中共党员	240	4.10	.628	.041	4.02	4.18	2	5	
总数	4123	3.93	.644	.010	3.91	3.95	1	5	

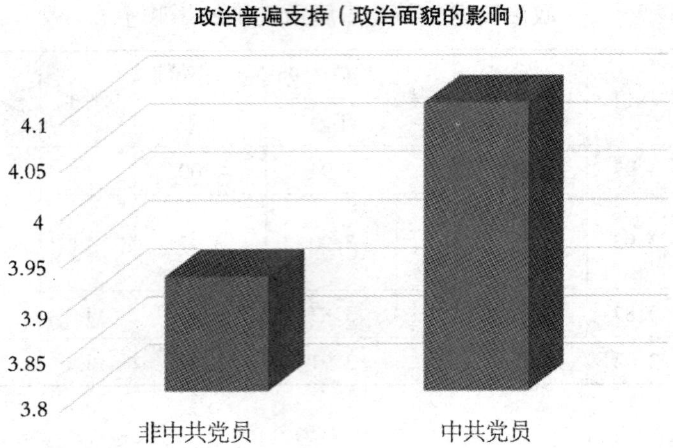

从政治面貌看，党员学生的政治普遍支持比非党员学生要高，说明党员学生更支持现政府和政治制度，这也符合我们的常识。我们的数据与陈捷的数据是一致的，他认为如此的分布，是因为一是党员是现行政治体制的最大受益者；二是吸纳党员的政治标准和意识形态标准以及持续的政治教育或所谓的党内组织生活。①

政治普遍支持（学生机构角色的影响）

	N	均值	标准差	标准误	均值的95%置信区间		极小值	极大值	ANOVA F
					下限	上限			
干部	1160	3.96	.652	.019	3.92	4.00	1	5	1.858 ($p>0.05$)
普通成员	2297	3.93	.630	.013	3.90	3.96	1	5	
总数	3457	3.94	.638	.011	3.92	3.96	1	5	

从学生机构角色来看，样本值中，学生干部的普遍支持比普通学生高，但F检定未通过，说明山东大学生中，学生干部和普通学生的普遍支持没有差异。

（7）宗教信仰的差异

政治普遍支持（宗教信仰的影响）

	N	均值	标准差	标准误	均值的95%置信区间		极小值	极大值	ANOVA F
					下限	上限			
无	3925	3.94	.637	.010	3.92	3.96	1	5	9.903 ($p<0.05$)
有	191	3.79	.733	.053	3.68	3.89	1	5	
总数	4116	3.93	.643	.010	3.91	3.95	1	5	

① 【美】陈捷:《中国民众政治支持的测量与分析》,中山大学出版社2011年版,第93页。

从宗教信仰来看，无宗教信仰的学生的普遍支持比有宗教信仰的学生的高，说明无宗教信仰的学生相对更支持现政府和政治制度。

（8）学校层次的差异

政治普遍支持（学校层次的影响）

	N	均值	标准差	标准误	均值的95%置信区间		极小值	极大值	ANOVA F
					下限	上限			
985高校	956	3.84	.664	.021	3.79	3.88	1	5	18.877（p<0.001）
一本院校	2264	3.93	.630	.013	3.91	3.96	1	5	
普通院校	912	4.02	.643	.021	3.98	4.06	1	5	
总数	4132	3.93	.644	.010	3.91	3.95	1	5	

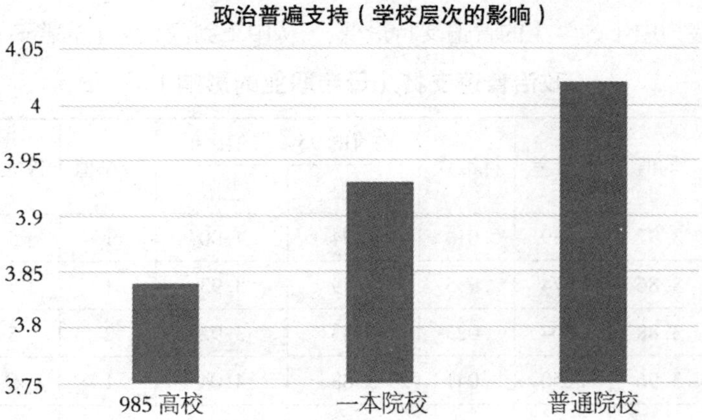

从学校层次看，学校层次越低，学生的普遍支持越高。也就是说，学校层次越低的学生越支持现政府和政治制度。

（9）父母职业的差异

政治普遍支持（父亲职业的影响）

	N	均值	标准差	标准误	均值的95%置信区间		极小值	极大值	ANOVA F
					下限	上限			
低	1961	3.97	.633	.014	3.94	4.00	1	5	5.732（p<0.001）
中下	411	3.85	.640	.032	3.79	3.91	1	5	
中	864	3.87	.641	.022	3.83	3.91	1	5	
中上	397	3.93	.661	.033	3.86	3.99	1	5	
高	411	3.91	.670	.033	3.84	3.97	1	5	
总数	4044	3.93	.643	.010	3.91	3.95	1	5	

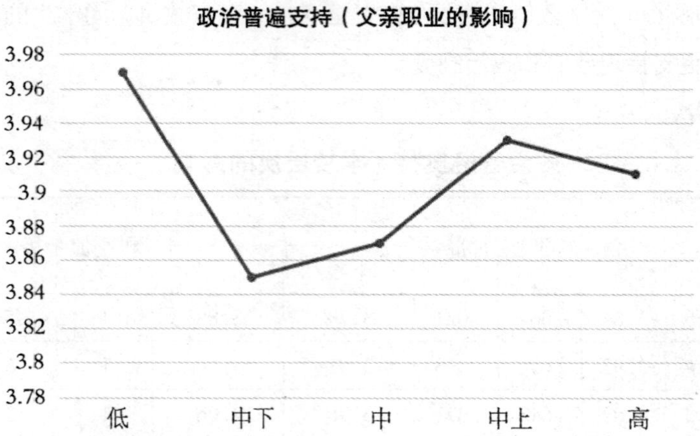

从父亲职业来看，学生的普遍支持呈现 V 型，父亲职业等级最低的学生的普遍支持最高，父亲职业等级为中下的学生的普遍支持最低。 从中下到高，学生的普遍支持越来越高。

政治普遍支持（母亲职业的影响）

	N	均值	标准差	标准误	均值的 95% 置信区间		极小值	极大值	ANOVA F
					下限	上限			
低	2173	3.97	.639	.014	3.94	4.00	1	5	4.893 ($p<0.001$)
中下	381	3.86	.674	.035	3.79	3.93	1	5	
中	683	3.88	.604	.023	3.83	3.92	2	5	
中上	255	3.96	.650	.041	3.88	4.04	1	5	
高	349	3.89	.694	.037	3.81	3.96	1	5	
总数	3841	3.93	.644	.010	3.91	3.95	1	5	

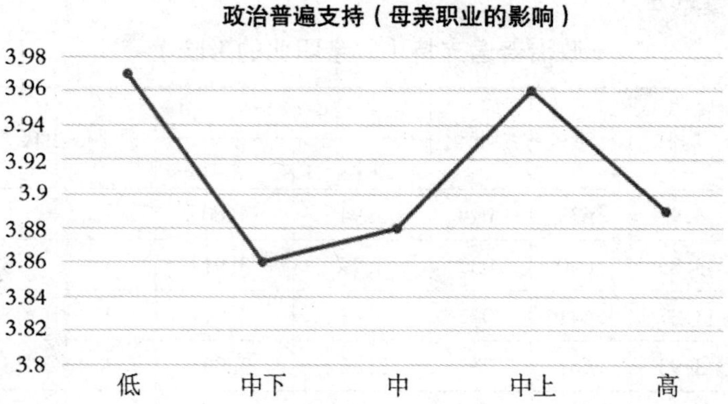

从母亲职业来看，与父亲职业相似，学生的普遍支持呈现 V 型，母亲职业等级最低的学生的普遍支持最高，母亲职业等级为中下的学生的普遍支持最低。 从中下到中上，学生的普

遍支持越来越高。

（10）父母教育程度的差异

政治普遍支持（父亲教育程度的影响）

	N	均值	标准差	标准误	均值的95%置信区间		极小值	极大值	ANOVA F
					下限	上限			
小学及以下	452	3.93	.647	.030	3.87	3.99	1	5	2.933 ($p<0.05$)
初中或相当	1596	3.97	.622	.016	3.94	4.00	1	5	
高中或相当	1097	3.89	.646	.020	3.86	3.93	1	5	
大专或相当	437	3.90	.659	.032	3.84	3.97	1	5	
本科及以上	523	3.89	.683	.030	3.83	3.95	1	5	
总数	4105	3.93	.644	.010	3.91	3.95	1	5	

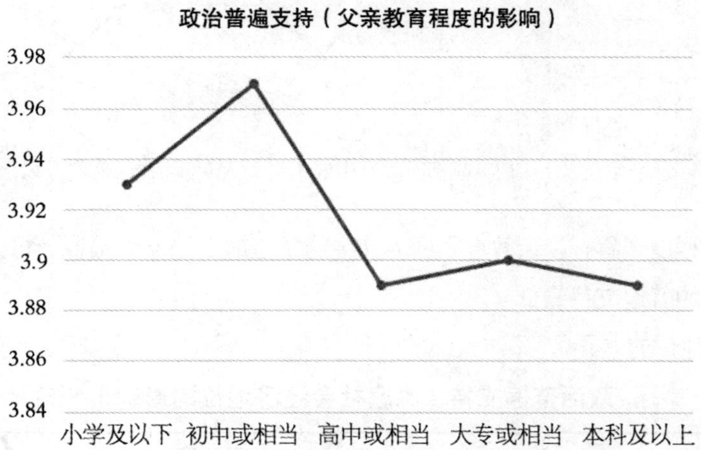

从父亲教育程度来看，总的趋势是，父亲教育程度低的学生的普遍支持要高于父亲教育程度高的学生，父亲教育程度为初中的学生的普遍支持最高，父亲教育程度为高中和本科的学生的普遍支持最低。

政治普遍支持（母亲教育程度的影响）

	N	均值	标准差	标准误	均值的 95% 置信区间		极小值	极大值	ANOVA F
					下限	上限			
小学及以下	956	3.94	.628	.020	3.90	3.98	1	5	2.629（$p<0.05$）
初中或相当	1588	3.96	.615	.015	3.93	3.99	1	5	
高中或相当	893	3.88	.694	.023	3.84	3.93	1	5	
大专或相当	331	3.93	.676	.037	3.86	4.01	1	5	
本科及以上	332	3.88	.644	.035	3.81	3.95	2	5	
总数	4100	3.93	.644	.010	3.91	3.95	1	5	

政治普遍支持（母亲教育程度的影响）

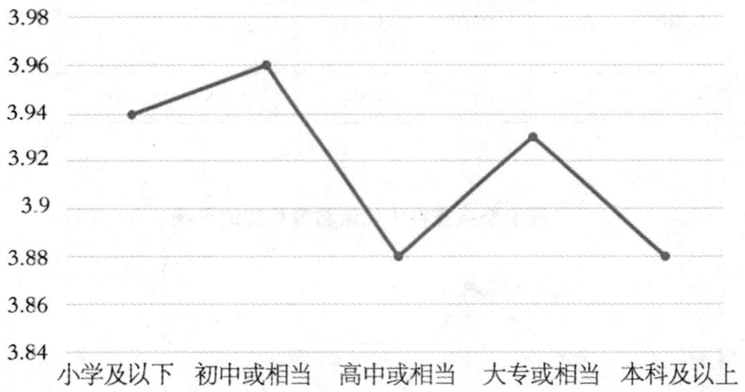

从母亲教育程度来看，母亲教育程度为初中的学生的普遍支持最高，母亲教育程度为高中和本科的学生的普遍支持最低。

（11）家庭地位的差异

政治普遍支持（家庭社会经济地位的影响）

	N	均值	标准差	标准误	均值的 95% 置信区间		极小值	极大值	ANOVA F
					下限	上限			
下层	1723	3.97	.629	.015	3.94	4.00	1	5	4.787（$p<0.05$）
中下层	802	3.92	.649	.023	3.87	3.96	1	5	
中层	556	3.84	.635	.027	3.79	3.89	1	5	
中上层	351	3.94	.648	.035	3.87	4.01	1	5	
上层	366	3.90	.694	.036	3.82	3.97	1	5	
总数	3798	3.93	.644	.010	3.91	3.95	1	5	

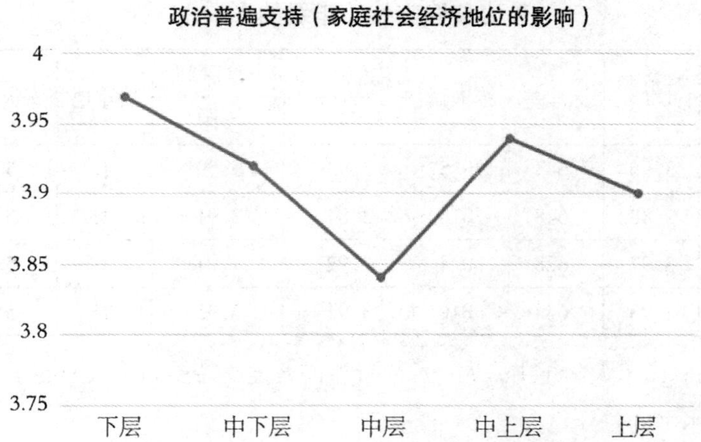

从家庭地位来看，家庭地位最低的学生的普遍支持最高，家庭地位为中层的学生的普遍支持最低。陈捷在对1995年、1997年、1999年三年中国民意调查数据的分析中，三次调查数据结果都是普遍支持水平随着经济地位上升而上升。他给出的解释是，因为经济地位低的人更容易感觉自己是这个政治制度下的被剥夺者，所以经济地位低的人往往对政治制度的支持率也低。[①] 但对于我们的调查数据，这一解释似乎并不适用，我们的数据与陈捷的数据完全不一致，即使用学生的消费水平进行组间差异比较，其数据也与陈捷的正相反。是否是因为近些年来中国经济的发展，使得底层家庭的经济改善感受最深，出身于这样家庭的学生获得感最强？再综合学生的民族主义和盲目自信爱国主义来看，出身家庭地位最低的学生，其民族主义和盲目自信爱国主义感情最强，这两种情感对政治支持都是有正向的促进作用。至于为什么我们的调查会出现这样的结果，我们认为陈捷所给出的“经济上剥夺”的解释还不够充分。

（12）专业年级的差异

政治普遍支持（专业的影响）

	N	均值	标准差	标准误	均值的95%置信区间		极小值	极大值	ANOVA F
					下限	上限			
理科	1741	3.90	.649	.016	3.87	3.93	1	5	6.436 ($p<0.05$)
文科	2391	3.95	.640	.013	3.93	3.98	1	5	
总数	4132	3.93	.644	.010	3.91	3.95	1	5	

从专业来看，文科生的普遍支持比理科生稍高，说明文科生相对来说更支持现政府和政治制度。

① 【美】陈捷:《中国民众政治支持的测量与分析》,中山大学出版社2011年版,第92页。

政治普遍支持（年级的影响）

	N	均值	标准差	标准误	均值的 95% 置信区间		极小值	极大值	ANOVA F
					下限	上限			
大一	1842	3.96	.643	.015	3.93	3.99	1	5	9.013 ($p<0.001$)
大三	1603	3.88	.648	.016	3.84	3.91	1	5	
研究生	687	3.97	.628	.024	3.92	4.01	1	5	
总数	4132	3.93	.644	.010	3.91	3.95	1	5	

从年级来看，山东大学生中，大一和研究生的普遍支持要高于大三的学生。

（13）消费水平的差异

政治普遍支持（消费水平的影响）

	N	均值	标准差	标准误	均值的 95% 置信区间		极小值	极大值	ANOVA F
					下限	上限			
低	226	4.05	.626	.042	3.97	4.13	2	5	6.426 ($p<0.01$)
中	3437	3.93	.635	.011	3.91	3.95	1	5	
高	457	3.86	.705	.033	3.80	3.93	1	5	
总数	4120	3.93	.643	.010	3.91	3.95	1	5	

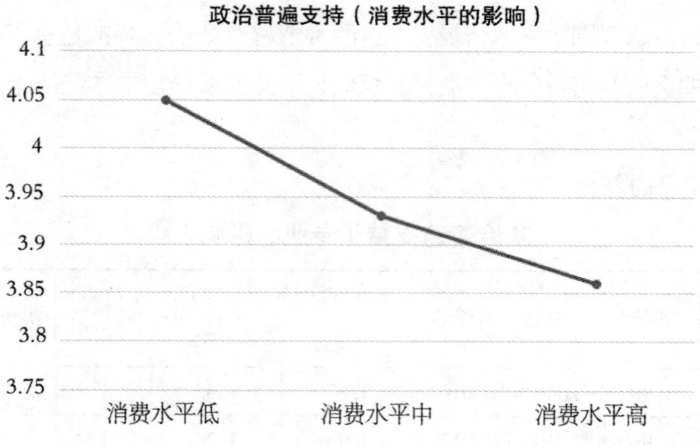

从学生的消费水平来看，很明显，山东大学生中，消费水平越高，学生的普遍支持越低。

（14）政治心理卷入的差异

政治普遍支持（政治心理卷入的影响）

	N	均值	标准差	标准误	均值的95%置信区间		极小值	极大值	ANOVA F
					下限	上限			
低	1731	3.89	.635	.015	3.86	3.92	1	5	14.453 (p<0.001)
高	2397	3.96	.648	.013	3.94	3.99	1	5	
总数	4128	3.93	.644	.010	3.91	3.95	1	5	

从学生的政治心理卷入来看，高政治心理卷入的学生的政治普遍支持高过低心理卷入的学生。或者说，平时对政治比较关注的学生，更支持现政府与政治制度。

(15)民主期望的差异

政治普遍支持（民主期望的影响）

	N	均值	标准差	标准误	均值的95%置信区间		极小值	极大值	ANOVA F
					下限	上限			
低	137	3.50	.988	.084	3.33	3.66	1	5	70.2 (p<0.001)
中	1363	3.83	.605	.016	3.79	3.86	1	5	
高	2614	4.01	.619	.012	3.98	4.03	1	5	
总数	4114	3.93	.641	.010	3.91	3.95	1	5	

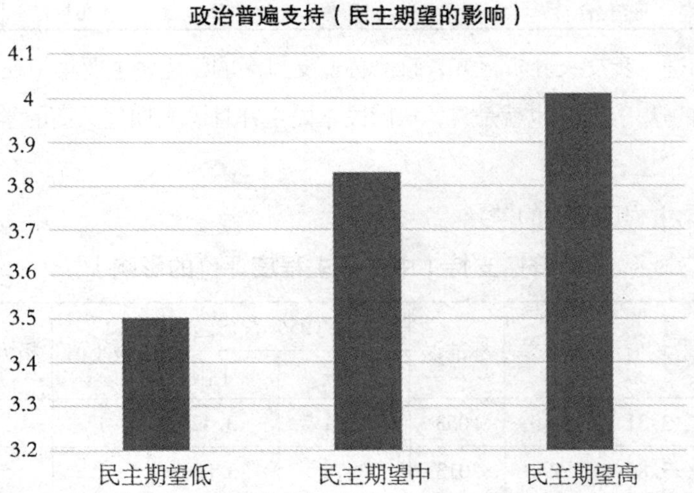

从民主期望来看，学生的民主期望越高，学生的政治普遍支持越高。将政治普遍支持和民主期望进行相关分析，可得到，在显著性水平0.001之下，Pearson相关系数达到0.199，说明这两个变量存在显著性的正相关关系。

民主期望程度 * 政治普遍支持程度 * 民主认知 交叉制表

民主认知			政治普遍支持程度		合计	Pearson 卡方
			低	高		
选举民主	民主期望程度	低	8	9	17	4.469 (p > 0.05)
		中	10	36	46	
		高	11	36	47	
	合计		29	81	110	
民本民主	民主期望程度	低	26	62	88	69.033 (p < 0.001)
		中	116	1047	1163	
		高	144	2125	2269	
	合计		286	3234	3520	
协商民主	民主期望程度	低	10	12	22	19.438 (p < 0.001)
		中	14	106	120	
		高	26	191	217	
	合计		50	309	359	
其他	民主期望程度	低	3	4	7	1.137 (p > 0.05)
		中	3	9	12	
		高	10	32	42	
	合计		16	45	61	

与民主认知进一步交叉分析可知，政治普遍支持高的学生，主要集中在民本民主分组中民主期望程度高的这一组。也就是说，认同民本民主并且民主期望又高的学生，他们的普遍支持程度也高。

（16）中国民主程度评价的差异

政治普遍支持（中国民主程度评价的影响）

	N	均值	标准差	标准误	均值的 95% 置信区间		极小值	极大值	ANOVA F
					下限	上限			
低	280	3.31	.880	.053	3.21	3.42	1	5	383.144 (p < 0.001)
中	2193	3.80	.594	.013	3.78	3.83	1	5	
高	1641	4.20	.515	.013	4.18	4.23	2	5	
总数	4114	3.93	.641	.010	3.91	3.95	1	5	

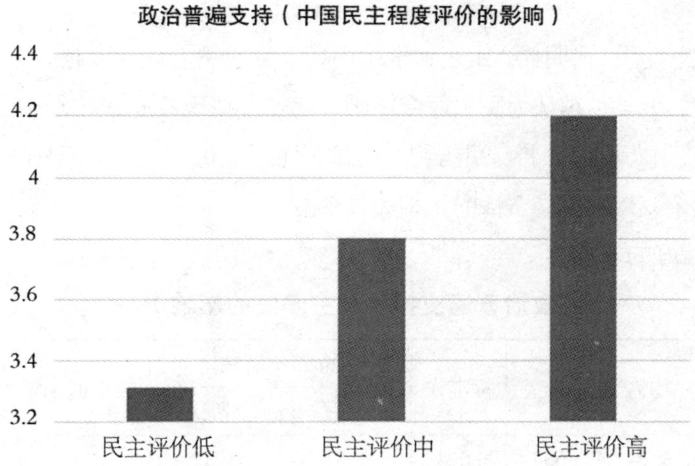

从中国民主程度评价来看，非常明显，对中国民主程度评价越高，其普遍支持程度也越高。 也就是说，山东大学生中，认为中国越民主的学生越支持现政府和政治制度。 将政治普遍支持和民主程度评价进行相关分析，可得到，在显著性水平 0.001 之下，Pearson 相关系数达到 0.442，说明这两个变量存在很强的显著性的正相关关系。

（17）民主适合度的差异

政治普遍支持（民主适合度的影响）

	N	均值	标准差	标准误	均值的 95% 置信区间		极小值	极大值	ANOVA F
					下限	上限			
低	150	3.64	.841	.069	3.50	3.77	1	5	68.939 ($p<0.001$)
中	1125	3.78	.651	.019	3.74	3.82	1	5	
高	2838	4.01	.609	.011	3.98	4.03	1	5	
总数	4113	3.93	.641	.010	3.91	3.95	1	5	

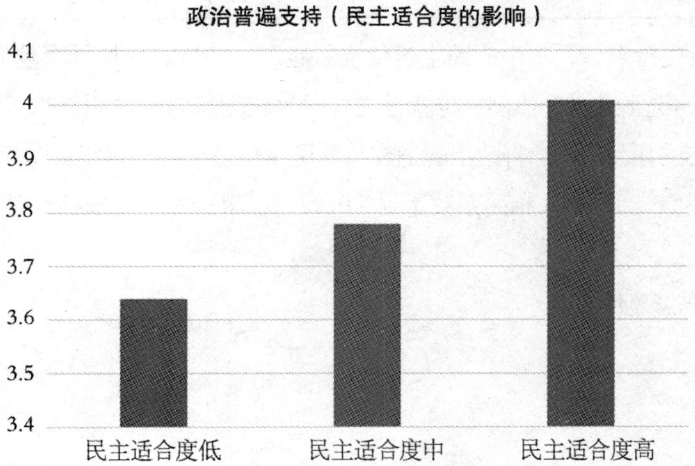

从民主适合度来看，很明显，山东大学生中，学生的民主适合度越高，其普遍支持程度越高。也就是说，大学生越认为民主适合中国，就越支持现政府和政治制度。将政治普遍支持和民主适合度进行相关分析，可得到，在显著性水平0.001之下，Pearson相关系数达到0.226，说明这两个变量存在显著性的正相关关系。

（18）民主偏好的差异

政治普遍支持（民主偏好的影响）

	N	均值	标准差	标准误	均值的95%置信区间		极小值	极大值	ANOVA F
					下限	上限			
低	2007	3.84	.637	.014	3.81	3.87	1	5	95.189 (p<0.001)
高	1926	4.04	.625	.014	4.01	4.06	1	5	
总数	3933	3.93	.639	.010	3.92	3.95	1	5	

从民主偏好来看，学生的民主偏好越高，其政治普遍支持也越高。这里的民主偏好前章已经分析过，指的是民本民主的偏好，也就是我们国家所实施的民主制度，这样一来，这一结果就很好理解了。将政治普遍支持和民主偏好进行相关分析，可得到，在显著性水平0.001之下，Pearson相关系数达到0.182，说明这两个变量存在显著性的正相关关系。

（19）民主价值支持的差异

政治普遍支持（民主价值支持的影响）

	N	均值	标准差	标准误	均值的95%置信区间		极小值	极大值	ANOVA F
					下限	上限			
低	869	4.09	.582	.020	4.05	4.13	1	5	70.259 (p<0.001)
高	3236	3.88	.653	.011	3.86	3.91	1	5	
总数	4105	3.93	.644	.010	3.91	3.95	1	5	

从民主价值支持来看，学生的民主价值支持越高，其普遍支持程度越低。这里的民主价值指的是西方的选举民主价值观，也就是说，学生越支持西方民主，相对来说，那对现政府和政治制度的支持度越低。将政治普遍支持和民主价值支持进行相关分析，可得到，在显著性水平0.001之下，Pearson相关系数达到-0.22，说明这两个变量存在显著性的负相关关系。

（20）民主满意度的差异

政治普遍支持（民主满意度的影响）

	N	均值	标准差	标准误	均值的 95% 置信区间		极小值	极大值	ANOVA F
					下限	上限			
满意	2703	4.13	.534	.010	4.10	4.15	2	5	472.957 (p<0.001)
不确定	584	3.70	.528	.022	3.66	3.74	2	5	
不满意	842	3.46	.740	.025	3.41	3.51	1	5	
总数	4129	3.93	.644	.010	3.91	3.95	1	5	

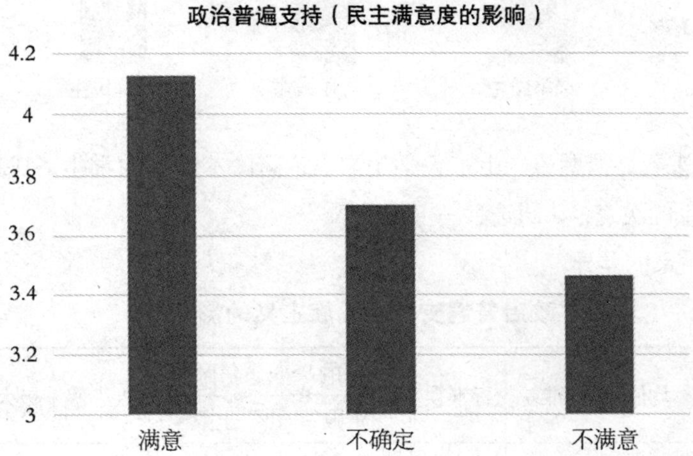

从民主满意度来看，很明显，学生对我国的民主越满意，其政治普遍支持度越高。将政治普遍支持和民主满意度进行相关分析，可得到，在显著性水平 0.001 之下，Pearson 相关系数达到 0.462，说明这两个变量存在非常强的显著性的正相关关系。

（21）民主认知的差异

政治普遍支持（民主认知的影响）

	N	均值	标准差	标准误	均值的 95% 置信区间		极小值	极大值	ANOVA F
					下限	上限			
选举民主	111	3.67	.861	.082	3.51	3.83	1	5	20.78 (p<0.001)
民本民主	3529	3.96	.614	.010	3.94	3.98	1	5	
协商民主	361	3.79	.684	.036	3.72	3.86	1	5	
其他	61	3.60	.940	.120	3.36	3.84	1	5	
总数	4062	3.93	.639	.010	3.91	3.95	1	5	

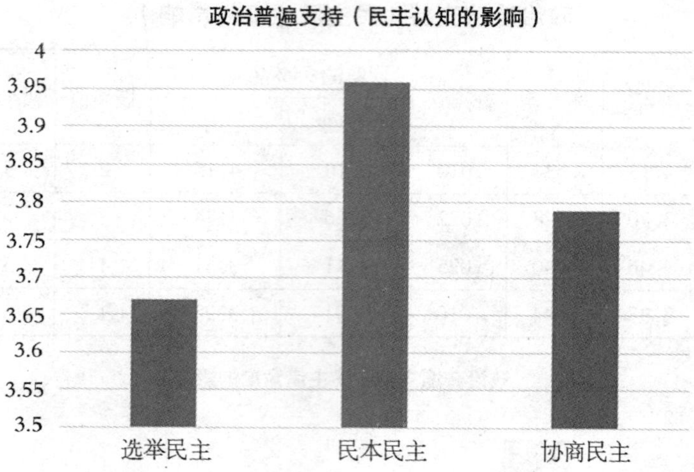

从民主认知来看，很明显，山东大学生中，认同民本民主的学生，其政治普遍支持最高，认同协商民主的次之，认同选举民主的最低。

（22）民族主义的差异

政治普遍支持（民族主义的影响）

	N	均值	标准差	标准误	均值的95%置信区间		极小值	极大值	ANOVA F
					下限	上限			
低	582	3.55	.751	.031	3.49	3.61	1	5	248.804 (p<0.001)
高	3538	3.99	.602	.010	3.97	4.01	1	5	
总数	4120	3.93	.643	.010	3.91	3.95	1	5	

从民族主义来看，很明显，学生的民族主义感情越高，其普遍支持越高，就是说越支持现政府和政治制度。将政治普遍支持和民族主义进行相关分析，可得到，在显著性水平0.001之下，Pearson相关系数达到0.361，说明这两个变量存在显著性的正相关关系。

（23）盲目自负爱国主义的差异

政治普遍支持（盲目自负爱国主义的影响）

	N	均值	标准差	标准误	均值的95%置信区间		极小值	极大值	ANOVA F
					下限	上限			
低	806	3.58	.735	.026	3.53	3.63	1	5	289.943 (p<0.001)
中	2053	3.89	.567	.013	3.86	3.91	1	5	
高	1250	4.22	.567	.016	4.19	4.25	1	5	
总数	4109	3.93	.645	.010	3.91	3.95	1	5	

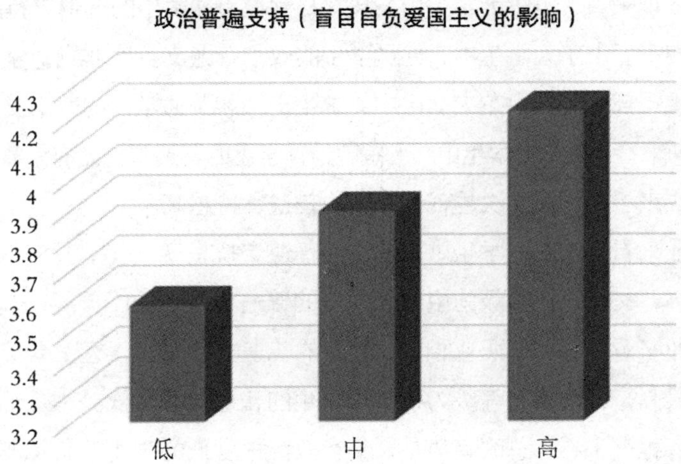

从盲目自负爱国主义来看，很明显，学生的爱国主义情感越强烈，其政治普遍支持度就越高。盲目自负爱国主义与政治普遍支持进行相关分析，可得到，在显著性水平 0.001 之下，Pearson 相关系数达到 0.398，说明这两个变量存在显著性的正相关关系。

（24）国际主义的差异

政治普遍支持（国际主义的影响）

	N	均值	标准差	标准误	均值的 95% 置信区间		极小值	极大值	ANOVA F
					下限	上限			
低	1979	3.84	.653	.015	3.81	3.87	1	5	82.768 ($p<0.001$)
高	2137	4.02	.624	.013	3.99	4.04	1	5	
总数	4116	3.93	.644	.010	3.91	3.95	1	5	

从国际主义来看，国际主义越高的学生，其普遍支持也越高。国际主义与政治普遍支持进行相关分析，在显著性水平 0.001 之下，Pearson 相关系数达到 0.184，说明这两个变量存在显著性的正相关关系。

（25）小结

对于政治普遍支持，山东大学生得分 3.93 分，超出中间值 0.93 分，说明山东大学生政治普遍支持比较高，也就是说山东大学生对我国当前政体倡导的基本价值以及对我国的基本政治制度是比较支持的。其组间差异的统计结果如下：

◆从性别来看，山东大学生中，女生的政治普遍支持度高于男生。

◆从民族来看，山东大学生中汉族和少数民族的普遍支持度没有差异。

◆从是否独生子女来看，山东大学生中非独生子女的学生的普遍支持比独生子女的稍高。

◆从户口属性来看，山东大学生中，农业户口的学生的盲目自负爱国主义程度比非农业户口的学生高。

◆从家庭所在地来看，山东大学生中，从农村到城市，学生的普遍支持越来越低。

◆从政治面貌看，山东大学生中，党员学生的政治普遍支持比非党员学生要高。

◆从是否学生干部来看，山东大学生中，学生干部和普通学生的普遍支持没有差异。

◆从宗教信仰来看，山东大学生中，无宗教信仰学生的普遍支持比有宗教信仰学生的高。

◆从学校层次来看，学校层次越低，学生的普遍支持越高。

◆从父亲职业来看，山东大学生中，学生的普遍支持呈现V型，父亲职业等级最低的学生的普遍支持最高，父亲职业等级为中下的学生的普遍支持最低。

◆从母亲职业来看，与父亲职业相似，学生的普遍支持呈现V型，母亲职业等级最低的学生的普遍支持最高，母亲职业等级为中下的学生的普遍支持最低。

◆从父亲教育程度来看，总的趋势是，父亲教育程度低的学生的普遍支持要高于父亲教育程度高的学生，父亲教育程度为初中的学生的普遍支持最高，父亲教育程度为高中和本科的学生的普遍支持最低。

◆从母亲教育程度来看，母亲教育程度为初中的学生的普遍支持最高，母亲教育程度为高中和本科的学生的普遍支持最低。

◆从家庭经济社会地位来看，从家庭地位来看，家庭地位最低的学生的普遍支持最高，家庭地位为中层的学生的普遍支持最低。

◆从专业来看，山东大学生中，文科生的普遍支持比理科生稍高。

◆从年级来看，山东大学生中，大一和研究生的普遍支持要高于大三的学生。

◆从学生的消费水平来看，山东大学生中，消费水平越高，学生的普遍支持越低。

◆从心理卷入来看，山东大学生中，高政治心理卷入的学生的政治普遍支持高过低心理卷入的学生。

◆从民主期望来看，学生的民主期望越高，学生的政治普遍支持越高。

◆从民主程度评价来看，山东大学生中，对民主程度评价越高，其政治普遍支持度也越高。

◆从民主适合度来看，山东大学生中，学生的民主适合度越高，其普遍支持程度越高。

◆从民主偏好来看，山东大学生中，学生的民主偏好越高，其政治普遍支持也越高。

◆从民主价值支持来看，山东大学生中学生的民主价值支持越高，其普遍支持程度越低。

◆从民主满意度来看，学生对我国的民主越满意，其政治普遍支持度越高。

◆从民主认知来看，很明显，山东大学生中，认同民本民主的学生，其政治普遍支持最高，认同协商民主的次之，认同选举民主的最低。

◆从民族主义来看，很明显，学生的民族主义感情越高，其普遍支持越高。

◆从盲目自负爱国主义来看，很明显，学生的爱国主义情感越强烈，其政治普遍支持度就越高。

◆从国际主义来看，国际主义越高的学生，其普遍支持也越高。

二、特定支持测量

政治特定支持的量表为李克特量表，包括十个问题，每一个问题是五分制，1 分最低，5 分最高。 而特定支持变量的分值也是 1 -5 分，1 分表示特定支持度最低，5 分表示特定支持度最高，问题如下：

请根据您自己的了解，给下列政策的政绩打分（1 分最差，5 分最好）

①控制通货膨胀

②提供就业保障

③缩小贫富差距

④改善住房条件

⑤维护社会治安

⑥提供医疗保障

⑦提供社会救济

⑧治理环境污染

⑨打击贪污腐败

⑩维护国家主权

1. 特定支持量表统计

（1）描述统计

量表中十个问题的统计如下：

描述统计量

	N	极小值	极大值	均值	标准差
维护国家主权	4141	1	5	4.17	.936
打击贪污腐败	4138	1	5	3.66	1.140
维护社会治安	4130	1	5	3.55	1.019
提供医疗保障	4138	1	5	3.35	1.063
提供社会救济	4122	1	5	3.19	1.072
控制通货膨胀	4135	1	5	3.15	.998
提供就业保障	4134	1	5	2.90	1.064

改善住房条件	4133	1	5	2.68	1.147
治理环境污染	4136	1	5	2.60	1.147
缩小贫富差距	4138	1	5	2.59	1.152
有效的 N	4057				

从统计结果来看，学生对于维护国家主权和打击贪污腐败的满意度最高；治理环境污染和缩小贫富差距最不满意。其中，提供就业保障、改善住房条件、治理环境污染、缩小贫富差距的得分都小于中值，说明学生对于这四方面的政府工作的满意度都比较低。

（2）相关性分析

相关性

		民主偏好程度	民主价值支持	民族主义	盲目自负爱国主义	国际主义
控制通货膨胀	Pearson 相关性	.112**	-.094**	.089**	.087**	.095**
	显著性（双侧）	.000	.000	.000	.000	.000
	N	4042	4107	4122	4112	4118
提供就业保障	Pearson 相关性	.108**	-.100**	.064**	.133**	.081**
	显著性（双侧）	.000	.000	.000	.000	.000
	N	4041	4108	4123	4111	4117
缩小贫富差距	Pearson 相关性	.165**	-.107**	.100**	.150**	.119**
	显著性（双侧）	.000	.000	.000	.000	.000
	N	4045	4111	4126	4116	4123
改善住房条件	Pearson 相关性	.145**	-.088**	.088**	.155**	.101**
	显著性（双侧）	.000	.000	.000	.000	.000
	N	4040	4106	4121	4110	4116
维护社会治安	Pearson 相关性	.023	-.056**	.043**	.121**	.022
	显著性（双侧）	.142	.000	.006	.000	.158
	N	4037	4103	4118	4108	4114
提供医疗保障	Pearson 相关性	.115**	-.093**	.091**	.157**	.090**
	显著性（双侧）	.000	.000	.000	.000	.000
	N	4045	4111	4126	4115	4122
提供社会救济	Pearson 相关性	.115**	-.100**	.120**	.163**	.112**
	显著性（双侧）	.000	.000	.000	.000	.000
	N	4030	4095	4110	4099	4105

治理环境污染	Pearson 相关性	.147**	-.114**	.101**	.155**	.066**
	显著性（双侧）	.000	.000	.000	.000	.000
	N	4043	4109	4124	4113	4119
打击贪污腐败	Pearson 相关性	.092**	-.137**	.075**	.109**	.052**
	显著性（双侧）	.000	.000	.000	.000	.001
	N	4045	4111	4126	4115	4121
维护国家主权	Pearson 相关性	.078**	-.081**	.072**	.105**	.060**
	显著性（双侧）	.000	.000	.000	.000	.000
	N	4049	4114	4129	4118	4124
保障教育公平	Pearson 相关性	.129**	-.119**	.091**	.144**	.068**
	显著性（双侧）	.000	.000	.000	.000	.000
	N	4050	4116	4131	4120	4126

**. 在 .01 水平（双侧）上显著相关。

政治特定支持各项问题与民主偏好程度进行相关分析，从统计数据来看，每一项问题与民主偏好程度都是显著性正相关关系，只是关系强度比较弱。也就是说，民主偏好程度高的学生，对政府的各项政策的满意度也高。前面已经分析，这里的民主偏好指的是民本民主的偏好，大学生对于我国实施的民本民主越支持，自然对于政府和政府的各项政策也越支持，所以会出现这样的相关关系。

政治特定支持各项问题与民主价值支持进行相关分析，从统计数据来看，每一项问题与民主价值支持程度都是显著性负相关关系，只是关系强度比较弱。也就是说，民主价值支持程度越高的学生，对政府的各项政策的满意度越低。而这里的民主价值指的是西方式的选举民主价值，大学生越支持西方的民主价值，自然对于国内实施的民本民主越不满意，进而对于政府和政府各项政策也越不满意，所以才会出现负相关的关系。

政治特定支持各项问题与民族主义进行相关分析，从统计数据来看，每一项问题与民族主义都是显著性正相关关系，只是关系强度比较弱。也就是说，民族主义感情强烈的学生，更倾向于给政府的各项政策打高分。

政治特定支持量表中的各项问题与盲目自信爱国主义进行相关分析，从统计数据来看，每一项问题与盲目自信爱国主义都是显著性正相关关系，只是关系强度比较弱，但比民族主义的强一些。也就是说，盲目自信爱国主义感情强烈的学生，更倾向于给政府的各项政策打高分。

政治特定支持量表中的各项问题与国际主义进行相关分析，从统计数据来看，每一项问题与国际主义都是显著性正相关关系，只是关系强度比较弱。也就是说，国际主义感情强烈的学生，更倾向于给政府的各项政策打高分。

2. 特定支持变量统计

对于特定支持变量，其描述统计值如下：

描述统计量

	N	极小值	极大值	均值	标准差	方差
政治当局特定支持	4057	1	5	3.19	.742	.551
有效的 N（列表状态）	4057					

从总体得分来看，山东大学生的特定支持得分是 3.19，仅仅稍高于中值 0.19 分，说明大学生对于这些政策的满意度是一般的。

（1）性别的差异

政治特定支持（性别的影响）

	N	均值	标准差	标准误	均值的 95% 置信区间		极小值	极大值	ANOVA F
					下限	上限			
男	1307	3.22	.773	.021	3.17	3.26	1	5	3.271 ($p>0.05$)
女	2738	3.17	.726	.014	3.14	3.20	1	5	
总数	4045	3.18	.742	.012	3.16	3.21	1	5	

从性别来看，样本值中，男生的特定支持比女生高，但总体看，F 检定未通过，说明山东大学生中，男生和女生的特定支持没有差别。陈捷对中国民众的调查中，数据显示，女性对政府政策和政绩的评价都低于男性的评价。他认为这是因为在改革时代，政府对生产力和经济效益或明或暗的强调超过了其对男女平等的重视，女性比男性更加意识到自己是政府政策的牺牲品。① 而我们的调查数据显示男生和女生没有显著性差异，可能是大学生还没有进入社会，还未感受到政府政策对性别的影响。

（2）民族的差异

政治特定支持（民族的影响）

	N	均值	标准差	标准误	均值的 95% 置信区间		极小值	极大值	ANOVA F
					下限	上限			
汉族	3897	3.19	.740	.012	3.16	3.21	1	5	0.88 ($p>0.05$)
少数民族	160	3.13	.789	.062	3.01	3.25	1	5	
总数	4057	3.19	.742	.012	3.16	3.21	1	5	

从民族来看，样本值中，汉族学生的特定支持比少数民族学生高，但总体看，F 检定未

① 【美】陈捷：《中国民众政治支持的测量与分析》，中山大学出版社 2011 年版，第 122 页。

通过，说明山东大学生中，汉族学生和少数民族学生的特定支持没有差别。

（3）是否是独生子女的差异

政治特定支持（是否独生子女的影响）

	N	均值	标准差	标准误	均值的95%置信区间		极小值	极大值	ANOVA F
					下限	上限			
是	1692	3.21	.749	.018	3.17	3.24	1	5	2.399 ($p>0.05$)
否	2351	3.17	.738	.015	3.14	3.20	1	5	
总数	4043	3.19	.743	.012	3.16	3.21	1	5	

从是否是独生子女来看，样本值中，独生子女学生的特定支持比非独生子女学生高，但总体看，F检定未通过，说明山东大学生中，独生子女学生和非独生子女学生的特定支持没有差别。

（4）户口的差异

政治特定支持（户口属性的影响）

	N	均值	标准差	标准误	均值的95%置信区间		极小值	极大值	ANOVA F
					下限	上限			
农业	2461	3.19	.743	.015	3.16	3.22	1	5	0.478 ($p>0.05$)
非农业	1582	3.18	.741	.019	3.14	3.21	1	5	
总数	4043	3.19	.742	.012	3.16	3.21	1	5	

从户口属性来看，样本值中，农业户口学生的特定支持比非农业户口学生稍高，但总体看，F检定未通过，说明山东大学生中，农业户口学生和非农业户口学生的特定支持没有差别。

（5）家庭所在地的差异

政治特定支持（家庭所在地的影响）

	N	均值	标准差	标准误	均值的95%置信区间		极小值	极大值	ANOVA F
					下限	上限			
农村	1744	3.20	.753	.018	3.17	3.24	1	5	1.696 ($p>0.05$)
县城镇区	1170	3.19	.735	.021	3.15	3.23	1	5	
城市	1122	3.15	.735	.022	3.11	3.20	1	5	
总数	4036	3.19	.743	.012	3.16	3.21	1	5	

从家庭所在地来看，样本值中，从农村到城市，学生的特定支持程度依次降低，但总体看，F检定未通过，说明山东大学生中，不同家庭所在地的学生的特定支持没有差别。

（6）政治面貌的差异

政治特定支持（政治面貌的影响）

	N	均值	标准差	标准误	均值的 95% 置信区间		极小值	极大值	ANOVA F
					下限	上限			
非中共党员	3808	3.19	.746	.012	3.16	3.21	1	5	0.296（p>0.05）
中共党员	240	3.16	.692	.045	3.07	3.25	1	5	
总数	4048	3.19	.743	.012	3.16	3.21	1	5	

从政治面貌来看，样本值中，非党员学生的特定支持程度稍高于党员学生，但总体看，F 检定未通过，说明山东大学生中，党员学生和普通学生的特定支持没有差别。

政治特定支持（学生机构角色的影响）

	N	均值	标准差	标准误	均值的 95% 置信区间		极小值	极大值	ANOVA F
					下限	上限			
干部	1136	3.16	.730	.022	3.12	3.21	1	5	3.349（p>0.05）
普通成员	2256	3.21	.734	.015	3.18	3.24	1	5	
总数	3392	3.20	.733	.013	3.17	3.22	1	5	

从学生机构角色来看，样本值中，普通学生的特定支持程度稍高于干部学生，但总体看，F 检定未通过，说明山东大学生中，干部学生和普通学生的特定支持没有差别。

（7）宗教信仰的差异

政治特定支持（宗教信仰的影响）

	N	均值	标准差	标准误	均值的 95% 置信区间		极小值	极大值	ANOVA F
					下限	上限			
无	3861	3.19	.738	.012	3.17	3.21	1	5	3.293（p>0.05）
有	180	3.09	.820	.061	2.97	3.21	1	5	
总数	4041	3.19	.742	.012	3.16	3.21	1	5	

从宗教信仰来看，样本值中，无宗教信仰学生的特定支持程度稍高于有宗教信仰学生，但总体看，F 检定未通过，说明山东大学生中，无宗教信仰学生和有宗教信仰学生的特定支持没有差别。

（8）学校层次的差异

政治特定支持（学校层次的影响）

	N	均值	标准差	标准误	均值的95%置信区间		极小值	极大值	ANOVA F
					下限	上限			
985高校	946	3.19	.737	.024	3.14	3.24	1	5	2.304（p>0.05）
一本院校	2227	3.17	.737	.016	3.13	3.20	1	5	
普通院校	884	3.23	.759	.026	3.18	3.28	1	5	
总数	4057	3.19	.742	.012	3.16	3.21	1	5	

从学校层次来看，样本值中，普通院校的学生的特定支持程度最高，但总体看，F检定未通过，说明山东大学生中，不同层次学校的学生的特定支持没有差别。

（9）父母职业的差异

政治特定支持（父亲职业的影响）

	N	均值	标准差	标准误	均值的95%置信区间		极小值	极大值	ANOVA F
					下限	上限			
低	1961	3.97	.633	.014	3.94	4.00	1	5	5.732（p<0.001）
中下	411	3.85	.640	.032	3.79	3.91	1	5	
中	864	3.87	.641	.022	3.83	3.91	1	5	
中上	397	3.93	.661	.033	3.86	3.99	1	5	
高	411	3.91	.670	.033	3.84	3.97	1	5	
总数	4044	3.93	.643	.010	3.91	3.95	1	5	

政治特定支持（父亲职业的影响）

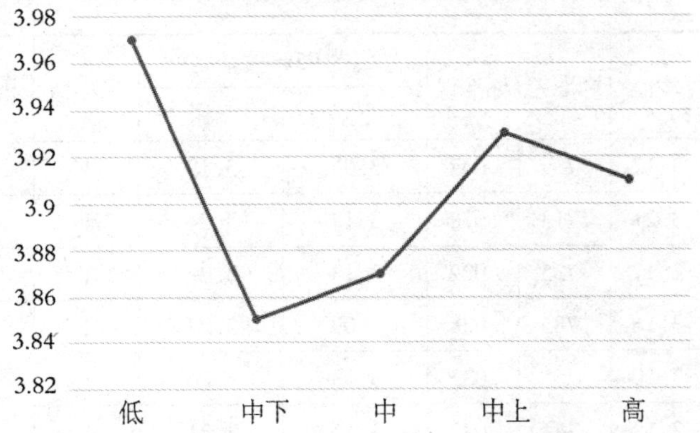

从父亲职业来看，趋势呈现v型结构，父亲职业等级最低的学生的特定支持最高，父亲职

业等级为中下的学生的特定支持最低，而从中下级到最高级，学生的特定支持又逐步升高。

政治特定支持（母亲职业的影响）

	N	均值	标准差	标准误	均值的 95% 置信区间		极小值	极大值	ANOVA F
					下限	上限			
低	2173	3.97	.639	.014	3.94	4.00	1	5	4.893 (p<0.001)
中下	381	3.86	.674	.035	3.79	3.93	1	5	
中	683	3.88	.604	.023	3.83	3.92	2	5	
中上	255	3.96	.650	.041	3.88	4.04	1	5	
高	349	3.89	.694	.037	3.81	3.96	1	5	
总数	3841	3.93	.644	.010	3.91	3.95	1	5	

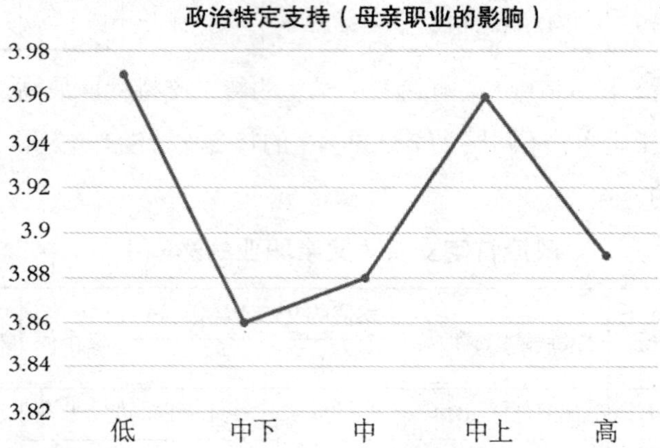

从母亲职业来看，与父亲职业类似，趋势也呈现 v 型结构，母亲职业等级最低的学生的特定支持最高，母亲职业等级为中下的学生的特定支持最低，而从中下级到最高级，学生的特定支持又逐步升高。

（10）父母教育程度的差异

政治特定支持（父亲教育程度的影响）

	N	均值	标准差	标准误	均值的 95% 置信区间		极小值	极大值	ANOVA F
					下限	上限			
小学及以下	445	3.12	.789	.037	3.04	3.19	1	5	1.551 (p>0.05)
初中或相当	1568	3.21	.713	.018	3.17	3.24	1	5	
高中或相当	1077	3.17	.735	.022	3.13	3.22	1	5	
大专或相当	430	3.16	.785	.038	3.09	3.24	1	5	
本科及以上	512	3.20	.755	.033	3.13	3.26	1	5	
总数	4032	3.18	.741	.012	3.16	3.21	1	5	

从父亲教育程度来看，山东大学生中，父亲教育程度不同的学生的特定支持没有差别。

政治特定支持（母亲教育程度的影响）

	N	均值	标准差	标准误	均值的95%置信区间		极小值	极大值	ANOVA F
					下限	上限			
小学及以下	940	3.17	.761	.025	3.12	3.22	1	5	1.302 (p>0.05)
初中或相当	1563	3.21	.729	.018	3.17	3.24	1	5	
高中或相当	876	3.15	.743	.025	3.10	3.19	1	5	
大专或相当	325	3.22	.737	.041	3.14	3.30	1	5	
本科及以上	323	3.21	.759	.042	3.12	3.29	1	5	
总数	4027	3.19	.742	.012	3.16	3.21	1	5	

从母亲教育程度来看，山东大学生中，母亲教育程度不同的学生的特定支持没有差别。

（11）家庭地位的差异

政治特定支持（家庭社会经济地位的影响）

	N	均值	标准差	标准误	均值的95%置信区间		极小值	极大值	ANOVA F
					下限	上限			
下层	1693	3.22	.759	.018	3.18	3.25	1	5	3.015 (p<0.05)
中下层	789	3.12	.684	.024	3.08	3.17	1	5	
中层	543	3.14	.749	.032	3.07	3.20	1	5	
中上层	344	3.19	.747	.040	3.12	3.27	1	5	
上层	361	3.22	.790	.042	3.14	3.30	1	5	
总数	3730	3.18	.745	.012	3.16	3.21	1	5	

政治特定支持（家庭社会经济地位的影响）

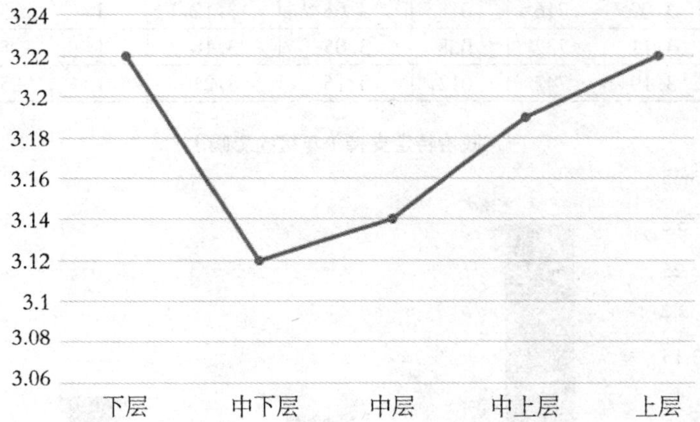

从家庭社会经济地位来看，趋势呈现V型结构，家庭地位最低和最高的学生的特定支持最高，家庭地位为中下层的学生的特定支持最低，从中下层到最高层，学生的特定支持逐步升高。陈捷对1995年、1997年、1999年三年的数据分析结果显示，不同的经济地位的被调查者的特定支持程度存在差异，在1995年和1997年的调查中，那些自认为经济状况属于中等水平的群体，特定支持处于最高水平；而1999年数据中，那些自认为经济状况属于中低水

平的群体，特定支持处于最高水平，特定支持的峰值有所移动。陈捷认为，这种结果的原因是20世纪90年代末，主要社会经济领域中的现行政策可能一直在为中低收入阶层和中等收入阶层带来福利。① 而陈捷的数据中，诸年中，低收入群体的特定支持水平都是最低的，高收入群体的特定支持都处于次低的水平，这与我们的调查结果正好相反，是否说明近些年主要社会经济领域中的现行政策影响低收入群体和高收入群体的获益最多，处于这种家庭的孩子感受最深，故他们特定支持最高。

（12）专业年级的差异

政治特定支持（专业的影响）

	N	均值	标准差	标准误	均值的95%置信区间		极小值	极大值	ANOVA F
					下限	上限			
理科	1708	3.20	.763	.018	3.17	3.24	1	5	1.461 (p>0.05)
文科	2349	3.17	.727	.015	3.14	3.20	1	5	
总数	4057	3.19	.742	.012	3.16	3.21	1	5	

从专业来看，样本值里，理科生的特定支持高过文科生，但F检定未通过，说明山东大学生里，文科生和理科生的特定支持没有差别。

政治特定支持（年级的影响）

	N	均值	标准差	标准误	均值的95%置信区间		极小值	极大值	ANOVA F
					下限	上限			
大一	1803	3.30	.752	.018	3.27	3.34	1	5	40.5 (p<0.001)
大三	1569	3.09	.716	.018	3.05	3.12	1	5	
研究生	685	3.11	.732	.028	3.05	3.16	1	5	
总数	4057	3.19	.742	.012	3.16	3.21	1	5	

政治特定支持（年级的影响）

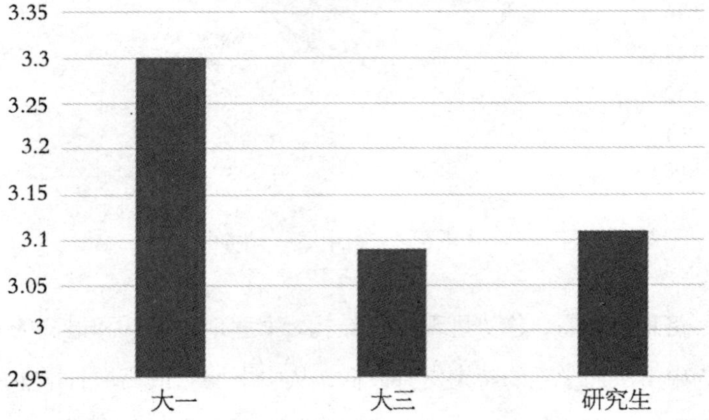

① 【美】陈捷:《中国民众政治支持的测量与分析》,中山大学出版社2011年版,第130页。

从年级看，山东大学生中，大一学生的特定支持最高，研究生的次之，大三学生的最低。

（13）消费水平的差异

政治特定支持（消费水平的影响）

	N	均值	标准差	标准误	均值的 95% 置信区间		极小值	极大值	ANOVA F
					下限	上限			
低	222	3.26	.860	.058	3.14	3.37	1	5	1.294 ($p>0.05$)
中	3375	3.18	.728	.013	3.16	3.21	1	5	
高	449	3.16	.779	.037	3.09	3.23	1	5	
总数	4046	3.19	.741	.012	3.16	3.21	1	5	

从消费水平来看，样本值中，学生的消费水平越高，其特定支持越低。但 F 检定没有通过，说明山东大学生中，不同消费水平的学生的特定支持没有差异。

（14）民主期望的差异

政治特定支持（民主期望的影响）

	N	均值	标准差	标准误	均值的 95% 置信区间		极小值	极大值	ANOVA F
					下限	上限			
低	134	2.71	.946	.082	2.54	2.87	1	5	65.203 ($p<0.001$)
中	1337	3.07	.715	.020	3.03	3.11	1	5	
高	2568	3.27	.722	.014	3.24	3.30	1	5	
总数	4039	3.19	.740	.012	3.16	3.21	1	5	

政治特定支持（民主期望的影响）

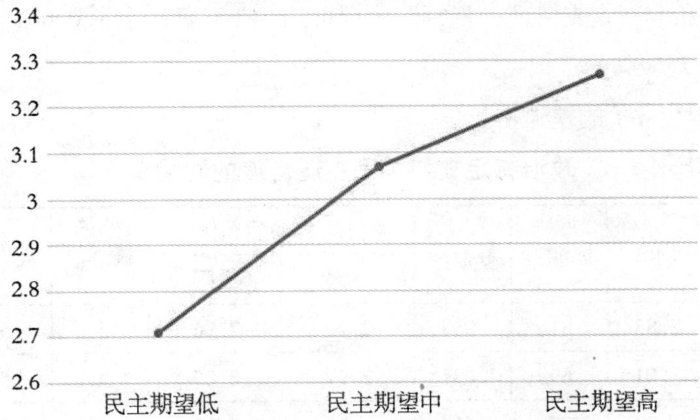

从民主期望来看，学生的民主期望越高，其政治特定支持就越高。民主期望与特定支持进行相关性分析可知，在显著性水平 0.001 下，Pearson 相关系数为 0.192，呈现显著性正相

关关系。

（15）民主程度评价的差异

政治特定支持（中国民主程度评价的影响）

	N	均值	标准差	标准误	均值的 95% 置信区间		极小值	极大值	ANOVA F
					下限	上限			
低	276	2.63	.837	.050	2.53	2.73	1	5	259.684 (p<0.001)
中	2146	3.05	.687	.015	3.02	3.07	1	5	
高	1617	3.46	.682	.017	3.43	3.50	1	5	
总数	4039	3.18	.740	.012	3.16	3.21	1	5	

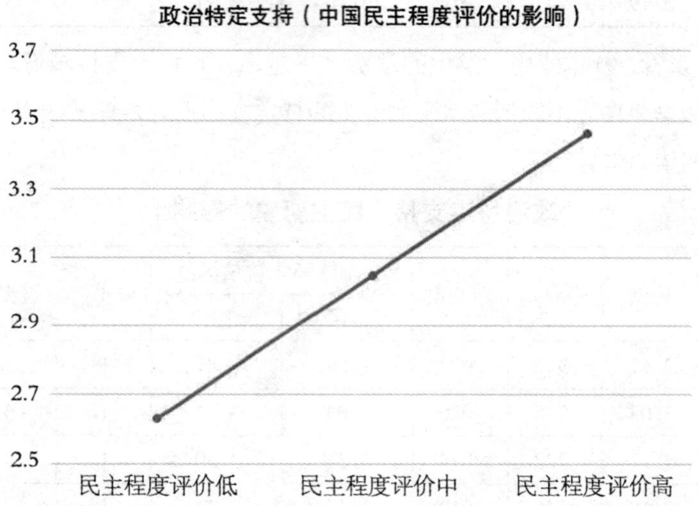

从民主程度评价来看，非常明显，学生对中国民主程度评价越高，其政治特定支持也越高。民主程度评价与特定支持进行相关性分析可知，在显著性水平 0.001 下，Pearson 相关系数为 0.384，呈现较强的正相关关系。

（16）民主程度评价的差异

政治特定支持（民主适合度的影响）

	N	均值	标准差	标准误	均值的 95% 置信区间		极小值	极大值	ANOVA F
					下限	上限			
低	149	2.83	.816	.067	2.70	2.96	1	5	68.983 (p<0.001)
中	1103	3.01	.699	.021	2.97	3.05	1	5	
高	2787	3.27	.734	.014	3.25	3.30	1	5	
总数	4039	3.19	.740	.012	3.16	3.21	1	5	

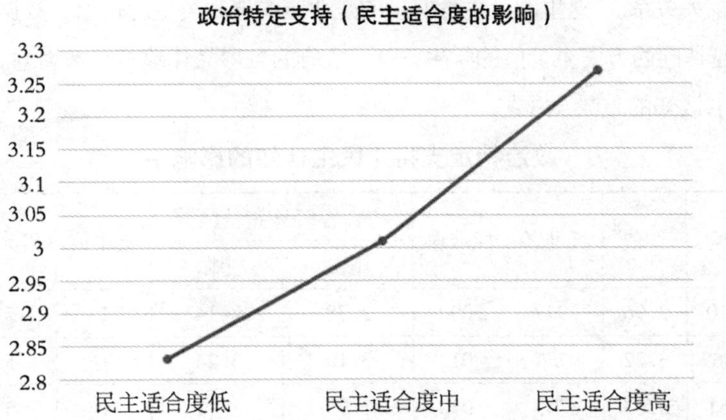

从民主适合度来看，非常明显，学生认为民主越适合中国，其政治特定支持也越高。民主适合度与特定支持进行相关性分析可知，在显著性水平 0.001 下，Pearson 相关系数为 0.213，呈现显著性的正相关关系。

（17）民主偏好的差异

政治特定支持（民主偏好的影响）

	N	均值	标准差	标准误	均值的 95% 置信区间		极小值	极大值	ANOVA F
					下限	上限			
低	1967	3.09	.723	.016	3.05	3.12	1	5	83.815 ($p<0.001$)
高	1895	3.30	.729	.017	3.27	3.33	1	5	
总数	3862	3.19	.734	.012	3.17	3.21	1	5	

从民主偏好来看，学生的民主偏好越高，其政治特定支持也越高。民主偏好与特定支持进行相关性分析可知，在显著性水平 0.001 下，Pearson 相关系数为 0.16，呈现显著性的正相关关系。这里的民主偏好指的是我国所实施的民本民主，数据结果是指，山东的大学生中，越认同我们国家的民本民主的学生，对现政府的各项具体政策越满意。

（18）民主价值支持的差异

政治特定支持（民主价值支持的影响）

	N	均值	标准差	标准误	均值的 95% 置信区间		极小值	极大值	ANOVA F
					下限	上限			
低	853	3.33	.724	.025	3.28	3.38	1	5	42.208 ($p<0.001$)
高	3178	3.15	.742	.013	3.12	3.17	1	5	
总数	4031	3.19	.742	.012	3.16	3.21	1	5	

从民主价值支持来看，学生的民本民主价值支持越高，其政治特定支持越低。民主价值支持与特定支持进行相关性分析可知，在显著性水平 0.001 下，Pearson 相关系数为 -0.143，呈

现显著性的负相关关系。这里的民主价值指的是西方的选举民主的价值，数据结果是指，山东的大学生中，越认同西方民主价值的学生，对现政府的各项具体政策越不满意。

（19）民主认知的差异

政治特定支持（民主认知的影响）

	N	均值	标准差	标准误	均值的 95% 置信区间		极小值	极大值	ANOVA F
					下限	上限			
选举民主	110	2.96	.947	.090	2.78	3.14	1	5	11.756 (p<0.001)
民本民主	3467	3.22	.727	.012	3.19	3.24	1	5	
协商民主	351	3.03	.745	.040	2.95	3.11	1	5	
其他	61	3.02	.791	.101	2.81	3.22	1	5	
总数	3989	3.19	.739	.012	3.17	3.21	1	5	

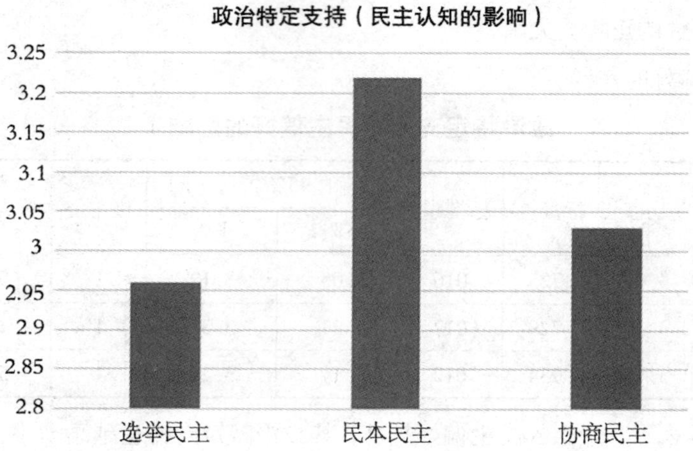

从民主认知来看，认同民本民主的大学生的政治特定支持最高，认同协商民主的次之，认同选举民主的最低。

（20）民族主义的差异

政治特定支持（民族主义的影响）

	N	均值	标准差	标准误	均值的 95% 置信区间		极小值	极大值	ANOVA F
					下限	上限			
低	573	2.99	.757	.032	2.93	3.05	1	5	45.862 (p<0.001)
高	3473	3.22	.734	.012	3.19	3.24	1	5	
总数	4046	3.19	.741	.012	3.16	3.21	1	5	

从民族主义来看，学生的民族主义越高，其政治特定支持越高。民族主义与特定支持进行相关性分析可知，在显著性水平 0.001 下，Pearson 相关系数为 0.126，呈现显著性的正

相关关系。

（21）盲目自负爱国主义的差异

政治特定支持（盲目自负爱国主义的影响）

	N	均值	标准差	标准误	均值的95%置信区间		极小值	极大值	ANOVA F
					下限	上限			
低	795	2.99	.757	.027	2.94	3.04	1	5	61.62（p<0.001）
中	2016	3.16	.706	.016	3.13	3.19	1	5	
高	1224	3.35	.754	.022	3.31	3.39	1	5	
总数	4035	3.19	.742	.012	3.16	3.21	1	5	

政治特定支持（盲目自负爱国主义的影响）

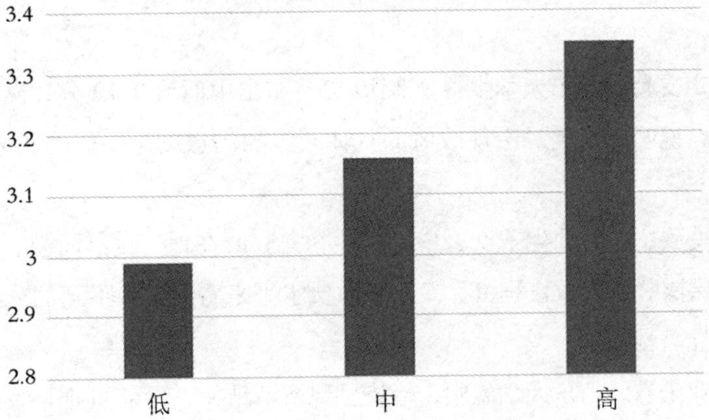

从盲目自负爱国主义来看，学生的盲目自负爱国主义程度越高，其政治特定支持也越高。盲目自负爱国主义与特定支持进行相关性分析，数据可知，在显著性水平0.001下，Pearson相关系数为0.195，呈现显著性的正相关关系。

（22）国际主义的差异

政治特定支持（国际主义的影响）

	N	均值	标准差	标准误	均值的95%置信区间		极小值	极大值	ANOVA F
					下限	上限			
低	1953	3.12	.713	.016	3.09	3.15	1	5	30.388（p<0.001）
高	2089	3.25	.761	.017	3.21	3.28	1	5	
总数	4042	3.18	.741	.012	3.16	3.21	1	5	

从国际主义来看，学生的国际主义程度越高，其政治特定支持也越高。国际主义与特定支持进行相关性分析可知，在显著性水平0.001下，Pearson相关系数为0.117，呈现显著性的正相关关系。

（23）政治普遍支持的差异

政治特定支持（政治普遍支持的影响）

	N	均值	标准差	标准误	均值的95%置信区间		极小值	极大值	ANOVA F
					下限	上限			
低	390	2.63	.801	.041	2.55	2.71	1	5	260.281（p<0.001）
高	3652	3.25	.711	.012	3.22	3.27	1	5	
总数	4042	3.19	.743	.012	3.16	3.21	1	5	

从政治普遍支持来看，学生的政治普遍支持越高，其特定支持也越高。普遍支持与特定支持进行相关性分析可知，在显著性水平0.001下，Pearson相关系数为0.395，呈现显著性的正相关关系。

（24）小结

对于政治特定支持，山东大学生得分3.19分，超出中间值0.19分，说明山东大学生政治特定支持不高，说明大学生对于现政府的具体政策的满意度是一般的。其组间差异的统计结果如下：

◆从性别、民族、是否独生子女、户口属性、家庭所在地、政治面貌、是否学生干部、宗教信仰、学校层次、父母教育程度、专业、消费水平来看，这些不同的分组之间，学生的特定支持都没有显著性差异。

◆从父亲职业来看，山东大学生中，趋势呈现v型结构，父亲职业等级最低的学生的特定支持最高，父亲职业等级为中下的学生的特定支持最低，而从中下级到最高级，学生的特定支持又逐步升高。

◆从母亲职业来看，与父亲职业类似，趋势也呈现v型结构，母亲职业等级最低的学生的特定支持最高，母亲职业等级为中下的学生的特定支持最低，而从中下级到最高级，学生的特定支持又逐步升高。

◆从家庭经济社会地位来看，趋势呈现V型结构，家庭地位最低和最高的学生的特定支持最高，家庭地位为中下层的学生的特定支持最低，从中下层到最高层，学生的特定支持逐步升高。

◆从年级来看，山东大学生中，大一学生的特定支持最高，研究生的次之，大三学生的最低。

◆从民主期望来看，学生的民主期望越高，其政治特定支持就越高。

◆从民主程度评价来看，山东大学生中，对民主程度评价越高，其政治特定支持度也越高。

◆从民主适合度来看，山东大学生中，学生的民主适合度越高，其特定支持程度越高。

◆从民主偏好来看，山东大学生中，学生的民主偏好越高，其政治普遍支持也越高。

◆从民主价值支持来看，山东大学生中，学生的民主价值支持越高，其特定支持程度越低。

◆从民主认知来看，认同民本民主的大学生的政治特定支持最高，认同协商民主的次之，认同选举民主的最低。

◆从民族主义来看，学生的民族主义感情越高，其特定支持越高。

◆从盲目自负爱国主义来看，很明显，学生的爱国主义情感越强烈，其政治特定支持度就越高。

◆从国际主义来看，国际主义越高的学生，其特定支持也越高。

◆从政治普遍支持来看，学生的政治普遍支持越高，其特定支持也越高。

三、稳定偏好分析

稳定偏好指的是民众倾向于选择稳定而有序社会的程度。稳定偏好量表用五个问题来测量稳定偏好，每个问题分值为1-5分，1分表示稳定偏好度最低，5分表示稳定偏好度最高，问题如下：

①任何反对政府政策的组织都应当被取缔。

②那些与多数人立场不一致的政治观点应该被禁止。

③公民应该对政府权威给予更多的尊重。

④宁愿生活在一个有秩序的社会，也不愿生活在自由太多而混乱的社会中。

⑤稳定压倒一切。

1. 普遍支持量表统计

（1）描述统计

对于每一个问题，其描述性统计结果如下：

您是否同意下列说法	N	均值	标准差
任何反对政府政策的组织都应当被取缔	4154	2.85	1.121
那些与多数人立场不一致的政治观点应该被禁止	4148	2.13	.924
公民应该对政府权威给予更多的尊重	4141	3.94	.832
宁愿生活在一个有秩序的社会，也不愿生活在自由太多而混乱的社会中	4145	4.23	.815
稳定压倒一切	4143	3.16	1.104
有效的N（列表状态）	4127		

从统计结果来看，山东大学生非常赞同“公民应该对政府权威给予更多的尊重”和“宁

愿生活在一个有秩序的社会，也不愿生活在自由太多而混乱的社会中”，比较赞同“稳定压倒一切”，不太赞同“任何反对政府政策的组织都应当被取缔”，很不赞同“那些与多数人立场不一致的政治观点应该被禁止”。从这里可看出，大学生为了稳定的社会可以舍弃部分自由，尊重政府权威，但绝不愿意为稳定舍弃思想自由。

（2）相关性分析

相关性

		民族主义	盲目自负爱国主义	国际主义	民主期望	民主程度评价	民主偏好程度	民主价值支持	政治普遍支持
①宁愿生活在一个有秩序的社会，也不愿生活在自由太多而混乱的社会中	Pearson 相关性	.263**	.225**	.060**	.027	.132**	-.028	-.128**	.349**
	显著性（双侧）	.000	.000	.000	.082	.000	.079	.000	.000
	N	4133	4123	4129	4127	4127	4051	4119	4127
②公民应该对政府权威给予更多的尊重	Pearson 相关性	.251**	.215**	.155**	.087**	.192**	.058**	-.106**	.404**
	显著性（双侧）	.000	.000	.000	.000	.000	.000	.000	.000
	N	4128	4118	4124	4123	4123	4047	4114	4121
③稳定压倒一切	Pearson 相关性	.286**	.279**	.124**	.041**	.106**	.006	-.166**	.283**
	显著性（双侧）	.000	.000	.000	.009	.000	.695	.000	.000
	N	4131	4121	4127	4125	4125	4049	4117	4125
④任何反对政府政策的组织都应当被取缔	Pearson 相关性	.365**	.359**	.173**	.084**	.205**	.075**	-.181**	.351**
	显著性（双侧）	.000	.000	.000	.000	.000	.000	.000	.000
	N	4142	4131	4137	4136	4136	4058	4126	4131
⑤那些与多数人立场不一致的政治观点应该被禁止	Pearson 相关性	.274**	.306**	.160**	.027	.138**	.040*	-.132**	.237**
	显著性（双侧）	.000	.000	.000	.079	.000	.011	.000	.000
	N	4135	4124	4131	4130	4130	4052	4120	4127

**. 在 .01 水平（双侧）上显著相关。
*. 在 0.05 水平（双侧）上显著相关。

将稳定偏好量表中的问题与各类政治态度变量进行相关性分析，可看出，绝大多数都有显著性的相关关系。

与民族主义进行相关分析，可看出，量表中的各问题与民族主义呈现显著性的正相关关系，也就是说，大学生的民族主义感情越强烈，就越赞成这些说法。

与盲目自负爱国主义进行相关分析，可看出，量表中的各问题与盲目自负爱国主义呈现显著性的正相关关系，也就是说，大学生的盲目自负爱国主义感情越强烈，就越赞成这些说法。

与国际主义进行相关分析，可看出，量表中的各问题与国际主义呈现显著性的正相关关系，也就是说，大学生的国际主义感情越强烈，就越赞成这些说法，不过与民族主义和盲目自负爱国主义相比，其相关强度较弱。

与民主期望进行相关分析，可看出，量表中的②③④问题与民主期望呈现显著性的正相关关系，也就是说，大学生的民主期望越高，就越赞成这些说法。

与民主程度评价进行相关分析，可看出，量表中的各问题与民主程度评价均呈现显著性的正相关关系，也就是说，大学生对中国的民主程度评价越高，就越赞成这些说法。

与民主偏好进行相关分析，可看出，量表中的②④⑤问题与民主偏好呈现显著性的正相关关系，也就是说，大学生的民主偏好越高，就越赞成这些说法。

与民主价值支持进行相关分析，可看出，量表中的各问题与民主价值支持呈现显著性的负相关关系，也就是说，大学生越认同西方式的民主价值，就越不赞成这些说法。

与政治普遍支持进行相关分析，可看出，量表中的各问题与政治普遍支持呈现显著性的正相关关系，也就是说，大学生的政治普遍支持水平越高，就越赞成这些说法。

2. 普遍支持变量统计

描述统计量

	N	极小值	极大值	均值	标准差	方差
稳定偏好	4127	1	5	3.26	.623	.388
有效的 N（列表状态）	4127					

总体来看，山东大学生的稳定偏好值为3.26，稍高于中值，说明山东大学生相对于民主自由更倾向于社会稳定。

（1）性别的差异

稳定偏好（性别的影响）

	N	均值	标准差	标准误	均值的95%置信区间		极小值	极大值	ANOVA
					下限	上限			F
男	1326	3.26	.688	.019	3.22	3.30	1	5	0.005（$p>0.05$）
女	2789	3.26	.590	.011	3.24	3.28	1	5	
总数	4115	3.26	.623	.010	3.24	3.28	1	5	

从性别来看，F检定未通过，男生和女生的稳定偏好没有明显差别。

（2）民族的差异

稳定偏好（民族的影响）

	N	均值	标准差	标准误	均值的95%置信区间		极小值	极大值	ANOVA
					下限	上限			F
汉族	3964	3.26	.623	.010	3.24	3.28	1	5	0.302（$p>0.05$）
少数民族	163	3.29	.633	.050	3.19	3.39	1	5	
总数	4127	3.26	.623	.010	3.24	3.28	1	5	

从民族来看，样本值中，少数民族同学的稳定偏好水平要高于汉族同学，但总体上看，F 检定未通过，说明少数民族同学和汉族同学的稳定偏好没有明显差别。

（3）是否是独生子女的差异

稳定偏好（是否独生子女的影响）

	N	均值	标准差	标准误	均值的 95% 置信区间		极小值	极大值	ANOVA F
					下限	上限			
是	1720	3.24	.662	.016	3.21	3.27	1	5	3.422 ($p>0.05$)
否	2392	3.28	.594	.012	3.25	3.30	1	5	
总数	4112	3.26	.623	.010	3.24	3.28	1	5	

从是否独生子女来看，样本值中，非独生子女学生的稳定偏好水平要高于独生子女的学生，但总体上看，F 检定未通过，非独生子女学生和独生子女学生的稳定偏好没有明显差别。

（4）户口的差异

稳定偏好（户口的影响）

	N	均值	标准差	标准误	均值的 95% 置信区间		极小值	极大值	ANOVA F
					下限	上限			
农业	2500	3.29	.605	.012	3.26	3.31	1	5	11.243 ($p<0.001$)
非农业	1613	3.22	.650	.016	3.19	3.25	1	5	
总数	4113	3.26	.624	.010	3.24	3.28	1	5	

从户口属性来看，农业户口学生的稳定偏好水平要高于非农业户口的学生。

（5）家庭所在地的差异

稳定偏好（家庭所在地的影响）

	N	均值	标准差	标准误	均值的 95% 置信区间		极小值	极大值	ANOVA F
					下限	上限			
农村	1767	3.29	.589	.014	3.26	3.32	1	5	5.007 ($p<0.01$)
县城镇区	1195	3.26	.619	.018	3.22	3.30	1	5	
城市	1143	3.22	.673	.020	3.18	3.25	1	5	
总数	4105	3.26	.623	.010	3.24	3.28	1	5	

稳定偏好（家庭所在地的影响）

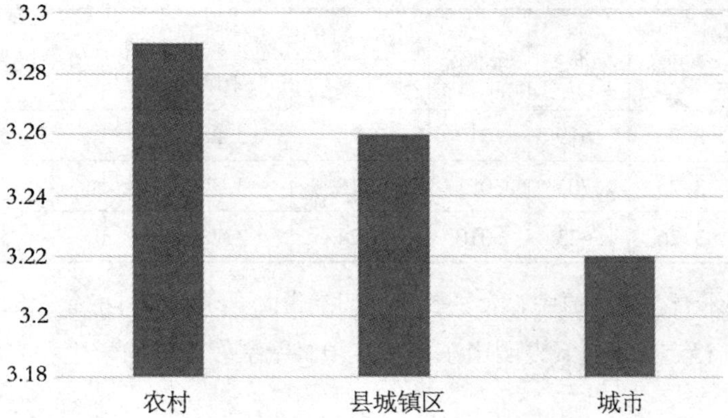

从家庭所在地来看，很明显，山东大学生中，家庭所在地从农村到城市，学生的稳定偏好依次降低。

（6）政治面貌的差异

稳定偏好（政治面貌的影响）

	N	均值	标准差	标准误	均值的 95% 置信区间		极小值	极大值	ANOVA F
					下限	上限			
非中共党员	3877	3.26	.624	.010	3.24	3.28	1	5	3.785 （$p > 0.05$）
中共党员	241	3.34	.597	.038	3.26	3.41	2	5	
总数	4118	3.26	.623	.010	3.24	3.28	1	5	

从政治面貌来看，样本值中，党员学生比非党员学生的稳定偏好水平高，但总体看，F 检定未通过，说明山东大学生中，党员学生和非党员学生的稳定偏好没有差别。

稳定偏好（学生组织角色的影响）

	N	均值	标准差	标准误	均值的 95% 置信区间		极小值	极大值	ANOVA F
					下限	上限			
干部	1159	3.30	.624	.018	3.26	3.33	1	5	3.983 （$p < 0.05$）
普通成员	2296	3.25	.619	.013	3.23	3.28	1	5	
总数	3455	3.27	.621	.011	3.25	3.29	1	5	

从是否是学生干部来看，学生干部的稳定偏好水平稍高于普通学生。

（7）宗教信仰的差异

稳定偏好（宗教信仰的影响）

	N	均值	标准差	标准误	均值的95%置信区间		极小值	极大值	ANOVA F
					下限	上限			
无	3920	3.26	.619	.010	3.24	3.28	1	5	0.032（$p>0.05$）
有	191	3.25	.705	.051	3.15	3.35	1	5	
总数	4111	3.26	.623	.010	3.24	3.28	1	5	

从宗教信仰来看，样本值中，无宗教信仰的学生比有宗教信仰的学生的稳定偏好水平稍高，但总体看，F检定未通过，说明山东大学生中，无宗教信仰的学生和有宗教信仰的稳定偏好没有差别。

（8）学校层次的差异

稳定偏好（学校层次的影响）

	N	均值	标准差	标准误	均值的95%置信区间		极小值	极大值	ANOVA F
					下限	上限			
985高校	959	3.12	.669	.022	3.08	3.16	1	5	47.006（$p<0.001$）
一本院校	2254	3.27	.593	.013	3.24	3.29	1	5	
普通院校	914	3.39	.615	.020	3.35	3.43	1	5	
总数	4127	3.26	.623	.010	3.24	3.28	1	5	

稳定偏好（学校层次的影响）

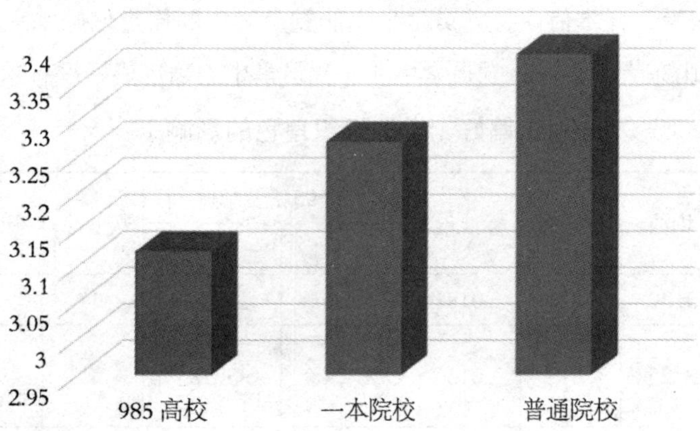

从学校层次来看，很明显，学校层次越低，学生的稳定偏好水平越高。

（9）父母职业的差异

稳定偏好（父亲职业的影响）

	N	均值	标准差	标准误	均值的 95% 置信区间		极小值	极大值	ANOVA F
					下限	上限			
低	1960	3.29	.607	.014	3.26	3.32	1	5	2.575 (p<0.05)
中下	410	3.24	.630	.031	3.18	3.30	1	5	
中	862	3.23	.603	.021	3.18	3.27	1	5	
中上	396	3.23	.673	.034	3.16	3.29	1	5	
高	411	3.22	.671	.033	3.16	3.29	1	5	
总数	4039	3.26	.622	.010	3.24	3.28	1	5	

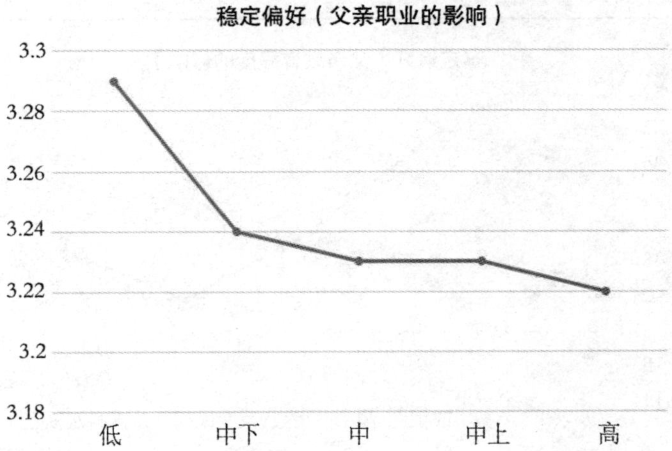

从父亲职业等级来看，很明显，山东大学生中，父亲职业等级越高，学生的稳定偏好越低。

稳定偏好（母亲职业的影响）

	N	均值	标准差	标准误	均值的 95% 置信区间		极小值	极大值	ANOVA F
					下限	上限			
低	2169	3.28	.616	.013	3.25	3.31	1	5	1.272 (p>0.05)
中下	383	3.24	.612	.031	3.18	3.30	1	5	
中	679	3.24	.601	.023	3.19	3.29	1	5	
中上	255	3.28	.656	.041	3.20	3.36	1	5	
高	350	3.22	.714	.038	3.14	3.29	1	5	
总数	3836	3.26	.625	.010	3.24	3.28	1	5	

从母亲职业等级来看，F 检定未通过，说明山东大学生中，母亲职业等级不同的学生的稳定偏好没有区别。

（10）父母教育程度的差异

稳定偏好（父亲教育程度的影响）

	N	均值	标准差	标准误	均值的95%置信区间		极小值	极大值	ANOVA
					下限	上限			F
小学及以下	452	3.28	.625	.029	3.22	3.34	1	5	3.052（$p<0.05$）
初中或相当	1595	3.30	.579	.014	3.27	3.32	1	5	
高中或相当	1095	3.24	.622	.019	3.20	3.28	1	5	
大专或相当	437	3.20	.646	.031	3.14	3.26	1	5	
本科及以上	521	3.23	.721	.032	3.17	3.29	1	5	
总数	4100	3.26	.623	.010	3.24	3.28	1	5	

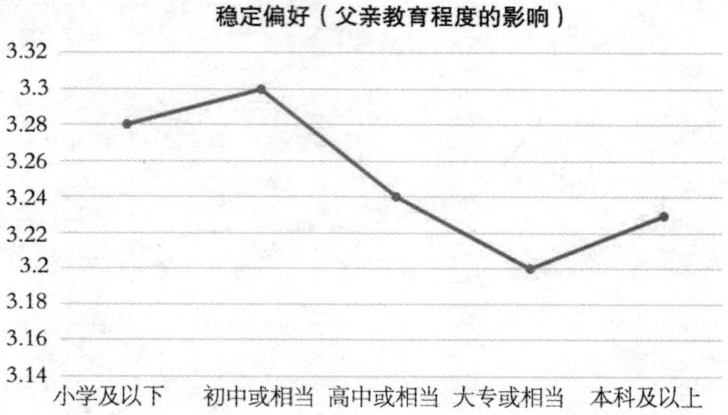

从父亲教育程度来看，总体上，父亲教育程度低的学生的民主偏好比父亲教育程度高的学生高。

稳定偏好（母亲教育程度的影响）

	N	均值	标准差	标准误	均值的95%置信区间		极小值	极大值	ANOVA
					下限	上限			F
小学及以下	956	3.30	.595	.019	3.26	3.34	1	5	2.813（$p<0.05$）
初中或相当	1588	3.28	.596	.015	3.25	3.30	1	5	
高中或相当	887	3.22	.650	.022	3.18	3.27	1	5	
大专或相当	331	3.20	.677	.037	3.13	3.28	1	5	
本科及以上	333	3.23	.691	.038	3.16	3.31	1	5	
总数	4095	3.26	.623	.010	3.24	3.28	1	5	

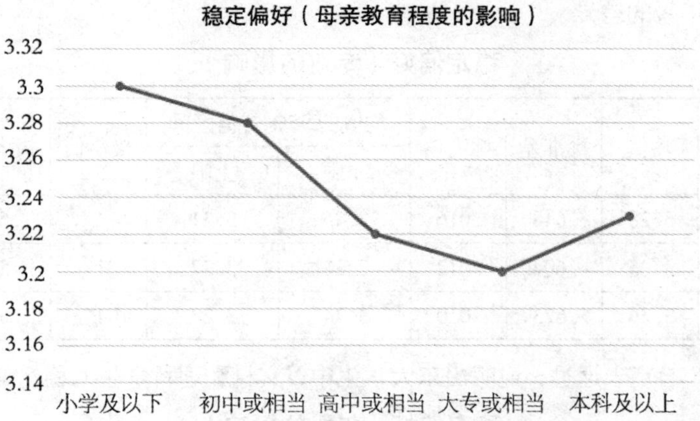

从母亲教育程度来看，总体上，母亲教育程度低的学生的民主偏好比母亲教育程度高的学生高。 从小学到大专，随着母亲教育程度的升高，其稳定偏好也逐步降低。

（11）家庭地位的差异

稳定偏好（家庭社会经济地位的影响）

	N	均值	标准差	标准误	均值的 95% 置信区间		极小值	极大值	ANOVA F
					下限	上限			
下层	1721	3.30	.604	.015	3.27	3.32	1	5	3.17 ($p<0.05$)
中下层	801	3.26	.617	.022	3.22	3.30	1	5	
中层	554	3.20	.614	.026	3.15	3.25	1	5	
中上层	350	3.24	.649	.035	3.17	3.31	1	5	
上层	367	3.22	.712	.037	3.14	3.29	1	5	
总数	3793	3.26	.624	.010	3.24	3.28	1	5	

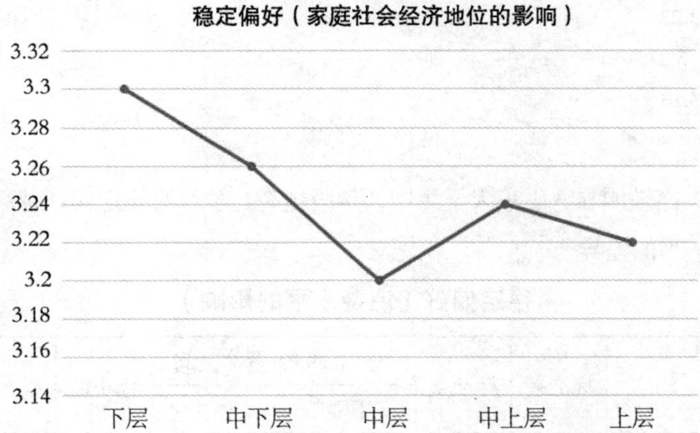

从家庭社会经济地位来看，总体上是，家庭地位低的学生的稳定偏好高于家庭地位高的学生，下层家庭的学生稳定偏好最高，中层家庭的最低。 从下层到中层，随着家庭地位的升高，其稳定偏好也逐步降低。

（12）专业年级的差异

稳定偏好（专业的影响）

	N	均值	标准差	标准误	均值的95%置信区间		极小值	极大值	ANOVA F
					下限	上限			
理科	1743	3.28	.648	.016	3.25	3.31	1	5	2.394 (p>0.05)
文科	2384	3.25	.604	.012	3.22	3.27	1	5	
总数	4127	3.26	.623	.010	3.24	3.28	1	5	

从专业看，F检定未通过，说明山东大学生中，文科和理科学生的稳定偏好没有区别。

稳定偏好（年级的影响）

	N	均值	标准差	标准误	均值的95%置信区间		极小值	极大值	ANOVA F
					下限	上限			
大一	1844	3.23	.612	.014	3.21	3.26	1	5	5.31 (p<0.01)
大三	1593	3.27	.635	.016	3.23	3.30	1	5	
研究生	690	3.32	.622	.024	3.28	3.37	1	5	
总数	4127	3.26	.623	.010	3.24	3.28	1	5	

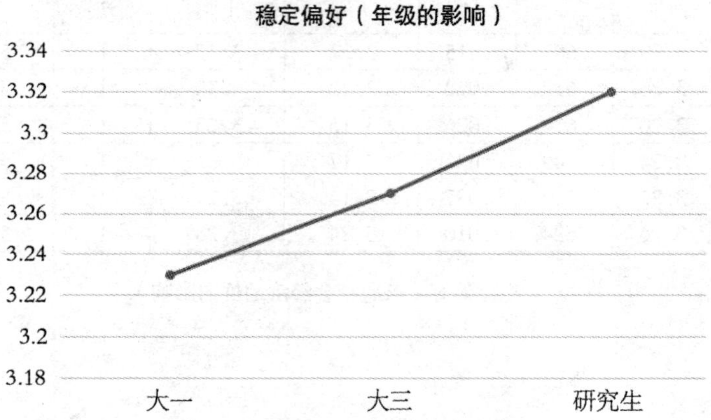

从年级来看，比较明显，山东大学生中，年级越高，学生的稳定偏好越高。

（13）消费水平的差异

稳定偏好（消费水平的影响）

	N	均值	标准差	标准误	均值的95%置信区间		极小值	极大值	ANOVA F
					下限	上限			
低	226	3.43	.617	.041	3.35	3.51	2	5	8.934 (p<0.001)
中	3433	3.26	.608	.010	3.24	3.28	1	5	
高	456	3.23	.709	.033	3.16	3.29	1	5	
总数	4115	3.26	.622	.010	3.24	3.28	1	5	

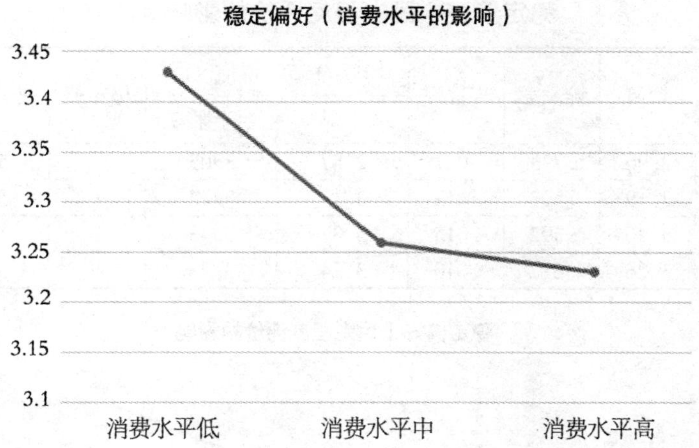

从消费水平来看，山东大学生中，学生的消费水平越高，其稳定偏好越低。

（14）民主期望的差异

稳定偏好（民主期望的影响）

	N	均值	标准差	标准误	均值的 95% 置信区间		极小值	极大值	ANOVA F
					下限	上限			
低	136	3.08	.831	.071	2.94	3.22	1	5	8.79（p<0.01）
中	1362	3.23	.603	.016	3.20	3.27	1	5	
高	2611	3.28	.615	.012	3.26	3.31	1	5	
总数	4109	3.26	.621	.010	3.24	3.28	1	5	

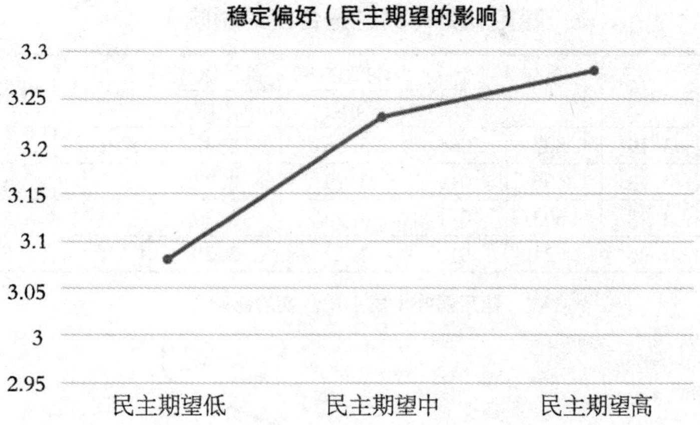

从民主期望来看，山东大学生中，民主期望越高，学生的稳定偏好水平也越高。民主期望与稳定偏好进行相关分析，在显著性水平 0.001 下，Pearson 相关系数为 0.085，呈现比较弱的正相关关系。

（15）民主程度评价的差异

稳定偏好（民主程度评价的影响）

	N	均值	标准差	标准误	均值的 95% 置信区间		极小值	极大值	ANOVA F
					下限	上限			
低	276	2.96	.773	.047	2.87	3.05	1	5	89.984 ($p<0.001$)
中	2196	3.19	.597	.013	3.17	3.22	1	5	
高	1637	3.40	.592	.015	3.37	3.43	1	5	
总数	4109	3.26	.622	.010	3.24	3.28	1	5	

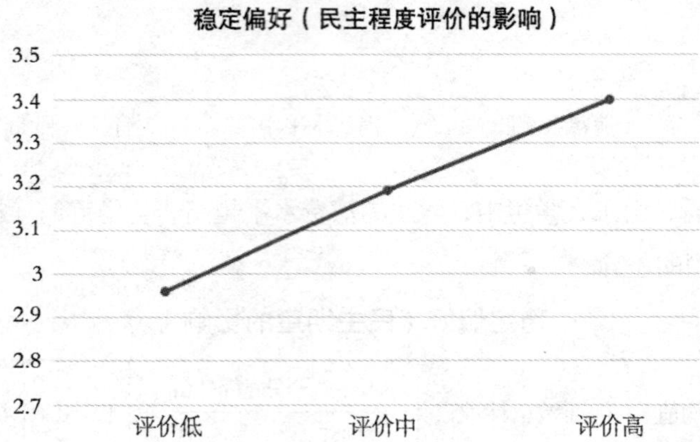

从民主程度评价来看，山东大学生中，对中国的民主程度评价越高，学生的稳定偏好水平也越高。民主程度评价与稳定偏好进行相关分析，在显著性水平 0.001 下，Pearson 相关系数为 0.242，呈现显著性的正相关关系。

（16）民主适合度的差异

稳定偏好（民主适合度的影响）

	N	均值	标准差	标准误	均值的 95% 置信区间		极小值	极大值	ANOVA F
					下限	上限			
低	149	3.19	.807	.066	3.06	3.32	1	5	3.206 ($p<0.05$)
中	1127	3.23	.636	.019	3.19	3.27	1	5	
高	2832	3.28	.603	.011	3.25	3.30	1	5	
总数	4108	3.26	.621	.010	3.24	3.28	1	5	

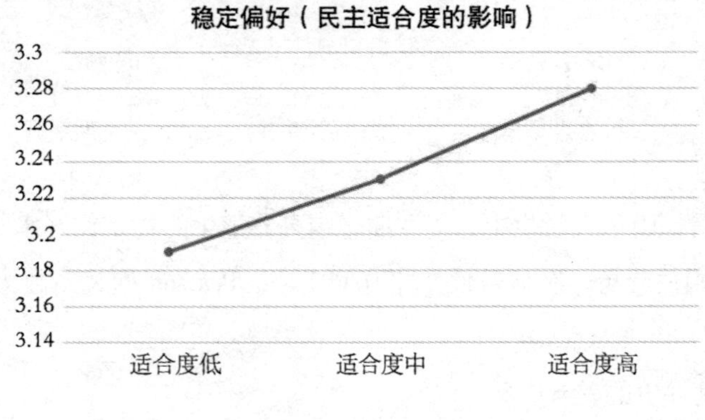

从民主适合度来看，山东大学生中，认为民主越适合中国，学生的稳定偏好水平也越高。民主适合度与稳定偏好进行相关分析，在显著性水平 0.001 下，Pearson 相关系数为 0.071，呈现比较弱正相关关系。

（17）民主偏好的差异

稳定偏好（民主偏好的影响）

	N	均值	标准差	标准误	均值的 95% 置信区间		极小值	极大值	ANOVA F
					下限	上限			
低	2005	3.23	.633	.014	3.20	3.26	1	5	10.329 ($p < 0.001$)
高	1925	3.29	.601	.014	3.27	3.32	1	5	
总数	3930	3.26	.618	.010	3.24	3.28	1	5	

从民主偏好来看，山东大学生中，民主偏好程度越高，学生的稳定偏好程度也越高。民主偏好与稳定偏好进行相关分析，在显著性水平 0.001 下，Pearson 相关系数为 0.051，呈现比较弱正相关关系。

（18）民主价值支持的差异

稳定偏好（民主价值支持的影响）

	N	均值	标准差	标准误	均值的 95% 置信区间		极小值	极大值	ANOVA F
					下限	上限			
低	869	3.40	.597	.020	3.36	3.44	1	5	53.622 ($p < 0.001$)
高	3232	3.22	.624	.011	3.20	3.24	1	5	
总数	4101	3.26	.623	.010	3.24	3.28	1	5	

从民主价值支持来看，山东大学生中，民主价值支持程度越高，学生的稳定偏好程度越低。民主价值支持与稳定偏好进行相关分析，在显著性水平 0.001 下，Pearson 相关系数为 -0.225，呈现显著性的负相关关系。也就是说，学生越认同西方的选举民主价值，其稳定偏好程度就越低。

（19）民族主义的差异

稳定偏好（民族主义的影响）

	N	均值	标准差	标准误	均值的 95% 置信区间		极小值	极大值	ANOVA F
					下限	上限			
低	580	2.82	.592	.025	2.77	2.87	1	5	372.213 ($p < 0.001$)
高	3535	3.33	.597	.010	3.31	3.35	1	5	
总数	4115	3.26	.623	.010	3.24	3.28	1	5	

从民族主义来看，山东大学生中，民族主义程度越高，学生的稳定偏好程度也越高。

民族主义与稳定偏好进行相关分析，在显著性水平 0.001 下，Pearson 相关系数为 0.451，呈现比较强正相关关系。

（20）盲目自负爱国主义的差异

稳定偏好（盲目自负爱国主义的影响）

	N	均值	标准差	标准误	均值的 95% 置信区间		极小值	极大值	ANOVA F
					下限	上限			
低	805	2.91	.633	.022	2.87	2.96	1	5	347.75（p < 0.001）
中	2055	3.20	.534	.012	3.18	3.22	1	5	
高	1246	3.58	.603	.017	3.55	3.61	2	5	
总数	4106	3.26	.623	.010	3.24	3.28	1	5	

从盲目自负爱国主义来看，山东大学生中，盲目自负爱国主义程度越高，学生的稳定偏好程度也越高。盲目自负爱国主义与稳定偏好进行相关分析，在显著性水平 0.001 下，Pearson 相关系数为 0.434，呈现比较强正相关关系。

（21）国际主义的差异

稳定偏好（国际主义的影响）

	N	均值	标准差	标准误	均值的 95% 置信区间		极小值	极大值	ANOVA F
					下限	上限			
低	1978	3.16	.591	.013	3.14	3.19	1	5	98.391（p < 0.001）
高	2133	3.35	.639	.014	3.32	3.38	1	5	
总数	4111	3.26	.623	.010	3.24	3.28	1	5	

从国际主义来看，山东大学生中，国际主义程度越高，学生的稳定偏好程度也越高。国际主义与稳定偏好进行相关分析，在显著性水平 0.001 下，Pearson 相关系数为 0.21，呈现显著性的正相关关系。

（22）政治普遍支持的差异

稳定偏好（政治普遍支持的影响）

	N	均值	标准差	标准误	均值的 95% 置信区间		极小值	极大值	ANOVA F
					下限	上限			
低	394	2.65	.658	.033	2.59	2.72	1	5	458.254（p < 0.001）
高	3715	3.33	.584	.010	3.31	3.34	1	5	
总数	4109	3.26	.624	.010	3.24	3.28	1	5	

从政治普遍支持来看，山东大学生中，政治普遍支持程度越高，学生的稳定偏好程度也越高。政治普遍支持与稳定偏好进行相关分析，在显著性水平 0.001 下，Pearson 相关系数

为0.497，呈现显著性正相关关系。

（23）政治特定支持的差异

稳定偏好（政治特定支持的影响）

	N	均值	标准差	标准误	均值的95%置信区间		极小值	极大值	ANOVA F
					下限	上限			
低	1766	3.14	.631	.015	3.11	3.17	1	5	120.27 ($p<0.001$)
高	2269	3.35	.600	.013	3.33	3.38	1	5	
总数	4035	3.26	.623	.010	3.24	3.28	1	5	

从政治特定支持来看，山东大学生中，政治特定支持程度越高，学生的稳定偏好程度也越高。政治特定支持与稳定偏好进行相关分析，在显著性水平0.001下，Pearson相关系数为0.202，呈现显著性正相关关系。

（24）小结

对于稳定偏好，山东大学生的稳定偏好值为3.26，稍高于中值，说明山东大学生相对于民主自由更倾向于社会稳定。其组间差异的统计结果如下：

◆从性别来看，山东大学生中男生和女生的稳定偏好没有明显差别。

◆从民族来看，山东大学生中少数民族同学和汉族同学的稳定偏好没有明显差别。

◆从是否独生子女来看，山东大学生中非独生子女学生和独生子女学生的稳定偏好没有明显差别。

◆从户口属性来看，山东大学生中农业户口学生的稳定偏好水平要高于非农业户口的学生。

◆从家庭所在地来看，山东大学生中家庭所在地从农村到城市，学生的稳定偏好依次降低。

◆从政治面貌看，山东大学生中党员学生和非党员学生的稳定偏好没有差别。

◆从是否学生干部来看，山东大学生中学生干部的稳定偏好水平稍高于普通学生。

◆从宗教信仰来看，山东大学生中无宗教信仰的学生和有宗教信仰的稳定偏好没有差别。

◆从学校层次来看，学校层次越低，学生的稳定偏好水平越高。

◆从父亲职业来看，山东大学生中父亲职业等级越高，学生的稳定偏好越低。

◆从母亲职业来看，母亲职业等级不同的学生的稳定偏好没有区别。

◆从父亲教育程度来看，父亲教育程度低的学生的民主偏好比父亲教育程度高的学生高。

◆从母亲教育程度来看，母亲教育程度低的学生的民主偏好比母亲教育程度高的学生高。

◆从家庭经济社会地位来看，家庭地位低的学生的稳定偏好高于家庭地位高的学生，下层家庭的学生稳定偏好最高，中层家庭的最低。

◆从专业来看，山东大学生中文科和理科学生的稳定偏好没有区别。

◆从年级来看，山东大学生中年级越高学生的稳定偏好越高。

◆从学生的消费水平来看，山东大学生中学生的消费水平越高，其稳定偏好越低。

◆从民主期望来看，民主期望越高，学生的稳定偏好水平也越高。

◆从民主程度评价来看，山东大学生中对中国的民主程度评价越高，学生的稳定偏好水平也越高。

◆从民主适合度来看，山东大学生中认为民主越适合中国，学生的稳定偏好水平也越高。

◆从民主偏好来看，山东大学生中民主偏好程度越高，学生的稳定偏好程度也越高。

◆从民主价值支持来看，山东大学生中民主价值支持程度越高，学生的稳定偏好程度越低。

◆从民族主义来看，很明显，民族主义程度越高，学生的稳定偏好程度也越高。

◆从盲目自负爱国主义来看，很明显，学生的盲目自负爱国主义情感越强烈，其稳定偏好程度就越高。

◆从国际主义来看，国际主义越高的学生，其稳定偏好程度也越高。

◆从民政治普遍支持来看，山东大学生中民政治普遍支持程度越高，学生的稳定偏好程度也越高。

◆从民政治特定支持来看，山东大学生中民政治特定支持程度越高，学生的稳定偏好程度也越高。

四、政治改革紧迫感测量

本次调查专门设置一个李克特量表，来测量学生对于我国政治改革的紧迫感程度。量表包含五个问题，分别测量“国家职能、权利平等、民主选举、权力结构、对外关系”领域的改革紧迫程度。选项包括“1 = 不紧迫，2 = 不太紧迫，3 = 不确定，4 = 比较紧迫，5 = 非常紧迫”。

描述统计量

	均值	标准差	不紧迫%	不太紧迫%	不确定%	比较紧迫%	非常紧迫%
国家职能方面的改革	3.39	1.061	4.8	14.7	33.3	31.8	15.5
权利平等方面的改革	3.79	1.07	3.3	11	17.1	40.6	27.9
民主选举方面的改革	3.41	1.175	6.2	18.6	22.6	33	19.6
权力结构方面的改革	3.5	1.107	4.8	13.3	30.2	30.5	21.1
对外关系方面的改革	3.6	1.087	4.2	12.8	23.2	38	21.8
平均值	3.538	1.1	4.66	14.08	25.28	34.78	21.18

描述性统计如表所示，总的来说，所有选项的政治改革紧迫度都处于中等偏上程度。其中，权利平等和对外关系改革的紧迫度相对较高，国家职能和民主选举改革紧迫度相对较低。相对于其他几项改革，认为权利平等改革“非常紧迫”的比例最高，为27.9%；认为民

主选举改革“不紧迫”的比例最高，为6.2%。

描述统计量

	N	极小值	极大值	均值	标准差
改革紧迫感	4077	1	5	3.54	.776
有效的 N（列表状态）	4077				

对于变量改革紧迫感，统计结果显示，山东大学生的改革紧迫感得分为3.54分，比中间值高0.54分，说明山东大学生对于我国政治改革的紧迫感比较强烈。

对于不同群组之间的差异，分析结果如下：

（1）是否是独生子女的差异

政治改革紧迫感（是否独生子女的影响）

	N	均值	标准差	标准误	均值的95%置信区间		极小值	极大值	ANOVA
					下限	上限			F
是	1709	3.49	.808	.020	3.45	3.52	1	5	12.682
否	2354	3.57	.751	.015	3.54	3.60	1	5	
总数	4063	3.54	.777	.012	3.51	3.56	1	5	（p<0.001）

从是否是独生子女来看，山东大学生中，非独生子女学生的改革紧迫感比独生子女的学生要高。

（2）户口的差异

政治改革紧迫感（户口属性的影响）

	N	均值	标准差	标准误	均值的95%置信区间		极小值	极大值	ANOVA
					下限	上限			F
农业	2467	3.57	.760	.015	3.54	3.60	1	5	13.324
非农业	1596	3.48	.796	.020	3.44	3.52	1	5	
总数	4063	3.54	.775	.012	3.51	3.56	1	5	（p<0.001）

从户口属性来看，山东大学生中，农业户口的学生的改革紧迫感比非农业户口的学生的要高。

（3）学校层次的差异

政治改革紧迫感（学校层次的影响）

	N	均值	标准差	标准误	均值的95%置信区间		极小值	极大值	ANOVA
					下限	上限			F
985高校	950	3.45	.814	.026	3.40	3.50	1	5	
一本院校	2229	3.54	.757	.016	3.51	3.57	1	5	11.501
普通院校	898	3.62	.773	.026	3.57	3.67	1	5	（p<0.001）
总数	4077	3.54	.776	.012	3.51	3.56	1	5	

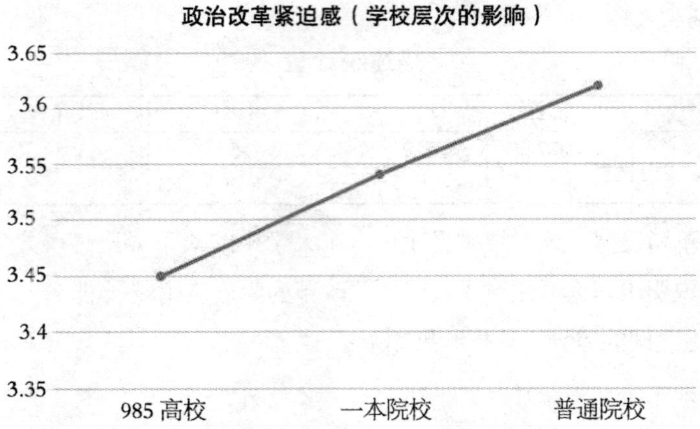

从学校层次来看，很明显，学校层次越低，学生的改革紧迫感就越高。

（4）父母职业的差异

政治改革紧迫感（父母亲职业的影响）

	N	均值	标准差	标准误	均值的 95% 置信区间		极小值	极大值	ANOVA F
					下限	上限			
低	2144	3.57	.757	.016	3.54	3.61	1	5	3.839 ($p<0.01$)
中下	376	3.50	.813	.042	3.42	3.59	1	5	
中	681	3.51	.758	.029	3.46	3.57	1	5	
中上	253	3.41	.840	.053	3.31	3.52	1	5	
高	344	3.47	.823	.044	3.38	3.56	1	5	
总数	3798	3.54	.776	.013	3.51	3.56	1	5	

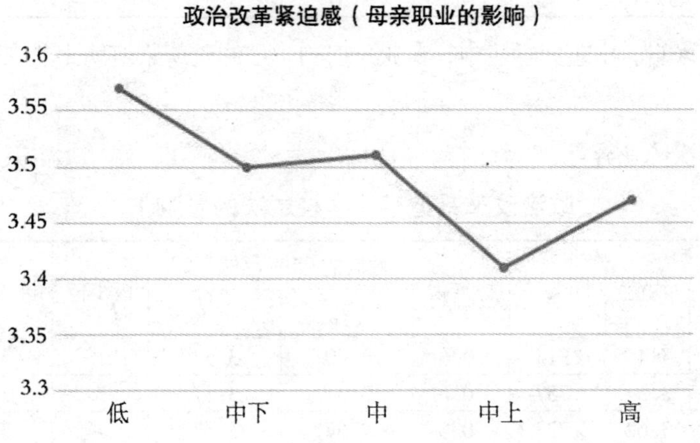

从父母亲职业来看，父母亲职业等级低的学生的政治改革紧迫感要高于父母亲职业等级

高的学生。

（5）父母教育程度的差异

政治改革紧迫感（父亲教育程度的影响）

	N	均值	标准差	标准误	均值的95%置信区间		极小值	极大值	ANOVA F
					下限	上限			
小学及以下	441	3.61	.753	.036	3.54	3.69	1	5	4.902 (p<0.001)
初中或相当	1579	3.58	.741	.019	3.54	3.62	1	5	
高中或相当	1091	3.50	.759	.023	3.46	3.55	1	5	
大专或相当	428	3.48	.815	.039	3.40	3.55	1	5	
本科及以上	512	3.46	.879	.039	3.38	3.54	1	5	
总数	4051	3.54	.775	.012	3.51	3.56	1	5	

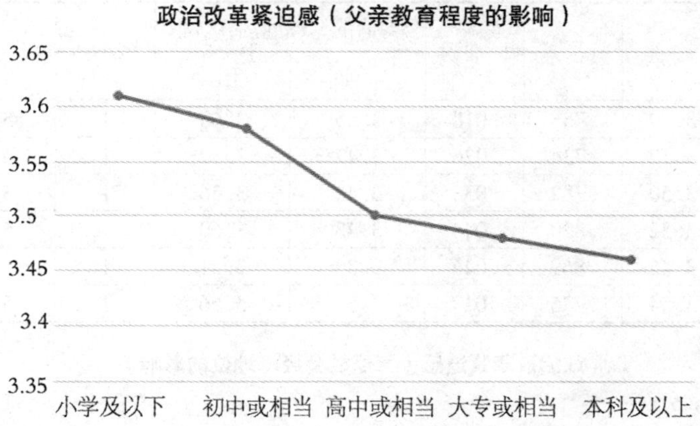

从父亲教育程度来看，很明显，父亲教育程度越高，学生的改革紧迫感越低。

政治改革紧迫感（母亲教育程度的影响）

	N	均值	标准差	标准误	均值的95%置信区间		极小值	极大值	ANOVA F
					下限	上限			
小学及以下	941	3.58	.783	.026	3.53	3.63	1	5	3.975 (p<0.01)
初中或相当	1570	3.55	.735	.019	3.51	3.59	1	5	
高中或相当	886	3.54	.785	.026	3.48	3.59	1	5	
大专或相当	323	3.46	.785	.044	3.38	3.55	1	5	
本科及以上	326	3.41	.892	.049	3.31	3.51	1	5	
总数	4046	3.54	.776	.012	3.51	3.56	1	5	

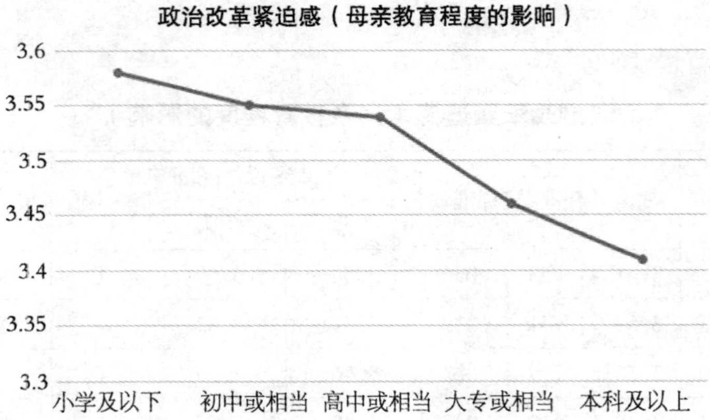

从母亲教育程度来看，很明显，母亲教育程度越高，学生的改革紧迫感越低。

（6）家庭社会经济地位的差异

政治改革紧迫感（家庭社会经济地位的影响）

	N	均值	标准差	标准误	均值的95%置信区间		极小值	极大值	ANOVA F
					下限	上限			
下层	1702	3.59	.758	.018	3.55	3.63	1	5	4.63 (p<0.001)
中下层	799	3.52	.734	.026	3.47	3.57	1	5	
中层	547	3.50	.782	.033	3.43	3.56	1	5	
中上层	347	3.52	.820	.044	3.43	3.60	1	5	
上层	361	3.42	.869	.046	3.33	3.51	1	5	
总数	3756	3.54	.775	.013	3.51	3.56	1	5	

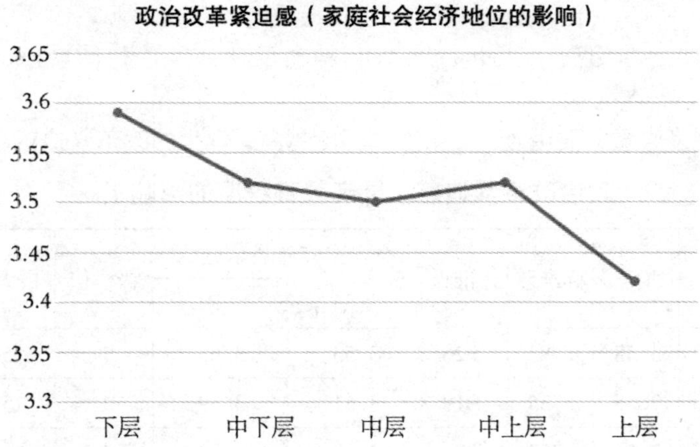

从家庭社会经济地位来看，总的趋势是，家庭社会经济地位越高，学生的改革紧迫感越低。出现这一结果，可能是改革开放以来，社会经济地位高的家庭是既得利益者，他们对于政治制度的现状是满意的，不愿意改变既得利益的现状，所以他们的政治改革意愿也低。

（7）专业年级的差异

政治改革紧迫感（专业的影响）

	N	均值	标准差	标准误	均值的 95% 置信区间		极小值	极大值	ANOVA F
					下限	上限			
理科	1716	3.47	.796	.019	3.43	3.51	1	5	22.116 (p<0.001)
文科	2361	3.59	.758	.016	3.55	3.62	1	5	
总数	4077	3.54	.776	.012	3.51	3.56	1	5	

从专业来看，山东大学生中，文科生的改革紧迫感比理科生高。

政治改革紧迫感（年级的影响）

	N	均值	标准差	标准误	均值的 95% 置信区间		极小值	极大值	ANOVA F
					下限	上限			
大一	1824	3.47	.777	.018	3.44	3.51	1	5	16.652 (p<0.001)
大三	1574	3.55	.771	.019	3.52	3.59	1	5	
研究生	679	3.67	.771	.030	3.61	3.73	1	5	
总数	4077	3.54	.776	.012	3.51	3.56	1	5	

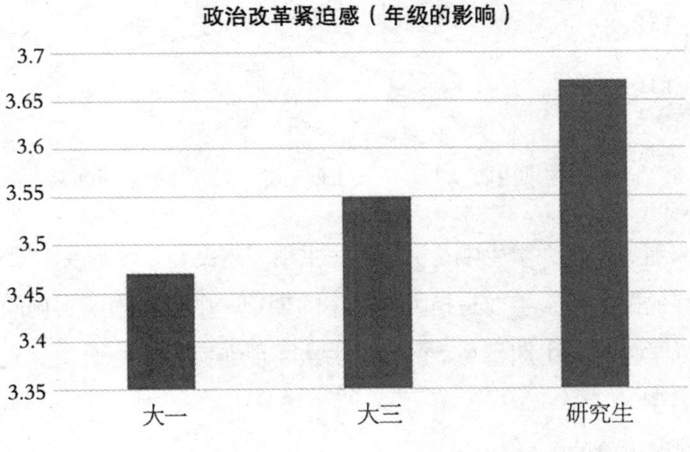

从年级来看，山东大学生中，年级越高，学生的政治改革紧迫感越高。

（8）政治心理卷入的差异

政治改革紧迫感（政治心理卷入的影响）

	N	均值	标准差	标准误	均值的 95% 置信区间		极小值	极大值	ANOVA F
					下限	上限			
低	1709	3.47	.788	.019	3.43	3.51	1	5	20.957 (p<0.001)
高	2364	3.58	.764	.016	3.55	3.61	1	5	
总数	4073	3.54	.776	.012	3.51	3.56	1	5	

从政治心理卷入来看，山东大学生中，学生的政治心理卷入度越高，其政治改革紧迫感也越高。

（9）民主期望的差异

政治改革紧迫感（民主期望的影响）

	N	均值	标准差	标准误	均值的 95% 置信区间		极小值	极大值	ANOVA
					下限	上限			F
低	136	3.82	.917	.079	3.66	3.97	1	5	11.703（$p<0.001$）
中	1349	3.57	.758	.021	3.52	3.61	1	5	
高	2578	3.51	.775	.015	3.48	3.54	1	5	
总数	4063	3.54	.777	.012	3.51	3.56	1	5	

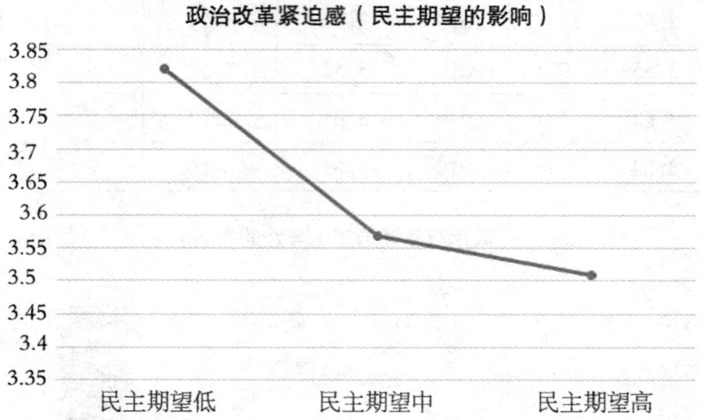

从民主期望来看，山东大学生中，学生的民主期望越高，其政治改革紧迫感越低。前面已经分析过，学生的民主期望主要是指民本民主的期望，由于我国所实施的社会主义民主就是民本民主，所以学生的民主期望高，说明学生认同现在实施的社会主义民主，从而政治改革的期待也就不高了。

（10）民主程度评价的差异

政治改革紧迫感（民主程度评价的影响）

	N	均值	标准差	标准误	均值的 95% 置信区间		极小值	极大值	ANOVA
					下限	上限			F
低	277	3.85	.853	.051	3.75	3.95	1	5	11.703（$p<0.001$）
中	2164	3.63	.717	.015	3.60	3.66	1	5	
高	1622	3.36	.803	.020	3.32	3.40	1	5	
总数	4063	3.54	.777	.012	3.51	3.56	1	5	

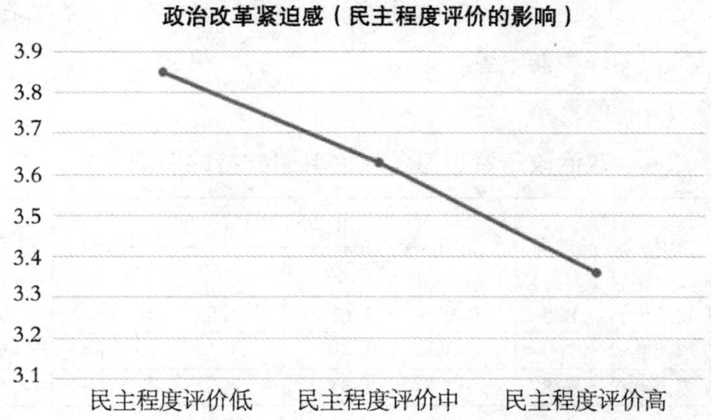

从民主程度评价来看，山东大学生中，学生对中国的民主程度评价越高，其政治改革紧迫感越低。 这里的民主程度也是指我们国家所实施的民本民主。

（11）民主价值支持的差异

政治改革紧迫感（民主价值支持的影响）

	N	均值	标准差	标准误	均值的 95% 置信区间		极小值	极大值	ANOVA F
					下限	上限			
低	855	3.36	.787	.027	3.31	3.41	1	5	11.703（$p < 0.001$）
高	3197	3.58	.766	.014	3.56	3.61	1	5	
总数	4052	3.54	.776	.012	3.51	3.56	1	5	

从民主价值支持来看，学生的民主价值支持度越高，其政治改革紧迫性也越高。 这里的民主价值，主要是指西方的选举民主价值。

（12）民主认知的差异

政治改革紧迫感（民主认知的影响）

	N	均值	标准差	标准误	均值的 95% 置信区间		极小值	极大值	ANOVA F
					下限	上限			
选举民主	110	3.88	.825	.079	3.73	4.04	2	5	12.294（$p < 0.001$）
民本民主	3480	3.51	.769	.013	3.48	3.54	1	5	
协商民主	358	3.67	.748	.040	3.59	3.74	1	5	
其他	62	3.59	.974	.124	3.35	3.84	1	5	
总数	4010	3.54	.776	.012	3.51	3.56	1	5	

从民主认知来看，认同选举民主的学生的政治改革紧迫感最高，其次是认同协商民主的学生，最低的是认同民本民主的学生。

（13）政治普遍支持的差异

政治改革紧迫感（政治普遍支持的影响）

	N	均值	标准差	标准误	均值的95%置信区间		极小值	极大值	ANOVA F
					下限	上限			
低	391	3.75	.825	.042	3.67	3.83	1	5	33.255 ($p<0.001$)
高	3660	3.51	.769	.013	3.49	3.54	1	5	
总数	4051	3.54	.778	.012	3.51	3.56	1	5	

从政治普遍支持来看，很明显，学生的政治普遍支持程度越高，其政治改革紧迫感就越低。

（14）政治特定支持的差异

政治改革紧迫感（政治特定支持的影响）

	N	均值	标准差	标准误	均值的95%置信区间		极小值	极大值	ANOVA F
					下限	上限			
低	1748	3.64	.762	.018	3.60	3.68	1	5	54.14 ($p<0.001$)
高	2231	3.46	.780	.017	3.43	3.49	1	5	
总数	3979	3.54	.777	.012	3.51	3.56	1	5	

从政治特定支持来看，很明显，学生的政治特定支持程度越高，其政治改革紧迫感就越低。

（15）小结

对于政治改革紧迫感，山东大学生的改革紧迫感得分为3.54分，比中间值高0.54分，说明山东大学生对于我国政治改革的紧迫感比较强烈。其组间差异的统计结果如下：

◆从性别、民族、家庭所在地、父亲职业、政治面貌、宗教信仰、消费水平、民主适合度、民主偏好等分组来看，大学生的政治改革紧迫感没有显著性差异。

◆从是否是独生子女来看，山东大学生中，非独生子女学生的改革紧迫感比独生子女的学生要高。

◆从学校层次来看，很明显，学校层次越低，学生的改革紧迫感就越高。

◆从母亲职业来看，母亲职业等级低的学生的政治改革紧迫感要高于母亲职业等级高的学生。

◆从父亲教育程度来看，很明显，父亲教育程度越高，学生的改革紧迫感越低。

◆从母亲教育程度来看，很明显，母亲教育程度越高，学生的改革紧迫感越低。

◆从家庭社会经济地位来看，总的趋势是，家庭社会经济地位越高，学生的改革紧迫感越低。

◆从年级来看，山东大学生中，年级越高，学生的政治改革紧迫感越高。

◆从政治心理卷入来看，山东大学生中，学生的政治心理卷入度越高，其政治改革紧迫感也越高。

◆从民主期望来看，山东大学生中，学生的民主期望越高，其政治改革紧迫感越低。

◆从民主程度评价来看，山东大学生中，学生对中国的民主程度评价越高，其政治改革紧迫感越低。

◆从民主价值支持来看，学生的民主价值支持度越高，其政治改革紧迫性也越高。

◆从民主认知来看，认同选举民主的学生的政治改革紧迫感最高，其次是认同协商民主的学生，最低的是认同民本民主的学生。

◆从政治普遍支持来看，很明显，学生的政治普遍支持程度越高，其政治改革紧迫感就越低。

◆从政治特定支持来看，很明显，学生的政治特定支持程度越高，其政治改革紧迫感就越低。

五、民族主义与政治支持的相关分析

民族主义与政治支持有直接的相关关系，有必要进行进一步的分析。中国目前正在进入改革的“深水区”，这意味着社会各阶层利益的重新分配和调整。改革的成败与公民政治支持与否有很大关系。北京大学中国国情研究中心2008年所发布的《中国公民意识调查报告（2008）》中，有一个问题值得注意，这问题是：“任何人都应该支持自己的政府，即使它做的不对”。其答案中有超过一半（58%）的受访者不反对这种说法，其中48.7%的受访者非常或比较支持此类看法。① 之所以会有这样的调查结果，经分析得出，国家认同感与受访者的政治支持度呈现显著的正相关，因为公民的国家认同感越强，越能够坦然接受国家政治生活中的差异和不如意，从而对政体的政治支持度也就越高，也会更加有利于降低国家分裂的风险。所以，如果政治共同体成员的国家认同感越强，政体的政治支持度就会越高。显然，中国政府大力加强爱国主义和民族自豪感的教育，必将有助于增加公众对国家和民族的认同和忠诚，进而增加公众对国家政治制度的政治支持度。只有公民将隐性的政治支持转变为显性的实际行动，政治改革才能加快推进的步伐。民族主义通过直接影响公民对政治问题的情绪，从而间接影响政治支持的态度。而政治态度又是政治改革的重要影响因素，所以民族主义在某些方面可以间接影响到政治改革步伐与进展速度。基于这一假设，我们下面用调研数据进行了验证性研究。

---

① 沈明明等:《中国公民意识调查数据报告》,社会科学文献出版社2009年版,第103页。

1. 变量设置

我们设定的因变量为“政治改革紧迫程度”。

设定的自变量主要包括 3 个维度：民族主义态度、政治支持（包括普遍政治支持和特定政治支持）、稳定偏好。

为了准确评估民族主义、政治支持、稳定偏好对政治改革紧迫程度的影响，本文对大学生的个体属性进行了控制，选取了大学生的性别、专业、学校层次、政治面貌、户口属性、父亲教育程度、宗教信仰作为控制变量。其中，将男性赋值为 1，女性赋值为 0；将文科赋值为 1，理科赋值为 0；将 985 高校赋值为 1，将非 985 高校赋值为 0；将党员赋值为 1，非党员赋值为 0；将农业户口赋值为 1，将非农业户口赋值为 0；将父亲接受大学教育程度赋值为 1，父亲未接受大学教育程度赋值为 0；将有宗教信仰赋值为 1，将无宗教信仰赋值为 0。

2. 理论框架与相关性分析

根据研究问题，建立以下理论框架。如下图是本文建立的理论框架，每一个箭头表示一种假设，由此建立七个假设：

H_1：民族主义和政治体制普遍支持成正相关；H_2：民族主义和政治当局特定支持成正相关；H_3：民族主义和稳定偏好成正相关；H_4：政治当局普遍支持和政治改革紧迫度成负相关；H_5：政治当局特定支持和政治改革紧迫度成负相关；H_6：稳定偏好和政治改革紧迫度成正相关。H_7：民族主义和政治改革紧迫度成正相关。

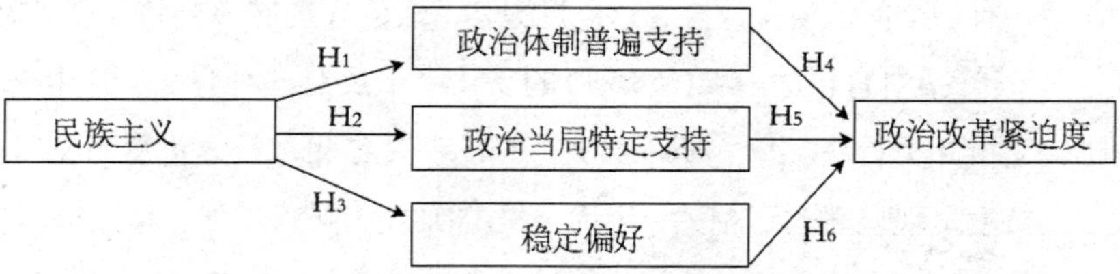

通过变量间相关性分析得知，民族主义和政治体制普遍支持、政治当局特定支持、稳定偏好成正相关、政治改革紧迫度成正相关，H_1、H_2、H_3、H_7 假设成立。即民族主义态度越强烈，对政治体制和政治当局的支持都会上升，对政治改革的紧迫度也会上升。政治体制普遍支持、政治当局特定支持和政治改革紧迫程度成负相关，H_4、H_5 假设成立。即对政治体制和政治当局越支持，对政治改革紧迫程度就越低。稳定偏好和政治改革紧迫度无相关性，H_6 假设不成立。

相关性

		民族主义	政治普遍支持	政治特定支持	稳定偏好	改革紧迫感
民族主义	Pearson 相关性	1	.361**	.126**	.451**	.118**
	显著性（双侧）		.000	.000	.000	.000
	N	4145	4120	4046	4115	4061
政治普遍支持	Pearson 相关性	.361**	1	.395**	.497**	-.111**
	显著性（双侧）	.000		.000	.000	.000
	N	4120	4132	4042	4109	4051
政治特定支持	Pearson 相关性	.126**	.395**	1	.202**	-.150**
	显著性（双侧）	.000	.000		.000	.000
	N	4046	4042	4057	4035	3979
稳定偏好	Pearson 相关性	.451**	.497**	.202**	1	-.005
	显著性（双侧）	.000	.000	.000		.735
	N	4115	4109	4035	4127	4046
改革紧迫感	Pearson 相关性	.118**	-.111**	-.150**	-.005	1
	显著性（双侧）	.000	.000	.000	.735	
	N	4061	4051	3979	4046	4077

**. 在 .01 水平（双侧）上显著相关。

从相关性来看，政治的普遍支持与稳定偏好有着较高的正相关关系。新权威主义理论学者认为，只有强势的中央集权才最符合中国社会的情况，才能够保证政治稳定和促进经济发展。因此，共产党自然就成了提供必要社会政治稳定和秩序的唯一强势威权。而中国政府的宣传也强调政治稳定是我国经济发展和个人幸福的前提。由此，中国民众有个普遍的认识，就是中国需要威权政府来加快和维护经济增长。因此，可推导出，那些认为稳定特别重要的人应该更支持现政体。我们的数据也支持了这一解释。

政治的普遍支持与民族主义也呈明显的正相关关系。有学者研究，在当代中国，民族主义不仅明显强化了对中央政府的忠诚和服从，而且还与政府倡导的价值和规范相一致。中国政府推动了民族主义的教育运动，大众被反复告知爱国和民族主义等同于对政府和政府倡导的价值规范的支持，而民众也接受了这一理念。所以，民族主义情感强烈的人更支持现政体。我们的数据也支持了这种解释。

政治的特定支持与稳定偏好和民族主义也呈明显的正相关关系。原因可能也是上面对普遍支持的解释。不同的是，特定支持与稳定偏好和民族主义的关系不如他们与普遍支持那么强烈。原因可能是政治特定支持是对具体政策满意度的测试，我们发展中的现实问题使得大学生对于具体政策的满意度降低，最终使得特定支持的支持度低于普遍支持，这样一来，在相关性测试中，就会出现这样的结果。

3. 多元回归分析

本文研究的因变量“政治改革紧迫程度”为连续变量，因而采用多元回归分析。由于政治改革紧迫程度分为了国家职能、权利平等、民主选举、权力结构、对外关系五个维度进行测量，因此从这五个维度出发构建了五个多元回归模型，如表所示。

（1）控制变量对政治改革紧迫度的影响

从多元回归分析模型表中我们可以得知，男性大学生和女性大学生在国家职能和对外关系的改革紧迫度认知中有明显的显著性差异（$p<0.001$）。相比于女性大学生，男性大学生认为国家职能的改革更紧迫，而认为对外关系的改革不紧迫。男女大学生在权利平等改革和民主选举方面的改革无显著性差异。

从学生所学专业上来看，文科专业大学生和理科专业大学生在权利平等改革、民主选举改革和权力结构改革紧迫度上有明显的显著性差异，相对于理科学生，文科学生认为这三个方面的改革更紧迫。对于国家职能改革紧迫度认知，文科学生和理科学生也存在显著性差异，文科学生更认为国家职能的改革紧迫。而文科、理科学生在对外关系改革紧迫度上无显著性差异。

从学校层次上来看，“985”高校学生与政治改革紧迫程度成负相关，也就是说“985”高校学生对政治改革紧迫度的认知不强烈。其中“985”高校学生和非“985”高校学生在国家职能和民主选举方面的改革紧迫度认知有显著性差异，非“985”高校学生认为这两项的改革更为紧迫。

从学生政治面貌上来看，党员群体学生与政治改革紧迫度成正相关，也就是说党员群体认为政治改革更紧迫。其中，党员群体学生和非党员群体学生在国家职能和权力结构方面的改革紧迫度认知有显著性差异，党员群体学生认为这两方面改革更紧迫。

从学生户口属性来看，农业户口学生与政治改革紧迫度成正相关，即农业户口学生认为政治改革更紧迫。其中，户口属性对权力结构和对外关系改革紧迫度认知上有显著性影响，农业户口学生比非农业户口学生认为权力结构改革和对外关系改革更紧迫；户口属性对民主选举改革上有一定影响，农业户口学生比非农业户口学生认为民主选举改革更紧迫。

从家庭教育程度上来分析，父亲接受过大学教育的学生与政治改革紧迫度成负相关，即父亲接受过大学教育的学生认为政治改革的紧迫度不高。而且父亲接受过大学教育的学生与父亲未接受过大学教育的学生对国家职能的改革紧迫度认知有显著性差异，后者认为更紧迫。宗教信仰对政治改革紧迫度的认知无显著性差异。

多元回归分析

	模型 1 国家职能 改革紧迫度	模型 2 权利平等 改革紧迫度	模型 3 民主选举 改革紧迫度	模型 4 权力结构 改革紧迫度	模型 5 对外关系 改革紧迫度
男性	.140（.038）****	.044（.038）	.012（.042）	.074（.040）*	-.143（.039）****
文科	.076（.036）**	.217（.036）****	.220（.040）****	.276（.037）****	.024（.037）
“985”高校	-.129（.043）***	-.043（.043）	-.119（.047）**	-.059（.044）	-.076（.044）
党员	.168（.072）**	.056（.072）	.083（.080）	.161（.075）**	.058（.074）
农业户口	.007（.041）	.046（.041）	.083（.045）*	.086（.042）**	.110（.042）***
父亲大学教育程度	-.094（.046）**	-.026（.047）	-.001（.051）	-.015（.048）	-.071（.048）
有宗教信仰	.025（.081）	.105（.081）	-.020（.090）	.039（.084）	-.040（.083）
稳定偏好	.052（.033）	-.061（.033）*	-.001（.036）	.001（.034）	.036（.034）
政治当局特定支持	-.131（.025）****	-.124（.025）****	-.127（.027）****	-.121（.026）****	-.096（.025）****
政治体制普遍支持	-.178（.033）****	-.184（.033）****	-.242（.036）****	-.231（.034）****	-.004（.034）
民族主义	.230（.033）****	.231（.033）****	.244（.037）****	.237（.035）****	.238（.034）****
R 方	0.04	0.041	0.042	0.048	0.034
调整 R 方（%）	3.8	3.9	3.9	4.5	3.1
F 值	14.845	15.282	15.515	17.592	12.267

注：（ ）内数值为标准误差，（ ）外数值为偏回归系数 B 值；* P≤0.1，** P≤0.05，*** P≤0.01，**** P≤0.001

（2）自变量对政治改革紧迫度的影响

政治支持与政治改革紧迫度成负相关。从多元回归分析模型表中我们可以得知，政治体制普遍支持、政治体制特定支持和政治改革紧迫度存在明显的负相关关系，即对政治体制和政府政绩越认可，则政治改革的紧迫度就越低，这就证实了之前的假设 H_4、H_5 成立。

民族主义和政治改革紧迫度成正相关，即民族主义态度越强烈，认为政治改革紧迫度就会上升，验证了之前的假设 H_7 成立。

稳定偏好和权利平等改革成负相关，与其他项改革无相关关系。从表中可知，稳定偏好和权利平等改革在 0.1 的水平上存在显著性差异，越倾向于稳定，对权利平等的改革紧迫度越会下降。

总体上，对于政治改革紧迫度的认知，学生的专业、学校的层次、家庭中父母的教育程度、户口属性对其都有一定程度的影响。此外，学生民族主义态度越强烈，对政治改革紧迫度就越强烈。对政治支持程度越高，对政治改革紧迫度的认知就越低。

第七章　治国理念偏好的统计分析

这一部分，我们想了解大学生在国家治理方面的看法和观点，主要集中在对于领导人的条件、对于精英政治的看法、对于选拔官员的方式等方面。

一、领导人的适合条件

我们设定一题，来测量大学生对于担任领导人条件的看法，题目如下：

您觉得，担任党和政府领导人最重要的条件应当是？（限选 2 项）

（1）廉洁奉公　（2）作风正派　（3）遵守法律　（4）富有才干

描述统计

	数字	选择同意的比例	标准偏差
廉洁奉公	4123	65%	.479
作风正派	4124	57%	.495
富有才干	4125	43%	.494
遵守法律	4124	26%	.440
有效 N（成列）	4123		

从统计结果可看出，对于担任领导人的条件，学生认为廉洁奉公最重要，其次是作风正派，第三是富有才干，最后是遵守法律。 从排名可看出，学生对于担任我们国家的领导人，最看重其品德方面的条件，而对是否遵守法律并不看重，这也说明了山东大学生法治理念不强。 这与我国长期人治的政治传统是一致的，传统中国政治是人治传统，而新中国成立以来，我们的政治主要还是呈现出人治特色，“其人存，则其政举，其人亡，则其政息”。① 在这样的政治文化长期浸染之下，学生们如此选择也就是很自然的。

① 《礼记 · 中庸第三十一》

二、精英治理

本问卷设置了一个包含两个题的李克特量表，来测量学生对于精英治理认知，这两个题目是：

①应该让有才能的人享有更多决策权

②如果决策权掌握在少数值得信赖的称职的领导者手中，普通大众的参与是没有必要的

对于每个题，最低分为 1 分，最高分为 5 分。 而对于精英治理认知变量，1 分代表精英治理认知最低，5 分代表精英治理认知最高。

1. 精英治理认知量表统计

（1）量表问题的频次统计

您是否同意下列说法—应该让有才能的人享有更多决策权

		频率	百分比	有效百分比	累积百分比
有效	非常同意	856	20.6	20.6	20.6
	比较同意	1278	30.7	30.8	51.3
	不确定	795	19.1	19.1	70.5
	不太同意	1011	24.3	24.3	94.8
	很不同意	216	5.2	5.2	100.0
	合计	4156	99.9	100.0	
缺失	系统	6	.1		
总计		4162	100.0		

对于这个说法，非常同意和比较同意的学生占 51.4%，不太同意和很不同意的占 29.5%，说明山东大学生对于此说法比较支持。

您是否同意下列说法—如果决策权掌握在少数值得信赖的、称职的领导者手中，普通大众的参与是没有必要的

		频率	百分比	有效百分比	累积百分比
有效	非常同意	182	4.4	4.4	4.4
	比较同意	337	8.1	8.1	12.5
	不确定	404	9.7	9.7	22.2
	不太同意	1601	38.5	38.5	60.7
	很不同意	1631	39.2	39.3	100.0
	合计	4155	99.8	100.0	
缺失	系统	7	.2		
总计		4162	100.0		

对于这个说法，非常同意和比较同意的学生占 12.5%，不太同意和很不同意的占 77.8%，说明山东大学生对于此说法非常不同意。

（2）量表问题与政治心态变量的相关性分析

相关性

		民主期望	民主程度评价	民主适合度	民主偏好	民主价值支持	民族主义	盲目自负爱国主义	国际主义	政治普遍支持	政治特定支持
①应该让有才能的人享有更多决策权	Pearson 相关性	-.072**	-.046**	-.064**	-.049**	.072**	.198**	.071**	.119**	.024	-.035*
	显著性（双侧）	.000	.003	.000	.002	.000	.000	.000	.000	.116	.025
	N	4138	4138	4137	4060	4129	4142	4130	4137	4129	4054
②如果决策权掌握在少数值得信赖的、称职的领导者手中，普通大众的参与是没有必要的	Pearson 相关性	-.125**	-.035*	-.168**	-.182**	-.036*	.098**	.110**	.100**	-.036*	-.047**
	显著性（双侧）	.000	.023	.000	.000	.020	.000	.000	.000	.022	.003
	N	4137	4137	4136	4059	4128	4141	4129	4136	4128	4053

**. 在 .01 水平（双侧）上显著相关。

*. 在 0.05 水平（双侧）上显著相关。

这两个说法与各个政治心态变量进行相关性分析，结果可知，与所有政治心态变量都有显著性相关关系。

这两个说法与民主期望进行相关分析，每一项说法与民主期望都是呈现负相关关系，也就是说学生的民主期望越高，就越不认同这两种说法。

这两个说法与民主程度评价进行相关分析，每一项说法与民主程度评价都是呈现负相关关系，只是相关关系强度较弱，也就是说学生对中国的民主程度评价越高，就越不认同这两种说法。

这两个说法与民主适合度进行相关分析，每一项说法与民主适合度都是呈现负相关关系，也就是说学生越认为民主适合中国，就越不认同这两种说法。

这两个说法与民主偏好进行相关分析，每一项说法与民主偏好都是呈现负相关关系，也就是说学生民主偏好程度越高，就越不认同这两种说法。

这两个说法与民主价值支持进行相关分析，说法一与民主价值支持呈现正相关关系，说明学生越认同民主价值，就越赞同说法一。说法二与民主价值支持呈现较弱的负相关关系，说明学生越认同民主价值，就越不赞同说法二。

这两个说法与民族主义进行相关分析，每一项说法与民族主义都是呈现正相关关系，也就是说学生民族主义感情越强，就越认同这两种说法。

这两个说法与盲目自负爱国主义进行相关分析，每一项说法与盲目自负爱国主义都是呈现正相关关系，也就是说学生盲目自负爱国主义感情越强，就越认同这两种说法。

这两个说法与国际主义进行相关分析，每一项说法与国际主义都是呈现正相关关系，也就是说学生国际主义感情越强，就越认同这两种说法。

这两个说法与政治普遍支持进行相关分析，说法一与政治普遍支持没有显著性关系，说法二与政治普遍支持呈现比较弱的负相关关系，也就是说学生的政治普遍支持程度越强，就越不认同这种说法。

这两个说法与政治特定支持进行相关分析，每一项说法与政治特定支持都是呈现负相关关系，也就是说学生政治特定支持水平越强，就越不认同这两种说法。

2. 精英治理认知变量统计

精英治理认知描述统计

	数字	最小值(M)	最大值(X)	平均值(E)	标准偏差
精英治理认知	4153	1	5	2.69	.923
有效 N（成列）	4153				

从得分看，大学生的精英治理认知得分 2.69 分，低于中间值 0.31 分，所以山东大学生对于精英治理的支持度是比较低的，并不认同精英治国的理念。

（1）性别的差异

精英治理认知（性别的影响）

	N	均值	标准差	标准误	均值的 95% 置信区间		极小值	极大值	ANOVA F
					下限	上限			
男	1339	2.88	.978	.027	2.83	2.93	1	5	88.627 （p<0.001）
女	2802	2.59	.881	.017	2.56	2.63	1	5	
总数	4141	2.69	.924	.014	2.66	2.71	1	5	

从性别看，山东大学生中，男生对于精英治理的支持度高于女生。

（2）民族的差异

精英治理认知（民族的影响）

	N	均值	标准差	标准误	均值的 95% 置信区间		极小值	极大值	ANOVA F
					下限	上限			
汉族	3989	2.69	.922	.015	2.66	2.71	1	5	0.041 （p>0.05）
少数民族	164	2.67	.944	.074	2.53	2.82	1	5	
总数	4153	2.69	.923	.014	2.66	2.71	1	5	

从民族来看，样本值中，汉族学生的精英治理的支持度比少数民族学生稍高，但总体

看，F 检定没有通过，说明山东大学生中，汉族学生和少数民族学生的精英治理的支持度没有差异。

（3）是否是独生子女的差异

精英治理认知（是否是独生子女的影响）

	N	均值	标准差	标准误	均值的 95% 置信区间		极小值	极大值	ANOVA F
					下限	上限			
是	1734	2.79	.945	.023	2.74	2.83	1	5	36.996（p<0.001）
否	2404	2.61	.900	.018	2.58	2.65	1	5	
总数	4138	2.68	.923	.014	2.66	2.71	1	5	

从是否是独生子女来看，山东大学生中，独生子女学生的精英治理支持度要高于非独生子女学生。

（4）户口的差异

精英治理认知（户口属性的影响）

	N	均值	标准差	标准误	均值的 95% 置信区间		极小值	极大值	ANOVA F
					下限	上限			
农业	2517	2.60	.919	.018	2.56	2.63	1	5	60.271（p<0.001）
非农业	1622	2.82	.914	.023	2.78	2.87	1	5	
总数	4139	2.68	.924	.014	2.66	2.71	1	5	

从户口属性来看，山东大学生中，非农业户口学生的精英治理支持度要高于农业户口子女学生。

（5）家庭所在地的差异

精英治理认知（家庭所在地的影响）

	N	均值	标准差	标准误	均值的 95% 置信区间		极小值	极大值	ANOVA F
					下限	上限			
农村	1780	2.59	.919	.022	2.55	2.63	1	5	21.526（p<0.001）
县城镇区	1201	2.70	.920	.027	2.65	2.75	1	5	
城市	1149	2.82	.920	.027	2.76	2.87	1	5	
总数	4130	2.68	.924	.014	2.66	2.71	1	5	

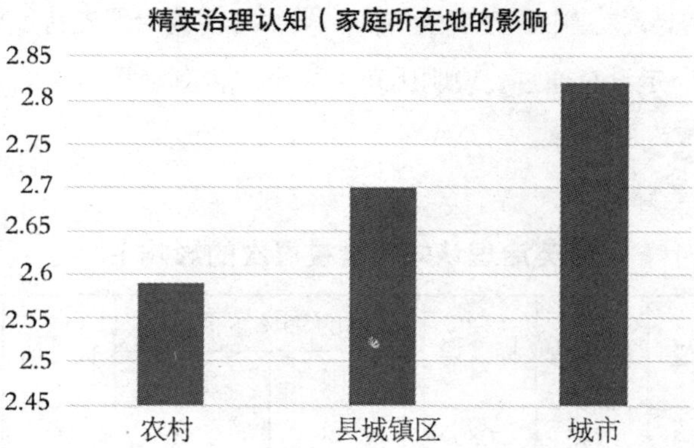

从家庭所在地来看，很明显的，山东大学生中，家庭所在地从农村到城市，学生的精英治理支持度依次升高。

（6）政治面貌的差异

精英治理认知（政治面貌的影响）

	N	均值	标准差	标准误	均值的95%置信区间		极小值	极大值	ANOVA F
					下限	上限			
非中共党员	3902	2.68	.926	.015	2.65	2.70	1	5	6.058 ($p<0.05$)
中共党员	242	2.83	.875	.056	2.72	2.94	1	5	
总数	4144	2.68	.924	.014	2.66	2.71	1	5	

从政治面貌来看，山东大学生中，党员学生的精英治理支持度要高于非党员学生。

精英治理认知（学生机构角色的影响）

	N	均值	标准差	标准误	均值的95%置信区间		极小值	极大值	ANOVA F
					下限	上限			
干部	1168	2.77	.883	.026	2.72	2.82	1	5	16.059 ($p<0.05$)
普通成员	2305	2.63	.940	.020	2.60	2.67	1	5	
总数	3473	2.68	.923	.016	2.65	2.71	1	5	

从是否学生干部来看，山东大学生中，学生干部的精英治理支持度要高于普通学生。

（7）宗教信仰的差异

精英治理认知（宗教信仰的影响）

	N	均值	标准差	标准误	均值的95%置信区间		极小值	极大值	ANOVA F
					下限	上限			
无	3946	2.68	.921	.015	2.65	2.71	1	5	0.674 ($p>0.05$)
有	191	2.74	.966	.070	2.60	2.88	1	5	
总数	4137	2.68	.923	.014	2.66	2.71	1	5	

从宗教信仰来看，样本值中，有宗教信仰的学生的精英治理支持度要高于无宗教信仰的学生。但总体上，F 检定没有通过，说明山东大学生中，有宗教信仰的学生和无宗教信仰的学生的精英治理支持度没有差异。

（8）学校层次的差异

精英治理认知（学校层次的影响）

	N	均值	标准差	标准误	均值的 95% 置信区间		极小值	极大值	ANOVA F
					下限	上限			
985 高校	963	2.84	.943	.030	2.78	2.90	1	5	18.878 ($p<0.001$)
一本院校	2264	2.65	.905	.019	2.61	2.68	1	5	
普通院校	926	2.61	.929	.031	2.55	2.67	1	5	
总数	4153	2.69	.923	.014	2.66	2.71	1	5	

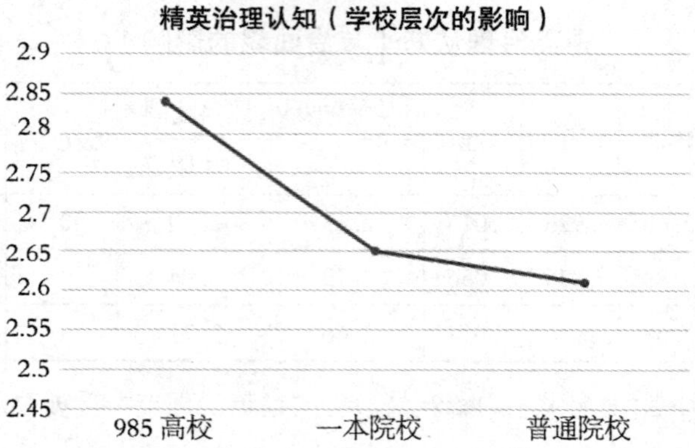

从学校层次来看，山东大学生中，学校层次越高，学生的精英治理支持度也越高。

（9）父母职业的差异

精英治理认知（父亲职业的影响）

	N	均值	标准差	标准误	均值的 95% 置信区间		极小值	极大值	ANOVA F
					下限	上限			
低	1973	2.61	.911	.021	2.57	2.65	1	5	13.228 ($p<0.001$)
中下	413	2.73	.920	.045	2.64	2.82	1	5	
中	870	2.67	.895	.030	2.61	2.73	1	5	
中上	396	2.82	.986	.050	2.72	2.92	1	5	
高	414	2.93	.942	.046	2.84	3.02	1	5	
总数	4066	2.69	.925	.015	2.66	2.72	1	5	

精英治理认知（父亲职业的影响）

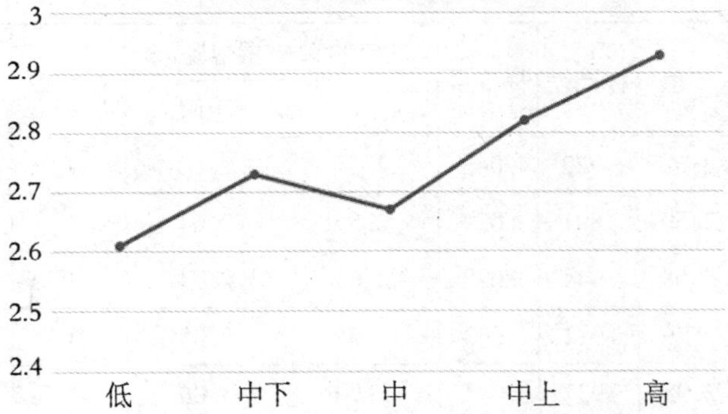

从父亲职业来看，总的趋势是，父亲的职业等级越高，学生的精英治理支持度也越高。不过，父亲职业为中等处有一个凹陷。

精英治理认知（母亲职业的影响）

	N	均值	标准差	标准误	均值的 95% 置信区间		极小值	极大值	ANOVA F
					下限	上限			
低	2187	2.61	.908	.019	2.57	2.65	1	5	15.984 ($p<0.001$)
中下	385	2.80	.900	.046	2.71	2.89	1	5	
中	686	2.70	.894	.034	2.63	2.77	1	5	
中上	255	2.87	1.021	.064	2.75	3.00	1	5	
高	350	2.96	.965	.052	2.86	3.06	1	5	
总数	3863	2.69	.925	.015	2.66	2.72	1	5	

精英治理认知（母亲职业的影响）

从母亲职业来看，总的趋势是，母亲的职业等级越高，学生的精英治理支持度也越高。不过，母亲职业为中等处有一个凹陷。 这与父亲职业等级的趋势一样。

（10）父母教育程度的差异

精英治理认知（父亲教育程度的影响）

	N	均值	标准差	标准误	均值的95%置信区间		极小值	极大值	ANOVA F
					下限	上限			
小学及以下	454	2.62	.920	.043	2.54	2.70	1	5	18.695 ($p<0.001$)
初中或相当	1605	2.59	.891	.022	2.55	2.64	1	5	
高中或相当	1105	2.68	.944	.028	2.63	2.74	1	5	
大专或相当	440	2.76	.911	.043	2.68	2.85	1	5	
本科及以上	522	2.98	.927	.041	2.90	3.06	1	5	
总数	4126	2.69	.923	.014	2.66	2.71	1	5	

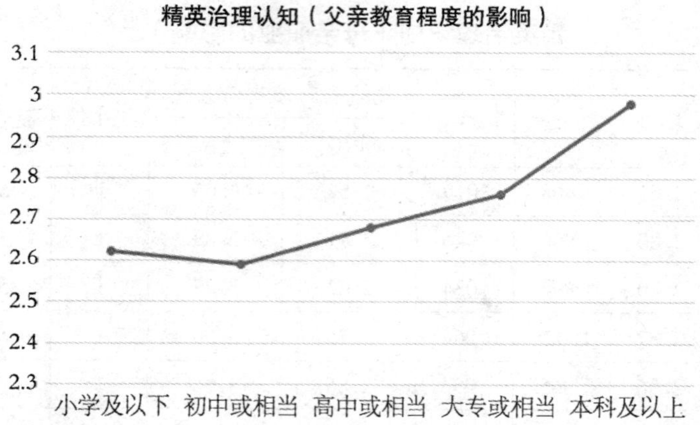

从父亲教育程度来看，总体趋势是，父亲的教育程度越高，学生的精英治理支持度也越高。

精英治理认知（母亲教育程度的影响）

	N	均值	标准差	标准误	均值的95%置信区间		极小值	极大值	ANOVA F
					下限	上限			
小学及以下	965	2.58	.919	.030	2.52	2.64	1	5	19.622 ($p<0.001$)
初中或相当	1592	2.61	.889	.022	2.57	2.66	1	5	
高中或相当	901	2.75	.938	.031	2.69	2.81	1	5	
大专或相当	330	2.85	.918	.051	2.76	2.95	1	5	
本科及以上	333	3.00	.951	.052	2.90	3.11	1	5	
总数	4121	2.69	.923	.014	2.66	2.72	1	5	

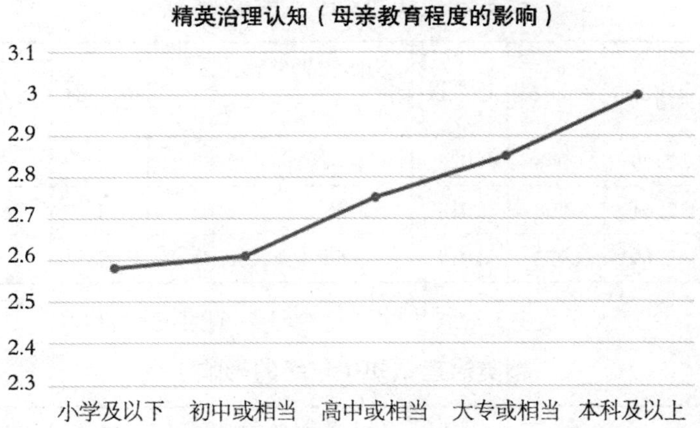

从母亲教育程度来看，总体趋势是，母亲的教育程度越高，学生的精英治理支持度也越高。

（11）家庭地位的差异

精英治理认知（家庭经济地位的影响）

	N	均值	标准差	标准误	均值的 95% 置信区间		极小值	极大值	ANOVA F
					下限	上限			
下层	1733	2.60	.911	.022	2.56	2.64	1	5	16.885 (p<0.001)
中下层	808	2.68	.894	.031	2.62	2.74	1	5	
中层	559	2.72	.927	.039	2.64	2.80	1	5	
中上层	354	2.87	.966	.051	2.77	2.97	1	5	
上层	366	2.98	.938	.049	2.88	3.07	1	5	
总数	3820	2.70	.925	.015	2.67	2.72	1	5	

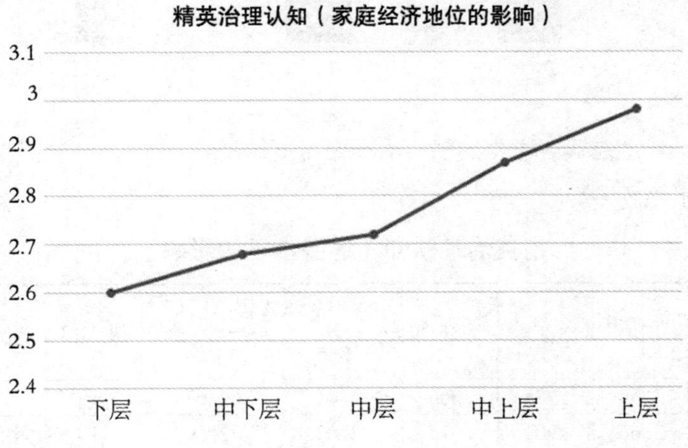

从家庭社会经济地位来看，明显的是，学生的家庭地位越高，学生的精英治理支持度也越高。

（12）专业年级的差异

精英治理认知（专业的影响）

	N	均值	标准差	标准误	均值的95%置信区间		极小值	极大值	ANOVA F
					下限	上限			
理科	1757	2.79	.948	.023	2.74	2.83	1	5	36.517 (p<0.001)
文科	2396	2.61	.898	.018	2.58	2.65	1	5	
总数	4153	2.69	.923	.014	2.66	2.71	1	5	

从专业来看，山东大学生中，理科生的精英治理支持度比文科生高。

精英治理认知（年级的影响）

	N	均值	标准差	标准误	均值的95%置信区间		极小值	极大值	ANOVA F
					下限	上限			
大一	1854	2.58	.930	.022	2.53	2.62	1	5	24.826 (p<0.001)
大三	1607	2.75	.907	.023	2.71	2.80	1	5	
研究生	692	2.82	.910	.035	2.75	2.88	1	5	
总数	4153	2.69	.923	.014	2.66	2.71	1	5	

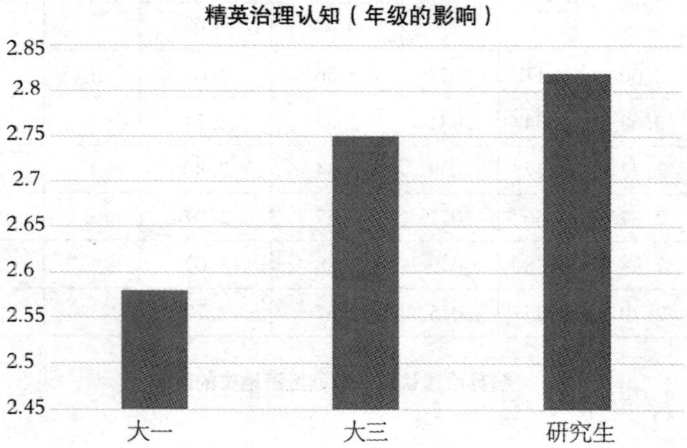

从年级来看，年级越高，学生的精英治理支持度越高。

（13）消费水平的差异

精英治理认知（消费水平的影响）

	N	均值	标准差	标准误	均值的95%置信区间		极小值	极大值	ANOVA F
					下限	上限			
低	225	2.54	.988	.066	2.41	2.67	1	5	23.711 (p<0.001)
中	3458	2.66	.901	.015	2.63	2.69	1	5	
高	458	2.95	1.009	.047	2.86	3.05	1	5	
总数	4141	2.68	.924	.014	2.66	2.71	1	5	

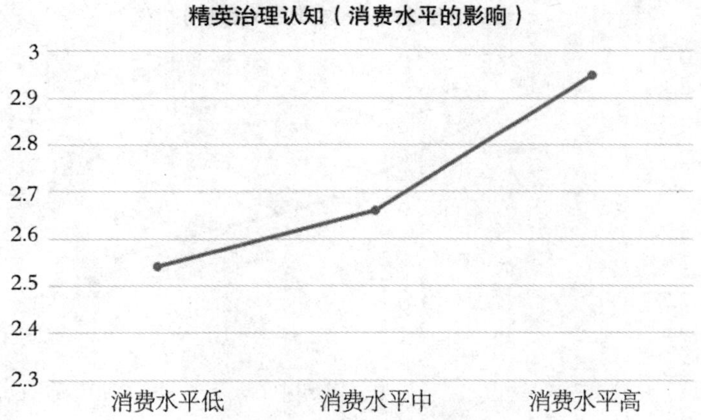

从消费水平来看，山东大学生中，学生的消费水平越高，学生的精英治理支持度越高。

（14）政治心理卷入的差异

精英治理认知（心理卷入的影响）

	N	均值	标准差	标准误	均值的 95% 置信区间 下限	均值的 95% 置信区间 上限	极小值	极大值	ANOVA F
低	1741	2.62	.923	.022	2.58	2.67	1	5	23.711（p<0.001）
高	2408	2.73	.921	.019	2.69	2.77	1	5	
总数	4149	2.68	.923	.014	2.66	2.71	1	5	

从政治心理卷入来看，山东大学生中，高心理卷入的学生的精英治理的支持度高于低心理卷入的学生。政治心理卷入变量与精英治理认知变量进行相关分析，在显著性水平 0.001 下，Pearson 相关系数为 0.063，呈现较弱的正相关关系。

（15）民主期望的差异

精英治理认知（民主期望的影响）

	N	均值	标准差	标准误	均值的 95% 置信区间 下限	均值的 95% 置信区间 上限	极小值	极大值	ANOVA F
低	138	3.11	1.152	.098	2.91	3.30	1	5	29.588（p<0.001）
中	1372	2.78	.948	.026	2.73	2.83	1	5	
高	2625	2.62	.885	.017	2.58	2.65	1	5	
总数	4135	2.69	.923	.014	2.66	2.71	1	5	

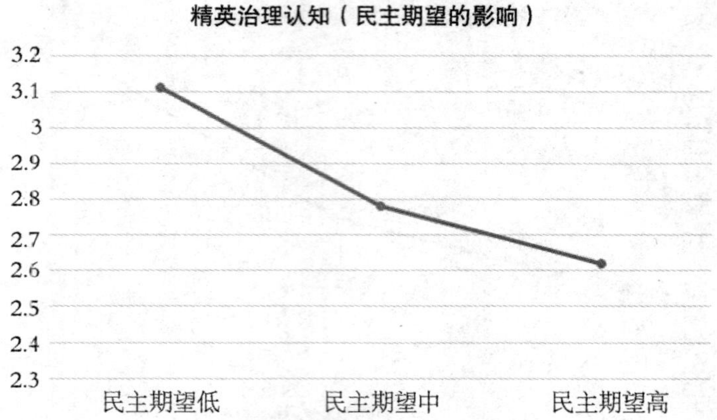

从民主期望来看，很明显，学生的民主期望越高，其精英治理的支持度就越低。民主期望变量与精英治理认知变量进行相关分析，在显著性水平 0.001 下，Pearson 相关系数为 -0.121，呈现显著性的负相关关系。

（16）民主程度评价的差异

精英治理认知（民主程度评价的影响）

	N	均值	标准差	标准误	均值的 95% 置信区间		极小值	极大值	ANOVA F
					下限	上限			
低	282	2.90	1.020	.061	2.78	3.02	1	5	9.26（$p<0.001$）
中	2204	2.69	.912	.019	2.65	2.73	1	5	
高	1649	2.65	.911	.022	2.60	2.69	1	5	
总数	4135	2.69	.922	.014	2.66	2.71	1	5	

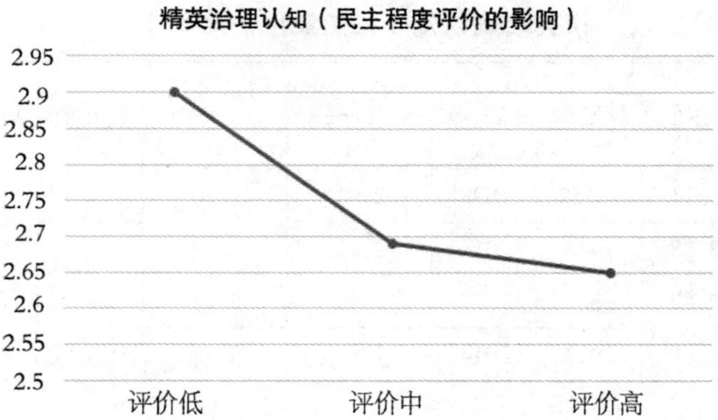

从民主程度评价来看，山东大学生中，学生对中国的民主程度评价越高，学生的精英治理的支持度就越低。民主程度评价变量与精英治理认知变量进行相关分析，在显著性水平 0.001 下，Pearson 相关系数为 -0.051，呈现显著性的负相关关系。

（17）民主适合度的差异

精英治理认知（民主适合度的影响）

	N	均值	标准差	标准误	均值的 95% 置信区间		极小值	极大值	ANOVA F
					下限	上限			
低	151	3.04	1.108	.090	2.86	3.21	1	5	35.428 (p<0.001)
中	1133	2.83	.928	.028	2.78	2.89	1	5	
高	2850	2.61	.899	.017	2.58	2.64	1	5	
总数	4134	2.69	.923	.014	2.66	2.71	1	5	

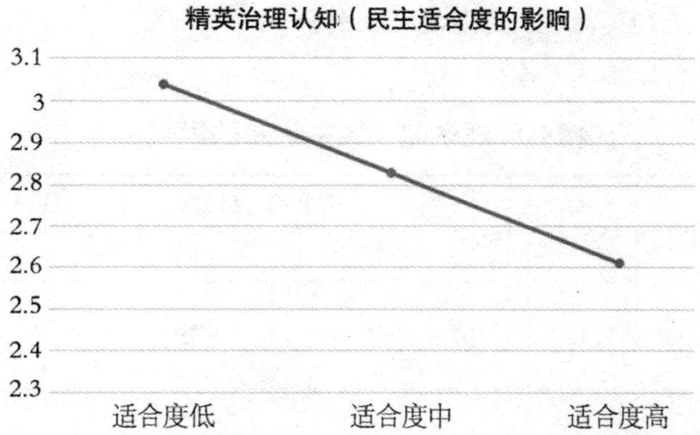

从民主适合度来看，山东大学生中，学生对中国的民主适合度越高，学生的精英治理的支持度就越低。民主适合度变量与精英治理认知变量进行相关分析，在显著性水平 0.001 下，Pearson 相关系数为 -0.142，呈现显著性的负相关关系。

（18）民主偏好的差异

精英治理认知（民主偏好的影响）

	N	均值	标准差	标准误	均值的 95% 置信区间		极小值	极大值	ANOVA F
					下限	上限			
低	2018	2.74	.947	.021	2.70	2.78	1	5	24.706 (p<0.001)
高	1935	2.60	.882	.020	2.56	2.64	1	5	
总数	3953	2.67	.919	.015	2.64	2.70	1	5	

从民主偏好来看，山东大学生中，学生对中国的民主偏好越高，学生的精英治理的支持度就越低。民主偏好变量与精英治理认知变量进行相关分析，在显著性水平 0.001 下，Pearson 相关系数为 -0.14，呈现显著性的负相关关系。

（19）民主价值支持的差异

精英治理认知（民主价值支持的影响）

	N	均值	标准差	标准误	均值的 95% 置信区间		极小值	极大值	ANOVA F
					下限	上限			
低	875	2.63	.905	.031	2.57	2.69	1	5	3.664（p＞0.05）
高	3251	2.70	.928	.016	2.67	2.73	1	5	
总数	4126	2.68	.923	.014	2.66	2.71	1	5	

从民主价值支持来看，样本值中，学生对西方的民主价值越认同，学生的精英治理的支持度就越高。但总体来看，F 检定没有通过，说明山东大学生中，高民主价值支持的学生和低民主价值支持学生的精英治理支持度没有差别。

（20）民主认知的差异

精英治理认知（民主认知的影响）

	N	均值	标准差	标准误	均值的 95% 置信区间		极小值	极大值	ANOVA F
					下限	上限			
选举民主	112	3.08	1.129	.107	2.86	3.29	1	5	9.368（p＜0.001）
民本民主	3544	2.66	.908	.015	2.63	2.69	1	5	
协商民主	365	2.72	.944	.049	2.62	2.82	1	5	
其他	61	2.93	1.018	.130	2.67	3.20	1	5	
总数	4082	2.68	.922	.014	2.65	2.71	1	5	

精英治理认知（民主认知的影响）

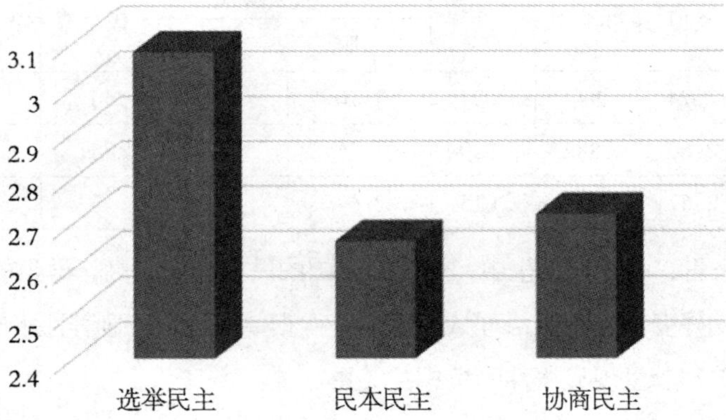

从民主认知来看，认同选举民主的学生的精英治理的支持度最高，认同协商民主的学生

的精英治理的支持度次之，认同民本民主的学生的精英治理的支持度最低。

（21）民族主义的差异

精英治理认知（民族主义的影响）

	N	均值	标准差	标准误	均值的95%置信区间		极小值	极大值	ANOVA F
					下限	上限			
低	583	2.52	.959	.040	2.44	2.60	1	5	21.585（p<0.001）
高	3556	2.71	.914	.015	2.68	2.74	1	5	
总数	4139	2.68	.923	.014	2.66	2.71	1	5	

从民族主义来看，学生的民族主义情感越强烈，其精英治理的支持度也越高。民主偏好变量与精英治理认知变量进行相关分析，在显著性水平0.001下，Pearson相关系数为0.187，呈现显著性的正相关关系。

（22）盲目自负爱国主义的差异

精英治理认知（盲目自负爱国主义的影响）

	N	均值	标准差	标准误	均值的95%置信区间		极小值	极大值	ANOVA F
					下限	上限			
低	808	2.60	.956	.034	2.53	2.66	1	5	22.073（p<0.001）
中	2065	2.63	.872	.019	2.59	2.67	1	5	
高	1254	2.83	.963	.027	2.77	2.88	1	5	
总数	4127	2.68	.922	.014	2.66	2.71	1	5	

精英治理认知（盲目自负爱国主义的影响）

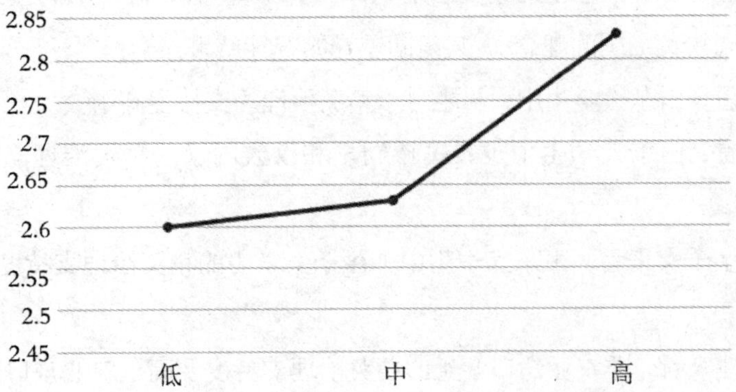

从盲目自负爱国主义来看，学生的盲目自负爱国主义情感越强烈，其精英治理的支持度也越高。盲目自负爱国主义变量与精英治理认知变量进行相关分析，在显著性水平0.001下，Pearson相关系数为0.112，呈现显著性的正相关关系。

（23）国际主义的差异

精英治理认知（国际主义的影响）

	N	均值	标准差	标准误	均值的 95% 置信区间		极小值	极大值	ANOVA F
					下限	上限			
低	1989	2.60	.888	.020	2.56	2.63	1	5	36.046 ($p<0.001$)
高	2145	2.77	.948	.020	2.73	2.81	1	5	
总数	4134	2.68	.923	.014	2.66	2.71	1	5	

从国际主义来看，学生的国际主义情感越强烈，其精英治理的支持度也越高。国际主义变量与精英治理认知变量进行相关分析，在显著性水平 0.001 下，Pearson 相关系数为 0.136，呈现显著性的正相关关系。

（24）政治特定支持的差异

精英治理认知（政治特定支持的影响）

	N	均值	标准差	标准误	均值的 95% 置信区间		极小值	极大值	ANOVA F
					下限	上限			
低	1773	2.73	.954	.023	2.69	2.78	1	5	11.032 ($p<0.001$)
高	2278	2.64	.896	.019	2.60	2.67	1	5	
总数	4051	2.68	.923	.014	2.65	2.71	1	5	

从政治特定支持来看，政治特定支持水平低的学生的精英治理支持度高过政治特定支持水平高的学生。

（25）小结

对于精英治理认知，大学生的精英治理认知得分 2.69 分，低于中间值 0.31 分，所以山东大学生并不认同精英治国的理念。其组间差异的统计结果如下：

◆从性别来看，山东大学生中，男生对于精英治理的支持度高于女生。

◆从民族来看，山东大学生中少数民族同学和汉族同学的精英治理支持度没有明显差别。

◆从是否独生子女来看，山东大学生中独生子女学生的精英治理支持度要高于非独生子女学生。

◆从户口属性来看，非农业户口学生的精英治理支持度要高于农业户口子女学生。

◆从家庭所在地来看，家庭所在地从农村到城市，学生的精英治理支持度依次升高。

◆从政治面貌看，山东大学生中，党员学生的精英治理支持度要高于非党员学生。

◆从是否学生干部来看，山东大学生中，学生干部的精英治理支持度要高于普通学生。

◆从宗教信仰来看，山东大学生中，有宗教信仰的学生和无宗教信仰的学生的精英治理支持度没有差异。

◆从学校层次来看，学校层次越高，学生的精英治理支持度也越高。

◆从父亲职业来看，父亲的职业等级越高，学生的精英治理支持度也越高。

◆从母亲职业来看，母亲的职业等级越高，学生的精英治理支持度也越高。

◆从父亲教育程度来看，父亲的教育程度越高，学生的精英治理支持度也越高。

◆从母亲教育程度来看，母亲的教育程度越高，学生的精英治理支持度也越高。

◆从家庭经济社会地位来看，学生的家庭地位越高，学生的精英治理支持度也越高。

◆从专业来看，山东大学生中，理科生的精英治理支持度比文科生高。

◆从年级来看，山东大学生中，年级越高，学生的精英治理支持度越高。

◆从学生的消费水平来看，学生的消费水平越高，学生的精英治理支持度越高。

◆从政治心理卷入来看，山东大学生中，高心理卷入的学生的精英治理的支持度高于低心理卷入的学生。

◆从民主期望来看，学生的民主期望越高，其精英治理的支持度就越低。

◆从民主程度评价来看，山东大学生中，学生对中国的民主程度评价越高，学生的精英治理的支持度就越低。

◆从民主适合度来看，认为民主越适合中国，学生的精英治理的支持度就越低。

◆从民主偏好来看，学生对中国的民主偏好越高，学生的精英治理的支持度就越低。

◆从民主价值支持来看，山东大学生中，高民主价值支持的学生和低民主价值支持学生的精英治理支持度没有差别。

◆从民主认知来看，认同选举民主的学生的精英治理的支持度最高，认同协商民主的学生的精英治理的支持度次之，认同民本民主的学生的精英治理的支持度最低。

◆从民族主义来看，学生的民族主义情感越强烈，其精英治理的支持度也越高。

◆从盲目自负爱国主义来看，学生的盲目自负爱国主义情感越强烈，其精英治理的支持度也越高。

◆从国际主义来看，学生的国际主义情感越强烈，其精英治理的支持度也越高。

◆从民政治普遍支持来看，山东大学生中，民政治普遍支持程度不同的学生的精英治理支持度没有差异。

◆从民政治特定支持来看，山东大学生中，政治特定支持水平低的学生的精英治理支持度高过政治特定支持水平高的学生。

总体来看，数据非常清楚地表明，具有精英身份（如来自上层家庭、党员、来自大城市、来自好学校、消费水平高等）的学生更支持精英治理。上面的分析已经清楚地表明，精英治理的支持度与精英身份是强相关的，我们可以推测，精英身份与民主信念的相关性也会体现在精英治理与民主信念之间的关系上。从数据来看，精英治理的支持度与民主程度评价、民主期望、民主适合度、民主偏好都呈负相关关系，与民主价值支持度没有显著的相关性。在对民主信念分析中，精英身份与民主程度评价、民主期望、民主适合度、民主偏好都呈现负相关关系。这与我们的推论一致。

精英理论认为精英掌权是一个普遍的现象，无论社会主义社会还是民主社会。现代精英理论的中心议题是在稳定的民主社会中，精英需要通过定期的选举而竞争权力。西方的民主理论家普遍承认多数统治几乎是不可能的，民主也是少数统治。民主与非民主比如专制政体的区别不在于由谁来统治，即由人民自己还是由独裁者，多数人还是少数人统治，关键在于是否能够建立起一种合理的制度。民主是一种人民能够有效地控制少数统治者权力的制度或程序。在中国，精英主义不太容易让人接受，并且往往有反民主之嫌疑，相反，平民主义的民主理念容易为人们所接纳与首肯。实际上，社会主义的民主也是一种精英主义的民主，党和国家的领导阶层就是从精英群体——公务员群体——选拔而来，其竞争的激烈并不亚于美国的选举。而作为准精英群体的大学生对于社会的隔膜以及国家政府自建国以来对于平民主义的大力宣扬，使他们并不容易领会到这一点，而更倾向于平民主义，我们的数据也表明出这一点。

三、官员选拔方式偏好测量

为了解大学生对于官员选拔方式偏好，我们设计了下面的题目：

选拔官员时，对于竞争性考试与竞争性选举，您同意下列哪种说法？

1＝竞争性考试更好　　2＝竞争性选举更好　　3＝两者同样好

4＝两者都不好　　5＝说不清

选拔官员时，对于竞争性考试与竞争性选举，您同意下列哪种说法

		频率	百分比	有效百分比	累积百分比
有效	竞争性考试更好	684	16.4	16.5	16.5
	竞争性选举更好	1442	34.6	34.7	51.2
	两者同样好	912	21.9	22.0	73.2
	两者都不好	218	5.2	5.3	78.4
	说不清	896	21.5	21.6	100.0
	总计	4152	99.8	100.0	
缺失	系统	10	.2		
总计		4162	100.0		

从结果来看，两种的选拔方式支持率分别达到38.5%和56.7%（将两者同样好的选择率分别进行累加），可以看出竞争性考试支持率明显低于竞争性选举，总体来说，学生认为竞争性选举方式更合理。

从中国传统的官员选拔方式来看，隋唐的科举制度建立之前，曾有过“举贤良”的制度，但没有成为主流。直到隋唐科举制度的建立，传统中国终于有了一项稳定的官员选拔制度，科举制度就是一项竞争性的考试制度，在传统中国这项制度自有他的合理性和先进性。新中国建立以来，我国的官员选拔制度既不是“举贤良”也不是科举制，也没有一项比较稳定的选拔制度，而是一种有着明确政治标准的举贤与选举混合的制度，选拔过程并不透明。学生之所以支持竞争性选举方式，可能在于其具有透明公平的特点，可除现行制度之弊。

贝淡宁教授的《贤能政治——为什么尚贤制比民主制更加适合中国》一书，在学术界引起较大的反响，他在书中提出了中国的政治发展的新思路，他指出了通过一人一票制产生官员的弊端，同时提出了通过考察官员的品德和能力并通过层层筛选产生领导人的方式。贤能政治的含义是设计一种政治制度，挑选能力超过平均水平的政治领袖做知情的、道德上站得住脚的政治决断。贝淡宁认为中国实行贤能政治的模式为：基层民主、中层实验和高层尚贤，贝教授将这种模式称为中国模式，认为这种模式是在中国将尚贤制和选举民主制结合起来的最好的方法。在贤能政治的设想中，考试是检验官员智识能力的重要工具。贤能政治的观点设想了选拔具有智识能力、社交技能和高尚美德的政治领导人的机制。一个优秀的政治领导人需要具有这三方面的品质，政治领导人在每一个方面上不一定都是最杰出的，但他们在这三方面的品质需要高于平均水平。而且，这三方面的本质不是同等重要的。一定程度的美德是最重要的，因为这决定着政治领导人能否真正做到为人民的利益服务。其次是社交技能，这是政治领导人能否说服其他领导人和民众的能力。最后是智识能力，这是政治领导人能否做出和评定科学决策的能力。①

对于贝淡宁的贤能政治思想，诸多学者给予了回应，其中白彤东提出了孟子的主权在民、治权在贤思想，即把民主与贤能成分相结合的混合政体，他将这一政体称为“孔氏中国”，运用这一政体来修正一人一票制的弊端。② 王国良将贤能政治思想与儒家的“选贤与能”和“为政以德”思想相结合，在此基础上，对贤能政治影响下的人才推选制度进行了探究和思考，认为中国当今的贤能推举制度要不断进行改进和完善，通过采取有效的制度措施摒除中国传统贤能推举制度中的弊病与恶习，使贤能政治设想的人才选拔制度能够得到更好的应用。③ 刘京希指出，贤能政治的实质，就是以个别精英人物为政治主体的人治，其最为致命的软肋，在于无法从根本制度层面，解决权力的来源和权力的制约这两个关涉政权合法性的根本性问题。④ 何包钢对贤能政治的弊端提出自己的忧虑，他指出了贤能政治在政治参与、合法性等问题上的弊端，提出了民主有缺陷，学者们要做的事情是改善民主，而不是构

① 贝淡宁:《贤能政治》,中信出版社 2016 年版。
② 白彤东:《主权在民,治权在贤:儒家之混合政体及其优越性》,《文史哲》,2013 年第 3 期。
③ 王国良:《儒家贤能政治思想与中国贤能推举制度的发展》,《文史哲》,2013 年第 3 期。
④ 刘京希:《构建现代政治生态必须祛魅贤能政治》,《探索与争鸣》,2015 年第 8 期。

建出完全替代民主的机制的观点。①

从山东大学生的实证调查数据来看，山东大学生不认同精英治国理念，更认同竞争性选举方式，也就是说山东大学生总体上并不认同贝淡宁所提出的贤能政治理念。

---

① He, Baogang. *A Discussion of Daniel A. Bell's The China Model: Political Meritocracy and the Limits of Democracy*. Perspectives on Politics, 2016, 14(1): 147~149.

第八章　公正世界信念的统计分析

公正世界信念（Belief in a just world）由 Melvin J. Lerner 在 20 世纪 60 年代提出，他认为人们有一种基本的需要，即相信自己生活在一个公正的世界里，在这个世界里，人们得其所应得，所得即应得。也就是说，你的获得无论是好是坏，都不是偶然的，而是与自身行为或品行有着某种因果关系。① 公正世界信念使得人们相信他们所处的物理环境和社会环境是稳定而有序的，是一种“积极的幻觉”。Dalbert 的研究表明，这种“幻觉”是个体与其所生存的社会之间达成的一种个人契约，它使个体相信自己会受到公正的对待，不会成为不可预见的灾难的受害者，同时，还能帮助个体有意义地、积极地解释生活中所发生的事件。② 这种信念能够增强对环境的应对能力，关注长期目标，遵循社会规范。

近些年，研究者对公正世界信念做了进一步的划分，关注个体内部和关注外部世界是两种典型的区分。例如，Dalbert 在其早期对一般公正世界信念研究的基础上，又对个人公正世界信念进行了研究。一般公正世界信念是指，总的来说世界是一个公正的地方，它指向外界、他人；而个人公正世界信念是指个体相信发生在自己身上的事情基本是公正的，它指向个体本身。国内关于公正世界信念的研究主要集中在青少年的公正世界信念发展特点和现状上。刘长江等人关于青少年公正世界信念发展特点进行了问卷调查研究。他们通过一般公正世界信念量表和个人公正世界信念量表调查了 180 名初中生，206 名高中生以及 199 名大学生。初中生和高中生各来自一所普通中学和一所重点中学，大学生来自某一大学。共发放问卷 640 份，回收有效问卷 585 份，有效问卷率为 91.4%。通过主成分分析和因素分析考察公正世界信念量表的因素结构。作者调查了大学生的公正世界信念，结果发现，大学生

---

① Melvin J. Lerner, *Dale T. Miller. Just world research and the attribution process: Looking back and ahead*. Psychological Bulletin, 1978, 85(5): 1030～1051.

② Claudia Dalbert. *Belief in a just world as a buffer against anger*. Social Justice Research, 2002, 15(2): 123～144.

所持有的个人公正世界信念和一般公正信念不存在差异；通过与德国的数据进行比较后发现，我国大学生比德国大学生更相信一般公正世界信念，更不相信个人公正世界信念。中国文化是典型的集体主义文化，个体会将外在世界（包含他人、社会等）纳入到自我表征的一部分，这种“去个性化”可能导致了人们对内在和外在不加区分。①

周春燕从公正世界信念对个体心理健康的重要作用出发由此引出对公正世界信念结构的探讨。首先通过对公正世界信念的发展历程的梳理，总结出四种结构，分别是：公正与不公正（一维还是多维）；自我与他人（并不是适用于所有文化，有研究发现，中国被试的一般公正世界信念并未低于自我公正世界信念水平）；内在公正与终极公正；程序——分配与自我——他人的整合结构。其次在对其结构梳理完成后总结了公正世界信念的功能，主要是对心理调节的作用。最后是总结了公正世界信念的问题与展望。在这其中，有提到作为个体变量，公正世界信念的功能受到诸多客观因素的制约，例如社会制度、社会动荡、经济形势、意识形态、文化因素等，这些客观因素又反过来影响人们的公正世界信念水平。②

公正世界信念作为研究变量基本应用于心理学领域之内，如对幸福感、信任、利他、情绪、心理健康等的影响研究，到目前为止，还很少应用于政治心态的研究之中。而与公正世界信念类似的公平感，研究成果相对较多。Lauren D. Appelbaum 在政府福利评估的政治态度研究中，发现那些具有高公正世界信念的评估者，认为那些努力改善自己处境的人应该更少的获得政府的扶持。而那些具有低公正世界信念的评估者，认为那些努力改善自己处境的人应该更多的获得政府的扶持。③ 方学梅发现社会公正感各维度与政府满意度显著相关，其中分配公平、法律公平和机会公平对中央政府满意度影响显著；互动公平、法律公平和机会公平对地方政府满意度影响显著。④ 参考相类似的研究，我们认为，公正世界信念作为个体心理结构中的深层认知，对于个体的政治态度应该有深层次的影响，所以本次调查特地将公正世界信念作为一个自变量进行了测量。

我们所使用的量表是杜建政、祝振兵、李兴琨于 2008 年编制的《大学生公正世界信念量表》，量表含有 3 个因子，19 个题目，分别为：

“终极公正因子”，主要反映的是个体认为世上所有事情的结局都将会是公正的，共有 7 个项目；

“内在不公正因子”，主要反映的是个体认为已经发生过的或者现有的事情是不公正的，共 7 个项目；

---

① 刘长江，殷晓菲，赵然青：《少年公正世界信念发展特点研究》，《沈阳师范大学学报（社会科学版）》，2008 年第 6 期。

② 周春燕：《公正世界信念——重建公正的双刃剑》，《心理科学进展》，2013 年第 1 期。

③ Lauren D. Appelbaum, Mary Clare Lennon, J. Lawrence Aber. *When Effort Is Threatening: The Influence of the Belief in a just World on Americans Attitudes toward Antipoverty Policy*. Political Psychology, 2006, 27(3): 387 ~ 402.

④ 方学梅：《转型期我国公民社会公正感现状及其与政府满意度分析》，《心理研究》，2016 年第 9 期。

“内在公正因子”，主要反映的是人们认为已经发生的或者现存在的事情是公正的，共5个项目。

最终，我们将“内在不公正因子”和“内在公正因子”合并成一个指标“现实公正感”。三个因子的得分以及总分转化为5分制，1分最低，5分最高。

中国大学生公正世界信念量表的题目如下：

<table>
<tr><th colspan="2">因子类型</th><th>题目</th></tr>
<tr><td colspan="2" rowspan="7">终极公正因子</td><td>（5）那些遭受不公正待遇的人最终会得到补偿</td></tr>
<tr><td>（7）善有善报，恶有恶报</td></tr>
<tr><td>（8）正义终将战胜邪恶</td></tr>
<tr><td>（9）那些寒窗苦读的人，终会实现自己的学业</td></tr>
<tr><td>（11）付出终会有回报</td></tr>
<tr><td>（14）种瓜得瓜，种豆得豆</td></tr>
<tr><td>（17）总的来说，多数人得到的都是其应得的</td></tr>
<tr><td rowspan="12">现实公正感</td><td rowspan="7">内在不公正因子</td><td>（3）我觉得许多重大决策是不公平的</td></tr>
<tr><td>（4）社会上的名人多数是浪得虚名</td></tr>
<tr><td>（6）许多坏人没有得到应有的惩罚</td></tr>
<tr><td>（10）善于逢迎拍马的人比真才实学的人爬升得更快</td></tr>
<tr><td>（12）找工作时人事关系比能力更重要</td></tr>
<tr><td>（15）许多人遭受了不公正的待遇</td></tr>
<tr><td>（19）许多善良无辜的人经常遭受痛苦</td></tr>
<tr><td rowspan="5">内在公正因子</td><td>（1）我认为世界基本上是公正的</td></tr>
<tr><td>（2）我认为我通常得到了应得到的东西</td></tr>
<tr><td>（13）那些关系到我利益的决策基本上都是公正的</td></tr>
<tr><td>（16）相对一般人而言，命运对我是公正的</td></tr>
<tr><td>（18）通过刻苦努力，我们一定能实现自己的理想</td></tr>
</table>

一、公正世界信念量表的统计分析

1. 终极公正因子题目统计

终极公正因子包含七个问题，下面是每个问题的描述性统计结果：

您是否同意下列说法—那些遭受不公正待遇的人最终会得到补偿

		频率	百分比	有效百分比	累积百分比
有效	很不同意	260	6.2	6.3	6.3
	不太同意	1144	27.5	27.7	34.0
	不确定	1452	34.9	35.1	69.1
	比较同意	1035	24.9	25.0	94.1
	非常同意	244	5.9	5.9	100.0
	合计	4135	99.4	100.0	
缺失	系统	27	.6		
合计		4162	100.0		

对于这一说法，很不同意和不太同意的占比 34%，比较同意和非常同意的占比30.9%。可看出，总体上，学生对于这一说法不太同意。

您是否同意下列说法—善有善报，恶有恶报

		频率	百分比	有效百分比	累积百分比
有效	很不同意	87	2.1	2.1	2.1
	不太同意	269	6.5	6.5	8.6
	不确定	709	17.0	17.1	25.7
	比较同意	1768	42.5	42.7	68.4
	非常同意	1306	31.4	31.6	100.0
	合计	4139	99.4	100.0	
缺失	系统	23	.6		
合计		4162	100.0		

对于这一说法，很不同意和不太同意的占比 8.6%，比较同意和非常同意的占比 74.3%。可看出，总体上，学生对于这一说法非常同意。

您是否同意下列说法—正义终将战胜邪恶

		频率	百分比	有效百分比	累积百分比
有效	很不同意	73	1.8	1.8	1.8
	不太同意	188	4.5	4.5	6.3
	不确定	625	15.0	15.1	21.4
	比较同意	1731	41.6	41.8	63.2
	非常同意	1527	36.7	36.8	100.0
	合计	4144	99.6	100.0	
缺失	系统	18	.4		
合计		4162	100.0		

对于这一说法，很不同意和不太同意的占比 6.3%，比较同意和非常同意的占比 78.6%。可看出，总体上，学生对于这一说法非常同意。

您是否同意下列说法—那些寒窗苦读的人，终会实现自己的学业

		频率	百分比	有效百分比	累积百分比
有效	很不同意	142	3.4	3.4	3.4
	不太同意	738	17.7	17.8	21.2
	不确定	1420	34.1	34.3	55.5
	比较同意	1265	30.4	30.5	86.0
	非常同意	578	13.9	14.0	100.0
	合计	4143	99.5	100.0	
缺失	系统	19	.5		
合计		4162	100.0		

对于这一说法，很不同意和不太同意的占比 21.2%，比较同意和非常同意的占比 44.5%。可看出，总体上，学生对于这一说法较为同意。

您是否同意下列说法—付出终会有回报

		频率	百分比	有效百分比	累积百分比
有效	很不同意	63	1.5	1.5	1.5
	不太同意	284	6.8	6.9	8.4
	不确定	662	15.9	16.0	24.4
	比较同意	1906	45.8	46.0	70.4
	非常同意	1226	29.5	29.6	100.0
	合计	4141	99.5	100.0	
缺失	系统	21	.5		
合计		4162	100.0		

对于这一说法，很不同意和不太同意的占比 8.4%，比较同意和非常同意的占比 75.6%。可看出，总体上，学生对于这一说法非常同意。

您是否同意下列说法—种瓜得瓜，种豆得豆

		频率	百分比	有效百分比	累积百分比
有效	很不同意	35	.8	.8	.8
	不太同意	243	5.8	5.9	6.7
	不确定	582	14.0	14.0	20.8
	比较同意	2238	53.8	54.0	74.8
	非常同意	1045	25.1	25.2	100.0
	合计	4143	99.5	100.0	
缺失	系统	19	.5		
合计		4162	100.0		

对于这一说法，很不同意和不太同意的占比 6.7%，比较同意和非常同意的占比 79.2%。可看出，总体上，学生对于这一说法非常同意。

您是否同意下列说法—总的说来，多数人得到的都是其应得的

		频率	百分比	有效百分比	累积百分比
有效	很不同意	33	.8	.8	.8
	不太同意	192	4.6	4.7	5.5
	不确定	694	16.7	16.8	22.3
	比较同意	2620	63.0	63.5	85.8
	非常同意	587	14.1	14.2	100.0
	合计	4126	99.1	100.0	
缺失	系统	36	.9		
合计		4162	100.0		

对于这一说法，很不同意和不太同意的占比 5.5%，比较同意和非常同意的占比 77.7%。可看出，总体上，学生对于这一说法非常同意。

2. 内在不公正因子题目统计

您是否同意下列说法—我觉得许多重大决策是不公平的

		频率	百分比	有效百分比	累积百分比
有效	很不同意	224	5.4	5.4	5.4
	不太同意	1751	42.1	42.3	47.7
	不确定	1319	31.7	31.9	79.6
	比较同意	696	16.7	16.8	96.4
	非常同意	149	3.6	3.6	100.0
	合计	4139	99.4	100.0	
缺失	系统	23	.6		
合计		4162	100.0		

对于这一说法，很不同意和不太同意的占比 47.7%，比较同意和非常同意的占比 20.4%。可看出，总体上，学生对于这一说法不太同意。

您是否同意下列说法—社会上的名人多数是浪得虚名

		频率	百分比	有效百分比	累积百分比
有效	很不同意	334	8.0	8.1	8.1
	不太同意	1883	45.2	45.6	53.6
	不确定	1174	28.2	28.4	82.0
	比较同意	554	13.3	13.4	95.5
	非常同意	188	4.5	4.5	100.0
	合计	4133	99.3	100.0	
缺失	系统	29	.7		
合计		4162	100.0		

对于这一说法，很不同意和不太同意的占比 53.6%，比较同意和非常同意的占比 17.9%。可看出，总体上，学生对于这一说法不太同意。

您是否同意下列说法—许多坏人没有得到应有的惩罚

		频率	百分比	有效百分比	累积百分比
有效	很不同意	57	1.4	1.4	1.4
	不太同意	432	10.4	10.4	11.8
	不确定	885	21.3	21.4	33.2
	比较同意	1995	47.9	48.2	81.3
	非常同意	774	18.6	18.7	100.0
	合计	4143	99.5	100.0	
缺失	系统	19	.5		
合计		4162	100.0		

对于这一说法，很不同意和不太同意的占比 11.8%，比较同意和非常同意的占比 66.9%。可看出，总体上，学生对于这一说法非常同意。

您是否同意下列说法—善于逢迎的人比真才实学的人爬升得更快

		频率	百分比	有效百分比	累积百分比
有效	很不同意	501	12.0	12.1	12.1
	不太同意	1282	30.8	31.0	43.1
	不确定	1125	27.0	27.2	70.2
	比较同意	969	23.3	23.4	93.6
	非常同意	264	6.3	6.4	100.0
	合计	4141	99.5	100.0	
缺失	系统	21	.5		
合计		4162	100.0		

对于这一说法，很不同意和不太同意的占比 43.1%，比较同意和非常同意的占比 29.8%。可看出，总体上，学生对于这一说法不太同意。

您是否同意下列说法—找工作时人事关系比能力更重要

		频率	百分比	有效百分比	累积百分比
有效	很不同意	254	6.1	6.1	6.1
	不太同意	1090	26.2	26.3	32.5
	不确定	1294	31.1	31.2	63.7
	比较同意	1182	28.4	28.5	92.2
	非常同意	321	7.7	7.8	100.0
	合计	4141	99.5	100.0	
缺失	系统	21	.5		
合计		4162	100.0		

对于这一说法，很不同意和不太同意的占比 32.4%，比较同意和非常同意的占比 36.3%。可看出，总体上，学生对于这一说法比较同意。

您是否同意下列说法—许多人遭受了不公正的待遇

		频率	百分比	有效百分比	累积百分比
有效	很不同意	25	.6	.6	.6
	不太同意	381	9.2	9.2	9.8
	不确定	990	23.8	23.9	33.7
	比较同意	2051	49.3	49.5	83.2
	非常同意	694	16.7	16.8	100.0
	合计	4141	99.5	100.0	
缺失	系统	21	.5		
合计		4162	100.0		

对于这一说法，很不同意和不太同意的占比 9.8%，比较同意和非常同意的占比 66.3%。可看出，总体上，学生对于这一说法非常同意。

您是否同意下列说法—许多善良无辜的人经常遭受痛苦

		频率	百分比	有效百分比	累积百分比
有效	很不同意	74	1.8	1.8	1.8
	不太同意	734	17.6	17.7	19.5
	不确定	1193	28.7	28.8	48.3
	比较同意	1609	38.7	38.9	87.2
	非常同意	530	12.7	12.8	100.0
	合计	4140	99.5	100.0	
缺失	系统	22	.5		
合计		4162	100.0		

对于这一说法，很不同意和不太同意的占比 19.5%，比较同意和非常同意的占比 51.7%。可看出，总体上，学生对于这一说法比较同意。

3. 内在公正因子题目统计

您是否同意下列说法—我认为世界基本上是公正的

		频率	百分比	有效百分比	累积百分比
有效	很不同意	344	8.3	8.3	8.3
	不太同意	1217	29.2	29.3	37.6
	不确定	774	18.6	18.7	56.3
	比较同意	1532	36.8	36.9	93.2
	非常同意	280	6.7	6.8	100.0
	合计	4147	99.6	100.0	
缺失	系统	15	.4		
合计		4162	100.0		

对于这一说法，很不同意和不太同意的占比 37.6%，比较同意和非常同意的占比 43.7%。可看出，总体上学生对于这一说法比较同意。

您是否同意下列说法—我认为我通常得到了应得到的东西

		频率	百分比	有效百分比	累积百分比
有效	很不同意	123	3.0	3.0	3.0
	不太同意	657	15.8	15.9	18.8
	不确定	949	22.8	22.9	41.7
	比较同意	2141	51.4	51.7	93.4
	非常同意	273	6.6	6.6	100.0
	合计	4143	99.5	100.0	
缺失	系统	19	.5		
合计		4162	100.0		

对于这一说法，很不同意和不太同意的占比 18.8%，比较同意和非常同意的占比 58.3%。可看出，总体上学生对于这一说法比较同意。

您是否同意下列说法—那些关系到我利益的决策基本上都是公正的

		频率	百分比	有效百分比	累积百分比
有效	很不同意	165	4.0	4.0	4.0
	不太同意	1073	25.8	25.9	29.9
	不确定	1722	41.4	41.6	71.5
	比较同意	1037	24.9	25.0	96.5
	非常同意	145	3.5	3.5	100.0
	合计	4142	99.5	100.0	
缺失	系统	20	.5		
合计		4162	100.0		

对于这一说法，很不同意和不太同意的占比 29.8%，比较同意和非常同意的占比 28.5%。可看出，总体上学生对于这一说法比较执中，不同意的比例稍高于同意的比例。

您是否同意下列说法—相对一般人而言，命运对我是公正的

		频率	百分比	有效百分比	累积百分比
有效	很不同意	30	.7	.7	.7
	不太同意	208	5.0	5.0	5.8
	不确定	777	18.7	18.8	24.5
	比较同意	2556	61.4	61.8	86.3
	非常同意	566	13.6	13.7	100.0
	合计	4137	99.4	100.0	
缺失	系统	25	.6		
合计		4162	100.0		

对于这一说法，很不同意和不太同意的占比 5.8%，比较同意和非常同意的占比 75.5%。可看出，总体上学生对于这一说法非常同意。

您是否同意下列说法—通过刻苦努力，我们一定能实现自己的理想

		频率	百分比	有效百分比	累积百分比
有效	很不同意	66	1.6	1.6	1.6
	不太同意	378	9.1	9.1	10.7
	不确定	1094	26.3	26.4	37.2
	比较同意	1829	43.9	44.2	81.4
	非常同意	771	18.5	18.6	100.0
	合计	4138	99.4	100.0	
缺失	系统	24	.6		
合计		4162	100.0		

对于这一说法，很不同意和不太同意的占比 10.7%，比较同意和非常同意的占比 62.8%。可看出，总体上学生对于这一说法非常同意。

二、公正世界信念变量的统计分析

公正世界信念量表中的各个因子以及公正世界信念变量的统计如下：

描述统计量

	N	极小值	极大值	均值	标准差
终极公正因子	4098	1	5	3.73	.617
内在不公正因子	4104	1	5	3.15	.598
内在公正因子	4124	1	5	3.40	.594
现实公正感	4094	1	5	3.08	.463
公正世界观念	4065	1	5	3.32	.443
有效的 N （列表状态）	4065				

统计显示，终极公正因子得分 3.73 分，高于中间值 0.73 分，说明山东大学生比较赞同世界上所有事情的结局都是公正的这一观点。

内在不公正因子得分 3.15 分，高于中间值 0.15 分，说明大学生较为赞同已经发生过的或者现有的事情是不公正的这一观点，也就是说，山东大学生认为现实社会不太公平。

内在公正因子得分 3.4 分，高于中间值 0.4 分，说明大学生较为赞同已经发生过的或者现有的事情是公正的这一观点，也就是说，山东大学生认为现实社会比较公平。

内在不公正因子和内在公正因子合成的变量“现实公正感”得分 3.08 分，高于中间值 0.08 分，说明大学生的现实公正感处于中间水平，既没有感觉太过于不公平，也没有感觉非常公平。

公正世界信念得分 3.32 分，高于中间值 0.32 分，说明山东大学生的公正世界信念高于一般水平，但并不是特别高。

（1）性别的差异

性别的影响

		N	均值	标准差	标准误	均值的 95% 置信区间		极小值	极大值	ANOVA F
						下限	上限			
终极公正因子	男	1314	3.67	.702	.019	3.63	3.71	1	5	19.332（p<0.001）
	女	2772	3.76	.571	.011	3.74	3.78	1	5	
	总数	4086	3.73	.618	.010	3.71	3.75	1	5	
内在不公正因子	男	1315	3.21	.649	.018	3.18	3.25	1	5	20.816（p<0.001）
	女	2777	3.12	.570	.011	3.10	3.14	1	5	
	总数	4092	3.15	.598	.009	3.13	3.17	1	5	
内在公正因子	男	1320	3.36	.641	.018	3.33	3.40	1	5	5.778（p<0.05）
	女	2792	3.41	.571	.011	3.39	3.43	1	5	
	总数	4112	3.40	.595	.009	3.38	3.41	1	5	
现实公正感	男	1309	3.03	.493	.014	3.00	3.05	1	5	21.621（p<0.001）
	女	2773	3.10	.446	.008	3.08	3.12	1	5	
	总数	4082	3.08	.463	.007	3.06	3.09	1	5	
公正世界信念	男	1300	3.26	.490	.014	3.23	3.29	1	5	28.696（p<0.001）
	女	2753	3.34	.417	.008	3.33	3.36	2	5	
	总数	4053	3.32	.443	.007	3.30	3.33	1	5	

从性别来看，山东大学生中，女生的终极公正因子得分、内在公正因子得分、现实公正感得分、公正世界观念得分均高于男生，而内在不公正因子得分低于男生。总体来看，女生相对于男生来说，觉得这个世界更公正。

（2）政治面貌的差异

政治面貌的影响

		N	均值	标准差	标准误	均值的 95% 置信区间		极小值	极大值	ANOVA F
						下限	上限			
终极公正因子	非中共党员	3850	3.73	.618	.010	3.71	3.75	1	5	4.385（p<0.05）
	中共党员	239	3.81	.591	.038	3.74	3.89	2	5	
	总数	4089	3.73	.617	.010	3.71	3.75	1	5	
内在不公正因子	非中共党员	3854	3.16	.601	.010	3.14	3.18	1	5	4.485（p<0.05）
	中共党员	241	3.07	.547	.035	3.00	3.14	2	5	
	总数	4095	3.15	.598	.009	3.13	3.17	1	5	

内在公正因子	非中共党员	3873	3.39	.595	.010	3.37	3.41	1	5	6.969（p<0.01）
	中共党员	242	3.49	.570	.037	3.42	3.57	2	5	
	总数	4115	3.40	.594	.009	3.38	3.41	1	5	
现实公正感	非中共党员	3844	3.07	.464	.007	3.06	3.09	1	5	9.051（p<0.01）
	中共党员	241	3.16	.439	.028	3.11	3.22	1	4	
	总数	4085	3.08	.463	.007	3.06	3.09	1	5	
公正世界信念	非中共党员	3817	3.31	.444	.007	3.30	3.32	1	5	9.204（p<0.01）
	中共党员	239	3.40	.422	.027	3.35	3.45	2	4	
	总数	4056	3.32	.443	.007	3.30	3.33	1	5	

从政治面貌来看，山东大学生中，党员学生的终极公正因子得分、内在公正因子得分、现实公正感得分、公正世界观念得分均高于非党员学生，而内在不公正因子得分低于非党员学生。 总体来看，党员学生相对于非党员学生来说，觉得这个世界更公正。

学生机构角色的影响

		N	均值	标准差	标准误	均值的95%置信区间		极小值	极大值	ANOVA F
						下限	上限			
终极公正因子	干部	1154	3.78	.590	.017	3.75	3.81	1	5	5.804（p<0.05）
	普通成员	2276	3.73	.607	.013	3.70	3.75	1	5	
	总数	3430	3.74	.602	.010	3.72	3.77	1	5	
内在不公正因子	干部	1154	3.17	.574	.017	3.13	3.20	1	5	1.88（p>0.05）
	普通成员	2279	3.14	.596	.012	3.11	3.16	1	5	
	总数	3433	3.15	.589	.010	3.13	3.17	1	5	
内在公正因子	干部	1156	3.46	.590	.017	3.43	3.49	1	5	16.907（p<0.001）
	普通成员	2295	3.37	.586	.012	3.35	3.40	1	5	
	总数	3451	3.40	.589	.010	3.38	3.42	1	5	
现实公正感	干部	1150	3.09	.445	.013	3.07	3.12	1	4	1.651（p>0.05）
	普通成员	2276	3.07	.460	.010	3.05	3.09	1	5	
	总数	3426	3.08	.455	.008	3.07	3.10	1	5	
公正世界信念	干部	1145	3.35	.423	.013	3.32	3.37	1	5	4.435（p<0.05）
	普通成员	2259	3.31	.438	.009	3.30	3.33	1	5	
	总数	3404	3.32	.434	.007	3.31	3.34	1	5	

从是否是学生干部来看，山东大学生中，学生干部的终极公正因子得分、内在公正因子得分、公正世界观念得分均高于普通学生。而学生干部和普通干部的内在不公正因子得分、现实公正感没有差别。总体来看，学生干部相对于普通学生来说，觉得这个世界更公正。

（3）学校层次的差异

学校层次的影响

		N	均值	标准差	标准误	均值的95%置信区间		极小值	极大值	ANOVA F
						下限	上限			
终极公正因子	985高校	952	3.66	.650	.021	3.62	3.70	1	5	11.785（p<0.001）
	一本院校	2248	3.74	.597	.013	3.71	3.76	1	5	
	普通院校	898	3.80	.624	.021	3.76	3.84	1	5	
	总数	4098	3.73	.617	.010	3.71	3.75	1	5	
内在不公正因子	985高校	955	3.09	.571	.018	3.05	3.12	1	5	8.725（p<0.001）
	一本院校	2250	3.16	.592	.012	3.13	3.18	1	5	
	普通院校	899	3.20	.635	.021	3.16	3.24	1	5	
	总数	4104	3.15	.598	.009	3.13	3.17	1	5	
内在公正因子	985高校	959	3.39	.583	.019	3.35	3.43	1	5	0.05（p>0.05）
	一本院校	2258	3.40	.595	.013	3.37	3.42	1	5	
	普通院校	907	3.40	.606	.020	3.36	3.44	1	5	
	总数	4124	3.40	.594	.009	3.38	3.41	1	5	
现实公正感	985高校	953	3.11	.454	.015	3.08	3.14	1	5	4.392（p<0.05）
	一本院校	2244	3.07	.462	.010	3.05	3.09	1	4	
	普通院校	897	3.05	.472	.016	3.02	3.08	1	5	
	总数	4094	3.08	.463	.007	3.06	3.09	1	5	
公正世界信念	985高校	944	3.31	.449	.015	3.28	3.34	1	5	0.202（p>0.05）
	一本院校	2233	3.32	.437	.009	3.30	3.33	1	5	
	普通院校	888	3.32	.453	.015	3.29	3.35	1	5	
	总数	4065	3.32	.443	.007	3.30	3.33	1	5	

从学校层次来看，山东大学生中，学校层次越低，学生的终极公正因子得分越高。学校层次越低，学生的内在不公正因子得分越高。学校层次越低，学生的现实公正感得分越低。而不同的学校层次，学生的内在公正因子和公正世界信念没有差异。

学者对于高等教育公平感的研究，可与我们的研究结论进行对比。曾依佳，郭杰忠，廖声丰通过对高等教育公平感的人口统计学变量差异分析表明，性别、年龄、家庭所在地及家庭经济状况显著影响高等教育公平感。其中，男性比女性表现出更强的教育资源配置不公感；年龄大的高等教育受众表现出更强的高等教育起点不公感和资源配置不公感；农村学生比城市学生在高等教育过程不公和资源配置不公两方面表现出更强的不公平感；家庭经济状况较好的个体的四类高等教育不公平感都较低。此外，事后检验还表明高职专科院校学生或毕业生在高等教育过程不公平感上要显著高于一本院校学生或毕业生。①

（4）父母教育程度的差异

父亲教育程度影响

		N	均值	标准差	标准误	均值的95%置信区间		极小值	极大值	ANOVA F
						下限	上限			
内在不公正因子	小学及以下	448	3.23	.630	.030	3.17	3.29	1	5	3.007（p<0.05）
	初中或相当	1588	3.14	.581	.015	3.11	3.17	1	5	
	高中或相当	1088	3.16	.586	.018	3.12	3.19	1	5	
	大专或相当	436	3.14	.611	.029	3.08	3.20	1	5	
	本科及以上	519	3.11	.632	.028	3.05	3.16	1	5	
	总数	4079	3.15	.599	.009	3.13	3.17	1	5	
内在公正因子	小学及以下	448	3.39	.619	.029	3.34	3.45	2	5	2.58（p<0.05）
	初中或相当	1596	3.39	.578	.014	3.36	3.41	1	5	
	高中或相当	1094	3.37	.588	.018	3.33	3.40	1	5	
	大专或相当	438	3.46	.584	.028	3.41	3.52	1	5	
	本科及以上	523	3.43	.637	.028	3.38	3.49	1	5	
	总数	4099	3.40	.594	.009	3.38	3.41	1	5	
现实公正感	小学及以下	446	3.03	.495	.023	2.98	3.08	1	4	3.063（p<0.05）
	初中或相当	1584	3.08	.452	.011	3.05	3.10	1	5	
	高中或相当	1084	3.06	.452	.014	3.03	3.09	1	5	
	大专或相当	436	3.11	.475	.023	3.07	3.16	1	5	
	本科及以上	519	3.11	.476	.021	3.07	3.16	1	5	
	总数	4069	3.08	.463	.007	3.06	3.09	1	5	

从父亲教育程度来看，山东大学生中，父亲教育程度高的学生的内在不公正因子低于父亲教育程度低的学生。父亲教育程度高的学生的内在公正因子高于父亲教育程度低的学生。父亲教育程度高的学生的现实公正感高于父亲教育程度低的学生。而山东大学生终极公正因子和公正世界信念没有差异。

母亲教育程度影响

		N	均值	标准差	标准误	均值的95%置信区间		极小值	极大值	ANOVA F
						下限	上限			
内在公正因子	小学及以下	952	3.37	.592	.019	3.33	3.41	2	5	5.113（p<0.001）
	初中或相当	1583	3.40	.573	.014	3.37	3.43	1	5	
	高中或相当	897	3.36	.598	.020	3.32	3.40	1	5	
	大专或相当	331	3.43	.648	.036	3.36	3.50	1	5	
	本科及以上	331	3.52	.611	.034	3.45	3.58	2	5	
	总数	4094	3.40	.594	.009	3.38	3.41	1	5	

① 曾依佳，郭杰忠，廖声丰：《高等教育公平感研究：基于受众的视角》，《成功（教育）》，2013年第10期，第163～164页。

现实公正感	小学及以下	945	3.05	.483	.016	3.02	3.08	1	5	4.835 (p<0.001)
	初中或相当	1573	3.08	.451	.011	3.06	3.10	1	5	
	高中或相当	890	3.06	.451	.015	3.03	3.09	1	5	
	大专或相当	329	3.10	.476	.026	3.05	3.15	1	4	
	本科及以上	327	3.17	.466	.026	3.12	3.22	1	5	
	总数	4064	3.08	.463	.007	3.06	3.09	1	5	
公正世界信念	小学及以下	937	3.30	.460	.015	3.28	3.33	2	5	3.496 (p<0.01)
	初中或相当	1567	3.32	.431	.011	3.30	3.34	1	5	
	高中或相当	880	3.29	.436	.015	3.26	3.32	1	5	
	大专或相当	328	3.33	.458	.025	3.28	3.38	1	5	
	本科及以上	323	3.39	.446	.025	3.34	3.44	1	5	
	总数	4035	3.32	.443	.007	3.30	3.33	1	5	

从母亲教育程度来看，山东大学生中，母亲教育程度高的学生的内在公正因子高于母亲教育程度低的学生。母亲教育程度高的学生的现实公正感高于母亲教育程度低的学生。母亲教育程度高的学生的公正世界信念高于母亲教育程度低的学生。而山东大学生的终极公正因子和内在不公正因子没有差异。

（5）家庭地位的差异

家庭社会经济地位的影响

		N	均值	标准差	标准误	均值的95%置信区间		极小值	极大值	ANOVA F
						下限	上限			
终极公正因子	下层	1711	3.76	.611	.015	3.73	3.79	1	5	2.866 (p<0.05)
	中下层	797	3.71	.609	.022	3.67	3.76	1	5	
	中层	550	3.66	.611	.026	3.61	3.72	1	5	
	中上层	346	3.71	.613	.033	3.64	3.77	1	5	
	上层	365	3.75	.669	.035	3.68	3.82	1	5	
	总数	3769	3.73	.617	.010	3.71	3.75	1	5	
内在公正因子	下层	1719	3.39	.594	.014	3.36	3.42	1	5	2.461 (p<0.05)
	中下层	802	3.39	.576	.020	3.35	3.43	2	5	
	中层	556	3.36	.575	.024	3.31	3.41	1	5	
	中上层	351	3.44	.596	.032	3.38	3.50	1	5	
	上层	367	3.47	.640	.033	3.40	3.54	1	5	
	总数	3795	3.40	.593	.010	3.38	3.42	1	5	

现实公正感	下层	1707	3.07	.469	.011	3.05	3.09	1	5	
	中下层	794	3.08	.436	.015	3.05	3.11	1	5	
	中层	552	3.05	.446	.019	3.01	3.08	2	4	3.146
	中上层	350	3.09	.473	.025	3.04	3.14	1	4	($p<0.05$)
	上层	363	3.15	.472	.025	3.10	3.20	1	5	
	总数	3766	3.08	.460	.007	3.06	3.09	1	5	
公正世界信念	下层	1695	3.32	.446	.011	3.30	3.35	2	5	
	中下层	789	3.31	.428	.015	3.28	3.34	1	5	
	中层	547	3.27	.432	.018	3.24	3.31	2	5	2.784
	中上层	345	3.32	.439	.024	3.27	3.36	1	4	($p<0.05$)
	上层	361	3.37	.458	.024	3.32	3.42	1	5	
	总数	3737	3.32	.441	.007	3.30	3.33	1	5	

从家庭社会经济地位看，终极公正因子得分呈现U型结构，即上层家庭出身的学生和下层家庭出身的学生终极公正感最强，而中层家庭出身的学生终极公正感最弱。

学生的内在公正因子得分也呈现U型结构，即上层家庭出身的学生和下层家庭出身的学生内在公正因子得分高，而中层家庭出身的学生内在公正因子得分最低。

现实公正感是上层家庭出身的学生得分最高，其他层次差别不大，其中中层家庭出身的学生得分最低，但总体差别都不大。也就是说，相对来说，上层家庭出身的学生的现实世界公平感最强烈，而中层家庭出身的学生的现实世界公平感最不强烈。

公正世界信念也是呈现U型结构，即上层家庭出身的学生和下层家庭出身的学生公正世界信念最强，而中层家庭出身的学生公正世界信念最弱。

周春梅的研究对于我们的调查数据有一定的参考价值。周春梅基于社会分层理论视角，通过对福建省六所高等院校的实证调查，重点就家庭经济资本、家庭文化资本和家庭社会资本对大学生感受最深的高等教育过程公平的影响进行理论分析和经验检验。在研究综合权利与机会均等论和评价或价值判断论两种观点的基础上，周春梅认为高等教育公平实际上是一种主观意义上的公平，是指高校大学生对高等教育起点公平、过程公平和结果公平的判断和感知。高等教育公平量表（Likert四级量表）的具体内容包括：程序与氛围公平、信息沟通公平、发展机会公平、教学服务公平、学校与学生互动公平、教师与学生互动公平、补偿公平、后勤服务公平。

福建省大学生高等教育公平感内部在某些维度上表现出家庭资本差异。具体结论如下：

①不同家庭收入水平的大学生在高等教育整体公平和后勤服务公平方面存在显著差异，拥有较多经济资本的家庭，其子女倾向于有更高的高等教育公平感和后勤服务公平感；

②家庭文化资本对子女的后勤服务公平感有显著的正向影响，父母双方的受教育程度均能对提高子女的后勤服务公平感起到积极作用；

③家庭社会资本对子女的高等教育整体公平、学校与学生互动公平和后勤服务公平均能产生显著影响，这种影响在性别上存在一定差异。相较于父亲的职业，母亲职业类型对子女的影响更大。①

蔡超、许启发通过实证方法研究中国高等教育入学机会的城乡差异影响因素，得出个人能力、家庭背景以及歧视等因素是主要影响因素，而且差距还在不断扩大。② 杨倩通过调查研究分析了家庭背景中的社会阶层、父母受教育程度及家庭收入对接受高等教育机会的影响。③ 高贵忠从家庭社会资本角度对高等教育公平问题进行了研究，结果证实家庭社会资本对高等教育机会的获得具有显著影响。④

上述学者的研究，虽然是针对教育公平的研究，但对于公正世界信念来说，也间接表明了，诸多因素会影响学生的公正世界信念。

（6）专业年级的差异

专业的影响

		N	均值	标准差	标准误	均值的95%置信区间		极小值	极大值	ANOVA F
						下限	上限			
终极公正因子	理科	1724	3.70	.642	.015	3.67	3.73	1	5	6.46（p<0.05）
	文科	2374	3.75	.598	.012	3.73	3.78	1	5	
	总数	4098	3.73	.617	.010	3.71	3.75	1	5	
内在不公正因子	理科	1727	3.18	.622	.015	3.15	3.21	1	5	5.328（p<0.05）
	文科	2377	3.13	.579	.012	3.11	3.16	1	5	
	总数	4104	3.15	.598	.009	3.13	3.17	1	5	
现实公正感	理科	1722	3.05	.471	.011	3.03	3.08	1	5	6.644（p<0.05）
	文科	2372	3.09	.456	.009	3.07	3.11	1	5	
	总数	4094	3.08	.463	.007	3.06	3.09	1	5	
公正世界信念	理科	1706	3.29	.454	.011	3.27	3.31	1	5	8.988（p<0.01）
	文科	2359	3.33	.434	.009	3.32	3.35	1	5	
	总数	4065	3.32	.443	.007	3.30	3.33	1	5	

① 周春梅:《家庭资本、社会分层与高等教育公平感——基于福建省六所高等院校的实证调查》,《集美大学学报》,2013年第3期,第54~59页。

② 蔡超,许启发:《高等教育入学机会城乡差异研究——基于二元选择O—B分解方法》,《统计与信息论坛》,2012年第4期,第87~93页。

③ 杨倩:《家庭背景对高等教育入学机会的影响》,《现代教育管理》,2011年第7期,第22~24页。

④ 高贵忠:《家庭社会资本与高等教育选择的关系研究——以云南省为例》,《当代教育论坛》,2012年第3期,第112~117页。

从专业看，山东大学生中，文科生的终极公正因子得分高于理科生。理科生的内在不公正因子得分高于文科生。文科生的现实公正感得分稍高于理科生。文科生的公正世界信念得分高于理科生。总体上，文科生相对于理科生来说，觉得这个世界更公正。

年级的影响

		N	均值	标准差	标准误	均值的 95% 置信区间		极小值	极大值	ANOVA F
						下限	上限			
终极公正因子	大一	1823	3.74	.638	.015	3.71	3.77	1	5	5.312 (p<0.05)
	大三	1591	3.70	.612	.015	3.67	3.73	1	5	
	研究生	684	3.79	.566	.022	3.74	3.83	2	5	
	总数	4098	3.73	.617	.010	3.71	3.75	1	5	
内在不公正因子	大一	1823	3.09	.627	.015	3.06	3.12	1	5	24.132 (p<0.001)
	大三	1593	3.23	.564	.014	3.20	3.26	1	5	
	研究生	688	3.14	.573	.022	3.10	3.19	1	5	
	总数	4104	3.15	.598	.009	3.13	3.17	1	5	
内在公正因子	大一	1836	3.37	.609	.014	3.34	3.39	1	5	14.368 (p<0.001)
	大三	1598	3.38	.592	.015	3.35	3.41	1	5	
	研究生	690	3.50	.546	.021	3.46	3.55	2	5	
	总数	4124	3.40	.594	.009	3.38	3.41	1	5	
现实公正感	大一	1818	3.10	.484	.011	3.08	3.12	1	5	15.853 (p<0.001)
	大三	1588	3.03	.434	.011	3.00	3.05	1	5	
	研究生	688	3.13	.458	.017	3.09	3.16	1	4	
	总数	4094	3.08	.463	.007	3.06	3.09	1	5	
公正世界信念	大一	1804	3.33	.464	.011	3.31	3.36	1	5	14.232 (p<0.001)
	大三	1577	3.27	.423	.011	3.25	3.29	1	5	
	研究生	684	3.37	.424	.016	3.34	3.40	2	5	
	总数	4065	3.32	.443	.007	3.30	3.33	1	5	

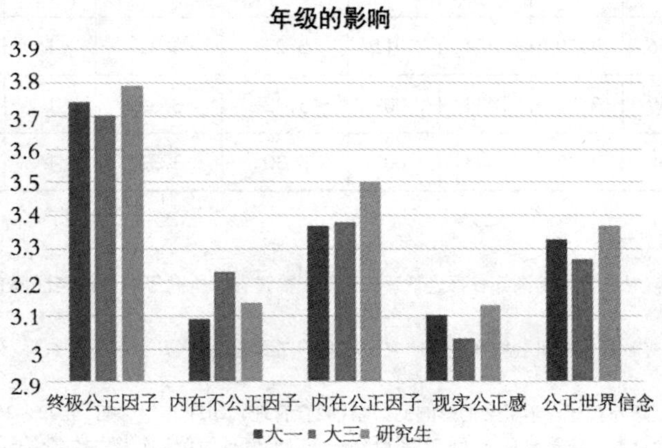

从年级来看，山东大学生中，大一和研究生的终极公正因子得分高于大三的学生。大三的内在不公正因子高于大一和研究生。研究生的内在公正因子得分高于大一和大三的学生。大一和研究生的现实公正感高于大三的学生。大一和研究生的公正世界信念高于大三的学生。总体来看，大一和研究生的学生，相对于大三学生，认为这个世界更公正。

（7）消费水平的差异

终极公正因子（消费水平的影响）

	N	均值	标准差	标准误	均值的95%置信区间		极小值	极大值	ANOVA F
					下限	上限			
低	221	3.83	.673	.045	3.74	3.92	2	5	4.866（p<0.01）
中	3411	3.73	.605	.010	3.71	3.75	1	5	
高	454	3.68	.673	.032	3.61	3.74	1	5	
总数	4086	3.73	.618	.010	3.71	3.75	1	5	

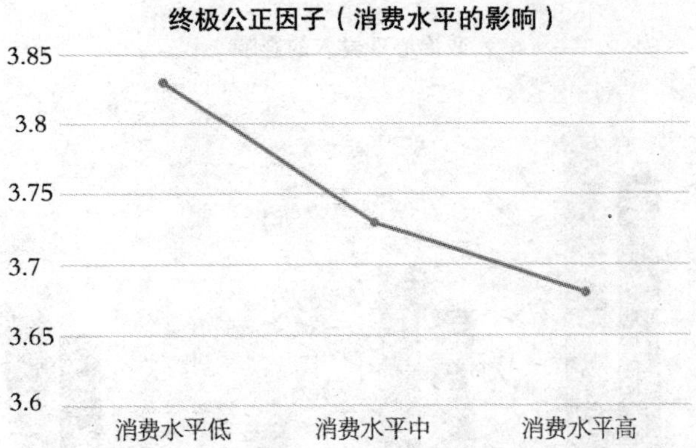

从消费水平来看，学生的消费水平越高，其终极公正因子得分越高。而内在不公正因子、内在公正因子、现实公正感、公正世界信念等没有显著性差异。

（8）政治心理卷入的差异

政治心理卷入的影响

		N	均值	标准差	标准误	均值的95%置信区间		极小值	极大值	ANOVA F
						下限	上限			
终极公正因子	低	1711	3.67	.616	.015	3.64	3.70	1	5	30.517（p<0.001）
	高	2383	3.78	.614	.013	3.75	3.80	1	5	
	总数	4094	3.73	.617	.010	3.71	3.75	1	5	

内在不公正因子	低	1717	3.17	.592	.014	3.14	3.20	1	5	2.241 ($p>0.05$)
	高	2383	3.14	.602	.012	3.12	3.16	1	5	
	总数	4100	3.15	.598	.009	3.13	3.17	1	5	
内在公正因子	低	1729	3.33	.597	.014	3.30	3.36	1	5	36.955 ($p<0.001$)
	高	2391	3.44	.587	.012	3.42	3.47	1	5	
	总数	4120	3.40	.594	.009	3.38	3.41	1	5	
现实公正感	低	1714	3.04	.463	.011	3.02	3.06	1	5	19.95 ($p<0.001$)
	高	2376	3.10	.460	.009	3.08	3.12	1	5	
	总数	4090	3.08	.463	.007	3.06	3.09	1	5	
公正世界信念	低	1698	3.27	.443	.011	3.25	3.29	1	5	32.652 ($p<0.001$)
	高	2363	3.35	.440	.009	3.33	3.37	1	5	
	总数	4061	3.32	.443	.007	3.30	3.33	1	5	

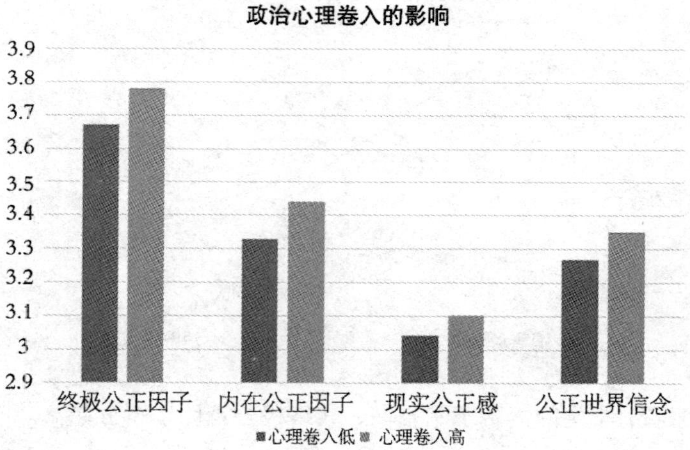

从政治心理卷入来看，高心理卷入的学生的终极公正因子得分高于低心理卷入的学生；高心理卷入的学生的内在公正因子得分高于低心理卷入的学生；高心理卷入的学生的现实公正感得分高于低心理卷入的学生；高心理卷入的学生的公正世界信念得分高于低心理卷入的学生。 总体上说，高心理卷入的学生相对于低心理卷入的学生，认为世界更为公平。

（9）民主期望的差异

民主期望影响

		N	均值	标准差	标准误	均值的95%置信区间		极小值	极大值	ANOVA F
						下限	上限			
终极公正因子	低	137	3.49	.823	.070	3.35	3.62	1	5	27.277 (p<0.001)
	中	1360	3.66	.627	.017	3.63	3.70	1	5	
	高	2583	3.78	.590	.012	3.76	3.80	1	5	
	总数	4080	3.73	.615	.010	3.71	3.75	1	5	
内在不公正因子	低	137	3.49	.731	.062	3.37	3.61	1	5	39.84 (p<0.001)
	中	1357	3.21	.571	.015	3.18	3.24	1	5	
	高	2592	3.10	.594	.012	3.08	3.12	1	5	
	总数	4086	3.15	.597	.009	3.13	3.17	1	5	
内在公正因子	低	138	3.23	.792	.067	3.10	3.37	1	5	13.586 (p<0.001)
	中	1364	3.35	.590	.016	3.32	3.38	1	5	
	高	2604	3.43	.580	.011	3.41	3.45	1	5	
	总数	4106	3.40	.593	.009	3.38	3.41	1	5	
现实公正感	低	137	2.81	.537	.046	2.72	2.90	1	5	45.05 (p<0.001)
	中	1354	3.02	.444	.012	3.00	3.04	1	4	
	高	2585	3.12	.459	.009	3.10	3.14	1	5	
	总数	4076	3.08	.462	.007	3.06	3.09	1	5	
公正世界信念	低	136	3.05	.552	.047	2.96	3.14	1	5	52.283 (p<0.001)
	中	1348	3.26	.431	.012	3.23	3.28	1	4	
	高	2563	3.36	.433	.009	3.35	3.38	2	5	
	总数	4047	3.32	.442	.007	3.30	3.33	1	5	

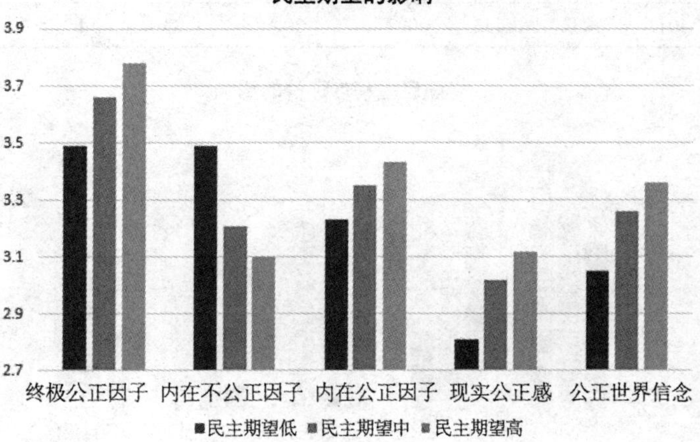

从民主期望来看，山东大学生中，随着民主期望水平的升高，学生的终极公正因子得分、内在公正因子得分、现实公正感得分、公正世界信念得分都是逐步提高，而内在不公正

因子逐步降低。也就是说，民主期望越高的学生，越认为这个世界是公平的。

（10）民主程度评价的差异

民主程度评价的影响

		N	均值	标准差	标准误	均值的95%置信区间		极小值	极大值	ANOVA F
						下限	上限			
终极公正因子	低	279	3.44	.782	.047	3.35	3.54	1	5	97.147（p<0.001）
	中	2179	3.66	.609	.013	3.63	3.68	1	5	
	高	1622	3.88	.554	.014	3.85	3.91	2	5	
	总数	4080	3.73	.615	.010	3.71	3.75	1	5	
内在不公正因子	低	279	3.56	.623	.037	3.48	3.63	1	5	130.61（p<0.001）
	中	2180	3.21	.562	.012	3.18	3.23	1	5	
	高	1627	3.00	.591	.015	2.98	3.03	1	5	
	总数	4086	3.15	.596	.009	3.13	3.17	1	5	
内在公正因子	低	280	3.15	.731	.044	3.06	3.23	1	5	85.533（p<0.001）
	中	2189	3.33	.576	.012	3.30	3.35	1	5	
	高	1637	3.53	.558	.014	3.50	3.56	2	5	
	总数	4106	3.40	.593	.009	3.38	3.41	1	5	
现实公正感	低	278	2.74	.499	.030	2.68	2.80	1	5	186.78（p<0.001）
	中	2175	3.01	.435	.009	3.00	3.03	1	5	
	高	1623	3.22	.441	.011	3.20	3.24	2	5	
	总数	4076	3.08	.462	.007	3.06	3.09	1	5	
公正世界信念	低	276	3.00	.514	.031	2.94	3.06	1	5	199.019（p<0.001）
	中	2161	3.25	.422	.009	3.23	3.27	1	5	
	高	1610	3.46	.404	.010	3.44	3.48	2	5	
	总数	4047	3.32	.442	.007	3.30	3.33	1	5	

中国民主程度评价的影响

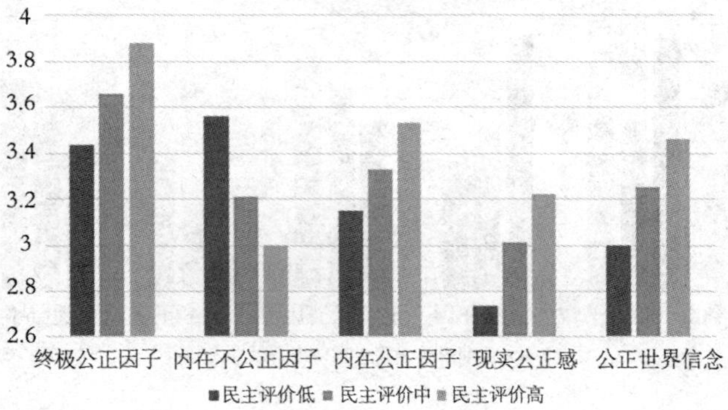

从中国民主程度评价来看，山东大学生中，随着中国民主程度评价水平的升高，学生的终极

公正因子得分、内在公正因子得分、现实公正感得分、公正世界信念得分都是逐步提高，而内在不公正因子逐步降低。 也就是说，中国民主程度评价越高的学生，越认为这个世界是公平的。

（11）民主适合度的差异

民主适合度

		N	均值	标准差	标准误	均值的95%置信区间 下限	均值的95%置信区间 上限	极小值	极大值	ANOVA F
终极公正因子	低	149	3.50	.828	.068	3.36	3.63	1	5	40.409 (p<0.001)
	中	1116	3.62	.629	.019	3.59	3.66	1	5	
	高	2814	3.79	.588	.011	3.76	3.81	2	5	
	总数	4079	3.73	.615	.010	3.71	3.75	1	5	
内在不公正因子	低	151	3.38	.725	.059	3.26	3.50	1	5	40.887 (p<0.001)
	中	1118	3.26	.569	.017	3.22	3.29	1	5	
	高	2816	3.10	.592	.011	3.07	3.12	1	5	
	总数	4085	3.15	.597	.009	3.13	3.17	1	5	
内在公正因子	低	151	3.24	.814	.066	3.11	3.37	1	5	19.52 (p<0.001)
	中	1125	3.32	.597	.018	3.29	3.36	1	5	
	高	2829	3.43	.574	.011	3.41	3.45	1	5	
	总数	4105	3.40	.593	.009	3.38	3.41	1	5	
现实公正感	低	151	2.88	.558	.045	2.79	2.97	1	5	51.435 (p<0.001)
	中	1116	2.99	.446	.013	2.96	3.01	1	5	
	高	2808	3.12	.454	.009	3.11	3.14	1	5	
	总数	4075	3.08	.462	.007	3.06	3.09	1	5	
公正世界信念	低	149	3.10	.571	.047	3.01	3.19	1	5	64.361 (p<0.001)
	中	1105	3.22	.431	.013	3.19	3.24	1	5	
	高	2792	3.37	.429	.008	3.35	3.38	2	5	
	总数	4046	3.32	.442	.007	3.30	3.33	1	5	

民主适合度的影响

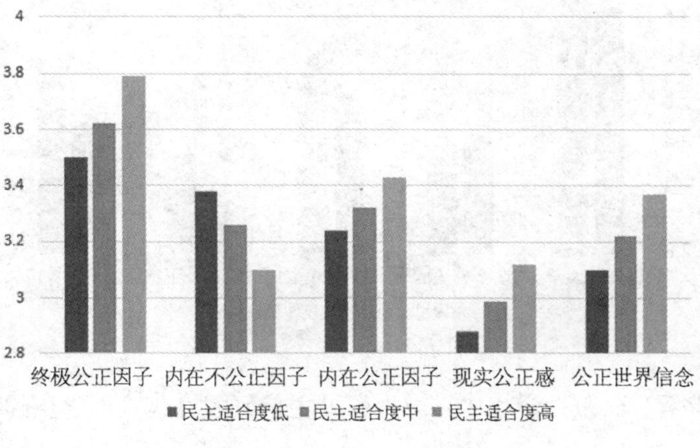

从民主适合度来看，山东大学生中，越认为民主适合中国，学生的终极公正因子得分、内在公正因子得分、现实公正感得分、公正世界信念得分都是逐步提高，而内在不公正因子逐步降低。 也就是说，越认为民主适合中国的学生，越认为这个世界是公平的。

（12）民主偏好的差异

民主偏好的影响

		N	均值	标准差	标准误	均值的95%置信区间		极小值	极大值	ANOVA F
						下限	上限			
终极公正因子	低	1995	3.64	.629	.014	3.62	3.67	1	5	97.884（p<0.001）
	高	1907	3.83	.575	.013	3.81	3.86	1	5	
	总数	3902	3.74	.611	.010	3.72	3.76	1	5	
内在不公正因子	低	1998	3.21	.578	.013	3.19	3.24	1	5	48.941（p<0.001）
	高	1910	3.08	.601	.014	3.05	3.11	1	5	
	总数	3908	3.15	.593	.009	3.13	3.17	1	5	
内在公正因子	低	2008	3.35	.607	.014	3.32	3.37	1	5	32.855（p<0.001）
	高	1919	3.45	.567	.013	3.43	3.48	1	5	
	总数	3927	3.40	.590	.009	3.38	3.42	1	5	
现实公正感	低	1994	3.02	.449	.010	3.00	3.04	1	5	68.704（p<0.001）
	高	1905	3.14	.460	.011	3.12	3.16	1	5	
	总数	3899	3.08	.458	.007	3.06	3.09	1	5	
公正世界信念	低	1980	3.25	.433	.010	3.23	3.27	1	5	109.783（p<0.001）
	高	1891	3.39	.430	.010	3.37	3.41	1	5	
	总数	3871	3.32	.437	.007	3.31	3.33	1	5	

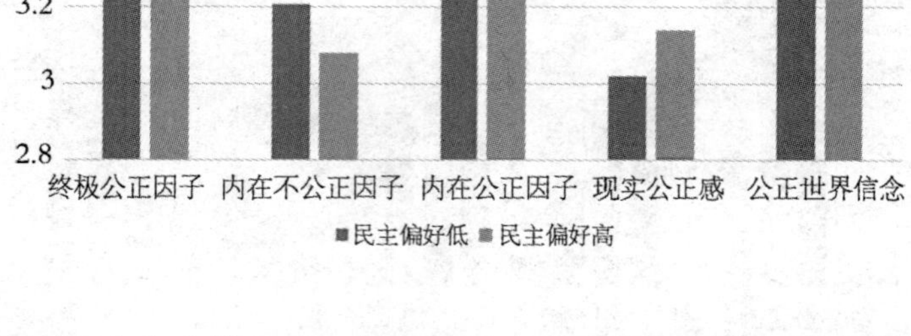

从民主偏好来看，山东大学生中，学生的民主偏好程度越高，学生的终极公正因子得

分、内在公正因子得分、现实公正感得分、公正世界信念得分都是逐步提高，而内在不公正因子逐步降低。也就是说，学生的民主偏好程度越高，越认为这个世界是公平的。

（13）民主价值支持的差异

民主价值支持的影响

		N	均值	标准差	标准误	均值的95%置信区间		极小值	极大值	ANOVA
						下限	上限			F
终极公正因子	低	864	3.79	.605	.021	3.75	3.83	1	5	9.507 (p<0.01)
	高	3208	3.71	.619	.011	3.69	3.74	1	5	
	总数	4072	3.73	.617	.010	3.71	3.75	1	5	
内在不公正因子	低	866	3.06	.606	.021	3.02	3.10	1	5	27.445 (p<0.001)
	高	3213	3.18	.593	.010	3.16	3.20	1	5	
	总数	4079	3.15	.598	.009	3.13	3.17	1	5	
内在公正因子	低	869	3.43	.582	.020	3.39	3.46	1	5	3.044 (p>0.05)
	高	3228	3.39	.596	.010	3.37	3.41	1	5	
	总数	4097	3.39	.594	.009	3.38	3.41	1	5	
现实公正感	低	865	3.14	.471	.016	3.11	3.18	1	5	24.469 (p<0.001)
	高	3204	3.06	.459	.008	3.04	3.07	1	5	
	总数	4069	3.08	.463	.007	3.06	3.09	1	5	
公正世界信念	低	859	3.38	.445	.015	3.35	3.41	2	5	21.899 (p<0.001)
	高	3181	3.30	.442	.008	3.28	3.31	1	5	
	总数	4040	3.32	.443	.007	3.30	3.33	1	5	

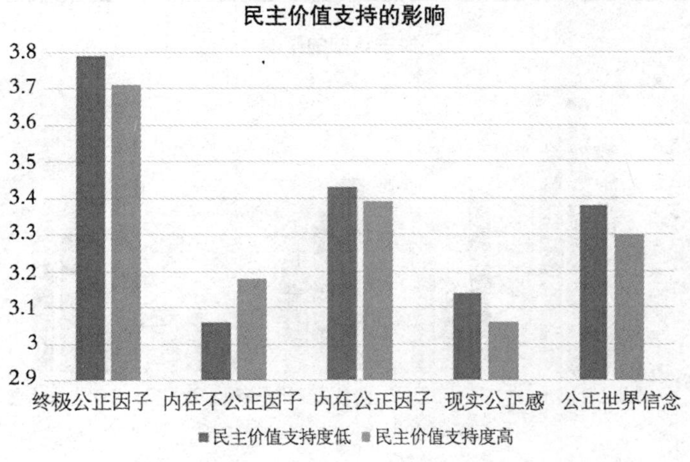

从民主价值支持来看，山东大学生中，学生的民主价值支持度越高，学生的终极公正因子得分、内在公正因子得分、现实公正感得分、公正世界信念得分都是逐步降低，而内在不公正因子逐步升高。也就是说，学生的民主价值支持度越低，越认为这个世界是公平的。

（14）民主认知的差异

民主认知的影响

		N	均值	标准差	标准误	均值的95%置信区间		极小值	极大值	ANOVA
						下限	上限			F
终极公正因子	选举民主	111	3.61	.718	.068	3.47	3.74	1	5	8.093 (p<0.001)
	民本民主	3496	3.75	.601	.010	3.73	3.77	1	5	
	协商民主	363	3.67	.636	.033	3.60	3.74	1	5	
	其他	62	3.45	.804	.102	3.25	3.66	1	5	
	总数	4032	3.73	.613	.010	3.72	3.75	1	5	
内在不公正因子	选举民主	111	3.47	.672	.064	3.34	3.59	2	5	14.008 (p<0.001)
	民本民主	3508	3.13	.593	.010	3.11	3.15	1	5	
	协商民主	357	3.23	.579	.031	3.17	3.29	2	5	
	其他	62	3.09	.668	.085	2.92	3.26	1	4	
	总数	4038	3.15	.598	.009	3.13	3.17	1	5	
内在公正因子	选举民主	112	3.52	.656	.062	3.39	3.64	2	5	3.624 (p<0.05)
	民本民主	3519	3.40	.586	.010	3.38	3.42	1	5	
	协商民主	362	3.37	.628	.033	3.31	3.44	1	5	
	其他	61	3.22	.655	.084	3.05	3.39	2	4	
	总数	4054	3.40	.593	.009	3.38	3.42	1	5	
现实公正感	选举民主	111	2.94	.424	.040	2.86	3.02	2	4	6.326 (p<0.001)
	民本民主	3500	3.09	.462	.008	3.07	3.10	1	5	
	协商民主	356	3.01	.455	.024	2.97	3.06	2	4	
	其他	61	3.03	.522	.067	2.90	3.16	2	5	
	总数	4028	3.08	.462	.007	3.06	3.09	1	5	
公正世界信念	选举民主	110	3.19	.431	.041	3.10	3.27	2	4	8.751 (p<0.001)
	民本民主	3474	3.33	.438	.007	3.32	3.35	1	5	
	协商民主	356	3.25	.441	.023	3.21	3.30	1	4	
	其他	61	3.19	.517	.066	3.06	3.32	2	5	
	总数	4001	3.32	.441	.007	3.30	3.33	1	5	

民主认知的影响

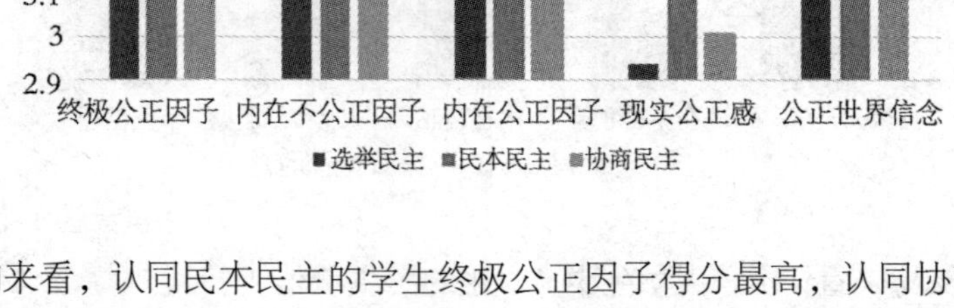

从民主认知来看，认同民本民主的学生终极公正因子得分最高，认同协商民主的学生的终极公正因子得分次之，认同选举民主的最低。认同选举民主的学生内在不公正因子得分最高，认同协商民主的学生次之，认同民本民主的最低。认同选举民主的学生内在公正因子得分最高，认同民本民主的学生的终极公正因子得分次之，认同协商民主的最低。认同民本民主的学生现实公正感得分最高，认同协商民主的学生的现实公正感得分次之，认同选举民主的最低。认同民本民主的学生公正世界信念得分最高，认同协商民主的学生的现实公正感得分次之，认同选举民主的最低。

（15）民族主义的差异

民族主义的影响

		N	均值	标准差	标准误	均值的95%置信区间		极小值	极大值	ANOVA
						下限	上限			F
终极公正因子	低	579	3.43	.645	.027	3.37	3.48	1	5	171.864 ($p<0.001$)
	高	3508	3.78	.598	.010	3.76	3.80	1	5	
	总数	4087	3.73	.618	.010	3.71	3.75	1	5	
内在不公正因子	低	577	3.08	.580	.024	3.03	3.12	1	5	10.83 ($p<0.001$)
	高	3514	3.16	.600	.010	3.14	3.18	1	5	
	总数	4091	3.15	.598	.009	3.13	3.17	1	5	
内在公正因子	低	582	3.18	.592	.025	3.14	3.23	1	5	88.497 ($p<0.001$)
	高	3530	3.43	.587	.010	3.41	3.45	1	5	
	总数	4112	3.40	.594	.009	3.38	3.41	1	5	
现实公正感	低	577	3.03	.465	.019	2.99	3.07	1	4	6.217 ($p<0.05$)
	高	3505	3.08	.462	.008	3.07	3.10	1	5	
	总数	4082	3.08	.463	.007	3.06	3.09	1	5	
公正世界信念	低	573	3.17	.447	.019	3.14	3.21	1	4	71.63 ($p<0.001$)
	高	3481	3.34	.439	.007	3.33	3.35	1	5	
	总数	4054	3.32	.444	.007	3.30	3.33	1	5	

民族主义的影响

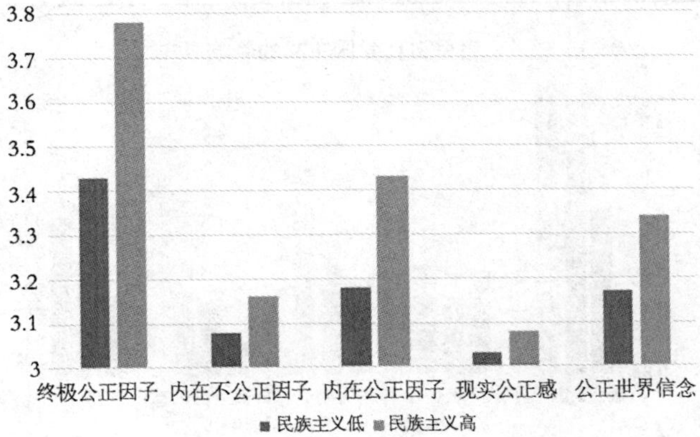

从民族主义来看，山东大学生中，学生的民族主义感情越强烈，学生的终极公正因子得分、内在不公正因子得分、内在公正因子得分、现实公正感得分、公正世界信念得分都是越高。 也就是说，学生的民族主义感情越强烈，越认为这个世界是公平的。

（16）盲目自负爱国主义的差异

盲目自负爱国主义的影响

		N	均值	标准差	标准误	均值的95%置信区间		极小值	极大值	ANOVA F
						下限	上限			
终极公正因子	低	798	3.47	.703	.025	3.42	3.51	1	5	163.99（p<0.001）
	中	2043	3.70	.552	.012	3.68	3.72	1	5	
	高	1235	3.95	.586	.017	3.91	3.98	1	5	
	总数	4076	3.73	.618	.010	3.71	3.75	1	5	
内在不公正因子	低	802	3.21	.596	.021	3.17	3.25	1	5	8.51（p<0.001）
	中	2045	3.11	.547	.012	3.09	3.14	1	5	
	高	1235	3.17	.669	.019	3.13	3.21	1	5	
	总数	4082	3.15	.597	.009	3.13	3.17	1	5	
内在公正因子	低	802	3.16	.623	.022	3.11	3.20	1	5	133.271（p<0.001）
	中	2054	3.38	.546	.012	3.35	3.40	1	5	
	高	1246	3.58	.592	.017	3.55	3.61	1	5	
	总数	4102	3.39	.594	.009	3.38	3.41	1	5	
现实公正感	低	798	2.94	.478	.017	2.91	2.98	1	4	46.979（p<0.001）
	中	2041	3.09	.428	.009	3.07	3.11	1	4	
	高	1233	3.14	.490	.014	3.11	3.17	1	5	
	总数	4072	3.08	.462	.007	3.06	3.09	1	5	
公正世界信念	低	791	3.13	.472	.017	3.10	3.17	1	4	118.691（p<0.001）
	中	2029	3.31	.403	.009	3.30	3.33	1	4	
	高	1223	3.44	.448	.013	3.41	3.46	1	5	
	总数	4043	3.32	.444	.007	3.30	3.33	1	5	

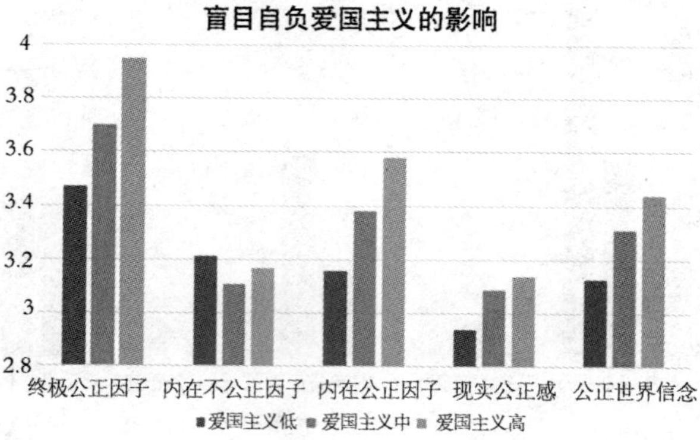

从盲目自负爱国主义来看，山东大学生中，学生的盲目自负爱国主义感情越强烈，学生的终极公正因子得分、内在公正因子得分、现实公正感得分、公正世界信念得分都是越来越高。 也就是说，学生的盲目自负爱国主义感情越强烈，越认为这个世界是公平的。

（17）国际主义的差异

国际主义的影响

		N	均值	标准差	标准误	均值的 95% 置信区间		极小值	极大值	ANOVA F
						下限	上限			
终极公正因子	低	1965	3.63	.628	.014	3.60	3.66	1	5	100.828（p<0.001）
	高	2116	3.82	.591	.013	3.80	3.85	1	5	
	总数	4081	3.73	.617	.010	3.71	3.75	1	5	
内在不公正因子	低	1965	3.14	.586	.013	3.11	3.16	1	5	2.07（p>0.05）
	高	2122	3.16	.608	.013	3.14	3.19	1	5	
	总数	4087	3.15	.598	.009	3.13	3.17	1	5	
内在公正因子	低	1976	3.30	.585	.013	3.28	3.33	1	5	98.753（p<0.001）
	高	2131	3.48	.590	.013	3.46	3.51	1	5	
	总数	4107	3.40	.594	.009	3.38	3.41	1	5	
现实公正感	低	1961	3.05	.465	.010	3.03	3.07	1	5	16.856（p<0.001）
	高	2116	3.11	.459	.010	3.09	3.13	1	5	
	总数	4077	3.08	.463	.007	3.06	3.09	1	5	
公正世界信念	低	1948	3.26	.452	.010	3.24	3.28	1	5	60.664（p<0.001）
	高	2100	3.37	.429	.009	3.35	3.39	1	5	
	总数	4048	3.32	.443	.007	3.30	3.33	1	5	

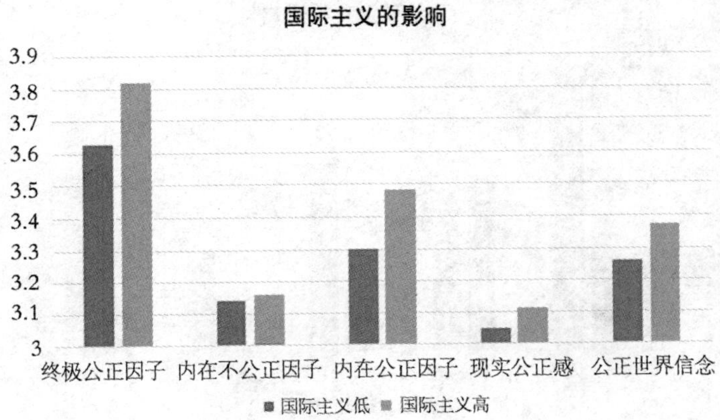

从国际主义来看，山东大学生中，学生的国际主义感情越强烈，学生的终极公正因子得分、内在公正因子得分、现实公正感得分、公正世界信念得分都是越来越高。也就是说，学生的国际主义感情越强烈，越认为这个世界是公平的。

（18）政治普遍支持的差异

政治普遍支持的影响

		N	均值	标准差	标准误	均值的95%置信区间		极小值	极大值	ANOVA F
						下限	上限			
终极公正因子	低	391	3.17	.707	.036	3.10	3.24	1	5	388.373（p<0.001）
	高	3690	3.79	.576	.009	3.77	3.81	1	5	
	总数	4081	3.73	.617	.010	3.71	3.75	1	5	
内在不公正因子	低	393	3.40	.589	.030	3.34	3.46	1	5	78（p<0.001）
	高	3694	3.12	.592	.010	3.11	3.14	1	5	
	总数	4087	3.15	.598	.009	3.13	3.17	1	5	
内在公正因子	低	392	2.91	.621	.031	2.84	2.97	1	5	315.526（p<0.001）
	高	3716	3.45	.568	.009	3.43	3.47	1	5	
	总数	4108	3.40	.595	.009	3.38	3.41	1	5	
现实公正感	低	391	2.72	.481	.024	2.68	2.77	1	4	265.558（p<0.001）
	高	3687	3.11	.445	.007	3.10	3.13	2	5	
	总数	4078	3.08	.463	.007	3.06	3.09	1	5	
公正世界信念	低	389	2.89	.482	.024	2.84	2.94	1	4	440.829（p<0.001）
	高	3660	3.36	.414	.007	3.35	3.37	2	5	
	总数	4049	3.32	.443	.007	3.30	3.33	1	5	

政治普遍支持影响

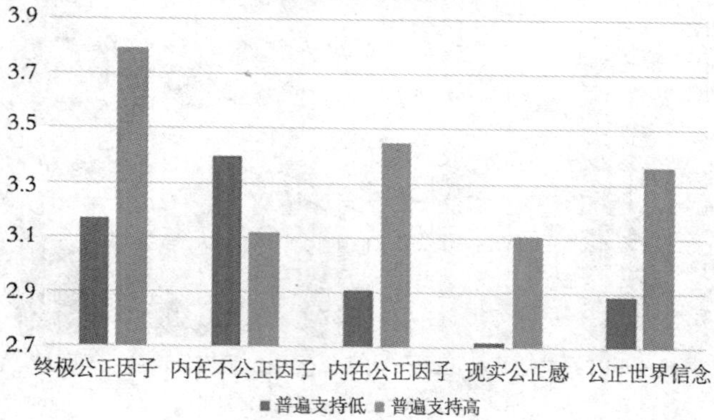

从政治普遍支持来看，非常明显的，山东大学生中，学生的政治普遍支持越高，学生的终极公正因子得分、内在公正因子得分、现实公正感得分、公正世界信念得分也是越高，而内在不公正因子越低。也就是说，学生的政治普遍支持越高，越认为这个世界是公平的。

（19）政治特定支持的差异

政治特定支持的影响

		N	均值	标准差	标准误	均值的 95% 置信区间		极小值	极大值	ANOVA
						下限	上限			F
终极公正因子	低	1759	3.57	.651	.016	3.54	3.60	1	5	224.029（p<0.001）
	高	2252	3.85	.562	.012	3.83	3.88	2	5	
	总数	4011	3.73	.619	.010	3.71	3.75	1	5	
内在不公正因子	低	1761	3.31	.569	.014	3.28	3.33	1	5	234.916（p<0.001）
	高	2260	3.02	.589	.012	3.00	3.05	1	5	
	总数	4021	3.15	.597	.009	3.13	3.17	1	5	
内在公正因子	低	1768	3.25	.608	.014	3.22	3.28	1	5	189.379（p<0.001）
	高	2268	3.50	.557	.012	3.48	3.53	1	5	
	总数	4036	3.39	.593	.009	3.37	3.41	1	5	
现实公正感	低	1758	2.92	.448	.011	2.90	2.95	1	4	368.358（p<0.001）
	高	2254	3.20	.440	.009	3.18	3.21	2	5	
	总数	4012	3.08	.463	.007	3.06	3.09	1	5	
公正世界信念	低	1749	3.16	.445	.011	3.14	3.18	1	5	420.126（p<0.001）
	高	2235	3.44	.404	.009	3.42	3.45	2	5	
	总数	3984	3.32	.444	.007	3.30	3.33	1	5	

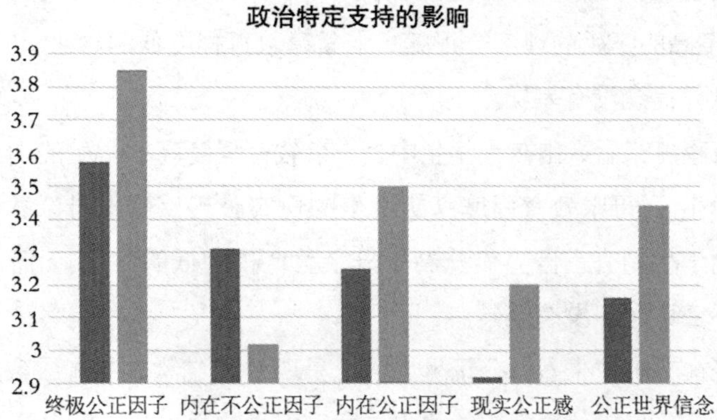

从政治特定支持来看，非常明显的，山东大学生中，学生的政治特定支持越高，学生的终极公正因子得分、内在公正因子得分、现实公正感得分、公正世界信念得分也是越高，而内在不公正因子越低。也就是说，学生的政治特定支持越高，越认为这个世界是公平的。

（13）小结

对于公正世界信念，公正世界信念得分 3.32 分，高于中间值 0.32 分，说明山东大学生的公正世界信念高于一般水平，但并不是特别高。其组间差异的统计结果如下：

◆从民族、是否是独生子女、户口属性、家庭所在地、宗教信仰、父母职业等来看，大学生的公正世界信念及其内含的因子都没有显著性差异。

◆从性别来看，山东大学生中，女生的终极公正因子得分、内在公正因子得分、现实公正感得分、公正世界观念得分均高于男生，而内在不公正因子得分低于男生。

◆从政治面貌看，山东大学生中，党员学生的终极公正因子得分、内在公正因子得分、现实公正感得分、公正世界观念得分均高于非党员学生，而内在不公正因子得分低于非党员学生。

◆从是否学生干部来看，山东大学生中，学生干部的终极公正因子得分、内在公正因子得分、公正世界观念得分均高于普通学生。而学生干部和普通干部的内在不公正因子得分、现实公正感没有差别。

◆从宗教信仰来看，山东大学生中，有宗教信仰的学生和无宗教信仰的学生的精英治理支持度没有差异。

◆从学校层次来看，学校层次越高，学生的精英治理支持度也越高。从学校层次来看，山东大学生中，学校层次越低，学生的终极公正因子得分越高。学校层次越低，学生的内在不公正因子得分越高。学校层次越低，学生的现实公正感得分越低。而不同的学校层次，学生的内在公正因子和公正世界信念没有差异。

◆从父亲教育程度来看，山东大学生中，父亲教育程度高的学生的内在不公正因子低于父亲教育程度低的学生。父亲教育程度高的学生的内在公正因子高于父亲教育程度低的学生。父亲教育程度高的学生的现实公正感高于父亲教育程度低的学生。而山东大学生终极公正因子和公正世界信念没有差异。

◆从母亲教育程度来看，山东大学生中，母亲教育程度高的学生的内在公正因子高于母亲教育程度低的学生。母亲教育程度高的学生的现实公正感高于母亲教育程度低的学生。母亲教育程度高的学生的公正世界信念高于母亲教育程度低的学生。而山东大学生的终极公正因子和内在不公正因子没有差异。

◆从家庭经济社会地位来看，公正世界信念呈现 U 型结构，即上层家庭出身的学生和下层家庭出身的学生公正世界信念最强，而中层家庭出身的学生公正世界信念最弱。

◆从专业来看，山东大学生中，文科生的终极公正因子得分高于理科生。理科生的内在不公正因子得分高于文科生。文科生的现实公正感得分稍高于理科生。文科生的公正世界信念得分高于理科生。

◆从年级来看，山东大学生中，大一和研究生的终极公正因子得分高于大三的学生。大三的内在不公正因子高于大一和研究生。研究生的内在公正因子得分高于大一和大三的学生。大一和研究生的现实公正感高于大三的学生。大一和研究生的公正世界信念高于大三的学生。

◆从学生消费水平来看，学生的消费水平越高，其终极公正因子得分越高。而内在不公正因子、内在公正因子、现实公正感、公正世界信念等没有显著性差异。

◆从政治心理卷入来看，高心理卷入的学生的终极公正因子得分高于低心理卷入的学生；高心理卷入的学生的内在公正因子得分高于低心理卷入的学生；高心理卷入的学生的现实公正感得分高于低心理卷入的学生；高心理卷入的学生的公正世界信念得分高于低心理卷入的学生。

◆从民主期望来看，山东大学生中，随着民主期望水平的升高，学生的终极公正因子得分、内在公正因子得分、现实公正感得分、公正世界信念得分都是逐步提高，而内在不公正因子逐步降低。

◆从中国民主程度评价来看，山东大学生中，随着中国民主程度评价水平的升高，学生的终极公正因子得分、内在公正因子得分、现实公正感得分、公正世界信念得分都是逐步提高，而内在不公正因子逐步降低。

◆从民主适合度来看，山东大学生中，越认为民主适合中国，学生的终极公正因子得分、内在公正因子得分、现实公正感得分、公正世界信念得分都是逐步提高，而内在不公正因子逐步降低。

◆从民主偏好来看，山东大学生中，学生的民主偏好程度越高，学生的终极公正因子得分、内在公正因子得分、现实公正感得分、公正世界信念得分都是逐步提高，而内在不公正因子逐步降低。

◆从民主价值支持来看，山东大学生中，学生的民主价值支持度越高，学生的终极公正因子得分、内在公正因子得分、现实公正感得分、公正世界信念得分都是逐步降低，而内在不公正因子逐步升高。

◆从民主认知来看，认同民本民主的学生终极公正因子得分最高，认同协商民主的学生的终极公正因子得分次之，认同选举民主的最低。认同选举民主的学生内在不公正因子得分最高，认同协商民主的学生次之，认同民本民主的最低。认同选举民主的学生内在公正因子得分最高，认同民本民主的学生的终极公正因子得分次之，认同协商民主的最低。认同民本民主的学生现实公正感得分最高，认同协商民主的学生的现实公正感得分次之，认同选举民主的最低。认同民本民主的学生公正世界信念得分最高，认同协商民主的学生的现实公正感得分次之，认同选举民主的最低。

◆从民族主义来看，山东大学生中，学生的民族主义感情越强烈，学生的终极公正因子得分、内在不公正因子得分、内在公正因子得分、现实公正感得分、公正世界信念得分都是越高。

◆从盲目自负爱国主义来看，山东大学生中，学生的盲目自负爱国主义感情越强烈，学生的终极公正因子得分、内在公正因子得分、现实公正感得分、公正世界信念得分都是越来越高。

◆从国际主义来看，山东大学生中，学生的国际主义感情越强烈，学生的终极公正因子得分、内在公正因子得分、现实公正感得分、公正世界信念得分都是越来越高。

◆从政治普遍支持来看，非常明显的，山东大学生中，学生的政治普遍支持越高，学生的终极公正因子得分、内在公正因子得分、现实公正感得分、公正世界信念得分也是越高，而内在不公正因子越低。

◆从政治特定支持来看，非常明显的，山东大学生中，学生的政治特定支持越高，学生的终极公正因子得分、内在公正因子得分、现实公正感得分、公正世界信念得分也是越高，而内在不公正因子越低。

三、公正世界信念与民主信念

1. 公正世界信念与民主认知

前面我们对民主认知的测量分析可知，大学生群体的民主认知类型的分布具有一定的规律性。

民主信念的组间差异

变量	选举民主	协商民主	民本民主	民主期望
男	高	高	低	低
女	低	低	高	高
非农户口	高	高	低	低
农业户口	低	低	高	高
高层次高校	高	高	低	低
普通高校	低	低	高	高
高家庭地位	高	高	低	低
低家庭地位	低	低	高	高
低公正世界信念	高	高	低	低
高公正世界信念	低	低	高	高

形成这种规律性分布的原因，我们认为，公正世界信念作为个体心理结构中的深层认知，对于个体的民主认知应该有深层次的影响。

公正世界信念 * 民主认知 交叉制表

<table>
<tr><td colspan="3" rowspan="2"></td><td colspan="4">民主认知</td><td rowspan="2">合计</td><td rowspan="2">Pearson 卡方</td></tr>
<tr><td>选举民主</td><td>民本民主</td><td>协商民主</td><td>其他</td></tr>
<tr><td rowspan="6">公正世界信念</td><td rowspan="2">低</td><td>计数</td><td>6</td><td>78</td><td>9</td><td>5</td><td>98</td><td rowspan="8">21.558 (p<0.001)</td></tr>
<tr><td>百分比</td><td>6.1%</td><td>79.6%</td><td>9.2%</td><td>5.1%</td><td>100.0%</td></tr>
<tr><td rowspan="2">中</td><td>计数</td><td>90</td><td>2643</td><td>286</td><td>46</td><td>3065</td></tr>
<tr><td>百分比</td><td>2.9%</td><td>86.2%</td><td>9.3%</td><td>1.5%</td><td>100.0%</td></tr>
<tr><td rowspan="2">高</td><td>计数</td><td>14</td><td>753</td><td>61</td><td>10</td><td>838</td></tr>
<tr><td>百分比</td><td>1.7%</td><td>89.9%</td><td>7.3%</td><td>1.2%</td><td>100.0%</td></tr>
<tr><td colspan="2" rowspan="2">合计</td><td>计数</td><td>110</td><td>3474</td><td>356</td><td>61</td><td>4001</td></tr>
<tr><td>百分比</td><td>2.7%</td><td>86.8%</td><td>8.9%</td><td>1.5%</td><td>100.0%</td></tr>
</table>

从公正世界信念与民主认知的交叉分析可知，高公正世界信念的学生更认同民本民主，低公正世界信念的学生更认同选举民主和协商民主。

调查数据呈现了S省大学生民主认知的总体概貌，但我们更关心的是不同群体间出现的差异，对于这些差异，上述数据已经清晰地描绘出来了，我们这里需要关心的是，为何会出现这样的差异？

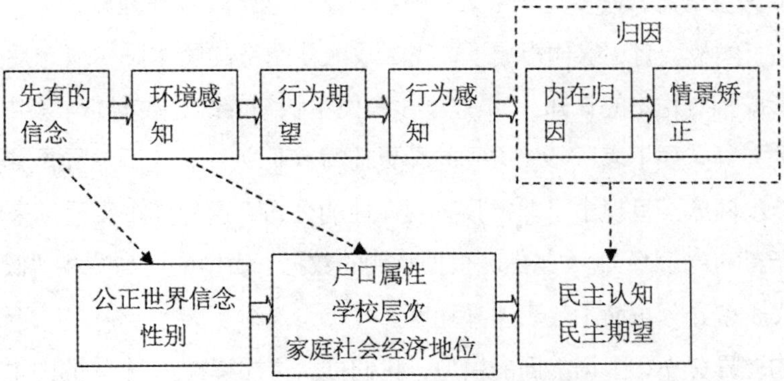

Gilbert& Malome扩展的归因过程模型

为更好的解释这些差异，根据心理学中的归因的一般过程模型，我们认为民主认知的判断过程如图所示。归因（causal attribution），就是寻求结果的原因，心理学中将之视为决策过程，产生一个结果可能有多个影响因素，判断哪种因素是产生这一结果的原因，就需要比较、推断，最终确认原因。Gilbert & Malone扩展的归因过程模型是心理学中研究对应偏差（correspondent bias）而提出的归因的一般过程模型，具有很强的解释力。这一模型指出，最终结果的不同，是因为存在影响最终结果的多种因素，而且这些因素处于归因过程的不同阶段，起到不同的作用。这一模型指出，人们对行为结果进行归因时，首先受到自己先有的信念（知识、经验或态度）的影响，这种先有的信念还会影响到对环境的感知、行为期望和行为感知，进而倾向于对所得的结果进行内部归因（归因于行为者的某些内在特质），这通常会引起归因偏差（高估内在倾向作用而忽视情境因素作用）。同样，在对环境因素的感知、行为期望（归因者在记忆中的典型行为反应或最近的经验当成是人们在该种环境条件下的典型反应）、行为感知（将实际行为与行为期望进行归类匹配）等过程中，归因者的认知不同，同样会导致最终的归因偏差。① 这一归因理论与刘永芳的归因的“背景效应假设”有相通之处，这一假设是指人们在对某一特定的目标事件进行归因时，总是参照一定的背景事件、在一定的参照框架内来考虑该事件的，因此所作出的归因不仅决定于目标事件本身的性质，而且决定于用来和目标事件比较的背景事件。所谓背景事件是当人们面临一种待解释的行为事件时，根据有关的知识经验从头脑中提取出来的、与该目标事件可比性较强的一种相反的事件。人们看问题的角度不同，为同一目标事件选择的背景事件就不会相同，因此所作出的归因也就不同。②

参照模型，我们将“公正世界信念”“性别”归类为“先有信念”。因为心理学家将“公正世界信念”归类于个体的基本动机范畴，是一种内隐的、深层的、稳定的人格特质，在因果链中处于前端位置。将“户口属性”“学校层次”“家庭社会经济地位”归类为“环境因素”，这三个变量是对大学生个人影响较大的社会环境因素。

对于学生的民主信念，大多数学生认同民本民主，这比较容易理解，学生在社会化过程中，在国家宣传、学校教育、媒体影响下，我国政治体系下的民本民主概念逐步建构到个人的记忆之中，形成相对稳定的认知。虽然学生在民主认知的统计数据非常集中，但群体间仍然存在显著性的差异，如下表所示，这些差异更值得我们关注，这些差异是如何形成的呢？从表中可看出，组间差异呈现出了非常具有规律性的分布，这种分布又反过来验证了我们的归因解释模型所具有的解释力。当然，根据我们的数据，表中的“高”和“低”只是表示相对差异，仅仅代表差异分布而不代表差异程度。

对于这样的差异分布，根据上面的模型，我们可以这样解释。个体的民主信念作为一种态度，首先受到个体心理结构中深层的公正世界信念的影响。公正世界信念作为一种稳定的个体心理差异变量，心理学家已经进行了深入的研究，Dalbert 认为，公正世界信念能够维护个人的心理健康，其机制是，第一，持有公正世界信念的个体会坚信他们会得到公正的对待，不会成为未来不可预见的灾难的受害者。第二，公正世界信念给个体提供关于不公正事

① Daniel T. Gilbert ,Patrick S. Malone. *The correspondence bias* . Psychology Bulletin,1995;117(1):21 ~ 38.

② 刘永芳:《归因过程“背景效应假设”的初步实验研究》,《心理科学》,1997 年第 1 期。

件有意义的解释。[①] 可见，公正世界信念是一种社会性很强的情感特质，我们认为这种心理特质会映射到学生们的政治行为之中，从而影响学生的政治态度。高公正世界信念的学生认为现实社会的较为公平，即使遇到不公正的事例，他也会对此进行积极的辩护，认为将来会更公正。所以，高公正世界信念的学生对现实社会和政治的满意度较高，也倾向于支持现有的政治系统，自然更加认同民本民主。相反的，低公正世界信念的学生对现实社会和政治的满意度相对较低，更倾向于政治系统的变革，自然更加认同西方式的民主，希望用西方的民主制度来提升现有的政治系统。从归因理论来看，许多学者已经证明，公正世界信念会影响个体的认知判断，从而引起归因偏差。高公正世界信念的个体更倾向于内归因，即归为其自身的原因。（Tehila Kogut，2011；姬旺华，2014）[②]所以，高公正世界信念的学生倾向于将社会的不公正的原因归因于个人的原因，而不是社会政治环境原因，这样对于现有的政治系统的满意度相对较高，也更支持现行的民本民主。相反，低公正世界信念的学生倾向于将社会的不公正的原因归因于外部环境因素，这就导致对于现行政治系统的不满，从而对于民本民主的认同度低而对选举民主的认同度高。

性别因素的影响与公正世界信念呈现一致性，女生的公正世界信念显著高于男生，但我们没有证据证明两者之间是否具有因果关系，而性别作为一种深层的心理结构因素，也是先于环境因素而影响学生的民主信念。为什么女生倾向于民本民主而男生倾向于西方式民主，是否是中国文化和政治意识形态在学生成长中建构了男女不同的心理结构，这需要我们进一步研究。学者的研究也证明了中国女性和男性在政治态度和政治行为上存在明显的差异。唐文方发现在每类群体之内，女性受访者的意识形态都要比男性更加强烈，女性更加认同马列主义和毛泽东思想。[③] 陈捷发现女性对现政体的支持低于男性，原因是改革开放以来男女之间的社会、经济和政治地位差距不断拉大，女性地位持续恶化。[④] 但他的结论和解释并不适用我们的调查，一是结果正好相反，我们的数据显示女生更支持社会主义民主；二是我们的调查对象还未进入社会，对于男女之间的地位悬殊还没有切身体会。史天健的研究发现中青年女性的政治参与要高于男性，而老年女性低于男性，他认为原因是传统劳动分工和社会现代化发展所引起的男女分工的改变。[⑤] 考虑到大学生的社会经历，我们认为男女生之间的差异主要源自生理差异和文化对个体的塑造，虽然近代以来中国的男女平等化运动非常成功，但文化中对于男女不同期望的影响力仍然很大，这就容易塑造出男女不同的心理结构。

---

① Claudia Dalbert. *Belief in a just world as a buffer against anger*. Social Justice Research, 2002, 15(2): 123 ~ 144.

② 参见 Tehila Kogut. Someone to blame: When identifying a victim decreases helping. Journal of Experimental Social Psychology, 2011,47(4): 748 ~ 755. 姬旺华、张兰鸽、寇彧:《公正世界信念对大学生助人意愿的影响:责任归因和帮助代价的作用》,《心理发展与教育》,2014 年第 5 期。

③ 唐文方:《中国民意与公民社会》,中山大学出版社 2008 年版,第 62 ~ 63 页。

④ 陈捷:《中国民众政治支持的测量与分析》,中山大学出版社 2011 年版,第 79 ~ 83 页。

⑤ Shi, Tianjian. 1997. *Political Participation in Beijing*. Cambridge: Harvard University Press. pp. 167 ~ 172.

其次，环境因素也是影响学生民主信念的变量，出生背景、家庭背景以及学校环境皆影响了学生的政治态度。家庭背景较好、来自城市以及就读于高层次大学的学生倾向于西方式民主，相反，家庭背景较差、来自农村以及就读于普通院校的学生倾向于民本民主。为什么出现这样的差异分布？这是否说明了精英意识与普罗大众之间不同的心理结构？近代以来，传统中国中“士的精神”一直在知识精英中传承，并在大学校园中传习。具有以天下为己任和独立自省的自由精神的精英意识与现代化过程中现代公民所应有的人格特征合流，成为中国大学主流的集体潜意识，这种意识成就了精神贵族式的“天之骄子”群体。但是新中国成立后的政治运动几将这种精神破坏殆尽，20 世纪 80 年代稍有恢复，但很快自 20 世纪 90 年代以降，由于大众社会的兴起、大众文化的流行、大学商业化的取向，逐步消解了这种精英意识，大众意识逐步成为现在大学的主流意识。① 我们所调查的学生多是侵染大众文化而成长的一代，进入大学也失去了“天之骄子”式的精神自信。所以，调查数据出现的这种有规律的差异分布，用精英和大众的区分来解释也就缺乏说服力。那么，这种差异分布是否说明大学生中已经形成了明确的阶级分化了？我们认为用马克思的“阶级”概念来划分学生似乎并不合适，因为学生还没经历充分的社会化过程，没有出现职业分化，而且社会思想的多元化现实，都使得意识形态化的“阶级”概念不适用于现代校园之中。而用更加中性的布迪厄的“场域”概念，似乎更具有解释力，布迪厄指出在高度分化的社会里，社会世界是由大量具有相对自主性的社会小世界构成的，这些社会小世界就是具有自身逻辑和必然性的客观关系的空间，而这些小世界自身特有的逻辑和必然性也不可化约成支配其他场域运作的那些逻辑和必然性。② 家庭背景较好、来自城市以及就读于高层次大学的学生与家庭背景较差、来自农村以及就读于普通院校的学生正是处于不同的“社会小世界”里，这些“小世界”里各有自己的思想逻辑和价值判断，可能有的倾向西式文明，有的倾向中式文明，处于相同的“场域”的学生自然建构出相似的心理结构，由此使得我们的统计出现这种规律性的差异分布。涂尔干的“集体意识”理论可进一步支持我们的解释，他认为通过社会整合形成的集体意识对于个人的价值倾向有很强的影响作用。③ 处于不同“场域”的学生，其个人认知会受到所处场域的集体意识的强烈影响，因此，同一个场域的学生便会表现出一致的认知倾向。

2. 公正世界信念与民主信念

公正世界信念是个体的价值观和道德标准，同时也是社会性很强的情感特质。有研究表明，有着积极公正世界信念的个体能专注于长远目标，并遵循社会规范，因而可以合理、

---

① 参见许纪霖:《重建社会重心:近代中国的“知识人社会”》,《学术月刊》,2006 年第 11 期。邹广文:《当代中国大众文化及其生成背景》,《清华大学学报(哲学社会科学版)》,2001 年第 2 期。

② 皮埃尔·布迪厄:《实践与反思》,李猛、李康译,中央编译出版社 1998 年版,第 131～140 页。

③ 埃米尔·涂尔干:《社会分工论》,渠东译,生活读书新知三联书店 2004 年版,第 33～93 页。

顺利地解决生活中的发展性任务和关键事件。特别是对于低社会阶层的人群，面对同样的生活事件，高公正世界信念的个体感受到的负面情绪较少。对于社会的弱势群体而言，高公正世界信念的个体倾向于为长远的目标而努力，并且不惧困难、积极进取，以此作为改变命运的途径。公正世界信念这些作用，我们认为会映射到人们的政治行为之中，从而影响人们的政治态度。下面我们就用实证数据来验证我们的假设。

公正世界变量和民主信念相关分析

		民主程度评价	民主期望	民主适合度	民主偏好程度	民主价值支持
终极公正因子	Pearson 相关性	.237**	.130**	.165**	.166**	-.093**
	显著性（双尾）	.000	.000	.000	.000	.000
	N	4080	4080	4079	4007	4072
现实公正感	Pearson 相关性	.312**	.136**	.163**	.133**	-.125**
	显著性（双尾）	.000	.000	.000	.000	.000
	N	4076	4076	4075	4004	4069
公正世界信念	Pearson 相关性	.327**	.159**	.192**	.173**	-.128**
	显著性（双尾）	.000	.000	.000	.000	.000
	N	4047	4047	4046	3976	4040

**. 在置信度（双测）为 0.01 时，相关性是显著的。

从上面相关性分析可知，终极公正因子、现实公正感、公正世界信念三个变量与中国民主程度评价、民主期望、民主适合度、民主偏好皆呈现显著性的正相关关系，而都与民主价值支持呈现显著性的负相关关系。

（1）终极公正感与民主信念

终极公正感与民主程度评价、民主期望、民主适合度、民主偏好都是呈现正相关关系，与民主价值支持呈现比较弱的负相关关系。现实公正感、公正世界信念与民主信念诸变量呈现的也是同样的关系。

民主程度评价 * 终极公正感程度 * 民主认知 交叉制表

民主认知			终极公正感程度 低	终极公正感程度 高	合计	Pearson 卡方
选举民主	中国民主程度	低	5	18	23	1236 (p>0.05)
		中	12	48	60	
		高	3	24	27	
	合计		20	90	110	

民本民主	中国民主程度	低	50	140	190	75.971 $(p<0.001)$
		中	265	1561	1826	
		高	109	1360	1469	
	合计		424	3061	3485	
协商民主	中国民主程度	低	11	37	48	7.053 $(p<0.05)$
		中	38	182	220	
		高	7	86	93	
	合计		56	305	361	
其他	中国民主程度	低	5	6	11	3.224 $(p>0.05)$
		中	8	24	32	
		高	3	16	19	
	合计		16	46	62	

从上表可看出，认同民本民主的学生分组中，终极公正感高并且对中国民主程度评价中或高的学生占被调查学生的72.7%（达到1561 + 1360 = 2921 人），卡方验证也只有民本民主一栏明显通过。这说明，终极公正感与民主程度评价呈现的正相关关系，主要体现在学生基于将民主理解成民本民主的基础之上。

民主期望 * 终极公正感程度 * 民主认知 交叉制表

民主认知			终极公正感程度		合计	Pearson 卡方
			低	高		
选举民主	民主期望程度	低	2	15	17	0.793 $(p>0.05)$
		中	8	38	46	
		高	10	37	47	
	合计		20	90	110	
民本民主	民主期望程度	低	25	63	88	36.445 $(p<0.001)$
		中	170	989	1159	
		高	229	2011	2240	
	合计		424	3063	3487	
协商民主	民主期望程度	低	8	14	22	17.013 $(p<0.001)$
		中	27	95	122	
		高	21	196	217	
	合计		56	305	361	
其他	民主期望程度	低	2	5	7	4.861 $(p>0.05)$
		中	6	6	12	
		高	8	35	43	
	合计		16	46	62	

同样的，终极公正感高并且民主期望中或高的学生占被调查学生的74.6%（达到989 +

2011 = 3000 人），卡方验证民本民主一栏明显通过。这说明，终极公正感与民主期望呈现的正相关关系，也是主要体现在学生基于将民主理解成民本民主的基础之上。同样分析终极公正感与民主适合度、民主偏好呈现正相关关系，都是基于学生将民主理解成民本民主的基础之上这一条件的。

而终极公正感与民主价值支持呈现比较弱的负相关关系，主要是因为我们这里的民主价值主要是指西方民主的民主价值，所以呈现负相关关系。

（2）公正世界信念与民主信念

公正世界信念与民主程度评价、民主期望、民主适合度、民主偏好都是呈现正相关关系，与民主价值支持呈现比较弱的负相关关系。在加入对民主的理解进行交叉分析，如下列数据，可看出与终极公正感的数据分析是一致的。

民主程度评价 * 公正世界信念程度 * 民主认知 交叉制表

您觉得下面哪一种比较接近您对民主的理解			公正世界信念程度		合计	Pearson 卡方
			低	高		
选举民主	中国民主程度	低	8	15	23	3.666 （$p > 0.05$）
		中	20	39	59	
		高	4	23	27	
	合计		32	77	109	
民本民主	中国民主程度	低	90	98	188	163.549 （$p < 0.001$）
		中	495	1322	1817	
		高	194	1264	1458	
	合计		779	2684	3463	
协商民主	中国民主程度	低	21	26	47	20.509 （$p < 0.001$）
		中	64	151	215	
		高	10	82	92	
	合计		95	259	354	
其他	中国民主程度	低	7	4	11	7.245 （$p < 0.05$）
		中	10	21	31	
		高	3	16	19	
	合计		20	41	61	

从上表可看出，民本民主分组中，公正世界信念高并且对中国民主程度评价中或高的学生占被调查学生的 64.9%（达到 1322 + 1264 = 2586 人），卡方验证民本民主一栏明显通过。这说明，公正世界信念与民主程度评价呈现的正相关关系，主要体现在学生基于将民主理解成民本民主的基础之上。

民主期望＊ 公正世界信念＊ 民主认知 交叉制表

民主认知			公正世界信念程度		合计	Pearson 卡方
			低	高		
选举民主	民主期望程度	低	5	12	17	1.021 （p＞0.05）
		中	11	34	45	
		高	16	31	47	
	合计		32	77	109	
民本民主	民主期望程度	低	41	46	87	47.674 （p＜0.001）
		中	298	854	1152	
		高	439	1787	2226	
	合计		778	2687	3465	
协商民主	民主期望程度	低	12	10	22	13.714 （p＜0.001）
		中	38	81	119	
		高	45	168	213	
	合计		95	259	354	
其他	民主期望程度	低	3	4	7	2.765 （p＞0.05）
		中	6	6	12	
		高	11	31	42	
	合计		20	41	61	

同样的，民本民主分组中，公正世界信念高并且民主期望中或高的学生占被调查学生的66.2%，卡方验证民本民主一栏明显通过。这说明，公正世界信念与民主期望呈现的正相关关系，也是主要体现在学生基于将民主理解成民本民主的基础之上。

民主价值支持＊ 公正世界信念＊ 民主认知 交叉制表

民主认知			公正世界信念程度		合计	Pearson 卡方
			低	高		
选举民主	民主价值支持	低	4	12	16	0.152 （p＞0.05）
		高	28	66	94	
	合计		32	78	110	
民本民主	民主价值支持程度	低	147	610	757	5.069 （p＜0.05）
		高	627	2066	2693	
	合计		774	2676	3450	

协商民主	民主价值支持	低	15	41	56	0 （$p>0.05$）
		高	80	219	299	
	合计		95	260	355	
其他	民主价值支持	低	3	8	11	0.185 （$p>0.05$）
		高	17	33	50	
	合计		20	41	61	

公正世界信念与民主价值支持呈现比较弱的负相关关系，如上表所示，也是基于学生将民主理解成民本民主的基础之上的。

现实公正感的交叉数据与公正世界信念、终极公正感一致。

综上可以看出，上述的数据在一定程度上验证了我们的假设，公平世界信念（包含各个因子）确实影响了学生的民主认知。公平世界信念水平高的学生对于世界看法较为积极，对现实世界较为乐观，这样对于现实世界的评价较为正面，其中就包括对于我们国家所实施的民本民主制度，所以对于民主程度、民主期望、民主适合度、民主偏好（皆是针对民本民主）的评价都较高。

四、公正世界信念与民族主义

公正世界信念作为深层次的心理认知，是否对民族主义诸变量有影响，下面通过相关性分析来揭示两者的关系。

相关性

		民族主义	盲目自负爱国主义	国际主义
终极公正因子	Pearson 相关性	.283**	.300**	.196**
	显著性（双侧）	.000	.000	.000
	N	4087	4076	4081
现实公正感	Pearson 相关性	.018	.150**	.083**
	显著性（双侧）	.253	.000	.000
	N	4082	4072	4077
公正世界信念	Pearson 相关性	.158**	.252**	.156**
	显著性（双侧）	.000	.000	.000
	N	4054	4043	4048

**. 在 .01 水平（双侧）上显著相关。

从相关分析来看，学生的终极公正因子、现实公正感、公正世界信念这三个变量与民族主义、盲目自主爱国主义、国际主义均呈现显著性的正相关关系。

终极公正因子的影响

		N	均值	标准差	标准误	均值的95%置信区间 下限	均值的95%置信区间 上限	极小值	极大值	ANOVA F
民族主义	低	535	3.47	.608	.026	3.41	3.52	1	5	75.268 (p＜0.001)
	高	3552	3.72	.561	.009	3.70	3.74	2	5	
	总数	4087	3.69	.574	.009	3.67	3.71	1	5	
盲目自负爱国主义	低	534	2.72	.903	.039	2.64	2.80	1	5	75.268 (p＜0.001)
	高	3542	3.21	.857	.014	3.18	3.24	1	5	
	总数	4076	3.14	.879	.014	3.12	3.17	1	5	
国际主义	低	531	2.92	.899	.039	2.84	2.99	1	5	75.268 (p＜0.001)
	高	3550	3.24	.837	.014	3.21	3.26	1	5	
	总数	4081	3.20	.852	.013	3.17	3.22	1	5	

终极公正因子的影响

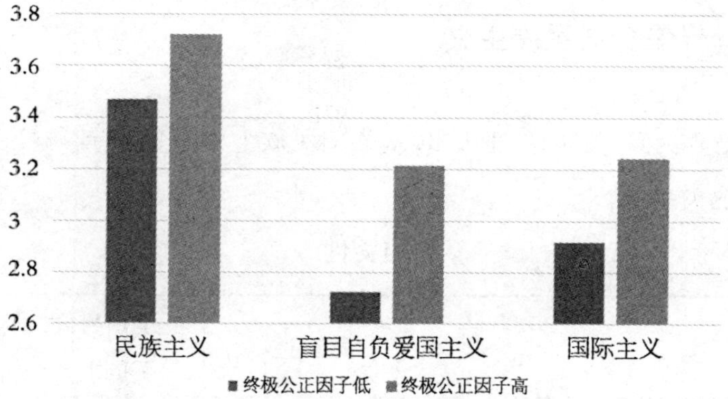

从终极公正因子来看，非常明显，学生的终极公正感越高，学生的民族主义、盲目自负爱国主义、国际主义情感越强烈。

公正世界信念的影响

		N	均值	标准差	标准误	均值的95%置信区间 下限	均值的95%置信区间 上限	极小值	极大值	ANOVA F
民族主义	低	945	3.55	.618	.020	3.51	3.59	1	5	75.268 (p＜0.001)
	高	3109	3.73	.552	.010	3.71	3.75	2	5	
	总数	4054	3.69	.573	.009	3.67	3.70	1	5	

盲目自负爱国主义	低	945	2.83	.915	.030	2.78	2.89	1	5	158.366 (p<0.001)
	高	3098	3.24	.845	.015	3.21	3.27	1	5	
	总数	4043	3.14	.878	.014	3.12	3.17	1	5	
国际主义	低	940	2.98	.893	.029	2.92	3.04	1	5	80.141 (p<0.001)
	高	3108	3.26	.830	.015	3.23	3.29	1	5	
	总数	4048	3.20	.853	.013	3.17	3.22	1	5	

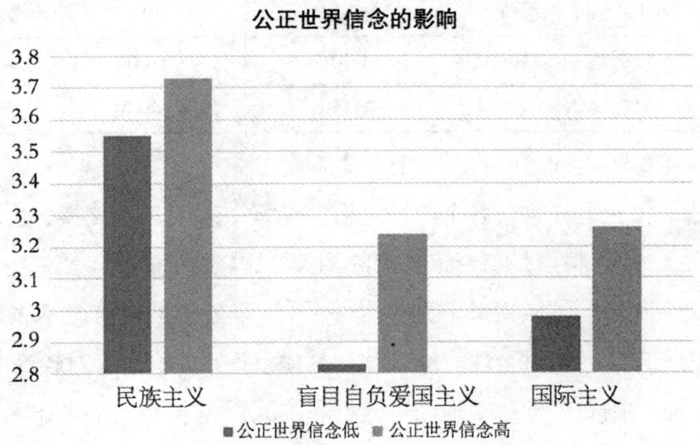

从公正世界信念来看，非常明显，学生的公正世界信念越高，学生的民族主义、盲目自负爱国主义、国际主义情感越强烈。

从上面的分析结果可知，公正世界信念确实与民族主义诸变量有着显著性的正相关关系，为什么会出现这种情况？ 我们认为，公正世界信念作为深层次的心理认知，它会影响个体如民族主义这样的浅层认知。 当个体激发其自身的民族主义情感时，公正世界信念作为一种下意识立即影响到个体的判断。 公正世界信念高的学生，认为他周围的世界比较公正，进而更认同自己的国家和民族，这样就更容易激发起强烈的民族主义情感。 而公正世界信念低的学生，则认为他周围的世界不公正，这样就很难认同自己的国家和民族，如此就难以激发起强烈的民族主义情感。

五、公正世界信念与政治支持

公正世界信念是否对政治支持也有同样的影响作用，通过下面的数据我们进行进一步分析。

公正世界信念和政治支持相关分析

		稳定偏好	政治普遍支持	政治特定支持
终极公正因子	Pearson 相关性	.322**	.463**	.261**
	显著性（双尾）	.000	.000	.000
	N	4076	4081	4011
现实公正感	Pearson 相关性	.126**	.389**	.318**
	显著性（双尾）	.000	.000	.000
	N	4073	4078	4012
公正世界观念	Pearson 相关性	.249**	.493**	.343**
	显著性（双尾）	.000	.000	.000
	N	4045	4049	3984

**. 在置信度（双测）为 0.01 时，相关性是显著的。

由数据可看出，公正世界信念各个因子与稳定偏好、政治普遍支持、政治特定支持都呈现出明显的正相关关系。特别是与普遍支持的相关性比较强。

这一数据与民主信念、民族主义的关系是一致的。公正世界信念水平较高的学生对于现实世界评价比较正向，同样对于现有的政体和具体政策，评价也相对较高。公正世界信念水平较低的学生，他们则更可能悲观地面对挫折和挑战，觉得自己的付出无法改变遭遇到的不公正，会降低他对于现实世界的评价。

稳定偏好 * 公正世界信念 * 民主认知 交叉制表

民主认知			公正世界信念程度		合计	Pearson 卡方
			低	高		
选举民主	稳定偏好程度	低	18	33	51	1.629 (p>0.05)
		高	14	44	58	
	合计		32	77	109	
民本民主	稳定偏好程度	低	403	929	1332	76.272 (p<0.001)
		高	373	1755	2128	
	合计		776	2684	3460	
协商民主	稳定偏好程度	低	70	101	171	34.746 (p<0.001)
		高	24	158	182	
	合计		94	259	353	
其他	稳定偏好程度	低	16	22	38	3.589 (p>0.05)
		高	4	18	22	
	合计		20	40	60	

从上表可看出，无论哪种类型的民主中，公正世界信念、稳定偏好俱高的学生人数比例最高，说明无论你认同怎样的政治理念，是西方民主还是民本民主，高水平的公正世界信念总是倾向于政治稳定和社会稳定。

政治普遍支持＊ 公正世界信念程度＊民主认知 交叉制表

民主认知			公正世界信念程度		合计	Pearson 卡方
			低	高		
选举民主	政治普遍支持程度	低	14	15	29	6.819 ($p<0.05$)
		高	18	62	80	
	合计		32	77	109	
民本民主	政治普遍支持程度	低	169	112	281	249.085 ($p<0.001$)
		高	609	2572	3181	
	合计		778	2684	3462	
协商民主	政治普遍支持程度	低	29	21	50	28.799 ($p<0.001$)
		高	66	238	304	
	合计		95	259	354	
其他	政治普遍支持程度	低	10	5	15	10.000 ($p<0.05$)
		高	10	35	45	
	合计		20	40	60	

从上表可看出，无论哪种类型的民主中，公正世界信念、政治普遍支持俱高的学生人数比例最高，而公正世界信念高而政治普遍支持低的人数比例最低。这也进一步证实了我们上面的结论，公正世界信念是一种比政治态度更为底层更为基本的认知，也更加稳定，它对政治态度有明显的影响。无论你认同怎样的政治理念，是西方民主还是民本民主，高水平的公正世界信念总是倾向于支持现政权。

政治特定支持程度＊ 公正世界信念程度＊ 民主认知 交叉制表

民主认知			公正世界信念程度		合计	Pearson 卡方
			低	高		
选举民主	政治特定支持程度	低	24	34	58	8.638 ($p<0.01$)
		高	8	43	51	
	合计		32	77	109	
民本民主	政治特定支持程度	低	482	961	1443	168.245 ($p<0.001$)
		高	287	1678	1965	
	合计		769	2639	3408	
协商民主	政治特定支持程度	低	68	109	177	22.59 ($p<0.05$)
		高	26	141	167	
	合计		94	250	344	
其他	政治特定支持程度	低	17	16	33	10.909 ($p<0.001$)
		高	3	24	27	
	合计		20	40	60	

从上表可看出，无论哪种类型的民主中，公正世界信念、政治特定支持俱高的学生人数比例最高，而公正世界信念低而政治普遍支持高的人数比例最低。这也进一步证实了我们上面的结论，公正世界信念是一种比政治态度更为底层更为基本的认知，也更加稳定，它对政治态度有明显的影响。无论你认同怎样的政治理念，是西方选举民主还是中国的民本民

主，高水平的公正世界信念总是倾向于支持现政府的具体政策。

从上面的分析结果可知，公正世界信念的确与政治支持诸变量有着显著性的正相关关系，之所以如此，是因为公正世界信念是一种深层的心理认知，比政治态度认知更深层，所以它会影响着政治支持这样的浅层认知。当个体对政治支持进行认知判断时，公正世界信念作为一种下意识立即影响到个体的判断。公正世界信念高的学生，认为他周围的世界比较公正，进而会认为现政权和政治制度比较合理，从而会加强政治支持度。而公正世界信念低的学生，则认为他周围的世界不公正，进而会加强对现政权和政治制度的不满，如此就减弱政治支持度。

附录　山东省高校学生社会心态调查问卷

亲爱的学生朋友：

为了全面了解山东省高校学生的所思所想，我们组织山东大学的在校学生，在全省范围内进行《山东省高校学生社会心态调查》，请您就如下问题发表看法。我们承诺对您的个人信息保密，请如实填写，所选答案无所谓对错。

感谢您对我们工作的支持！

山东大学当代社会主义研究所

2016 年 11 月

单位地址：

邮政编码：

联系电话：

联系人：

一、个人背景信息

1. 您出生于________年

2. 您的性别：（1）男　　　　　（2）女

3. 您的民族：________

4. 您是否是独生子女：（1）是　　　　　（2）否

5. 您目前的政治面貌：

（1）共青团员　（2）党员（含预备党员）　（3）群众　（4）民主党派

6. 您是否有宗教信仰：

（1）无　　　　（2）有　　　　如果有，您的宗教信仰是________

7. 上大学前，您的家庭所在地属于：

（1）直辖市　　（2）省会城市　　（3）地级城市

（4）县城　　　（5）镇区　　　　（6）农村

8. 上大学前，您的户口属性是：

（1）农业　　（2）非农业　　（3）其他________（请注明）

9. 您父母的职业是：

父亲____________（请填相应编号，如是其他请直接写明）

母亲____________（请填相应编号，如是其他请直接写明）

（1）机关、企事业单位领导/高级管理人员

（2）机关、企事业单位中层管理人员

（3）高级专业技术人员

（技术人员包括科研人员、工程师、教师、医生、律师、会计师等）

（4）中级专业技术人员

（5）初级专业技术人员

（6）办事人员（包括：办公室普通职员、各类经济业务人员等）

（7）领班/组长/工头/监工

（8）服务人员（如：营业员/保安/收银员/家政等）

（9）私营业主

（10）个体经营户（开店/经商/运输）

（11）个体（流动商贩）

（12）技术工人/维修人员/手工艺人

（13）体力工人/勤杂工/搬运工

（14）村或居委会的主任、书记

（15）农林牧渔劳动者

（16）靠炒股、房租维持生计者

（17）军人/警察

10、您父母最高的教育程度是：

父亲____________（请填相应编号）

母亲____________（请填相应编号）

（1）未受正式教育　（2）小学　（3）初中或相当

（4）高中或相当（技校或中专等）（5）大专或相当　（6）本科或相当

（7）硕士　（8）博士

11. 如果您加入过学生机构或组织，您在其中的角色是：（如果没有请忽略本题）

（1）干部　（2）普通成员

12. 您在学校每个月大约花多少钱（包括所有消费）？

（1）500 元以内　（2）501－1000 元　（3）1001－1500 元

（4）1501－2000 元　（5）2001－2500 元　（6）2501－3000 元

（7）3001－3500 元　（8）3500 元以上

二、心理卷入

13. 与朋友在一起聊天的时候，你们谈论国家大事吗？

（1）经常谈论　（2）有时谈论　（3）说不清

（4）很少谈论　（5）从不谈论

14. 您与他人讨论政治时，最经常的话题是（限选 3 项）：

（1）国家高层人事变动　（2）经济领域的改革

（3）政治领域的改革　（4）国家的反腐行动

（5）社会上的维权事件　（6）腐败现象

（7）外国的重大政治事件　（8）中国对外关系

（9）国际重大活动（如东盟峰会、G20 峰会）

（10）其他________（请注明）

三、政体观念

15. 您关注今年的美国总统选举吗？

（1）非常关注　（2）比较关注　（3）不好说

（4）不怎么关注　（5）一点也不关注

16. 在美国，有两个大的政党，每过几年搞一次竞选。 您觉得中国今后应不应该向这个方向发展？

（1）不应该　　（2）应该　　（3）其他 ________（请注明）

17. 您觉得下面对民主的说法，哪一种比较接近您对民主的理解？

（1）民主就是一个国家要定期举行选举，并且通过几个政党竞争选出国家领导人；

（2）民主就是一个国家的政府和领导人，要真正代表人民的利益，为人民服务，要受人民的监督；

（3）民主就是大家的事情大家商量着办，当官的不要搞一言堂。

（4）其他 ____________________（请注明）

18. 如果 1 代表完全不民主，10 代表完全民主，您认为中国目前的民主程度能得几分？

完全不民主：__：__：__：__：__：__：__：__：__：__：完全民主

1　2　3　4　5　6　7　8　9　10

19. 如果 1 表示极专制，10 表示极民主，您希望中国的政治体制处于怎样的水平？

极专制：__：__：__：__：__：__：__：__：__：__：极民主

1　2　3　4　5　6　7　8　9　10

20、如果 1 表示完全不适合，10 表示完全适合，您认为民主在多大程度上适合中国？

完全不适合：__：__：__：__：__：__：__：__：__：__：完全适合

1　2　3　4　5　6　7　8　9　10

21. 总的来说，您对中国民主的现状满意吗？

（1）非常满意　　（2）比较满意　　（3）不确定

（4）不太满意　　（5）很不满意

22. 下列陈述哪种更接近您的观点？

（1）民主不能解决中国的问题

（2）民主能够解决中国的问题

23. 下列陈述哪种更接近您的观点？

（1）民主政府总是比其他政府类型更可取

（2）在某些情况下权威政府比民主政府更可取

（3）民主、不民主都无所谓

24. 如果必须在民主与经济发展之间做出抉择，您同意下列哪种说法？

（1）毫无疑问经济发展更重要

（2）在某种程度上经济发展更重要

（3）在某种程度上民主更重要

（4）毫无疑问民主更重要

（5）两者同样重要

25. 您是否同意下列说法

	非常同意	比较同意	不确定	不太同意	很不同意
（1）人们应该参与公共事务					
（2）政府不应该决定哪种观点能得以传播					
（3）政府不应该操办国家一切事务					
（4）社会多元化不会导致混乱					
（5）爱国应该支持现政权					

四、治国理念

26. 您觉得，担任党和政府领导人最重要的条件应当是？（限选 2 项）

（1）廉洁奉公　（2）作风正派

（3）遵守法律　（4）富有才干

27. 您是否同意下列这些说法：

	非常同意	比较同意	不确定	不太同意	很不同意
（1）应该让有才能的人享有更多决策权。					
（2）如果决策权掌握在少数值得信赖的、称职的领导者手中，普通大众的参与是没有必要的。					

28. 选拔官员时，对于竞争性考试与竞争性选举，您同意下列哪种说法？

（1）竞争性考试更好　（2）竞争性选举更好　（3）两者同样好

（4）两者都不好　（5）说不清

五、民族主义

29. 您是否同意下列这些说法：

	非常同意	比较同意	不确定	不太同意	很不同意
（1）中国应当在海外建更多的孔子学院，扩大中国文化的影响力。					
（2）中国的对外援助应该是以扩大中国的政治影响力为目的。					
（3）赢得奥运会等国际比赛的胜利对中国来说是很重要的					

（4）即便不符合我们的政治利益，中国也应当扩大对处于饥荒状态的国家的援助。					
（5）中国在国际问题上的立场应取决于能否造福全世界，而不因具体国家而有差异。					
（6）在环境保护等全球性问题上，中国应与国际社会合作，该让步的让步，该妥协的妥协。					
（7）我永远不愿在其他国家定居。					
（8）中国人在世界上是最优秀的。					
（9）中国是世界上最好的国家。					
（10）即使可以选择世界上任何国家，我也更愿意做中国公民					
（11）如果国家没有尊严，连老百姓也会被人看不起。					
（12）假如其他国家都能吸收中国文化，世界将变得更好。					
（13）为了国家利益，个人做出任何牺牲都是应该的。					

六、稳定偏好

30. 您是否同意下列说法

	非常同意	比较同意	不确定	不太同意	很不同意
（1）任何反对政府政策的组织都应当被取缔					
（2）那些与多数人立场不一致的政治观点应该被禁止					
（3）公民应该对政府权威给予更多的尊重					
（4）宁愿生活在一个有秩序的社会，也不愿生活在自由太多而混乱的社会中					
（5）稳定压倒一切					

七、政治支持

31. 您是否同意下列这些说法：

	非常同意	比较同意	不确定	不太同意	很不同意
（1）我很自豪我生活在现行政治制度下					
（2）我有义务支持我国现行政治制度					
（3）我拥护我国现行政治制度					
（4）我觉得公民的基本权利得到了保护					
（5）我相信，我国司法机关能够公正司法					
（6）我的观点与党和政府倡导的价值观是很一致的					

32. 请根据您自己的了解，给下列政策的政绩打分（1 分最差，5 分最好）

	1 分	2 分	3 分	4 分	5 分
（1）控制通货膨胀					
（2）提供就业保障					
（3）缩小贫富差距					
（4）改善住房条件					
（5）维护社会治安					
（6）提供医疗保障					
（7）提供社会救济					
（8）治理环境污染					
（9）打击贪污腐败					
（10）维护国家主权					

八、政治改革紧迫感

33. 在您看来，下列政治改革领域的紧迫程度是怎样的？

	非常紧迫	比较紧迫	不确定	不太紧迫	不紧迫
（1）国家职能方面的改革					
（2）权利平等方面的改革					
（3）民主选举方面的改革					
（4）权力结构方面的改革					
（5）对外关系方面的改革					

九、公正世界信念

34. 您是否同意下列这些说法：

	非常同意	比较同意	不确定	不太同意	很不同意
（1）我认为世界基本上是公正的					
（2）我认为我通常得到了应得到的东西					
（3）我觉得许多重大决策是不公平的					
（4）社会上的名人多数是浪得虚名					
（5）那些遭受不公正待遇的人最终会得到补偿					
（6）许多坏人没有得到应有的惩罚					
（7）善有善报，恶有恶报					
（8）正义终将战胜邪恶					
（9）那些寒窗苦读的人，终会实现自己的学业					
（10）善于逢迎拍马的人比真才实学的人爬升得更快					
（11）付出终会有回报					
（12）找工作时人事关系比能力更重要					
（13）那些关系到我利益的决策基本上都是公正的					
（14）种瓜得瓜，种豆得豆					
（15）许多人遭受了不公正的待遇					
（16）相对一般人而言，命运对我是公正的					
（17）总的说来，多数人得到的都是其应得的					
（18）通过刻苦努力，我们一定能实现自己的理想					
（19）许多善良无辜的人经常遭受痛苦					

十、政治社会化媒介

35. 下列渠道对您的政治观念的形成有多大影响？

	影响很大	有些影响	说不清	影响不大	没有影响
(1) 大学专业课老师					
(2) 大学公共政治课和辅导员老师					
(3) 同学、朋友					
(4) 家庭成员					
(5) 互联网（包括微信平台）					
(6) 图书、杂志、报纸					
(7) 广播电视					
(8) 学术讲座					
(9) 社团					
(10) 社会实践					

谢谢您的参与和支持！

如果您对本次调查所涉及的问题感兴趣，希望获得本次调查的反馈信息，请留下您的联系方式。

邮箱：______________

后记

本书的出版需要感谢的个人和机构太多。

2015 年，在时任山东大学当代社会主义研究所所长王建民教授的鼓励下，楚成亚教授申报并获批了教育部人文社科研究基地重大课题“当代中国基层社会意识形态问题研究”，刘家峰、张天舒、李广等老师是主要参与者。按照申请书里的设想，课题组需要在山东省境内进行抽样调查。但是，由于经费不足以支撑面向各阶层的抽样调查，也考虑到城市入户调查的难度较大，2016 年初只在省内农村进行了调查（另外成书）。2016 年 2 月，山东省委宣传部委托当代社会主义研究所进行高校意识形态状况的调查，并提供部分经费支持；4 月，山东大学立项进行“政治心态数据库”的建设，由“当代中国基层社会意识形态问题研究”课题组的研究人员承建。鉴于大学生群体对于国家主流意识形态建设的特殊重要性，课题组决定整合各方资源，将主要精力放在对在校大学生政治心态和信仰状况的调查研究上。是年 9 月，课题组在济南举行了指标体系论证会，肖唐镖、马得勇、薛洁、韩冬临等与会专家提出了宝贵建议；10 月进行了第一轮“山东省大学生政治心态调查”，得到了中国海洋大学、青岛大学、山东师范大学、济南大学、聊城大学、曲阜师范大学、菏泽学院等兄弟院校的大力支持。

山东大学政治学与公共管理学院政治学专业的研究生们参与了问卷调查和数据录入工作；张宏发、王迎欣、程烨、王政、韩荣卿、黄一卓等同学参与了数据的初步分析工作。感谢参与这项工作的所有同学！

感谢当代社会主义研究所所长崔桂田教授对本书出版给予的大力支持！

感谢山东人民出版社隋小山编辑的辛苦劳动！

李　广

2018 年 5 月于青岛